# 日本のブナ帯文化

## 普及版

市川健夫・山本正三・斎藤 功 編

朝倉書店

**執　筆　者**〈執筆順〉

|  |  |
|---|---|
| 東京学芸大学教育学部教授 | 市川　健夫 |
| 筑波大学地球科学系助教授 | 斎藤　功 |
| 筑波大学生物科学系教授 | 林　一六 |
| 弘前大学教養部教授 | 牧田　肇 |
| 筑波大学歴史・人類学系助教授 | 石井　英也 |
| 宇都宮大学教育学部助教授 | 桜井　明久 |
| 名古屋大学文学部教授 | 渡辺　誠 |
| 筑波大学地球科学系助教授 | 田林　明 |
| 東京学芸大学教育学部助教授 | 白坂　蕃 |
| 筑波大学地球科学系教授 | 山本　正三 |
| 筑波大学地球科学系講師 | 手塚　章 |
| 秋田大学教育学部助教授 | 山下　清海 |

（所属は執筆当時）

ブナの木と林床のチシマザサ（福島県檜枝岐村樅平）

秋山郷の焼き畑（長野県栄村小赤沢）

出作り小屋(廃屋)の周辺のトチの木とトチの実(右)
(白山山麓の福井県大野市旧五箇村)

ブナ帯の生活用具　1. シナノキの背あて、シナ皮製の袋、アケビヅル細工(山形県小国町樽口)　2. チシマザサの竹細工(長野県山ノ内町乗廻)　3. セン、シオジ材の太鼓胴(福島県檜枝岐村)　4. ブナ材を利用した川連漆器汁椀の荒どり(秋田県稲川町)

ブナ林床のオウレン栽培
(白山南麓の福井県大野
市旧五箇村池ケ原、海抜
1,000m)

高原野菜の栽培景(菅平
のレタス栽培とスキー場)

イチゴ苗の山上げ栽培
(日光戦場ケ原開拓)

南限のリンゴ園(霧島北麓の宮崎県小林市生駒高原)

南部短角牛の放牧(岩手県下閉伊郡川井村)

北アルプスのスキー集落(長野県白馬村八方)

# はしがき

　日本文化の深層には，無土器時代からわが国に継承されてきた文化が存在しており，それを「照葉樹林文化」に求めたのは，上山春平，中尾佐助などの京都学派である．この風土論は1969年に提唱されたが，以来わが国における諸研究に大きな衝撃を与えてきた．
　この照葉樹林文化の発展段階をどのように規定するかは，いろいろ問題もあろうが，水稲作を中心とする文化複合が，日本社会の基底を大きく規定していることは確かである．南北3,000kmにもわたる日本列島では，南と北ではその風土が大きく異なっている．南西諸島の西表島では熱帯雨林的な景観がみられるし，一方北海道のオホーツク沿岸では平地でもタイガ（亜寒帯針葉樹林）的な風土が存在している．シイ・カシに代表される照葉樹林帯は西日本を中心に関東あたりまで広く分布し，茶やミカンが栽培されているのが特色である．しかし，照葉樹林文化の揺籃の地 中国の雲南からすれば，西日本はその北縁に相当しており，照葉樹林文化本来のものは薄れる傾向にある．一方，東日本にはブナ・ミズナラに代表される冷温帯的風土が広汎に分布しており，国土の大半をおおっている．またフォッサマグナ，もしくは三関（愛発関，不破関，鈴鹿関）を結ぶ線を境にして，日本文化は東と西で大きく異なっている．このような日本列島の風土の相違は，植生に端的に表現される自然環境と，そのうえに展開された文化にもとづくものと考えられる．
　ブナ帯という言葉は，10数年前，編著者のひとり山本正三が主催する読書会を菅平で行った際，林一六・斎藤功・石井英也・田林明・桜井明久とともに，「高原野菜は本来的にブナ林帯で栽培すれば成功する」ことが話題になったとき，はじめて使われたものである．1977年，編著者のひとり斎藤功が，ブナ帯文化論を提唱し，これに市川健夫・白坂蕃が賛意を示して，前記の人たちとブナ帯研究会を組織した．その後，しばしば共同で野外調査を実施し，ブナ帯研究を深めていった．その間，「ブナ帯研究会」が朝日新聞メモらんだむ（1978.8.22）に，斎藤の「ブナ帯文化論への試み」（1978.10.27）が同研究ノートに紹介された．また，研究会の成果をおりこみ，市川と斎藤は，1979年雑誌『地理』（Vol.24，No.12）誌上に「日本におけるブナ帯農耕文化試論」を発表した．1979・80の両年文部省から科学研究費総合研究A（研究代表者市川健夫，課題番号438029）の交付を受けて，8名で共同研究を実施した．その成果は1981年3月『ブナ帯における生活文化の生態地理学的研究』（B4判，318ページ）として刊行した．さらに1981年『地理』Vol.

26, No.4 に特集「ブナ帯文化論」が組まれた．これには共同研究者のほか，牧田 肇（弘前大），渡辺 誠（名古屋大）にも加わっていただいた．これに対して，東大教授大林太良氏は，九学会連合の機関誌『人類科学』No.34 の中で，市川の「日本におけるブナ帯文化の構図」をとりあげ，日本民俗文化の領域を解釈する場合，「ブナ帯文化」の概念がきわめて重要であることを強調されている．

　日本の植生をみると，中央日本の山岳地帯から東北地方，北海道にかけて，ブナ・ミズナラ帯が広く被覆している．ところが，東北地方，北海道のようなブナ帯まで照葉樹林文化の要素である稲作が北進しているところに，大きな矛盾が見出される．水稲作などの冷害は，この矛盾のあらわれとみることができる．一方東北や中央高地の山村には，伝統的なブナ帯文化が維持されており，また明治以来，冷温帯の欧米諸国から移入されたブナ帯文化が北日本から西日本まで定着している．このように日本列島においては，照葉樹林文化とブナ帯文化がオーバーラップしており，照葉樹林文化の側面のみで，日本文化を律するのは困難である．

　このような見地から日本におけるブナ帯文化について論じたのが本書である．第Ⅰ章においてはブナ帯文化の総論，第Ⅱ章においてはブナ帯の伝統的文化と現代の諸相，第Ⅲ章においてはブナ帯の生活文化に関する地域的な研究について述べている．ブナ帯文化の研究を始めてから6年間，最大の収穫はこれまで，気がつかなかったことが見えてきたことである．たとえば，照葉樹林帯とブナ帯における焼き畑耕作について，焼き畑の造成法，作付け輪作体系，農事暦などを対比することによって，焼き畑農業の実態をより鮮明に把握することができた．

　われわれのブナ帯文化の研究は，いまだに進行中であり，本書に対して至らぬ点について御指摘をいただければ，今後の研究に生かして行きたいと考えている次第である．

　なお本書の刊行に当たって，共同執筆に協力された渡辺 誠・牧田 肇の両氏，調査に協力された関係者ならびに朝倉書店に対し厚く御礼申し上げる次第である．

1984年2月

市 川 健 夫
山 本 正 三
斎 藤 　功

# 目　次

## I．ブナ帯文化論

1. **ブナ帯文化の構図** ……………………………〔市川健夫・斎藤　功〕…1
   1) 「照葉樹林文化」論への疑問…………………………………………1
   2) 日本におけるブナ帯の分布と風土……………………………………3
      （1）日本におけるブナ帯の分布………………………………………3
      （2）日本におけるブナ帯の気候風土…………………………………6
   3) 日本におけるブナ帯文化複合…………………………………………10
      （1）ブナ帯における伝統的生業と生活………………………………10
      （2）シベリアアークによる文化伝播…………………………………21
      （3）照葉樹林文化のブナ帯への移入とその矛盾……………………25
   4) 日本におけるブナ帯文化の発展段階と諸類型………………………28
      （1）ブナ帯文化の発展段階……………………………………………28
      （2）ブナ帯の生活文化の諸類型………………………………………30

2. **植生からみた日本のブナ帯** ………………………………〔林　一六〕…33
   1) ブナ帯の範囲……………………………………………………………33
   2) ブナ林の種類組成と下位区分…………………………………………38
   3) ブナ林の量的特徴………………………………………………………40

3. **世界におけるブナとブナ林の比較** ………………………〔牧田　肇〕…41
   1) 世界のブナ………………………………………………………………41
   2) 世界のブナ林……………………………………………………………45
   3) 世界のブナ帯……………………………………………………………54

4. ヨーロッパにおけるブナ帯農耕文化の諸特徴 …〔石井英也・桜井明久〕…57
　　1）農耕の起源と森林の利用……………………………………………………58
　　2）中世における森林開墾と三圃式農業の発達………………………………60
　　3）農業革命，近代的混合農業の成立…………………………………………65
　　4）工業化時代における農業……………………………………………………66
　　5）ヨーロッパブナ帯の農耕文化………………………………………………68

## Ⅱ．ブナ帯における伝統的文化と現代の諸相

1. 堅果類の採取と利用 ………………………………………〔渡辺　誠〕…72
　　1）カ　　　ヤ……………………………………………………………………73
　　2）イヌガヤ………………………………………………………………………73
　　3）ク　ル　ミ……………………………………………………………………75
　　4）ク　　　リ……………………………………………………………………76
　　5）ドングリ類……………………………………………………………………77
　　6）ト　　　チ……………………………………………………………………80

2. ブナ帯の狩猟と漁撈 ……………………………〔市川健夫・斎藤　功〕…84
　　1）日本における野生動物の分布………………………………………………85
　　2）ブナ帯における狩猟と野生動物の生態……………………………………90
　　　（1）東北のマタギ集団………………………………………………………90
　　　（2）北アルプスの狩猟集団…………………………………………………93
　　3）ブナ帯の漁撈…………………………………………………………………95
　　　（1）サケ・マス漁……………………………………………………………95
　　　（2）イワナ，ヤマメなどの渓流魚…………………………………………99
　　　（3）サンショウウオ漁………………………………………………………100

3. ブナ帯における森林資源の利用 …………………………〔斎藤　功〕…104
　　1）ブナ帯の森林資源と衣料……………………………………………………105
　　　（1）アイヌ民族の衣料………………………………………………………105
　　　（2）日本の古代織物とその残存形態………………………………………106
　　　（3）羽越国境地帯におけるシナ布の生産と水晒し法……………………107

2）森林資源の伝統的利用 …………………………………………110
　　　　（1）常民によるブナ林資源の自給的利用 ……………………110
　　　　（2）木地師と民具の小商品生産 ………………………………112
　　　3）ブナ林資源の産業的利用 ……………………………………114
　　　　（1）戦前におけるブナ材の工芸的利用 ………………………114
　　　　（2）戦後における広葉樹利用の発展 …………………………117

4．ブナ帯における伝統的農耕と生活文化 …………………〔市川健夫〕…121
　　　1）ヒエ，アワなどの雑穀作と根菜類の栽培 ……………………121
　　　2）ブナ帯における焼き畑耕作 ……………………………………125
　　　3）ブナ帯に発展した馬文化圏 ……………………………………127

5．ブナ帯における稲作の成立と限界 ………………………〔田林　明〕…131
　　　1）稲作の成立と拡大 ………………………………………………133
　　　　（1）稲作の起源と伝播 …………………………………………133
　　　　（2）ブナ帯における稲作の定着 ………………………………135
　　　　（3）ブナ帯における稲作の発展 ………………………………135
　　　2）ブナ帯における稲作技術の進歩 ………………………………139
　　　　（1）栽培期間の延長 ……………………………………………139
　　　　（2）苗代の改良 …………………………………………………139
　　　　（3）品種改良と稲作技術の進歩 ………………………………140
　　　　（4）ブナ帯の自然環境と稲作 …………………………………142
　　　3）ブナ帯における稲作の限界 ……………………………………143
　　　　（1）冷　　害 ……………………………………………………143
　　　　（2）標高による稲作の差 ………………………………………145

6．ブナ帯における夏野菜栽培の発展 ………………………〔斎藤　功〕…150
　　　1）夏ダイコン栽培の発展とブナ帯への波及 ……………………151
　　　　（1）八ヶ岳東麓における夏ダイコンの漬物加工 ……………151
　　　　（2）栃木県北における夏ダイコン栽培の発展と夏野菜生産の多様化 …153
　　　2）ブナ帯における夏ダイコン栽培の北進と南進 ………………156

（1）東北日本への夏ダイコン栽培の北進 …………………………………156
　　　（2）西南日本のブナ帯への夏ダイコン栽培の南進 ………………………158
　　3）夏野菜栽培地域とブナ帯 ……………………………………………………159

7. ブナ帯におけるスキー場の立地と発展 ……………………〔白坂　蕃〕…164
　　1）スキー場の分布とブナ帯 ……………………………………………………165
　　　（1）気候，植生からみたスキー場の分布 …………………………………165
　　　（2）ブナ帯におけるスキー場の分布 ………………………………………168
　　2）ブナ帯におけるスキー場の立地 ……………………………………………169
　　　（1）スキー場としてのブナ帯の自然条件 …………………………………169
　　　（2）ブナ帯に発達したナショナルなスキー場 ……………………………171
　　3）非ブナ帯林におけるスキー場の消長 ………………………………………179
　　　（1）歴史的スキー場の衰退 …………………………………………………179
　　　（2）交通立地に恵まれ開発された照葉樹林帯のスキー場 ………………180
　　4）スキー場の開発とブナ帯山村の変容 ………………………………………181

8. 欧米のブナ帯文化の日本への導入 …………………………〔市川健夫〕…185
　　1）文明開化と近代的ブナ帯文化の輸入 ………………………………………185
　　2）リンゴを中心とする果実文化の導入 ………………………………………186
　　3）外人避暑客相手に始められた高原野菜 ……………………………………188
　　4）ブナ帯におけるリゾートの形成 ……………………………………………189
　　5）ブナ帯におけるスキー場の開設 ……………………………………………191
　　6）ブナ帯的な生活様式の展開 …………………………………………………192

9. ブナ帯山村の特質——照葉樹林帯山村との対比——
　　　　　　　　　　………〔山本正三・石井英也・田林　明〕…194
　　1）自給的農業山村 ………………………………………………………………195
　　　（1）山形県小国町の事例 ……………………………………………………195
　　　（2）熊本県五木村の事例 ……………………………………………………197
　　2）商業的農業山村 ………………………………………………………………199
　　　（1）長野県菅平の事例 ………………………………………………………199

（2）大分県九重町の事例 …………………………………200
　3）ブナ帯と照葉樹林帯の山村 …………………………………202

## Ⅲ．ブナ帯における文化の地域諸相

### 1．北上山地における伝統的ブナ帯農業 ……………〔市川健夫〕…206
　1）北上山地における風土と農業 …………………………………206
　　（1）伝統的な畑作農業の構造 …………………………………206
　　（2）古い生産関係の維持 ……………………………………207
　　（3）広汎な農用林野の利用 …………………………………208
　2）ヒエ作を中心とした農耕文化複合 …………………………209
　　（1）ヒエ作の卓越とその要因 …………………………………209
　　（2）ヒエを中心とした2年3作の作付け体系 …………………210
　　（3）北上山地における焼き畑農業の特色 ……………………212
　　（4）ヒエを中心とする食文化 …………………………………214
　3）牛馬の生産とその役割 …………………………………214
　　（1）南部馬と南部牛の特産地 …………………………………214
　　（2）牛馬の飼育形態 ……………………………………215
　　（3）牛馬の飼育目的 ……………………………………216
　4）伝統的なブナ帯農業の解体 …………………………………216
　　（1）土地生産性の高い水田農業の発展 ………………………216
　　（2）酪農の発展と馬産の衰退 …………………………………217

### 2．山形県置賜小国における生業と土地利用 ……〔山本正三・石井英也〕…219
　1）地域の概況 ……………………………………220
　2）ブナ帯山村における山地域の意義 …………………………221
　　（1）伝統的生業形態 ……………………………………221
　　（2）山地の利用形態 ……………………………………222
　3）ワラビ野の発達 ……………………………………227
　　（1）ワラビ野の成立と分布 …………………………………227
　　（2）ワラビ野の利用形態 …………………………………228
　　（3）ワラビ野の成立条件と存立の基盤 ………………………230

## 3. 長野県菅平高原における新しい地域生態
　　　　　　　　　　……………〔山本正三・石井英也・田林　明・手塚　章〕…235
　　1）観光業の多様化 ………………………………………………………236
　　　（1）スキー観光の動向 …………………………………………………236
　　　（2）夏観光の発達 ………………………………………………………238
　　　（3）その他の観光開発 …………………………………………………239
　　2）高原野菜栽培の発展 …………………………………………………240
　　　（1）高冷地農業の展開 …………………………………………………240
　　　（2）蔬菜栽培の発展 ……………………………………………………241
　　　（3）近年の傾向 …………………………………………………………243
　　3）新しい地域生態の形成 ………………………………………………243
　　　（1）生業形態の多様化 …………………………………………………243
　　　（2）地域生態の構造変化 ………………………………………………246

## 4. 白山麓における薬草の採集・栽培と生業の変遷 ……………〔斎藤　功〕…249
　　1）オウレン栽培の展開とブナ帯 ………………………………………250
　　　（1）『延喜式』にみえるオウレン ………………………………………250
　　　（2）修験道と薬草 ………………………………………………………251
　　　（3）現在のオウレン栽培地域と栽培形態 ……………………………252
　　2）白山麓の山村旧五箇村における生業の変遷とオウレン栽培 ……254
　　　（1）出作り耕作と生業の組合わせ ……………………………………254
　　　（2）人口の減少と生業の変化 …………………………………………256
　　　（3）オウレン栽培地の現況 ……………………………………………259

## 5. 中国山地におけるブナ帯農業 ……………………………〔桜井明久〕…264
　　1）伝統的生業とその分布の特色 ………………………………………264
　　2）広島県高野町における生業の変化 …………………………………268
　　　（1）自然的基盤と地域の概要 …………………………………………268
　　　（2）伝統的生業とその変遷 ……………………………………………268
　　　（3）リンゴ栽培 …………………………………………………………270
　　　（4）夏ダイコン栽培 ……………………………………………………277

(5) 畜　　　産 ……………………………………………………279
　3) 中国産地ブナ帯の現代の生業の特色 …………………………281

**6. 九重飯田高原における生業形態** …〔山本正三・田林　明・山下清海〕…283
　1) 自然環境と土地利用 ………………………………………………283
　　(1) 位置と自然環境 ………………………………………………283
　　(2) 土地利用 ………………………………………………………285
　2) 伝統的生業形態 ……………………………………………………287
　　(1) 開拓の進展 ……………………………………………………287
　　(2) 伝統的生業 ……………………………………………………289
　3) 新しい生業形態の展開 ……………………………………………290
　　(1) 高冷地野菜栽培の発達 ………………………………………290
　　(2) 水稲作の近代化 ………………………………………………293
　　(3) 畜産の拡大 ……………………………………………………294
　　(4) 農業経営の類型 ………………………………………………295
　4) 入会原野利用の変化 ………………………………………………296
　　(1) 入会原野の意義 ………………………………………………296
　　(2) 入会原野の分解と農牧業の発達 ……………………………297
　　(3) 入会原野の売却と観光産業 …………………………………299

索　　引 ……………………………………………………………………303

# I. ブナ帯文化論

## 1. ブナ帯文化の構図

**1) 「照葉樹林文化」論への疑問**

　日本人の意識を形成する基層文化をシイやカシの森林に求め，その農耕文化複合を「照葉樹林文化」と名づけたのは，いわゆる京都学派である．生態学，育種学，人類学，地理学，哲学などの研究者の協力で，照葉樹林帯における農耕文化の特徴を解明したことは，第二次大戦後における大きな学問業績の一つであろう[1]．照葉樹林文化論は日本人の考え方，生活の規範が，江戸時代の武家社会にあるとした丸山真男の『日本の思想』[2] よりはるか遠く溯り，そのルーツを縄文時代においた点に特色がある．

　すなわち，照葉樹林文化の提唱者中尾佐助は，縄文時代の日本文化を「照葉樹林文化の日本型」としてとらえ，その原型をヒマラヤから雲南あたりに求めた．そしてその地域を西洋における農耕文化の揺籃の地，オリエントの肥沃な三日月地帯 (Fertile Crescent) に比肩しうる東亜半月弧 (Eastern Asia Fertile Crescent) を提唱した[3]．またわが国の農耕文化の発展段階を5段階に分けている．まず野生採集段階からクリやジネンジョの半栽培段階に移り，次いでイモ類などの根栽作物を焼き畑で耕作するようになる．この焼き畑耕作が発展すると，アワ，ヒエ，シコクビエなどの雑穀と大豆，アズキなどの豆類を栽培するに至る．このような雑穀主体の焼き畑農業が照葉樹林文化のクライマックスであると考えている．したがって弥生時代に揚子江アークを通じて，水田耕作 → 稲作文化がはいってくると，照葉樹林文化の独自性は失われてしまうというのである．この稲作段階は照葉樹林文化の最終段階であるとし，その文化複合は水稲作を中心として茶の栽培，麹菌による米酒の醸造，絹・漆器・竹細工の製造などの要素をあげている．

　わが国における農耕文化は中世以降になってから，水田における米麦二毛作を

基幹として，茶，綿花，アイ（藍）の栽培を加えた文化複合を形成してきた．このような照葉樹林文化の複合が中央日本の山地や東北地方の北部などを除いて，日本本土全域に普及するのは江戸中期にはいってからのことである．この頃から開国する幕末にかけて，水稲，綿花，茶などの栽培を核とする日本の照葉樹林文化がクライマックスに達したといってよい．しかし，照葉樹林文化論においては，このような発達過程について論究していない．また石田英一郎，大野晋らは，日本の深層文化を照葉樹林文化に求める視点では中尾ら京都学派と同じであるが，縄文時代人は日本民族の祖先ではなく，わが国における民族文化の起源を，弥生時代の稲作農耕に求めている．このような石田らは，日本列島における民族文化の断絶を主張しており，京都学派の照葉樹林文化論とは大きく異なっている．

次に「照葉樹林文化論」の大きな問題点の一つは，農耕文化のルーツをさぐる系譜論で書かれていることにある．つまり，熱帯雨林やサバナおよびオリエント起源の栽培植物等が，照葉樹林帯に集積された文化複合といっても，照葉樹林帯に限らないうらみがある．わが国の大半は世界的にみると照葉樹林帯の北縁に位置しているのである．だから，その農耕文化の主軸をなすクズ，ヒガンバナ，テンナンショウなどの根茎類やドングリ等の堅果類を食用化する際，開発された水晒し法さえも，東南アジア農耕起源論の提唱者サウアー（C.O. Sauer）[4]によれば，植物から繊維をとりだす方法ときわめて類似していることにみられるように，照葉樹林帯固有の文化遺産とはいえないきらいがある．また，照葉樹林帯固有の文化要素は，茶，絹と漆，ミカンとシソ，米酒などであり[5]，人類の生活そのものに必要な食料作物は少なくなる傾向がある．

さらに，系譜論から生じる問題点の一つは，照葉樹林帯以外で極相になると思われる現象をも「照葉樹林文化」に結びつけてしまう傾向にあることである．たとえば，照葉樹である茶は，中国南部やアッサム地方の原産であり，どちらかといえば熱帯植物といえる．また，照葉樹林文化論者の一員であり，焼き畑農業研究の第一人者である佐々木高明がその著『稲作以前』[6]のなかで，わが国の焼き畑耕作を「照葉樹林北辺型」と名づけていることにもみられる．照葉樹林帯の北縁にあたるわが国で，照葉樹林帯の北辺および以北は，植物生態学上ブナ群団によって代表されるので，本稿においては，「ブナ帯」と呼ぶことにする．ブナ帯は後述するように北西ヨーロッパ，合衆国北東部，中国・日本の北部に分布し，現在世界文明の枢軸地帯となっている．

ここに「ブナ帯農耕文化」論を提示するに当たり，われわれが援用する方法は『文明の生態史観』のなかにみられる機能的見方である[7]．つまり，系譜論よりも「ブナ帯」という自然環境のなかで現在行われている農耕方法そのもの，あるいは最近まで行われてきた生業の残象や文化複合を，フィールドワークを基礎に解明することに重点を置く立場に立つものである．このような研究方法は，本来，「自然と人間のかかわりあい」をその中心課題に据えてきた地理学の本道にせまるものである．したがって，本論はブナ帯という同じ環境下で営まれている人間の生活文化の類似性と異質性を比較検討することによって，「ブナ帯農耕文化」の特質を解明することを目的とした．すなわち，ブナ帯と人間のかかわりあいの中で生れた生活文化複合の解明を中心課題におき，環境論的アプローチを試みたものである．

## 2) 日本におけるブナ帯の分布と風土
### （1） 日本におけるブナ帯の分布

植物の成長を左右する温度，湿度の数値を工夫して，世界の生態気候区分図を作成した吉良竜夫によると，日本の森林帯は，温量指数 85〜180°が暖温帯照葉樹林帯に，45〜85°が冷温帯落葉樹林帯に，30〜45°が常緑針葉樹林帯に分類されるという[8]．温量指数は各月の平均気温 5℃以上の総和であるので，低緯度から高緯度に水平的に，また海抜高度の上昇とともに垂直的に低下する．照葉樹林帯にあっても，月平均気温 5℃以下の総和（寒さの指数）が 10℃以上になるところでは，照葉樹は生育することができず，暖温帯落葉樹林帯になるという．われわれは，吉良のいう冷温帯落葉樹林帯を広義のブナ帯と呼び，暖温帯落葉樹林帯をブナ帯と照葉樹林帯の中間帯とよぶことにする．

冷温帯落葉広葉樹林帯に出現する植物には，ブナ，ミズナラ，イタヤカエデ，シナノキ，ホウ，トチ，サワグルミなどの高木層と，ナナカマド，ヤマウルシなどの低木層がある．また林床には日本海側ではチシマザサ（ネマガリダケ），太平洋側ではスズタケがよく繁茂している．これら樹林のうち，ブナとミズナラが卓越するので，植物生態学上ブナ＝ミズナラ域と称されている．しかも，ミズナラ林は，その大部分がブナ林の伐採後地に成立するので，ミズナラ林も潜在的ブナ林とみなすことができる[9]．

図 I-1 は文化庁の都道府県別『植生図』[10]にもとづいて，ブナ群落，ブナ＝ミ

ズナラ群落，ミズナラ群落を50万分の1地勢図に転写し，それをさらに300万分の1地勢図に記載したものである．文化庁の植生図は現存植生を扱っているので，スギ，ヒノキなどの人工林も多くなっている．ブナ=ミズナラ林は人間の手によって伐採されて，人工林になったところ，あるいは耕地化された地区も少なくない．このような点を考慮して作成したのが図I-1である．

ブナ=ミズナラ帯を代表するブナ林の日本列島における分布をみると，その南限は大隅半島の高隈山（1,237m）である．この山では低地からイスノキ，アカガシ林，モミ林，ツガ林が続き，約1,000mになるとブナ林が出現するという[11]．九

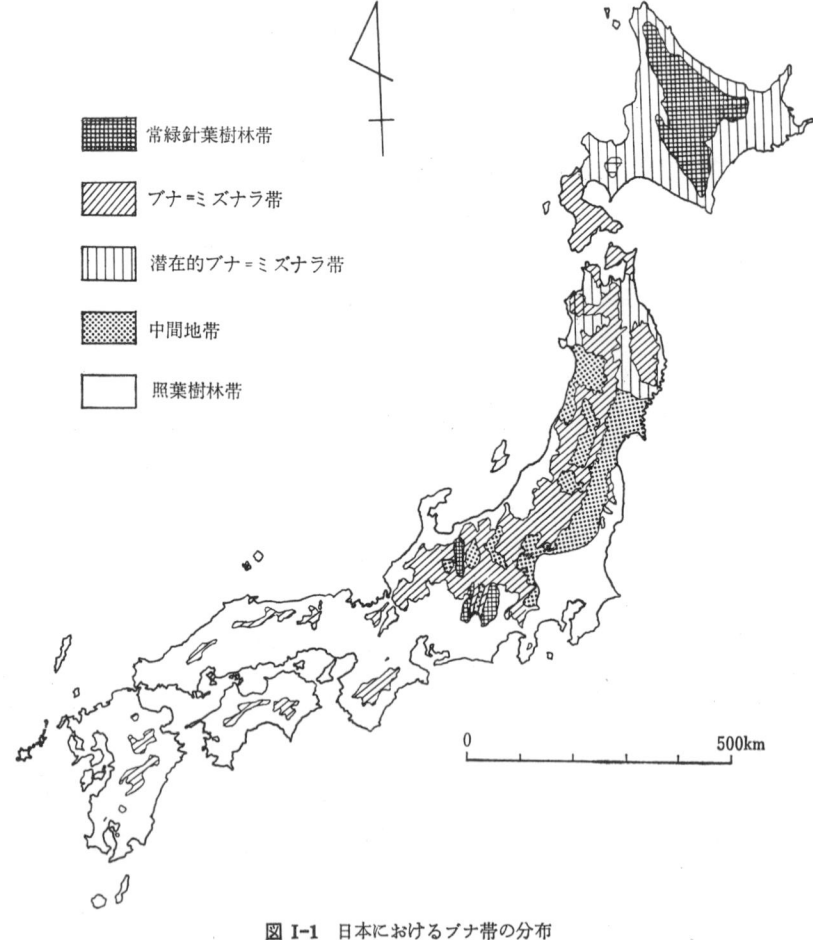

図 I-1 日本におけるブナ帯の分布

州のブナ帯はこのほか霧島山，国見岳を主峰とする九州山地，阿蘇・九重火山，また英彦山などが主なものである．中国地方では蒜山(ひるぜん)，大山(だいせん)を中心とする中国山地およびそれに接する西中国山地にブナ林がみられる．とくに比婆山(1299m)では，ブナの純林があるので知られている．また四国地方では，剣山，石鎚(いしづち)山を結ぶ四国山地にブナ林が分布している．さらに近畿地方では，大峰山をはじめとする紀伊山地に分布するほか，中部から北部にかけては鈴鹿山脈，丹波高原，比良山地などにみられる．木地師のふるさとといわれる鈴鹿山脈が，ブナ帯であることは興味深いことである．

中部地方にはフォッサ・マグナが走り，日本アルプスをはじめ高い山脈や山地が存在していることから，ブナ林帯はかなり広く分布している．中央高地に属する飛驒山地は，かつて山の7割はブナ林であったといわれる．八ヶ岳など中央高地では，800〜1,600mがブナ林になっているが，緯度が高くなるにしたがって，ブナ林の下限は低下し，信越国境の野沢温泉では600mでブナ林がみられる．さらに北陸地方になると，ブナ林はさらに低下して，白山山麓の石川県石川郡吉野谷村や，新潟県古志郡山古志村などでは400mの地点でブナの木がみられ，集落の雪崩防止林になっている．

ところが，中央高地の菅平高原には現在ブナは自生していない．ここは江戸時代小県(ちいさがた)郡57カ村(現在，真田町，上田市，東部(とうぶ)町)の入会地で，採草のため毎年野火がつけられてきた．1883年(明治16)牧場が開設されてからも火入れが行われて，トダシバ，ススキなどの草地が維持されていた．筑波大学菅平実験センターは1934年北信牧場から土地の寄贈を受けて設立された東京文理科大学生物研究所の後身であるが，構内にはブナは生育していなかった．最近ブナが植栽されて順調に成長している．この事実は菅平の温量指数は57.5°で，潜在植生の面からみると，ブナ帯であることを示している．一方，中央高地の伊那盆地の南部や甲府盆地では，シイ，カシなどが自生する照葉樹林帯であるが，内陸度の高い長野，松本などの盆地ではカシが自生しないにもかかわらず，ブナ林がみられない．長野市の温量指数は100.5°で，真夏の最高気温が東京より暑くなるので，ブナは生育できない．一方冬の寒さはかなりきびしく，寒さの指数はマイナス16.1°にも達するので，カシなどは生育できない．また長野盆地などでは，柑橘類，アマガキ，茶など照葉樹林帯の栽培作物がみられないが，リンゴ，ブドウなどの落葉果樹の栽培には適している．このような地帯を吉良竜夫

は暖温帯落葉樹林帯（クリ帯）と呼んでいるが，われわれは照葉樹林帯とブナ帯との中間地帯とした．

関東地方では，箱根火山，秩父山地，関東山地，三国山脈，日光山地などの山地にブナ林がみられる．筑波山（876m）の山頂部分もブナ林で覆われている．ブナ林の下限は，赤城山の北斜面で700m，奥日光では650m である．

東北地方では奥羽山脈，出羽山地，北上山地，阿武隈山地などに広くブナ林が分布しており，生活と深く結びついている．ブナ林の下限は蔵王火山の周辺で600m，十和田湖付近で350m，下北半島では200m である．下北半島の植生は，青森県ではヒバ=ブナ林帯といわれ，海岸～300m ではアオモリヒバ（地元ではヒノキと呼んでいる）が存在し，また300～700m になるとブナの純林がみられる．潜在植生ならば，海岸線からブナ林が存在すると思われるが，現存植生はミズナラ=イタヤ林になっている．

北海道の渡島半島では，ブナ林は海岸線から広く分布しており，土産馬の放牧地になっている．また函館市に隣接する亀田郡七飯（ななえ）町には，樹齢110年生のドイツブナ林（ガルトネルブナ林）がある．現存するブナ林は渡島半島の寿都（すっつ）—黒松内—長万部（おしゃまんべ）を結ぶ線で，これが日本におけるブナ林の北限になっている．このあたりの温量指数は70°ほどで，ブナ林の限界値である45°にはかなりの差がある．北海道北端の稚内にも，ブナの花粉が発見されているというので，かつてはブナ林は全道的に分布していたと考えられる[12]．

北海道の平野部における温量指数をみると，札幌市63.5°，旭川市62.6°，帯広市57.8°，網走市54.7°，稚内市51.0°，釧路市46.4°，根室市44.5° である．したがって，根釧台地を除くと，石狩平野，上川盆地，十勝平野，釧路平野，北見盆地などの平野は，潜在植生のうえではブナ帯であることを示している．

（2） 日本におけるブナ帯の気候風土

東北地方のブナ帯はもとより，北海道の平野部では，根釧台地，オホーツク海沿岸を除くと，牧草は年3回収穫されて，乾草にされる．北西ヨーロッパのブナ帯では乾草の収穫は2回，アルプスでは1回である．またトマトやブドウの露地栽培は，石狩平野や上川盆地だけでなく，十勝平野まで行われている．北ヨーロッパはもとより，オランダや北ドイツでも，トマトやブドウの露地栽培は不可能で，温室で栽培されていることをみると，日本のブナ帯は北西ヨーロッパよりも太陽エネルギーが豊かで，栽培可能の作物の種類も多い．この豊かなエネルギー

は熱帯の作物である稲の栽培さえ，可能にしている．しかし，日本のブナ帯における農業生産力は照葉樹林帯より低く，3年に1回の割で冷害を受ける地域であるとされている（なお詳しくは第Ⅱ部第5章で述べる）．

ところが，麦作を例にとっても北海道の小麦の 10a 当り収量が平年で 320kg であるのに対し，北西ヨーロッパでは 500kg をこえている．これはヨーロッパの先進国に比較して，わが国のブナ帯における農業は地力が低く，土地生産性の点では劣っていたことを示している．

日本のブナ帯の降水量は，年 1,000mm 以上で，多雨のわが国では少ないが，ヨーロッパや北米のブナ帯の 500～900mm に比較していちじるしく多い．この結果，日本のブナ帯の森林では，林床にチシマザサ，クマザサ，スズタケなどがよく繁茂している．この点，林床の少ない欧米のブナ帯とは植生のうえで大きく異なる．このような林床植物の有無が，日本における牛馬の林間放牧とヨーロッパにおけるブナ帯の豚放牧の差となって表れている．前者はクマザサの葉を後者はブナ帯のナラの実を飼料としたものである．

日本のブナ帯および中間地帯は，リンゴをはじめとする落葉果樹の主要生産地になっている．これは照葉樹であるミカンなど柑橘類の栽培が，温量指数 120°以上の地域に分布しているのときわめて対照的である．現在わが国で栽培されているリンゴは，古くからあった倭（わ）リンゴ（林檎）ではなく，アメリカから輸入された西洋リンゴ（苹果（ひょうか））である．その最適地は温量指数 80°前後のブナ帯であるとされているが，わが国では 60～100°のブナ帯および中間地帯に主として栽培されている．リンゴは現在，千葉，福井，三重，大阪，兵庫，和歌山，鹿児島，沖縄の8府県を除く39都道府県で栽培されている．西日本ではかつて香川県では「暖地リンゴ」と称して，早生種の祝などが 100ha 以上も栽培されていたが，品質が重要視されるようになった1960年以降大きく衰退し，1981年わずか 5ha になってしまった．島根，広島，山口など中国山地の高原で 114ha ほどのリンゴが栽培されている（詳しくは，第Ⅲ部第5章で述べる）．またわが国におけるリンゴ栽培の南限は，宮崎県小林市，霧島火山の北麓生駒高原（700m）で 1.5ha ほど作られている．これらのリンゴ園はブナ帯で開発された富士などを含め，かなり良質のリンゴがブナ帯の育種技術に支えられ生産されている．

1975年わが国における主要なリンゴ栽培地域を示したものが図Ⅰ-2であるが，温量指数 60～100°の地域に集中している．北海道，東北6県，長野県の栽培面

積は合計すると 51,920 ha に達し,全国の 98% を占めている.リンゴは冷涼な気候でもよく生育するので,北海道でも釧路,根室,宗谷などを除くと,全域で

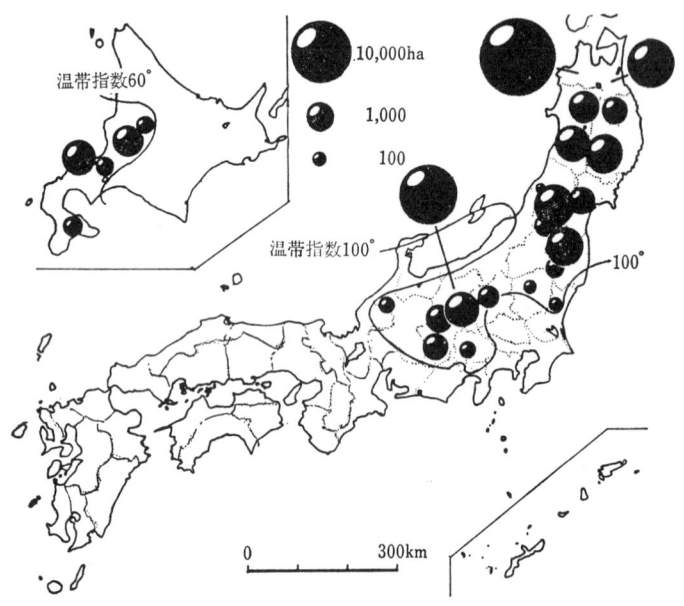

図 I-2　日本におけるリンゴ栽培地
（1973 年農林省農蚕園芸局果樹花き課資料より作成）

栽培されている.また中央高地では標高 1,300 m の菅平や乗鞍高原まで自家用のリンゴが作られ,1,100～1,200 m まで商品目的で栽培されている.かくて,リンゴは北西ヨーロッパと同じように,ブナ帯を代表する果樹であるといえよう.

　これに対し,甘ガキ,ブドウ,モモ,ナシなどの果樹は,落葉果樹といっても中間地帯の作物といえる.甘ガキは,福島県浜通り,越後平野,伊那盆地南部まで栽培されるが,渋ガキの北限は山形盆地,庄内平野ばかりでなく青森県まで至っている.同様に生食用ブドウの集団的栽培は,山形盆地以南となるが,加工用ブドウは,横手盆地,津軽平野,三本木原台地をはじめ,積丹半島,十勝平野まで栽培されている.しかし,旱魃には強いが寒害に弱いブドウは,甲府盆地では 800 m が高距限界であり,とくに南フランスのプロバンス原産のセンテニアル種に石州早生を交配して育成した巨峰は積算気温が 3,400° を要することもあって,一般には 450 m 以下の低暖地で栽培されているが,長野県東部町では 700 m 付近まで巨峰団地が形成されている.

## 1. ブナ帯文化の構図

　わが国のブナ帯と中間地帯における落葉果樹の栽培は，欧米諸国と比較して降水量が多いために，栽培上病虫害の発生が多い．これは密植していることもあるが，リンゴの場合15回以上の防除がなされている．またオウトウの場合，結果期が梅雨季と一致するため裂果しやすく，テントで覆って裂果を防止する対策がとられている．わが国のブナ帯はヨーロッパ，北アメリカ，中国のブナ帯と比較すると一般に多雨高湿で，とくに日本海岸は冬期に降雪が多いこともあって，年間を通じて湿度の高い地域になっている．したがって，一般に乾燥した気候に適する落葉果樹の栽培に当っては，北西ヨーロッパより不利である．

　欧米の冷温帯はブナを代表とする落葉樹林帯で，世界の先進地域を形成している．ブナの花ことばは繁栄を示し，デンマークでは国の木になっている．またカナダではブナ帯のカエデを国の木としている．ブナは気温の低いほど色が白いので，ヨーロッパではかつて紙の代用品になっていたことから，ドイツではブナをBuchen（本の木）と呼んできた．英語の beech（ブナ）は book の複数形の古語でもある．しかし，ブナなど落葉樹は自然木を伐って利用されることはあっても，造林されることはまれであった．伐期まで100年以上もかかるので，ブナの伐採跡地にはモミやトウヒが植林されたのである．

　古代や中世のゲルマン人やケルト人は，ブナを「森の母」，ナラ（カシ）を「森の王」と呼んでいたが，ブナ帯の樹木は単に用材・薪炭材として利用したばかりでなく，家畜の飼料として重要であった．ヨーロッパ中部では，落葉広葉樹林を Nährwald（家畜を飼う森）と呼び，森林の価値は面積よりもそこに生産されるブナやナラの実の量によって決まっていた．これは秋になると，豚を森林に放牧したからで，豚は栄養分の多い堅果類を食べて太っていった．また広葉樹の落葉も飼料になっていた．近代ヨーロッパの文化は，古代の地中海文化が常緑広葉樹林を背景にしていたように，ゲルマンの森林文化であるブナ帯から生れたといってよい（第Ⅰ部第4章を参照）．

　これに対して，縄文時代において先進地域であった日本のブナ帯は，近代以降に植民地として開発された北海道を除くと，本州に関する限り低開発地域に属している．日本の民族文化の主流が照葉樹林文化であり，歴史時代にはいると，近畿を中心にして開発が進められてきた．その結果，東日本のブナ帯では風土に適応した文化発展が遅れてしまったのである．しかし，わが国のブナ帯には，照葉樹林文化とは異質な生活文化複合が存在したと考えられる．以下それらについて

ふれてみよう．

### 3) 日本におけるブナ帯文化複合
#### （1） ブナ帯における伝統的生業と生活
**a． 堅果類と地下茎の採集**　　ブナ帯の植生にはトチ，クルミ，クリ，ドングリなどの堅果類が多い．これらナッツは，縄文時代から人々の重要な食糧源であったことが，各地の遺跡から確認されている[13]．縄文人は竪穴式住居の中心にある炉床を囲み，団欒しながら直接あるいは焼き餅の形態でこれらを食べていたと考えられる．もちろん，タンニン酸の強いトチ，ナラなどの堅果類は，囲炉裏でできた木灰を使った水晒し法によるアク抜きを必要とした．第二次大戦直後まで堅果類が重要な副食物であったという山村も多かった．トチの実はわが国における野生の堅果類のなかで最も大きく採集しやすいので貴重な食糧源であった．そこで部落有林野におけるトチの木を「留木（とめぎ）」にして伐採を禁止し，また「山の口」を設定して採取の解禁日を決めた集落も多くみられた[14]．つまり，トチの実とドングリはアク抜きに大変だが，一度，蒸した後乾しておけば何年でも貯蔵が可能のため，飢饉時に備えて俵につめて貯蔵していたブナ帯山村が多かった．

　ヤマグリ，サワグルミはアクヌキ処理の必要がなかったので，旧石器時代から貴重な食糧資源であった．ヤマグリは明治以降鉄道枕木として大量に伐採され，さらに第二次大戦後クリタマバチの被害を受けて，現在その自然林はほとんどみられない．少なくとも20世紀はじめまではブナ林や中間地帯の山村において，ヤマグリは重要な食糧資源で，自家用に用いるばかりでなく，商品化されて，換金収入源にもなっていた．現在日本で栽培されているクリは，そのほとんどが栽培グリであるが，栽培クリ園は第二次大戦前まで地目上山林であった．これは，クリが本来山林に自生するものだという観念の名残りを示すとともに食糧としての重要性をも示すものである．

　一方，ブナの実（beechnut）はそれを食用や搾って食用油，灯油にした北西ヨーロッパと比べ，わが国ではその利用が十分でなかったといわれている[15]．しかし，信越の秋山郷や新潟県の魚沼地方ではブナの実を「木の実」と呼んで，食用にしてきた．ブナの実を「木の実」と呼ぶのは，それがトチ，クリ，クルミなどの固有名詞のある堅果類に比べて，わが国では利用が遅れたが，特定の地域では食糧源として重要であったことを意味するものであろう．

ブナの実はトチの実やドングリより小さく，ソバの実に類似しているため，落ちた実を拾い集めるのが大変で，その点利用が少なかったことは事実である．しかしアクがないので，その処理をせずに食べる利点ももっている．信越国境の秋山郷では，ブナの実を炊って，石臼でひいて香煎(こうせん)にした．香煎は一般に大麦を原料にしてつくるが，深雪地帯では麦作が不可能である．そこで日本海岸のブナ帯ではブナの実で香煎を作ったのである．

　スズタケやクマザサの実を「野麦」と称している山村がある．スズタケはイネ科，クマザサはササ科の植物で，いずれもブナ帯の林床によく生えているが，50年に1回花が咲いて実をつける．これを放っておくと，ノネズミが大発生するが，採取して製粉すると小麦粉と同じように麺，菓子，パンとして食べられる．1943年チシマザサの開花，結実を調査した室井によるとササの実は坪当たり1升も採れ，その面積を1,000haとすると3,000石にものぼったという[16]．

　さらにブナ帯ではワラビ，クズ，カタクリなどの根茎類が雪融けをまっていっせいに芽を出す．ワラビはゼンマイ，タラの芽，コゴミ，ミズなどとともに，近年の自然食ブームのなかで山菜としての価値が高いが，本来は根に蓄積されたデンプンをとるための草本であった．ワラビ粉は，食用のみでなく，明治・大正を通じて蚕種をはりつける種紙や岐阜提灯などの糊の原料として用いられ，その生産は中央日本の山村において重要な現金収入源であった[17]．1874年（明治7）の『府県物産表』[18]によれば，ワラビ粉は筑摩県の252石を最高に秋田県の242石と続き，中央高地，東北地方に生産の中心があった．またカタクリ粉は，秋田県の430石を最高に新潟県，酒田県と続き，ブナ帯で主として生産されていた．これに対しクズ粉は，「吉野葛」に代表されるように，宮城県，岩手県，若松県（それぞれ67石，42石，59石）にも存在したが，大阪，京都の5,578石，1,013石を最高に西日本に多かった．クズは本州の最北端青森県まで自生しているが，照葉樹林帯でないと根が十分に生育しない．つまり，ブナ帯ではワラビやカタクリの地下茎から主にデンプンが採取されていたのに対しクズは照葉樹林帯でこそ根が十分に発達し，良質のクズ粉が生産されたことを意味するものであろう．このような根茎類は焼き畑の跡地，採草地など野火が放たれたところによく繁茂するものであるが，根を掘ると土地は荒廃した．

　これら堅果類や根茎類とともにマエタケ，ヒラタケ，エノキダケ，ナメコなどに代表されるキノコ類がある．マエタケはナラの根に，ナメコはブナの風倒木に

生えるキノコであるのでブナ帯の菌茸といえるだろう．近年キノコの原木栽培，オガクズを使った菌床栽培がいちじるしく発展しているが，それとても落葉樹林の存在あってこそその経済的生産が可能となるのである[19]．このほか山林のなかでノイチゴ，クロマメノキなどのベリー類も採集される．旧石器時代から永々と採集されてきたこれら「山の幸」は，貝類など「海の幸」とともに現代までわれわれの生活を豊かにしてきたものといえよう．

**b. 狩猟と漁撈**　ブナ帯の堅果類は，人間ばかりでなく山野を生息地とする野獣にとっても格好の好物となる．とくに，クマ，イノシシ，サルなど雑食性の野獣について妥当する．落葉樹の若芽や野草を食べるカモシカ，シカ，ウサギなど草食性野生動物も照葉樹林帯よりも落葉樹林帯に多い．かつての焼き畑や雑木林の伐採後地にスギ，ヒノキが植林されたことにより，獣数がめっきり減ったと

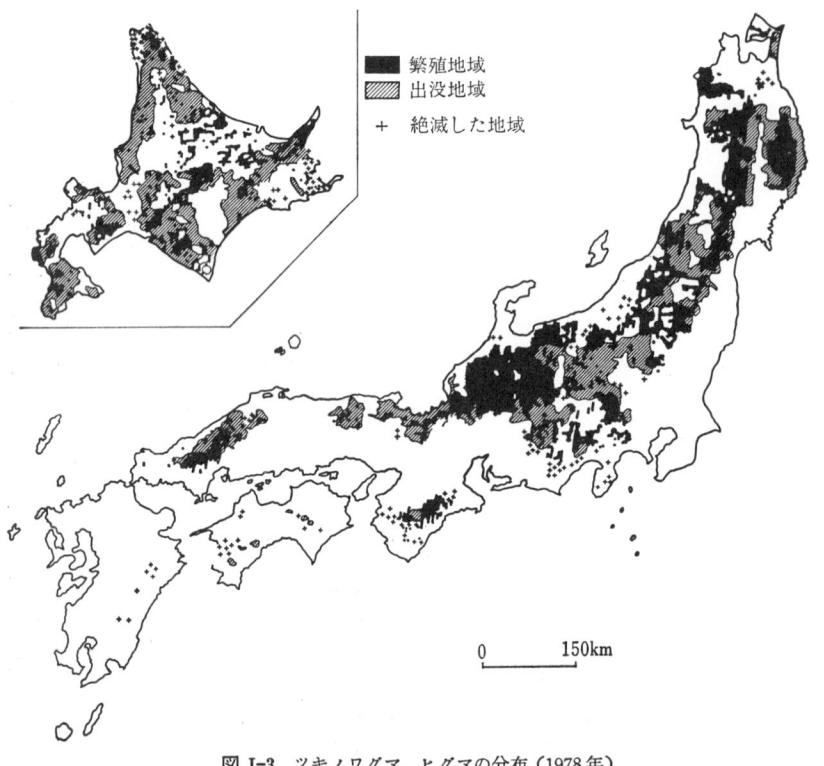

図 I-3　ツキノワグマ，ヒグマの分布（1978年）
　　　　（環境庁資料による）

嘆く猟師の声は各地できくことができる．なかでもツキノワグマとニホンカモシカなど大型獣の生息地は，ブナ帯とほぼ一致している（図I-3）．しかし，イノシシは脚が短く雪中行動しにくいので，深雪地帯には生息していない．また，ニホンシカもイノシシ同様，積雪に弱い．そこで冬になると雪の多い八ヶ岳から雪の少ない秩父山地へ定期的に移動するシカの群がみられた．この「かもしかみち」ならぬ「シカみち」には，鹿角が点々と落ちていたという[20]．

旧石器時代から永々として続けられてきた狩猟は，現在主としてレクリェーションとして行われているにすぎないが，これを生業としてきた人々が隔絶山村等には最近までみられた．明治政府は前者を遊猟，後者を職猟とよんだ．1893年（明治26）における職猟者数が97,594人であるのに対し，遊猟者数は1,836人で東京府，神奈川県，熊本県が多かった．これに対し職猟者は福島，宮城，長野，山口，大分，茨城，栃木，静岡，岩手，岡山，熊本など諸県の順でそれぞれ3,000人を越えていた．このように「狩猟免状」を有する狩猟者は全国的に分布していたが，大きく共同狩猟と個人狩猟に区分される．

鳥類や小動物を獲る小規模な個人狩猟ではなく，クマ，カモシカ，イノシシなど大・中型獣を追う共同狩猟民も二つの類型に区分される．クマ，アオシシ（クラシシ，カモシカ）を追う移動性の高い狩猟民とイノシシから農作物を守ることを目的とした定住性の高い農耕民とである．後者の事例は，狩猟研究の端緒を開いた柳田国男が日向国椎葉村で集録した『後狩詞記』[21]にみられるように，農耕儀礼の中に狩猟慣行を見出そうとするもので，西南日本に多い．前者の典型はマタギである．彼らは主として東北地方から中部地方にかけて主要な猟場としていた．

東北地方のなかで最も有名な阿仁マタギの集落根子には，マタギの統領であったスカリの家に『山立根元記』という巻物が保存されている（図II-10参照）．それは千葉徳爾の浩瀚な『狩猟伝承研究』[22]のなかにみられるように全国的に分布したものであるが，基本的には全国の山々で自由に狩猟することができるという認可状である．マタギが共同狩猟を行う際山神社に祈祷を行い，みずからを平地民と厳然と区別するため山言葉を使った．獲物の安定をはかるために使われた山言葉は，菅江真澄によれば蝦夷言葉が多かったという[23]．狩猟については後述するが，山言葉がアイヌ語に類似していること，秋田のマタギの子孫が秋山郷や会津に存在することを考えるとこの移動性の高いマタギの共同狩猟は本来北方系狩猟民のものではなかったかと考えられる．

一方，ブナ帯山地の渓流には，イワナ，ヤマメ，アマゴなどの陸封性のサケ科魚類が多い．森林から供給される昆虫類が渓流魚を涵養しているからである．一方シロザケ，サクラマスなど溯河性のサケ科魚類も豊かである．一般にこれらを採取する漁撈は，狩猟と組合わされて実施されてきた．たとえば，イギリス人宣教師ウエストンを穂高岳等へ案内した名ガイド上条嘉門次は，北アルプスを舞台に狩猟と漁撈を組合せて，生業としていた．嘉門次は春から初秋にかけては梓（あずさ）川でイワナをとり，晩秋から初冬にかけてはサケをとった．また冬から春の間には梓川，高瀬川，黒部川の谷で，カモシカ，クマを狩猟した．明神池のほとりに現存する嘉門次小屋は，生業のための基地であった．

また栃木県の栗山村には狩猟，漁撈に山菜採り，きのこ採りを組合せて生業としている猟師もいる．釣りの際には4・5月に食欲の旺盛なイワナにはトビゲラ，カワゲラなどの川虫を使い，6月以降はニワトリの羽で作った毛針を用いるという．それはイワナの食餌行動に合わせ川虫の羽化に合わせたものである．黒茶を好むイワナにはゼンマイの黒っぽい綿毛で疑似針の胴を作り，黄，橙を好むヤマメも虫の形をした疑似針を使う．このように，山で生きる人々は野生動物，魚，植物の生態に精通しているばかりでなく，天気の気象変化に精通しているので，登山のガイドや，遭難救助隊として活躍したのである．ところで，イワナ，ヤマメ同様，トビゲラ，カワゲラ等の昆虫の幼虫も氷河期の遺物であることは興味深いことである．

**c. 雑穀と根菜類の栽培**　　わが国で焼き畑耕作がいつ始まったか明らかでない．しかし，八ケ岳山麓の縄文遺跡を精力的に調査した藤森栄一は，縄文中期に焼畑耕作が行われたという「縄文農耕論」を展開した[24]．同氏は，① 前述の狩猟，採集，漁撈だけでは食べていけないほど集落規模が大きくなったこと，② 矢鏃が少なく，掘り棒の文化を想像させる石鋤，石鍬が増加していること，③ 尖底土器から定住性を示す平底土器へ変化したこと，および，④ 初期農耕文化の象徴である女性像の出現（地母神信仰）などをあげ，比較的温暖であった縄文中期に堅果類の豊富な潤葉樹林帯で焼き畑農耕が行われていたと推定している．この考えは，焼き畑研究の第一人者佐々木高明によっても支持され，彼の『稲作以前』の焼き畑農耕の主要な論拠となっている．ともあれ，縄文晩期には稲作が導入されていたことが明らかにされている現在，それ以前に雑穀が栽培されていたと考えるのは，妥当なことであろう．

## 1. ブナ帯文化の構図

　わが国の縄文時代における農耕は，アワ，ヒエ，キビ，ソバなどの雑穀農業から始められた．これらの作物はいずれも畑作であったが，畑地より生産力の高い水田農業が行われるようになっても，ブナ帯においては20世紀になるまで水稲よりもヒエが水田に卓越した．アワ，田ビエ，畑ビエ，キビ，ソバなどは，耐寒性，耐旱性が強く，痩地でも成育する作物で，冷涼なブナ帯でも収穫が可能であった．アワ，キビ，トウモロコシにはモチとウルチの亜種があり，糯米(じゅまい)(もちごめ)と粳米(こうまい)(うるち)の区別のある米の代替品になりえた．日本本土の大部分においては歴史時代にはいると，稲作を中心とした照葉樹林文化が主流となり，晴の食には糯米が不可欠なものになった．しかし，雑穀作を主体とするブナ帯農業においてモチアワやモチキビの栽培が重要視されていた．また酒の醸造さえアワ，ヒエなどを用いて行われてきた．

　ダイズは縄文時代から栽培されているが，最近まで維持されていた焼き畑耕作をみても，アワ，キビ，ソバなどの雑穀とともにマメ科のダイズ，アズキが必ず輪作されてきた．またブナ帯の常畑においても，ダイズを入れた2年3作，2年2作が一般的であった．

　繊維作物は江戸時代綿花が普及する以前，大麻と苧麻(ちょま)が栽培された．またイラクサ，シナノキなど草本や樹木の繊維でも織物が作られていた[25]．なお北海道のアイヌ民族はシナノキの繊維からアッシ織を織っていた（これについては，第Ⅱ部第3章で詳しく述べる）．

　ブナ帯ではカブ，ダイコンなど根菜類に大きな比重が置かれていた．これは単に野菜としてではなく，「糧飯(かてめし)」として，雑穀の不足を補なう主食として栽培されていたからである．在来種のカブは北海道の渡島半島から東北地方，北関東から中部地方の山間部に広く栽培されている．渡島半島の南端大野町で栽培されている大野紅カブは江戸中期に近畿地方から伝えられたといわれている[26]．しかも，北海道をはじめ日本のブナ帯で作られているカブは，シベリアアークで伝えられた赤カブと考えた方が妥当であると考えられている[27]．

　ブナ帯は畑作の卓越地帯であるため，常畑（永久畑地）の場合，水田より多くの施肥を必要とする．そこでコナラ，クヌギ，ハンノキなどの若い枝葉（刈敷(かっちき)という）を緑肥として用いたり，あるいは牛馬などの家畜を飼って，その厩肥を肥料として畑に大量にすきこむことが行われてきた．東日本のブナ帯は南部地方など一部を除けば，畜産文化圏の上では馬文化圏であった．これは農作業

の適期が短いブナ帯では農繁期により労働が集中するので，牛より敏速な馬が役畜として利用されたこと，および地温を高めるためには発酵熱の高い馬の厩肥の方が有効であったことがあげられる[28]．

焼き畑耕作から常畑，水田耕作する過程で，牛馬の飼育が始められるが，これは地力の維持のために家畜が必要であったことを示している．この牛馬の飼育のため，野草地を必要としたが，とくにその生産地では，放牧地と採草地を合せて1頭当り9～10haを要した．ブナ帯ではコナラ，ブナなどの広葉樹林が林間放牧地として利用されてきた．

**d. 民具と木工集団** 近代以前日本人の大部分は農民であった．彼らは彼らをとり囲む動植物資源を活用し，生計をたててきたので，彼らが日常的に利用した農具などにも地域性が強く表れていた．たとえば稲作の開始とともに鉄器の導入によって使用されてきた万能や鍬など小農具の柄には，それが照葉樹林文化を代表するようにカシが最も多く利用されてきたのである．しかし，水田農具と共用される鍬なども畑地が増大し，急傾斜畑が増加するにつれ，柄が短くなり，フロとの角度も大きくなり，使われる素材も多様化している．踏み鋤などの柄に農民みずから山野を歩き最も使いやすい天然木を活用している事例を多く見かける．また，スコップ，つるはしなど工具類の柄には，このアラカシ，シロカシ，イチイガシなどの照葉樹とともに地域によってミズメ，イタヤ，ナラ，モミジ等の広葉樹も使用されてきた．このことは，一定の地域に住む人々はその周囲の木材資源を何をどう使ったらよいか熟知していたことを意味する．一般に商品経済にまきこまれるのが遅れたブナ帯の農民は同時に民具の工作者であり，杣人であった．だから，春木（薪炭）や木葉板，木材を雪上で運びだす橇等には，伝統的にイタヤカエデやコナラ等が利用されてきた．

一方，わが国の醸造業，とくに江戸時代から清酒・醬油醸造の発展を支えたものの一つに，桶樽業の発達があげられる．桶や樽は，もっぱら秋田県や奈良県などのスギ材を使った．割裂性のあるスギの柾目，板目どりによって，清酒や醬油の仕込み樽の増大が図られ，舟運の発達とともに江戸などの消費地に大量輸送されるようになった．遠山富太郎によれば，このスギは，イワナやヤマメのように，氷河期を耐えぬいた植物であるという[29]．このスギはヒノキとともに柱などの建築材として都市の発達した照葉樹林帯で活用されてきたが，本来，針葉樹であることに示されているように照葉樹林帯の植物とはいえないのである．薪炭や木炭の利用

の低下に伴い拡大造林されたスギやヒノキは，雑木とよばれた広葉樹林の犠牲の上に成り立ったものである．なお，ヨーロッパのブナ帯ではブナ，ナラなど広葉樹の方が愛着観が深いようだ．ウイスキーの樽材がもっぱらオーク（oak）でできているが，ヨーロッパのオークは，日本のカシと異なり同じドングリがなるにしてもナラ類（Quercus），主としてミズナラである．わが国でも近年，ナラの大木の減少とともに広葉樹が見直されてきた．ともあれこれら桶や樽は農村を離れ親方のところで修業して技術を習得した名もない常民の手仕事によって製造されてきたのである．

　これら自給的・注文的生活用具を製造していた人々と異なり，特権的な職能として轆轤(ろくろ)を使用した木工集団がいた．木地師（木地屋）一般については後述するので，ここでは箱根の寄木細工についてのみふれる．寄木細工はだれもが子供のころ遊んだ経験があるように木片を「からくり」のように組み合わせ，正四角形または球型の寄木ができるものである．寄木職人の祖先は箱根神社に奉納されている朱塗りの木地椀にみられるように木地師系統であるが，箱根権元の絵巻が朝鮮の説話と非常に類似しており，木地師が帰化人であったことを想起させるという[30]．もちろん，木地師集団がそこに定着したのは，上部にブナ林を有する箱根や丹沢山の落葉樹資源に注目したからにほかならない．ところで丹沢山地の一角にある大山雨降神社の門前町は独楽（コマ）の生産で著明である．独楽は回転させて遊ぶものであるが，轆轤があって初めて生産可能な玩具であろう．

　橋本鉄男は，轆轤工集団と帰化人である秦氏（畑の地名）との深い関連を示唆している[31]が，この近くには，秦野をはじめ，唐ヶ浜，高麗(こま)山，狛江(こまえ)など高麗王若光にちなんだ名前が多い．716 年（霊亀 2）「駿河甲斐上総下総常陸下野七国高麗人千七百九十九人」を集め，武蔵国高麗郡をおいたとする『続日本記』の記載および 758 年（天平宝字 2）僧 33 人，尼 2 人，男 19 人，女 21 人，計 74 人をもって新羅郡を設置したこと等をあげ，荒竹清光は関東山地に沿って焼き畑・畑作，機織(はたおり)，金属加工，窯業を得意とする高麗ゾーンが，関東低地の水田開発に携わった新羅フロアとともに棲分け的に形成されたと考察している[32]．先年，埼玉県日高町高麗本郷にある高麗神社を訪れた際，神主が高麗王若光以来，67 代の当主であったことに驚愕させられた．ともあれ，関東地方における専門的職能集団である木地師は，高麗，独楽，狛をはじめ，江上波夫の『騎馬民族国家』を想起させる駒など，北方文化圏に相当する高句麗，ツングース系の

影響を無視できないであろう．このことは，東北地方の木地師にも妥当するであろう．東北地方の木地師は浦生氏の会津への転封に際して移動したといわれているが，それ以前からの木地師も多く存在していたと思われる．なかでも腰高の秀衡塗の椀，高杯を思わせる岩手県二戸(にのへ)郡の浄法寺椀には，大陸の影響を強く感じさせるものがある．また名子制度を残した地頭系譜の大家には，その注文に応じて椀をひく渡り職人の轆轤師がいたといわれているが，山中に小屋掛けして素地を作っていた木地師の多くは，需要の多い温泉地で木形子(こけし)工人となったり，会津のように小椋(おぐら)姓のみを残して帰農し農業集落となってしまったと思われる．ともあれ，専門的木工集団の中には，その素地資源に恵まれたブナ帯で活躍し，ツングース系の北方文化の影響を残した人々がいた事実は日本文化を考える際，忘れることができないものであろう．

**e. 薬草，染料** ブナ帯の植物資源の利用形態の一つに生薬，民間薬がある．ブナ帯は一般に都から離れた山間地に分布したので，病気等に穢されない土地であった．したがって，都人は，同じ薬草でもブナ帯で採集されたものを薬効が高いと考えたようだ．ブナ帯の山間地では，人々が医者にかかることができなかったため，みずから試行錯誤によって薬効を発見したものと，漢薬の処方を心得た行者によって薬効のある植物利用部位を教えられたものがあろう．ブナ帯で特徴的な薬草は，落葉喬木の樹皮を利用するものとしてキハダ（黄柏一漢薬名），ホウノキ（厚木），ニガキ（苦木），ミツバハナなどがあり，虫による木質部の変形を活用したマタタビ（木天蓼），ヌルデ（五倍子(ふし)）等がある．草本性のものには行者ニンニクをはじめオウレン（黄蓮），イカリソウ（淫羊藿）などの薬草とトリカブトのような毒草がある．さらに，癌に対する薬効が再評価されてきたサルノコシカケなどの菌類がブナ帯の薬種といえよう．

落葉広葉樹の樹皮を利用した薬用植物の中では，キハダが重要である．キハダは，落葉喬木のキハダの12年以上のものを樹勢の盛んな7～8月に伐採し，皮や枝に切れ目を入れて樹皮をはがした後，表層をとり除き黄色の内皮を自然乾燥させたものである．これは，シナ布の原料であるシナノキの樹皮をとる方法と共通するもので，興味深い．キハダの内皮にはアルカロイドのベリベリン，パルマチンが含まれ[33]，この成分がブドウ球菌，赤痢菌，コレラ菌などに殺菌作用があるため，民間薬として胃腸カタル，下痢などに施用されたのである．「良薬は口に苦し」といわれるようにキハダは，吉野の陀羅尼助(ダラニスケ)，信州の百草，山

## 1. ブナ帯文化の構図

陰の練熊の主成分で，苦味健胃剤として広く活用されてきたのである．

ところで，キハダは和紙を染色するのにも用いられたという．寿岳文章は正倉院文書の染紙件数をあげ，「染紙は黄系統のものが群を抜いて多く，それについで胡桃染，比佐宣染，紫染，杉染の順序となる．これは黄色が天平人の好みに適っていたからではない．黄染紙のほとんど全部を占めるのは黄蘗染(きわだぞめ)であって，これは黄蘗の樹皮が含有する苦味のアルカロイドのベルベリンとパルマチンに，虫害を防ぐ効果のあることを，伝承や経験によって知り，経巻保存の目的にかなうものと考えられたからである」[34]と述べている．「草木染の染材料には草根木皮など漢方薬との共通のものが多い．植物に含まれている諸物質が薬用になると共に染色にも利用されたのである」と山崎青樹は『草木染の事典』のはじめに述べている[35]．事実，ブナ，イタヤカエデ，シラカバ，ホウノキ，カシワ，コナラなどの樹皮や堅果類が茶，鼠色，黒に染めるのに用いられたことも周知の事実である．

蔓性の落葉植物アケビの茎の外皮を乾燥させたものが木通であり，利尿薬をはじめ消炎，通経，かゆみ止め等に効果がある．また開け実となったものが秋の味覚のアケビであり，若芽はおひたし，佃煮，果肉は油いため，蔓は野沢温泉や津軽のアケビ細工等に用いられる．このように利用部位が広範であるのは，落葉喬木の樹皮が薬材，染料として利用されたのと同様，その植物が古くから利用されてきたことを意味する．また，疲れた旅人が果実を食べ，また旅をしたくなったと伝えられるマタタビは，その語源をアイヌ語にもつといわれるようにブナ帯の植物である．正常な果実は塩漬け，果実酒として用いられるが，ヌルデの葉の虫こぶ（五倍子）と同様，虫こぶのできたものは，身体を温め，痛みを止める作用があるので，冷え症や神経痛に薬効がある．マタタビの茎も籠やビクに細工されるので，多様な利用植物の一つである．

草本性の薬用植物のうち，オウレンについては第Ⅲ部第4章で詳しくふれるので，ここではブナ帯を特色づける薬草ギョージャニンニクと毒草トリカブトについてふれる．行者ニンニクは別名アイヌネギと呼ばれ，深山の湿地に生育する．山菜ギボシに似た行者ニンニクは，その名のとおり揉むと強いニンニクの香りがあり，修験者や行者がこれを食べると滋養・強壮となり，厳しい修業に耐えることができたという．アイヌの社会においても行者韮（キトビル）の葉茎部がアイヌ人の主要野菜であるとともに，「煎じて風邪薬に用い，解毒剤ともする．ダニなど

の虫に刺された部位へ，キトの汁を塗る」ほか，イケマ（ドクゼリの根）とともに疫病除けにも使われたという[36]．一方，アイヌの毒矢にはトリカブトの塊根からとった水性エキスが使われた．トリカブトは全草毒草であるが，この根部に中枢神経を麻痺させる猛毒アルカロイドのアコニチンが含まれている．「毒と薬は紙一重」といわれるようにトリカブトは，漢方で神経痛やリューマチに用いられてきた．

『本草網目』によれば，ほとんどすべての植物に薬効があるといわれるが，今日，センブリ（当薬），ミシマサイコ（紫胡），オウレンなどの，比較的価格の良い薬草は薬用植物として栽培されており，薬用ニンジン，サワワサビ，ニンニク等は農作物として，アンズ（杏仁），カリンなどは果樹として栽培されている．栽培されないまでも庭木や庭園を彩る草花として多くの薬効のある植物が植えられているのは，植物資源の活用が頂点に達した前産業社会の残象とみることができる．

**f．ブナ帯の住居と食品保存**　日本では縄文時代から竪穴式住居が用いられた．そして庶民は奈良時代まで日常そこに住んでいた．半地下式の竪穴式住居は夏の防暑，冬の防寒という点からすぐれた機能をもち合わせているが，現在の住居にはその伝統はまったく生かされていないようにみえる．しかし古い民家をみると，土間に室(むろ)を備えているものが多い．室というのは小さな地下室で，ここには野菜が貯蔵されている（白山山麓では室を大根穴と呼んでいる）．ヨーロッパやアメリカの民家のほとんどは必ず地下室があり，そこにはブドウ酒，ジュース，野菜や果物の瓶詰，野菜などが貯蔵されている．地下室の中は恒温のためブドウ酒の品質維持にも役立っている．富岡市にある片倉工業は1872年（明治5）に建設された官営の製糸場だが，工場長であったフランス人のブリューナーは宿舎に二つの地下室を設けている．文明開化後日本人によって相次いで造られた洋館には，欧風の地下室が建設されることは少なく，現在に至っている．

八ヶ岳山麓，伊那盆地北部には「穴倉」と称する小屋がある．深さ60～90cmの穴を掘り，その上に切妻の屋根をかけた小屋で，この中で冬期間藁細工，竹細工などの作業を営んだ．朝この中で火を炊いて暖めると，保温がよいので，現在でも利用されている．このほか，稲藁，カヤで雪囲いや防風垣をつくったり，あるいは藁を編んで軒先に敷いて，土台の凍上を防ぐなど，ブナ帯における農民の知恵には見るべきものが多い．

野菜や山菜の貯蔵については漬物が多いが,生野菜の貯蔵,とくにダイコン,ゴボウ,ニンジンの根菜類の貯蔵に当たっては,スがいりやすいので工夫をこらした.深雪地帯では積雪のため地温が高いので,根菜類を地下に埋めずに,家の入口に,稲藁で編んだ直径1m,地上の高さ1~2m,地下に30cmほどの釣鐘型の貯蔵庫を設けている.新潟県中魚沼地方では大根館(やかた),奥信濃では大根ニョウなどと呼んでいる.最近北海道では十勝平野など道東地方で急速に地下室の建設が進んでいるが,これはブナ帯生活の先進地ヨーロッパの建築方式の利点を学んだ結果であるといえよう.

ブナ帯における伝統的な繊維は大麻であったから,これで織った麻布では,冬期間保温性が低い.そこで津軽地方では麻布を綿糸で刺す「小巾(こぎん)刺し」がつくられ,また北アルプスの山麓では,麻布に柿渋を塗って,保温と防湿の機能を高めていた.

ブナ帯における食品貯蔵の特色は,冬期間凍結乾燥法によるものであろう.凍み(しみ)豆腐(近代的な工場生産は凍り豆腐),凍り餅(氷餅と書いているところもある),凍み大根などがその例である.かつては手打ソバを凍らせて乾燥した凍りソバ,バレイショを凍らせた凍みイモがあったが現在ではつくられていない.凍結乾燥法によるバレイショの貯蔵によって,はじめて高冷地アンデスのインカ文明が栄えたとさえいわれている.

(2) シベリアアークによる文化伝播

a. 北方からの農作物の伝播　日本のブナ帯における主要作物は,かつてアワ,キビ,ヒエ,ソバなどの雑穀とダイズ,カブ・ダイコンなどの根菜類であった.これらの作物の伝播をみると,アワ,ヒエが縄文時代,ダイズ,アズキが弥生時代,大麦が3~4世紀,小麦が4~5世紀,モロコシが5~8世紀,ソバが8世紀,キビが10世紀に,朝鮮半島を経由して日本列島に伝えられたといわれている.またカブは8世紀に華中から,ダイコンは10世紀に華南から,それぞれ伝えられた[37].

根菜類を除くと,穀類は中国の華北や東北地方など冷温帯で栽培されていたものが,朝鮮半島経由で導入され,東日本のブナ帯で栽培されるようになったと考えられている.これは水稲,茶,綿花,柑橘類などの照葉樹林帯の農耕文化が,華中から九州に伝えられたという,いわゆる揚子江アークと対称をなすものである.またサツマイモのように華南から南西諸島というルートをとったものもあっ

た．家畜の伝播をみても，弥生時代に四川馬系の小型馬が華南から南西諸島経由で日本本土に，また古墳時代に蒙古馬系の中型馬が朝鮮半島経由でわが国に伝えられて，これが日本在来馬の主流となった．南部馬，三春駒，木曽馬など，ブナ帯で飼われた馬は，日本中型馬であり，19世紀末までもっぱら使われてきた．

以上のように，わが国で栽培されている農作物や家畜は朝鮮半島アーク，揚子江アークという2大伝播経路が考えられている．これに対してシベリア大陸からのシベリアアークを通じての文化伝播も見落とすことができない．なぜなら，それはわが国のブナ帯文化に大きな影響をもたらしたものと思われるからである．

最近北海道における先史時代の農耕文化に関する研究が進み，5,000年前の縄文時代にすでに農耕が営まれていたことが証明された．梅原達治らによると，渡島(おしま)半島の茅部郡南茅部町のハマナス野遺跡の住居趾から縄文前期のソバ種子が発見されたという．また縄文後期になると，積石のある周堤墓が数多く出現する時期である．とくに道央の恵庭市，千歳市周辺に多く，中には直径40mをこえる墓がある．このような文化を支えていた生産には，当然農耕があったと考えられる[38]．このような積石墓は日本本土に少なく，シベリア文化とのつながりが深いものと思われる．このほか，礼文島から出土した縄文後期の孔のあいたボタン状の貝製品は，沿海州とバイカル湖周辺で発見されているものと同一であるという[39]．

日本本土に稲作に基礎をおく弥生文化が紀元前300年北九州に伝わり，漸次東日本に広がっていったが，北海道にはこの文化が及ばなかった．そこで本土の弥生文化の時代を，北海道では続縄文時代といっている．続縄文期の北海道には，ソバの炭化した花粉が各地で発見されており，金属器の使用と併せ縄文時代に比べるとかなり焼き畑農耕が発展したものと推定されている．続縄文土器には，クマの浮き彫などアイヌ的文化が見出されるが，それは北海道のみではなく，青森県，岩手県，秋田県など東北北部にまで点々と出土している．この事実は東北北部に濃密に残っているアイヌ語地名とともにアイヌ民族が，日本本土にも進出したことを示している[40]．

続縄文文化は，本土の古墳文化の影響を受けて，4世紀擦文土器文化の時代にはいる．鉄器と土師器，須恵器などが日本本土から北海道に移入された．この時代になると，ソバだけではなく，アワ，ヒエ，キビ，モロコシ，大麦，エゴマ，緑豆などの花粉や種子が多くの遺跡から発掘されている．また鍬先，鋤，鎌など

鉄製農具も出土しており, 農耕がかなり重要な生産になっていたことをうかがわせる. しかし, この農耕は本格的なものでなく, 漁撈, 狩猟の合間に行われる焼き畑耕作にすぎなかった. この擦文文化は後のアイヌ文化の形成基盤となったが, 本土の鎌倉時代になると, 消滅してしまった.

道南, 道央において擦文文化が栄えた当時, 道北, 道東のオホーツク海の沿岸には, 樺太から南下してきた海洋氏族の文化があった. これがオホーツク式文化で, 網走市のモヨロ遺跡に代表される. 擦文文化はサケ, マスなど溯河性漁撈が中心であったが, オホーツク式文化は, アシカ, イルカ, クジラ, アザラシ, オットセイなどの海獣を主に狩猟している. またクマなど陸上動物もとっていた. さらに犬と豚の骨が出土しており, 家畜として飼われていたことが考えられている[41].

オホーツク人は樺太アイヌ, ギリヤーク人, 靺鞨(まっこう)族などさまざまな説があるが, いまだに定説はない. しかし, オホーツク文化はいちじるしく極地的であり, 樺太もしくは沿岸州, アムール川流域に源流が求められる. この文化も, 擦文文化と同じころ姿を消している.

以上のような北海道における縄文時代以降の農耕文化をみると, ソバをはじめとする雑穀栽培が, 津軽海峡をこえて南下し, 東北地方のブナ帯にもたらされたと考えるのは決して無理な論理であるとは思われない. また穀物と異なり, 花粉や炭化物として残されることがなかったアカカブやダイコンも, シベリア経由の伝播ルートであったと考えられる. とくに現在におけるアカカブの主要な栽培分布は, ブナ帯の焼き畑耕作地帯にほぼ一致しており, その解明が待たれている.

**b. 北方系文化の系譜**　　擦文文化とオホーツク式文化の後には, アイヌ文化が明瞭な形をとって現れるが, その時期は室町時代であった. アイヌ民族の生活様式は, サケ, マスなどの漁撈と, クマ, シカなどの狩猟が主体で, アワ, ヒエなどの雑穀作とウバユリなどの採集が従であった. また牧畜を営むこともなかった. このため, 北海道アイヌの人口支持力はきわめて低く, 明治はじめの人口は3万人に満たなかった.

アイヌ文化をみると, 祭祀に用いる酒は本土からの影響を受けてアワと麹菌を用いて醸造していた. 一方サケの皮で長靴がつくられていたが, これはシベリアに起源をもつものと考えられる. アイヌ文化には, 南方圏と北方圏の文化の相方が伝播している.

アイヌはすぐれた漁撈民族で，溯上するサケ，マスをとるのに，川を堰き止めて捕獲するウライ（Uray）という漁法があった．このウライは現在日本語になっているが，北海道・東北地方で広く用いられている．また信濃川下流では「打切り」，中流では「止め川」などと呼んでいるサケ漁法があるが，これは北海道アイヌからの系譜をもつものと考えられる[42]．

　日本におけるブナ帯の大半は，世界有数の深雪地帯に属している．深い積雪の上を歩いたり，また積雪を踏み固めて道をつくるためには，カンジキが用いられている．一晩に1mも大雪が積る場合には，カンジキをはいただけでは沈んでしまうので，カンジキのほか，縦70cm，横50cmにもおよぶ「スカリ」と呼ばれるお化けカンジキをはく[43]．このようなカンジキは，北ユーラシアから北アメリカに分布しており，これは北方圏文化に起源をもつものである[44]．

　古代スキーは，北ユーラシアの狩猟者や木こりの冬期間の実用品として，5,000年前に生まれた．当時のスキーはすべて木製で舟型になっており，中央部には靴が入るように彫りこんである．沿岸州や樺太には1000～1500年にスキーが用いられていたが，北海道アイヌはシベリアの狩猟民族と同じようなスキーを用い冬期間狩猟を行ってきた．日本本土においても，16世紀中期の天文年間，弘前に築城した津軽為信が，ソリ（橇）のような曲材を両足に結びつけて進撃した．18世紀末の天明年間になると，この曲材に支え綱をつけた「穿橇（はきそり）」，もしくは「立ち橇」と呼ばれるものが考案された．これらの雪具は，現在でも東北地方で用いられている「雪下駄」の原型である．

　秋田地方には，早春積雪が固くなった山の斜面を，木材を運搬する「山橇」（バチともいう）があって，いまでも日本海岸の深雪地帯で広く用いられている．この雪ソリもシベリアからの系譜をもつものと考えられる．

　バレイショは1601年（慶長8）オランダ船が日本へ伝えたのが最初であるが，一方18世紀の末（寛政年間）にロシア人が北海道に伝えた．つまり，アンデス起源の作物であるバレイショは，北ヨーロッパ・シベリアルートを通り北海道から東北地方へ伝えられたのである．陸奥国水沢出身の高野長英が，19世紀前期の天保の飢饉に際して，『救荒二物考』を著し，救荒作物としてのバレイショの耕作を奨励した[45]．その後東北のブナ帯にバレイショの栽培が急速に普及していった．

　ブナ帯の主要な家畜は馬であり，その標準となったものは東北地方北部の南部

馬であった.現在南部馬は品種の改良の結果残されていないが,土産馬(とさんば)(北海道和種)は和人が南部馬を連れて移住した結果,その風土に適応して生まれた日本在来馬の一亜種である.また今日,蒙古馬の血液を最もよく伝えている日本在来馬に木曽馬がある.1614年(慶長19)木曽地方が尾張義直に与えられるとともに,山村良修がその代官となったが,彼は馬種改良のため,奥州から種牝馬30頭を移入している[46].これは南部馬であったと思われ,木曽馬にも近世初期に南部馬の血がかなり入っていた.この事実は当時南部馬は全国的に高い評価を得ていたことを知りうる.

『南部氏旧記』によると,1454年(享徳3)南部17代光政の代に陸奥国田名部領主蠣崎信純が謀反を企て,蒙古韃靼より軍馬数百頭を輸入した.この反乱は失敗に帰したが,その残存軍馬が馬種改良に役立ったという.また『東奥軍記』(八戸市神弓也蔵書)には韃靼蒙古より軍馬数百頭,牛数百頭を輸入した.さらに『東北太平記』(南部家蔵書)には八戸南部氏が牛馬千余頭を輸入したと書かれている[47]という.このような記事は中世に現在の北朝鮮,沿海州あたりから,直接牛馬が輸入されていたことが推定され,南部馬や南部牛の改良に役立ち,その資質を高めていたと思われる.

以上のようにシベリアアークによる文化伝播には,樺太,沿海州,北朝鮮など,いくつかのルートがあったことが考えられるのである.

### (3) 照葉樹林文化のブナ帯への移入とその矛盾

照葉樹林帯の文化は,水稲作を中心にして茶,綿花,アイ(藍),の栽培,麹菌による酒の醸造竹細工,漆器の製造などが複合している.このような文化複合は,中央日本の山地,東北地方の北部,北海道などを除いて,日本全土に普及して,江戸中期にはクライマックスに達した.

日本における水稲栽培は紀元前2~1世紀に,華中の揚子江流域から北九州に渡来した.稲作は紀元の頃には瀬戸内,近畿地方,3~4世紀には関東地方にまで普及した.ところが,中央日本の高冷地や東北地方への水稲作伝播はテンポが遅くなった.東北南部で稲作が始められたのは8世紀の奈良時代,北部の津軽地方では13~14世紀の鎌倉時代になってからである[48].しかし中央日本や東北地方の山間部は,冷涼なブナ帯のため水稲栽培がむずかしく,第二次大戦後になって稲作が普及した地域もあった.

日本における農業発達史をみると,水稲作が基幹作物になっており,照葉樹林

文化がブナ帯まで北上していったと考えられる．

　北海道における本格的な開発は，北海道開拓使が設置される1869年（明治2）から始まる．開拓使が雇ったケプロンをはじめとするアメリカ人顧問は，稲作ではなく，麦作と畜産を主体とした畑作農業を奨励した．これを受けて，屯田兵司令部は水稲の栽培を禁止した．しかし北海道に移住した和人農民は稲作志向が強く，ひそかに栽培を試みるものが続出していた．1901年（明治34）北海道庁はこれまでの稲作禁止を転換して，奨励策にふみきった．道立農業試験場の設置と稲作技術の研究開始，開田の融資機関としての拓殖銀行の開設，開田事業を推進する土地組合の結成奨励など一連の政策によって，北海道の水田農業は昭和恐慌期まで急テンポで拡大していった．この結果，石狩平野や上川盆地の多くが水田単作地帯となり，本土と変らない照葉樹林帯的な耕作景観がみられるようになった．

　水稲栽培の限界地である北海道で稲作志向がきわめて強いのは，零細農家が多いという社会経済条件におうところが大きい．開拓当初石狩平野や上川盆地における農家の耕地は5haで，畑作物を輪作するには規模が小さすぎる．稲作の土地生産性は小麦の3.7倍，原料バレイショの2.6倍，アズキの2.5倍ときわめて高い（1973年）．そのうえ，水稲は連作しても地力はあまり落ちないし，忌地（いやち）現象も発生しない利点をもっている．

　中央日本や東北地方のブナ帯山村で，アワ，キビ，ヒエ，ソバを作っていた農民たちも，開田して水稲を栽培する志向が強い．これは水稲の土地生産性は，カロリー換算で雑穀の4倍以上に達し，そのうえ米の方が美味であるからである．米に対する愛着が強いのは，照葉樹林文化への志向が日本人に強いことを端的に示している．

　照葉樹林帯の作物をブナ帯まで拡大していく努力は，水稲ばかりでなく，各種の作物が試みられてきた．1878年（明治11）明治政府は「殖産興業」政策の一環として，当時消費増加がいちじるしい砂糖の国内需要を図るために，サトウキビ（甘蔗，蘆粟（ロゾク））の大増産計画が立てられた．中央高地の長野県や，東北地方の福島，宮城，山形，秋田，岩手などの諸県では当時，サトウキビの栽培がなされていなかったが，奨励の結果，その栽培がなされるようになった（図I-4）．また北海道においても1879年（明治12）亀田郡湯ノ川村（現函館市）で蘆粟が4町6反栽培されて，「中等」の成績を納めている．このほか釧路において

も蘆粟の栽培が試みられたが失敗している.

茶の栽培は北海道でも栽培されており,明治時代の農商務統計をみると,胆振国では茶の生産がみられる.津軽平野の弘前市,南津軽郡藤崎町では公式統計の

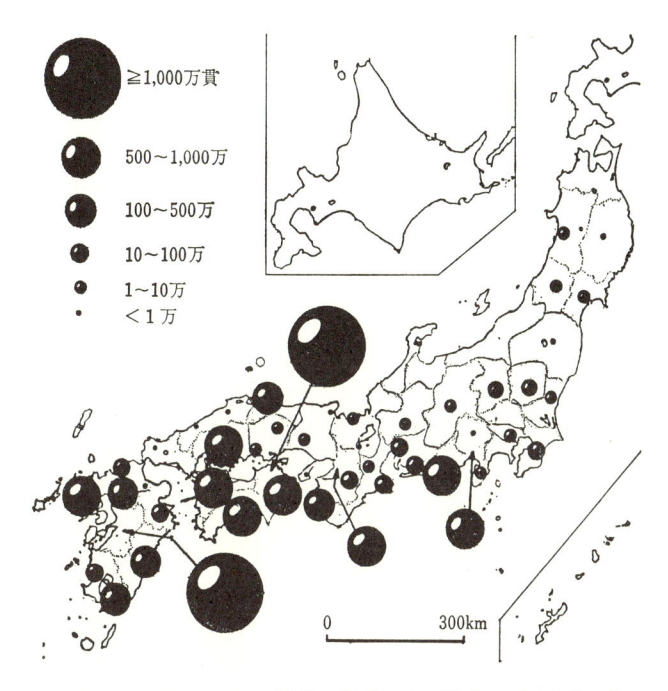

図 I-4 国別サトウキビ(甘蔗,蘆粟)の収穫量(1884年,明治17)
(農商務省統計表により作成)

上にはないが,現在でも茶の栽培が行われている.ここが日本における茶の北限になっている.

現在タバコとラッカセイは,マルチング栽培で青森県の三本木原まで,また照葉樹林帯のヤムイモであるナガイモは十勝平野まで栽培されている.

このように日本人の照葉樹林文化志向が,稲作や豆作をはじめ,農作物にしばしば冷害を発生させる最大要因をつくっている.これはブナ帯における風土を無視した土地利用に帰せられる. 1980年北海道・東北地方にかなりの冷害があったが,テンサイ,バレイショ,牧草,小麦など,本来ブナ帯における主要作物は,ほとんどが冷害を受けることがなかった.日本における冷害も大きくみると,自然災害ではなく,人為的な側面が大きいのである.

### 4) 日本におけるブナ帯文化の発展段階と諸類型

**（1） ブナ帯文化の発展段階**　日本におけるブナ帯文化は，5つの発展段階に分けられる．その文化の系譜は，揚子江アークを通じての照葉樹林文化がブナ帯に伝播して適応したものと，シベリアアークから入った要素とが複合して，ブナ帯文化を形成していった．

**a. 自然物の採取時代**　縄文時代から弥生時代にかけては漁撈，狩猟，堅果類の採取，焼き畑農業が結合した生活様式が普遍的であった．狩猟はきわめて不安定だったのに対し，サケ，マスなどの内水面漁業は漁獲が安定していた．溯河性のサケ科の魚であるサケ（シロザケ）とマス（サクラマス，カラフトマス）は，陸封性のヤマメやヒメマスに比較して，餌の豊富な海洋を回遊するために大きく成長する．本来海面漁業でとられる魚が河川や湖などをさかのぼるのであるから，大型魚であるにもかかわらず，簡便な漁具でとることができる．縄文晩期東日本に発展した亀ヶ岡式文化はサケ・マス文化だといわれるが，原始時代，古代の日本においては春から秋にかけてとれるマスと，秋から冬にかけてとれるサケの漁業はきわめて重要な役割を果たしていた．これは近代以前のアイヌ民族の生活においても，シロザケとカラフトマスの漁業は，狩猟よりも重要であった．十勝平野などに遺されているチャシ（城）は，主として川の分岐点に分布しているが，これは軍事的要衝としてよりはサケ漁などの見張る地点として重要であったといわれている[49]．

　内水面漁業と狩猟ともに，その資源は豊かなブナ帯の落葉樹林に育まれていたので，原始時代の人口密度はブナ帯の方が照葉樹林帯より高かった．

　中央高地には尖石，井戸尻，大深山など縄文時代の大遺跡が多く分布している．これらの遺跡は 900〜1300 m の地点にあり，かつてヤマグリの天然林が広く分布していた地域と一致している[50]．この当時の農業は焼き畑耕作で，アワ，キビ，ソバなど雑穀とともに，油脂作物，香辛料としてエゴマが主要作物になっていた．焼き畑は野火で造成されたが，その跡にはシラカバ，ブナ，ハンノキなど陽樹の落葉広葉樹が自生して，地力の回復ができたのである．

**b. 雑穀を中心とした常畑耕作と家畜**　弥生時代から古代になると，わが国の照葉樹林帯では農耕が急速に進み，国家権力による水田の区画整理（条里制）も行われた．ところが，ブナ帯における稲作の伝播は遅く，東北地方北部の津軽地方に水稲が伝播したのは，13〜14世紀の鎌倉時代に入ってからである．また

中央日本や東北の山間部では江戸時代はおろか，第二次大戦後まで稲作が不可能であった．したがって，ブナ帯ではアワ，ヒエ，キビ，ソバなどの雑穀作と，北方系のカブ，ダイコンなどの根菜類が主要作物であった．

中世になると，ブナ帯においても，焼き畑耕作が減り，常畑の比重が増してくる．この結果，施肥が必要となってくるが，刈敷，落葉のほか，厩肥が重要となり，牛馬の飼育が普及してくる．刈敷，落葉，秣草の採取や放牧のため，広大な農用林野が必要となるが，ここにはコナラ，クヌギ，カシワなどの落葉広葉樹と赤松が仕立てられた．コナラなどの広葉樹は刈敷に適し，また赤松とともに堆肥用の落葉をとるにも有効であった．さらに広葉樹の実は飢饉時の食用（救荒食）にもなった．農用林野として使用するために，しばしば野火が放たれたが，これらの木々が火に強いことも二次林として広く生育する結果になり，薪炭用としても利用された．この豊富な薪炭林を背景に，タタラ製鉄が発展したのも，ブナ帯や中間地帯の山地であった．

ブナ帯で使用されていた牛馬は，朝鮮半島経由でわが国に伝播されたというのが定説であるが，シベリアアークでの伝播ルートもあったと考えられ，中世，近世を通じて東北地方は牛馬生産の先進地でありえたのは，東アジアからの直輸入があったからだと思われる．

**c．水田ヒエ作と常畑の 2 年 3 作**　江戸時代ブナ帯山村において開田が進められるが，当初水稲が栽培されることなく，田ビエが作付けされていた．その後漸次水稲が栽培されるようになっても，酒造米の確保が主目的で，水田にはヒエの作付けが多かった．それも幕末の凶冷に当たってヒエの栽培が増加し，米作が減っている．

江戸時代麦作の普及とともに，常畑においては雑穀，ダイズとともに 2 年 3 作の輪作大系が確立された．しかし日本海岸の深雪地帯や，標高 1,100m の中央高地では，大麦，小麦の栽培がむずかしく，2 年 3 作を営むことはできなかった．

日本の照葉樹林文化は，水田における米麦二毛作を基幹として，茶，綿花，アイ（藍），タバコの栽培を加えた文化複合を形成していた．このような文化複合が形成されたのは，江戸中期にはいってからである．この時期になると，照葉樹林文化がブナ帯に相次いで導入されてくる．タバコや茶が津軽平野や北上山地まで作られるようになるが，マジョリテーとなることはなかった．しかし東北北部や中央高地の高冷地では綿花が栽培できないので，近畿地方などから古着が移入

されて利用されていた．盛岡などでは古着を取扱う豪商さえ存在していた．

**d. 稲作と養蚕，製炭の発展** 明治維新後，社会経済の近代化とともに，水田には稲作が普及とともに，開田が始められた．それは，耐寒性品種の選抜，改良，稲作技術体系の確立によるものであるが，そのテンポは大正中期，昭和初期，第二次大戦後と大きくなり，戦後，長年ブナ帯を支えてきた雑穀栽培を消滅させるに至った．また照葉樹林帯に成立した養蚕がブナ帯山村にも発展し，馬産，製炭などとともに，有力な収入源となった．

**e. ブナ帯における近代的文化複合** 近代以降本格的に植民が行われた北海道では，先住民族のアイヌが少数民族であったこともあって，そこには本土からの和人文化のうえに，欧米からの文化が折衷されて，新しい文化複合が成立している．とくに道東地方においては，大規模な穀作経営や酪農が発展し，また地下室をもった耐寒住宅が普及するなど，風土に根ざした地域文化が成立している．

中央高地のブナ帯では，自然条件に適した高原野菜や花きの栽培が発展し，またスキー，避暑のリゾートが形成されるなど，立地条件を生かした定住圏が生れている．このような傾向は北関東から東北南部の地域にも及んでいる．

**（2） ブナ帯における生活文化の諸類型**

ブナ帯における農耕文化複合の発展段階に対応し，ブナ帯で暮らしてきた人達の生活文化にも地域的差異が生じている．ここでは生活文化のうちブナ帯の集落に目を向けてブナ帯文化複合の地域性の一端を明らかにしたい．

ブナ帯における原初的な生活文化複合は，自給的畑作農業（焼き畑耕作）に自然物の採集，狩猟，漁撈を加えたものであろう．このような類型の集落はもはや見あたらないが，隔絶山村のなかには，このような生活をしている人を若干見かけることができる．この原初的類型には，木工品が重要性をもつ集落と畜産を加えた集落の二つのサブタイプが存在した．前者は木地師が定着したムラにみられた形態であるが，現在は木曽の漆畑や会津の弥平四郎集落ぐらいになってしまった．後者はかつて北上山地，木曽，中国山地，阿蘇山麓などに広くみとめられたもので，仔馬や犢(こうし)を生産した畜産地帯である．

明治・大正期以降交通手段の発達とともにブナ帯の農山村も商品経済にまきこまれ，森林資源を活用した用材・パルプの生産，製炭が重要な活動となってくる．国有林地帯にあっては林務労働も無視しえないものがあった．このような自給的畑作農業に林業を加えた形態はかつてブナ帯の農山村に広範に認められたの

で伝統的類型とみることができる．前述のように照葉樹林文化の指標である水稲栽培の北進にともない，東北地方では伝統的類型のうち自給的畑作部門が稲作に置きかわったところが多い．なかでも阿武隈山地や山形県の置賜地方では自給部門の安定により製炭を中心とする林業により多くの労働力を注ぐようになった．水稲による自給食糧の確保は，ブナ帯の農民に新しい試みを行わせることになった．タバコ・ホップなどの工芸作物，キャベツ・ハクサイ・ダイコンなどの野菜などの栽培，酪農などの商業的農業が稲作と組み合わされて発展している．これは最近福島県・岩手県などの太平洋岸のブナ帯山地によくみられる類型である．

明治以後欧米のブナ帯に起源をもつ農業や農法の移入により新しい農耕文化の類型が生じた．その一つは北海道の十勝平野や北見平野に定着した畑作農業である．アズキ，ササゲなど伝統的作物もあったが，半硬質小麦，バレイショ，テンサイ，ハッカ，デントコーンなどは欧米のブナ帯で育成された栽培作物である．また，北海道に導入された経営に酪農がある．都市近郊の搾乳業者のいわゆる粕酪農に対し，北海道や東北や中央高地の一部に成立したのは草地酪農で，欧米のブナ帯で開発された牧草類，根菜類に依拠している．このような形態は水稲栽培のできなかった火山山麓等の第二次大戦後開拓地でも発展した．

明治初期内務省勧業寮が1872年（明治5）アメリカから輸入したリンゴ，モモ，オウトウ，ナシ，アンズ，スモモなど落葉果樹を1874年各県に配布した．これら果樹のうちリンゴはブナ帯の津軽平野に定着した．リンゴは経済性が高かったため,水田まで栽培されるようになった.昭和恐慌後における養蚕の衰退にともなって，長野，福島，山形等の盆地では，クワにかわってリンゴをはじめモモ，ブドウ等の落葉果樹が植栽された．今やこれらの落葉果樹はブナ帯や中間地帯の重要な農産物となり，果樹専作地帯を生みだした．一方，果樹栽培よりも浸透は遅かったが，戦後食生活の欧風化に合わせて急速に発展したものに欧米の冷温帯で育種されたキャベツ，レタス，セロリーなどの野菜栽培がある．北上州の嬬恋（つまごい）村，八ヶ岳山麓はその典型であるが，高原野菜の栽培は典型的な遠郊農業であり，交通の発達とともに東北，北海道のブナ帯にもその生産は伸びている．

他方，水稲の品種改良と栽培技術体系に支えられ，ブナ帯の平坦部においては気温の日較差が大きいこともあって，稲作のもっとも生産力の高い地域になっている．仙北平野，庄内平野，八郎潟干拓地などはその好例である．この類型は欧

米のブナ帯にみられない．日本の独自のものであるといえよう．

　夏の冷涼な気候，冬期間の降雪などの自然条件を利用した避暑地，スキー場などのリゾートが，わが国のブナ帯に成立している．これらのリゾートは既存のブナ帯農山村を大きく変容させたばかりでなく，新しい定住集落さえも形成している．

　このようなブナ帯における地域類型については，Ⅱ部・Ⅲ部の各論において詳述されている．　　　　　　　　　　　　　　　　　　　　〔市川健夫・斎藤　功〕

## 文　　　献

1) 上山春平編 (1969)：『照葉樹林文化』中公新書, 208p.
2) 丸山真男 (1961)：『日本の思想』岩波新書, 192p.
3) 上山春平・佐々木高明・中尾佐助 (1976)：『続 照葉樹林文化』中公新書, 238p.
4) Sauer, C. O. 著；竹内常行・斎藤晃吉訳 (1960)：『農業の起源』古今書院, 164p.
5) 中尾佐助 (1966)：『栽培植物と農耕の起源』岩波新書, pp.59-75.
6) 佐々木高明 (1971)：『稲作以前』日本放送出版協会, 316p.
7) 梅棹忠夫 (1967)：『文明の生態史観』中央公論社. 258p.
8) 吉良竜夫 (1971)：『生態学から見た自然』河出書房新社, pp.105-141.
9) 沼田　真・岩瀬　徹 (1975)：『図説 日本の植生』朝倉書店, 178p.
10) 文化庁 (1969〜)：『植生図：主要動物地図』(各県別), 国土地理協会.
11) 前掲9), p.10.
12) 安江安宜 (1974)：ブナ林の生態地理（未発表資料）；塚田松雄 (1974)：『花粉は語る』岩波新書, 229p. および両博士の教示による.
13) 渡辺　誠 (1975)：『縄文時代の植物食』雄山閣, 187p.
14) 瀬川清子 (1968)：『食生活の歴史』講談社, 267p.
15) 倉田　悟 (1969)：『樹の花2』山と渓谷社.
16) 室井　綽 (1974)：乗鞍岳で笹の実を採る．『北アルプス博物誌』信濃路, pp.119-123.
17) 市川健夫・白坂　蕃 (1978)：乗鞍火山東麓における山地集落の変貌. 新地理, **26**, 1-28.
18) 藤原正人編 (1959)：『明治前期産業発達史資料第1集―明治7年府県物産表―』明治文献資料刊行会, 830p.
19) Saito, I. (1982): Shiitake and Nameko—A brief sketch of Mushroom Cultivation in Japan. *Ann. Rep. Geosci. Univ. Tsukuba*, No.8. 10-15.
20) 市川健夫 (1973)：『千曲川・信濃川』信濃路, 196p.
21) 柳田国男 (1970)：『後狩詞記』（定本柳田国男集27巻所収）, 筑摩書房.
22) 千葉徳爾 (1969)：『狩猟伝承研究』風間書房, 828p.
23) 内田武志・宮本常一編訳 (1967)：『菅江真澄遊覧記四』東洋文庫, pp.128-150.
24) 藤森栄一 (1967)：日本原始陸耕の諸問題. 『かもしかみち』学生社, pp.188-199.
25) 市川健夫 (1978)：『風土の中の衣食住』東京書籍, 258p.
26) 青葉　高 (1976)：『北国の野菜風土誌』東北出版企画, 220p.
27) 青葉　高 (1981)：『野菜』法政大学出版局, 332p.

28) 市川健夫 (1981):『日本の馬と牛』東京書籍, p.20.
29) 遠山富太郎 (1976):『杉のきた道』中公新書, 215 p.
30) 金 達寿 (1970):『日本の中の朝鮮文化 1』講談社, pp.18-27.
31) 橋本鉄男 (1979):『ろくろ』法政大学出版局, 444 p.
32) 荒竹清光 (1976・77):関東地方における高麗人・新羅人の足跡 (1)〜(5).地理月報, 233-237号
33) 信州生薬研究会 (1979):『信州の薬草』信濃毎日新聞社, 255 p.
34) 寿岳文章 (1967):『日本の紙』吉川弘文館, pp.187-188.
35) 山崎春樹 (1981):『草木染の事典』東京堂出版, 277 p.
36) 知里真志保 (1973):『知里真志保著作集 第3巻』平凡社, p.194.
37) 星川清親 (1978):『栽培植物の起源と伝播』二宮書店, 295 p.
38) 梅原達治 (1982):『北海道における農耕の起源』札幌大学梅原達治.
39) 辻 季子 (1983):可食植物の概観,『縄文文化の研究』第2巻, 雄山閣.
40) 岩波書店編集部 (1961):『日本の地理 I 北海道編』岩波書店, 202 p.
41) 宇田川洋 (1980):擦文文化とオホーツク文化. 北海道の歴史と風土.
42) 市川健夫 (1977):『日本のサケ-その文化誌と漁』日本放送出版協会, 242 p.
43) 市川健夫 (1980):『雪国文化誌』日本放送出版協会, 264 p.
44) 大林太良 (1983):文化人類学からみた日本海文化, 古代日本海文化, 小学館, pp.83-84.
45) 高野長英 (1953):救荒二物考. 岩手県.
46) 市川健夫 (1966):『高冷地の地理学』令文社, 414 p.
47) 山田喜平 (1968):岩手県の産牛. 岩手県畜産会, pp.2-3.
48) 戸刈義次 (1966):日本の米.『食糧』, 東大出版会, p.34-36.
49) 辻 秀子 (1977):文化史から見た十勝. 帯広畜犬だより, 第46号.
50) 藤森栄一 (1970):『縄文農耕』学生社, 214 p.


## 2. 植生からみた日本のブナ帯

この章では, わが国におけるブナ帯の範囲, ブナの木の分布, ブナ林構成植物, ブナ林の生態的特徴について述べる.

### 1) ブナ帯の範囲

ここでは, 日本のブナ帯の範囲は, どこからどこまでで, それはどうやって決めるかについて述べる.

ブナ帯は, その名前の示すように, ブナという樹木と関係のある地理学上の地域である.

ブナは学名を $Fagus\ crenata$ Bl. といい, わが国には, その仲間で, もう一種, イヌブナ ($Fagus\ japonica$ Maxim.) という木がある. ブナ帯とは, これ

らの樹木の分布しうる地域と考えてよいが，じつはこの分布という言葉には，次の三つの場合が含まれている．

① これらの樹木が実際に生育している地域．
② これらの樹木が実際に森林の優占種として生育している地域．
③ これらの樹木が現実には生育していないが，潜在的に生育しうる地域．すなわち，条件さえ許せば，これらの木が森林を作る地域，である．

この章で，ブナ帯として扱う地域は，3番目のブナが潜在的に生育できる地域のことを指すものとする．なぜならば，現在の日本では，現実のブナの木やブナ林は，人里離れた，文化とは隔絶した場所に残存しているだけだからである．それでは，潜在的に生育できる範囲とは何で，それはどうやって決めるのだろうか．

ひとつはまだ日本列島に人類の影響の小さかった時代に，この列島をブナの木が覆っていた範囲を指すといってよい．もうひとつはある場所を自然条件下に放置した場合，そこに極相林としてブナ林ができる範囲を指す場合である．後者の場合は，極相林という言葉を理解するために，植物生態学でいう遷移という考え方を理解しておく必要がある．遷移というのは，ある場所を自然に放置しておく，すなわち，伐採や，放牧や耕作などの人間の活動を一切停止すると，そこには自然に植物が生えてきて，群落を作り，やがて，その土地の気候と土壌に最も適した植物の作る群落に移り変わっていく，という現象につけた名前である．そしてその最高に発達した群落（ここではブナ林）が極相林なのである．だから，この第1の場合と第2の場合の範囲は大まかには一致するだろう．したがって，ここでいうブナ帯とは，ブナの木が極相林を作りうる範囲のことである．

わが国全体では，このブナ帯を含めて三つの極相林が覆う地帯があるとされている．西南日本を中心とするシイ・カシの林と，北海道北部のトドマツ・エゾマツの林および東北日本を中心とするブナ林である．これらの林の覆う地帯を樹林帯と呼ぶ．これらの地帯はわが国の気候区分の暖温帯，冷温帯，亜寒帯に対応し，これらを植物地理学的には，暖温帯常緑広葉樹林（照葉樹林），冷温帯落葉広葉樹林（夏緑広葉樹林），亜寒帯常緑針葉樹林と呼んでいる．しかし，現在の日本の低地では，これらの極相林はほとんど残っていないので，現在自分の住んでいる地域が何帯に属するのか判断するのがむずかしい．

現在の植物生態学は，各樹林帯における遷移の系列を次のように推定して

いる.

**暖温帯常緑広葉樹林帯**
ススキ・チガヤ草原 → アカマツ林 → クヌギ・コナラ林 → シイ・カシ林
　　　　　　　　　土壌条件の良い場合

**冷温帯落葉広葉樹林帯**
ススキ・ササ草原 → アカマツ・シラカバ林 → ミズナラ林 → ブナ林
　　　　　　　土壌条件の良い場合

**亜寒帯常緑針葉樹林**
ノガリヤス・ササ草原 → シラカバ・ダケカバ林 → ミズナラ林
　　　　　　　　　　　　　　　　　　　　→ エゾマツ・トドマツ林

このような例によれば,各樹林帯で極相林が伐採されて,他の林になっていたり,あるいは草原になっている場合でも,その場所の極相林を推定することができる.たとえば,その土地にシラカバ・アカマツの林かミズナラの林が残っていれば,そこはブナ林に遷移する前の林として,その地域がブナ帯に属することが予想される.

草原の場合でも,それが,ノガリヤス類か,それを含んだササ草原であれば,その草原はやがてトドマツ・エゾマツの林に遷移するものとして,亜寒帯常緑針葉樹林域であると判断するわけである.しかし,多くの場合,そのような林や草原すらもなくなり,耕作地や市街地となっている場合も多い.

そういう場合,どうやってそこの場所の森林帯を知ることができるのであろうか.また,原植生のように,人類の文化がまだ発達しなかった時代や,遷移の極相のように何百年も先の森林の範囲をどうやって推定することができるであろうか.そのことを知る上で,現存する極相林の分布が重要な手がかりを与えてくれる.たとえば,現在でもブナ林の残存している場所に行って,そこの気温を調べてみると,どのブナ林も同じような温度範囲にあることがわかる.

このことは,ある範囲の気候,とくに温度とそこに成立する植物群落との間に強い関係があることを示すものであるから,逆にその地域の気温を知ると,そこの極相林がわかることを示している.そこで,現在,ブナ林となっている場所を含む,沢山の場所の気温を測って,それとその地域に残っている極相林との対応を知ろうという試みがなされてきた.その最も成功した例が,吉良竜夫(1949)の温量指数と呼ばれるものである[1].

この指数は,"暖かさの指数"(W.I.),"寒さの指数"(C.I.)とも呼ばれ,次

のような原理の上で計算される．

まず，摂氏5°Cという温度が植物の生育にとって必要最低限の温度であるという植物生理学上の基礎のうえで，月の平均気温から5°Cを越える月に注目し，5°Cを越える温度分をたし合わせた温度を暖かさの指数としたのである．すなわち，

$$W.I. = \sum (t - 5°C)$$

$t$ は平均気温が5°Cを越える月の平均気温

こうして計算したW.I.の値が45以下になる地域では，トドマツ，エゾマツ，シラビソなどの林ができ，45以上85以下の温度の地域ではここで扱うブナ林が成立する．この値が85を越えると，シイやカシの林ができる．

こうして，ある場所のW.I.を計算することによって，そこの樹林帯を知ることができる．

また，もう少し簡単な方法は，1年のうち月平均気温が10°Cを越える月がいく月あるかによって判定する方法もある．すなわち，1年のうち月平均気温が10°Cを越える月が6カ月以上つづくと，そこはシイ・カシ林になり，4カ月から6カ月の間はブナ林となり4カ月以下ではトドマツ・エゾマツ林になる，というものである．

このふたつの例をまとめて表I-1に示した．ところが，このW.I.の例で，W.I.が85以上のところにシイ・カシ林ができない地域があることがわかった．

表I-1 わが国における樹林帯と温量指数および月平均気温10°C以上の月数との関係

| 樹林帯 | 温量指数<br>(°C×月) | 月平均気温が10°C<br>以上の月数 | 極相林の優占権 |
| --- | --- | --- | --- |
| 亜寒帯常緑<br>針葉樹林 | 45以下 | 1~4 | エゾマツ，トドマツ |
| 冷温帯落葉<br>広葉樹林 | 45(55)~85 | 4~6 | ブナ，ミズナラ |
| 暖温帯常緑<br>広葉樹林 | 85以上 | 6< | シイ，カシ |

（ ）内は北海道の場合

その地域を調べてみて，これらの地域は，冬の寒さがシイやカシの分布を制限しているのではないかと考えられた．そこで，月平均気温が5°Cに達しない月に注目して，その月の平均気温から5°Cを引いた値を各月ごとに加え合わせ，その値にマイナスの符号をつけて"寒さの指数"（C.I.）として示した．そして，この値が，マイナス10以下のところは，シイやカシは分布できないとした．す

## 2. 植生からみた日本のブナ帯

ると，暖かさの指数が85以上でも寒さの指数がマイナス10以下ではシイ・カシ林は成立しないのである．また，W.I. が85以上なので，ブナ林も成立しない．こういう地域が本州の中央部低地から東北地方の内陸部にかけて分布しているのである．

この地帯を吉良は暖帯落葉樹林と呼んでいるが，そこの森林の優占種がなんであるかはよくわかっていない．

吉良の温量指数は，現在では多くの人々に受け入れられ，わが国の温量指数の分布も森林立地懇話会から出版されている[2]．その結果をもとにして，ブナ帯の範囲を図I-5に示した．この等温量線をひくに当っては，間隔が15°C刻みになっているので，ここでは50°から95°の間をブナ帯として示した．また，計算

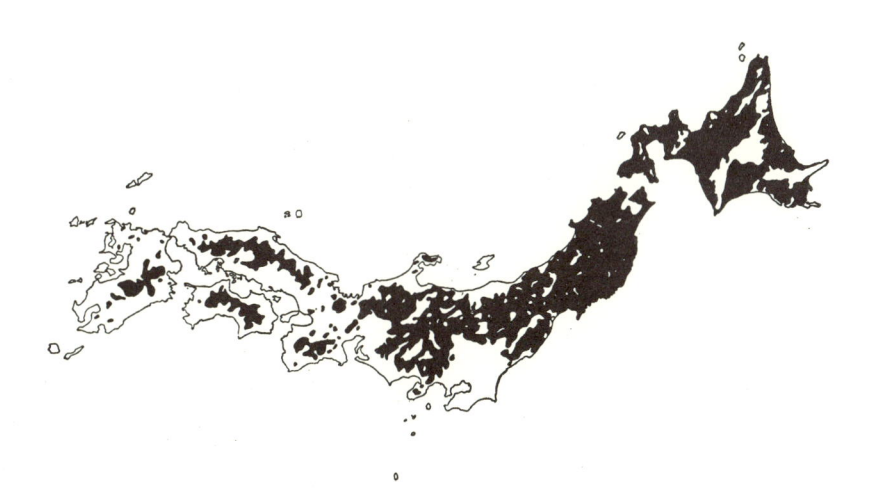

図 I-5 温量指数を用いて推定したブナ帯の範囲（黒色の部分）[2]

の基礎として，月平均気温に日最高と最低の平均を用いたので，吉良の指数より5度ほど高くなっている．吉良の指数では45°から90°の範囲に当る．

この図に示したように，黒くぬりつぶした範囲がここでいうブナ帯の範囲であるが，この地域は，ブナが生育可能な地域という意味で，現実にブナの木が生えている範囲とは一致していない．わが国において，実際にブナの木が分布している範囲をHorikawa[3]（1977）によって示すと，図I-6のようになる．ブナの生育可能な温度範囲が，温量指数で55°から85°であるから，北海道の低地の大部分はブナの生育可能地域なのに，現実にはブナの樹木は北海道渡島半島の黒松内低

地までしか生育していない．したがって，それ以北の北海道低地はブナを欠く落葉広葉樹林が広がっている．この理由はまだよくわかっていない．

いずれにしても，わが国の冷温帯落葉樹林はブナの優占する本州のブナ林と，ブナを欠く北海道の落葉樹林からなっている．このブナを欠く落葉樹林は，ミズナラが優占する場合が多い．ここでは，この両方を合わせて，ブナ帯と呼ぶこととする．

図 I-6　わが国におけるブナの木の分布[3]

図 I-5でみるように，わが国のブナ帯の分布は，九州，四国，中国地方の山地帯上部，中部地方の山地帯，東北，北海道の山地から低地に分布していることがわかる．

したがって，この地帯に成立する固有の"文化"があるならば，それをブナ帯文化と呼ぶことができよう．

2) ブナ林の種類組成の下位区分

ここでは，ブナ林をつくっている植物の種類組成について述べる．植物は，現実の生活では，必ず他の種の植物と混在し，群落となって存在している．しかも，その混在は，雑多な種類がデタラメに一緒にいるのではなくて，特定の環境のもとには，特定の種の組合わせとして存在している．ブナ林には，ブナ林固有の種が一緒に生活しているのである．

## 2. 植生からみた日本のブナ帯

前節でみたように，ブナ林は九州の山地（高隈山）から，北海道の黒松内低地の範囲に成立しうるので，同じブナの木が優占する林でも，構成種はその地方，地方によって異なってくることが予想される．しかし，ブナ林が成立すると必ずそこに一緒に生育する植物群がある．

現在，日本に散在するブナ林を数多く調べて，それを相互に比較すると，多くの場合，ブナ林にはササ類とカエデの仲間が一緒に生育していることがわかった[4,5]．日本のササの仲間には，日本海側の雪の深い地方に多いチシマザサ，チマキザサ，太平洋側に多いスズタケ，ミヤコザサが知られていて，ブナ林とよく結びついている．カエデの仲間には，イタヤカエデ，ハウチワカエデ，ウリハダカエデなどの樹木がブナの木と一緒に森林を作っているのである．

この他にブナ林地帯に多くみられる樹木として，ホオノキ，ミズナラ，ハリギリ，シデの仲間，ノリウツギなどがある．全国のブナ林を調べ，その構成種を比較してみると，その地域，地域によってブナ林を構成している種類組成が異なっているが，その違いに基づいて，ブナ林を分けると，ブナ-チシマザサ群団* とブナ-スズタケ群団に分けられる[4]．この二つの群団は，地域としては，日本海側と太平洋側とに分かれて分布している．

ブナ-チシマザサ群団が成立するブナ林地帯には，チマキザサ，ハウチワカエデ，ヤマソテツ，エゾユズリハ，ハイイヌガヤが特徴的に生育し，ブナ-スズタケ群団では，タンナサワフタギ，クマシデ，スズタケ，イヌツゲなどが生育している．これら二つの群団のうち，日本海側のブナ-チシマザサ群団は，ブナ-アオモリトドマツ群集とクロモジの仲間で特徴づけられるブナ-オオバクロモジ群集，ブナ-クロモジ群集に細分される．

一方，太平洋側のブナ林は，ブナ-イヌブナ群集，ブナ-ミヤコザサ群集，ブナ-ツクバネウツギ群集，ブナ-シラキ群集に分けられる．このように，同じブナ林地帯でも，植物の種類組成によって七つの地域に区分されることがわかった．

このおのおのの地域には，独特な植物，たとえば，ホオノキ，カエデ類，ハリギリ，クロモジなどが生育し，そこに住む人々の生活資料となり，人々の生活に独特な生活様式を付与しているものと思われる．

---

\* 植物群落を植物社会学的方法によって調査すると，ある特定の環境の下には，ある特定の種類の組合わせをもった群落が成立することがわかっている．
　この種類の組合わせを基にして，植生を分類したときの基本的単位を"群集"といい，類似の群集を集めた，植生分類上の上級の単位を"群団"と名づける．

### 3) ブナ林の量的特徴

前の節でブナ林の分布範囲と種組成について述べてきたが、この節では、ブナの樹木およびブナ林の個体数、現存量などの量的特徴を述べる。

いままでの節で述べてきたように、ブナ林は、わが国の広い範囲に分布しているので、生育している場所によって、個体数、現存量、生物生産量などが異なっている。だから、それらの量について、ブナ林一般の値を示すことはできない。

ここでは、それらの量が比較的よく調べられている丹沢山塊の例について紹介しよう[6]。このブナ林はスズタケを林床にもつ太平洋側のブナ林である。調査は、標高 600 m から 1,650 m の間にあるブナ林で行われたものである。報告によると、このブナ林の 100 m$^2$ 当たりの構成樹種は 4 種から 25 種といろいろなタイプの林がみられた。そこに生育していた樹木の総数は、ブナ以外の木も含めて、1 ha 当り 887 本から 4,300 本とさまざまであった。その数は、そこに生育している樹木の太さによって異なるもので、木が太ければ、生育している本数は少ないし、細ければ、本数は多くなる。しかし、この数をみることによって、ブナ林には、一定面積当たりどのくらいの樹木が生育しているか見当がつく。次に、このブナ林の一定面積内のブナおよびその他の樹木を全部切り倒して、十分乾燥して重さを測ったらどのくらいになるだろうか。この乾燥重量のことを植物生態学では、現存量といっている。しかし、森林の木を切って、いちいち測ることはできないので、森林の現存量の推定の仕方はいろいろ工夫されてきている。

生嶋（1964）の報告によると[6]、丹沢のブナ林の現存量は 1 ha 当り 13.7 t から 327.1 t であるとされている。すなわち、よく発達したブナ林では 1 ha 当り 327.1 t の重さの樹木を生育させているのである。この値には、林床の植物は含まれていない。

これらの森林は、毎年毎年秋になると葉や小枝を地上に落し、それがブナ林の土壌をつくっていく。この落葉、落枝が何百年もつづくと、それらの葉や枝から土壌が形成され有機物に富んだ肥沃な土が形成されていく。

この土こそ、その後の農業生産を支える基礎となったものである。そして、このブナ林が 1 年間に落す葉量は 1 ha 当り 1.3 t から 9.1 t に当る。この 9.1 t の葉は地上に落ちると、土壌動物に食われ、カビやバクテリアによって分解され、一部は養分となり植物に吸収される。残りは土壌として集積される。

こうしてできる土壌有機物量の調査は、丸山ら（1972）によって報告されてい

る[7]．この調査が行なわれた場所は，前の丹沢と異なって，日本海側の多雪地帯のブナ林である．

丸山らはそこで，標高550mから1,500mに分布するブナ林の腐植土壌の量を調べた．それによると，標高500mでは1ha当り21.5t，1,500mでは1ha当り81.5tとなっている．この中の窒素の量は，標高500mの地点ではha当り0.45t，1,500mのところは1.79tであった．

地表面に蓄積されていたこれらの量は，標高が上るにつれて多くなっている．

有史以前からブナ林が形成してきた土壌は，その地で農耕が始められた時に，農業生産を支える基礎となったのである．　　　　　　　　　　　　〔林　一六〕

### 文　　献

1) 吉良竜夫 (1970)：日本の森林帯〔林業解説シリーズ1949〕（原著未見）．生態学から見た自然，pp. 105-141，河出書房新社．
2) 森林立地懇話会 (1972)：日本森林立地図―温量指数図―，農林出版．
3) Horikawa, Y. (1977): Atlas of the Japanese flora. An introduction to plant ecology of East Asia, Gakken Co.
4) 鈴木時夫 (1966)：日本の自然林の植物社会学的体系の概観．森林立地，**8**，1-12．
5) Sasaki, Y. (1970): Versuch zur systematischen und geographischen Gliederung der Japanischen Buchenwaldgesellschaften. *Vegetatio*, **20**, 214-249.
6) 生嶋 功 (1964)：木本性群落の生産構造，丹沢・大山学術調査報告書，pp. 106-125．神奈川県．
7) 丸山幸平・内海 規・計良秀実 (1972)：環境傾度による土壌有機物集積量と分解率のちがいについて―ブナ林の生態学的研究 (31)―．新潟大演習林報告，**12**，19-38．


## 3.　世界におけるブナとブナ林の比較

### 1)　世界のブナ

ブナ（*Fagus crenata*）は日本固有の夏緑広葉の高木でブナ科ブナ属に含まれる．ブナ属を構成する10余の種はすべて北半球に分布する夏緑高木であり，半数以上が温帯の森林の優占種として重要な役割をはたしている\*．

---

\* この章ではブナ属が優占種となる森林によって代表される地域を「ブナ林地帯」と呼ぶ．森林群落を中心にのべる場合，本書の表題の「ブナ帯」はいささか使用しにくい．ブナ帯には種としてのブナの分布帯という意味が含まれるからである．このため全体としての統一をみだ　（次頁へ）

ブナ科は大きな科で、南半球に分布するナンキョクブナ属（*Nothofagus*）を例外として北半球に分布域をもち、冷温帯や暖温帯の多くの森林の優占種を含んでいる。この科にはブナ属、ナンキョクブナ属のほか、コナラ属（*Quercus*）、クリガシ（シイ）属（*Castaanopsis*）、マテバシイ属（*Pasania*）、クリ属（*Castanea*）などがある。これらの中でもっとも種数の多いのはコナラ属で約300種、ついでクリガシ属・マテバシイ属の約50種、ナンキョクブナ属の約45種とつづく。ブナ属は12種で、クリ属の約10種とともにブナ科の中ではもっとも小数である**。

ブナ科各属の植生地理学的な役割を簡単にのべよう。冷温帯の森林の主力は夏緑広葉樹である。これにはコナラ属の夏緑樹（ナラ類）とブナ属を優占種とするものが多い。両者のうちではブナ属の方が湿潤な気候の地域に分布する。クリ属もこのグループに入るが優占種としての重要性は小さい。ブナ科のうち常緑性のもの、すなわちコナラ属の常緑樹（カシ類）、クリガシ属、マテバシイ属などは、暖温帯、あるいは熱帯・亜熱帯の山地など暖温帯相当の気候をもつ地域の多くの森林の優占種となる。これらの森林の代表的なものに、東アジアの照葉樹林や地中海地方の硬葉樹林がある。

南半球のナンキョクブナ属はブナ属に近縁で、南米、ニュージーランド、オーストラリア、ニューカレドニア、ニューギニアの冷温帯や暖温帯に広く分布する。この属はちょうどコナラ属がそうであるように、夏緑樹から照葉樹や硬葉樹までを含み多様である。

ブナ属は現在ユーラシア大陸の東部と西部、北米東部から中米にかけて分布している（図I-7）。これらの地域はすべて降水量の多い地域という共通性をもっている。しかし後で述べるように、温度条件の点では必ずしも一様ではない。

上記の分布域のうちもっとも多くの種がみられるのはユーラシア大陸東部、すなわち日本を含む極東で、ここには8種が分布する。これに対してユーラシア大陸西部と米州大陸にはそれぞれ2種が分布するにすぎない。

多くのブナ属をもつ極東でもとくに多くの種が分布する中国南部山地には、水青岡（*F. longipetiolata*）、米心水青岡（*F. Engleriana*）、亮葉水青岡（*F. lu-*

---

（前頁より）　すおそれもあるが、「ブナ帯文化」のブナ帯はもちろんブナ林地帯を意味するし、「ブナ林地帯文化」では語呂があわないのでこのようにした。読者はブナ帯とブナ林地帯とを同義と考えていただいてさしつかえないと思う。

** 属の分け方と種数は北村ら[1]によった。

*cida*), 銭氏水青岡 (*F. Chenii*) の 4 種がある. 日本にはブナとともにイヌブナ (*F. japonica*) が分布する. このほか極東には, ウッルン島にタケシマブナ (*F.*

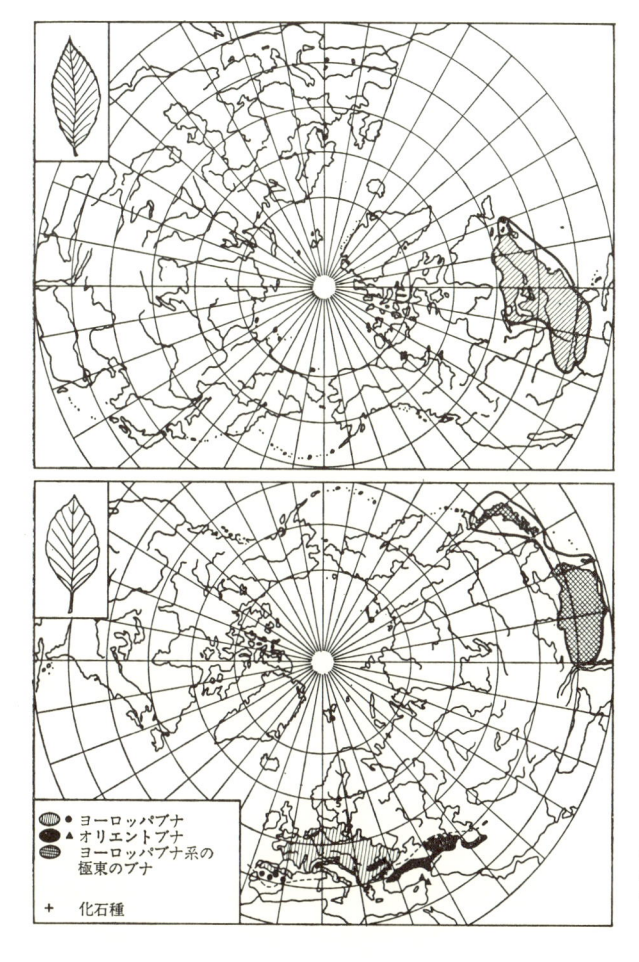

図 I-7
世界のブナ属の分布
(Meusel[2]) より一部改変)
上図：アメリカブナのグループ, 下図：ヨーロッパブナのグループ.

*multinervis*)\*, 台湾にタイワンブナ (*F. Hayatae*) が分布する. イヌブナ, タケシマブナ, タイワンブナの 3 種は他と比較して分布域が狭く, 優占種としてブナ林地帯を形成することはない.

ユーラシア大陸西部には中部ヨーロッパを中心としてヨーロッパブナ (*F. sylvatica*) が, コーカサス山脈を中心としてオリエントブナ (*F. orientalis*)

---

\* 以下の外国種の和名は主として上原[3]によった.

が分布する．両者は分布域が一部重複し中間型もある．

北米では東部に広くアメリカブナ（*F. grandifolia*）が分布する．中米にはメキシコの山地にメキシコブナ（*F. mexicana*）が分布するが，これは前にのべたイヌブナなどと同様に，優占種として森林帯を形成するようなものではない．

このようにブナ属は現在北半球の遠く隔たった三つの地域に分布している．このような分布のしかたを不連続分布あるいは隔離分布というが，元来ブナ属の分布はもちろんこのように不連続だったわけではない．

新生代第三紀（6,500万年から200万年前）の前半，地球の気候は全般に現在より温和だったと考えられている．この時代に北極を中心とした北半球の高緯度地方に広く分布していた一群の植物があり，第三紀周北極植物群と呼ばれている．有名なメタセコイアはこの好例としてよく示されるが，ブナ科の中ではコナラ属，クリ属とならんでブナ属もこれに入る．この第三紀周北極植物群は第三紀中葉の気候の冷涼化とともに分布域を徐々に南へ移し，かつ地域的な分化を始めた．さらにつづく第四紀の氷期の到来によって分布の不連続がいちじるしくなり，地域的な分化もさらに進んだ[4]．

第三紀周北極植物群の起源は第三紀よりひとつ前の地質時代，中生代の白亜紀（約1億3,500万年から6,500万年前）にさかのぼると考えられているが，ブナ属の化石として確実なものは古第三紀の漸新世（約3,700万年から2,500万年前）にはじめて現れる．この時代，ブナ属の化石はヨーロッパ，北米，北極地方に多く，東アジアではブナ属の化石は新第三紀（紀2,500万年前以降）にならないと現れない[5]．

このような化石のブナはもちろん現生種とは異なるが，現生種の中ではアメリカブナが形態的に古いタイプであるといわれる．アメリカブナは葉が細長く，ちょうどクヌギやクリの葉にみられるような短いトゲ状の鋸歯をもっている（図I-7上の小図）．これに対してヨーロッパブナやブナは葉がより短く，葉の縁にゆるい波状の凹凸があるだけでトゲ状の鋸歯はない（図I-7下の小図）．これらの区別点によって現生のブナは大きく二つのグループに分けられる．

鈴木[6]やTanai[5]は，葉の形態的特徴のうちとくに葉の長さと幅の割合が葉の大小にかかわらず同一種ではほぼ一定であることに着目し，現生のブナをグループ分けして化石種との類縁関係について論じた．それによると，アメリカブナ，イヌブナ，タケシマブナ，米心水青岡は葉の長さが幅の約2倍あるグループをな

し，ヨーロッパブナ，ブナ，オリエントブナ，タイワンブナは葉の長さが幅の約1.5倍のグループを形成する．水青岡，亮葉水青岡は両者の中間の値を示す．

世界各地の化石種をみると，古い地層の化石はアメリカブナ型であり，ヨーロッパブナ型のグループは北半球各地に分布していた前者のグループから第三紀後期に分化したものとみられる．

これに対してMeusel[2]によれば，第三紀周北極植物群の一員として広く北半球に分布していたアメリカブナ型のブナは，第四紀の氷期の到来とともに分布を狭められて北米東岸に残存した．他方ヨーロッパブナ型のグループの中ではオリエントブナが系統的に古く，これも第三紀周北極植物群の一員として，一時はユーラシア大陸の南部から温帯にかけて広く分布した．しかし，中央アジアの気候の大陸度が増すにつれてオリエントブナの分布域は狭められて今日のような形になり，極東ではこれから一群のブナが分化した．

ヨーロッパでは，環境に対する要求度の高いオリエントブナは，氷期のバルカン半島からコーカサス，イラン北部への退避，間氷期の中部ヨーロッパへの進出をくり返した．中部ヨーロッパへの進出域は初期の間氷期には広かったが，更新世も末の間氷期になると狭まり，この場合中部ヨーロッパの夏緑広葉樹林はシデ類（Carpinus）を主体とした．

現在中部ヨーロッパに広く分布するヨーロッパブナは，更新世末に南ヨーロッパの山地の冷涼湿潤な気候下でオリエントブナから分化し，悪条件に対する耐性がより大きいために後氷期の中部ヨーロッパに分布域を広げていったとみられる．バルカン半島やカルパチア山脈南部などにはオリエントブナとヨーロッパブナの中間型が広く見出される．

これら2説のちがいは中国のブナの位置づけにある．鈴木やTanaiはこれをアメリカブナに近いものと考え，Meuselはこれをオリエントブナから分化したヨーロッパブナ型のグループの一つとみる．いずれにしても，日本を含めた極東はブナ属の分化がもっとも進んだ地域であり，後でのべるように中国にはブナ林としても古いタイプがある．したがって，極東各地のブナ属とブナ林の比較検討は，将来植物地理学上の興味ある課題となろう．

## 2) 世界のブナ林

これまであげてきたブナ属各種のうちで，森林の優占種となってブナ林地帯を

構成するのは，ブナ，ヨーロッパブナ，オリエントブナ，アメリカブナ，水青岡類である．この項では，これらが構成するブナ林の一つ一つについて，分布，気候的位置，森林のなりたちを中心にのべる．

**a．ブ　ナ**　日本に生育する2種類のブナ属，ブナとイヌブナのうち，優占種としてブナ林地帯を構成するのはブナである．イヌブナはブナなどに伴って出現するのが普通であり，気候的には冷温帯を占めるブナ林地帯に限らず暖温帯の一部にも分布する．

ブナ林は九州南部から北海道南部にまで分布して暖温帯の照葉樹林帯と亜寒帯の常緑針葉樹林のあいだを占め，冷温帯の夏緑広葉樹林を代表している（図I-8）．垂直分布帯上の下限高度は九州南部で海抜1,000m，四国1,000m，中部地方600m，関東地方400mで，ほぼ宮城・山形県に至って平野にまで下る．つまり，東北地方南部以南ではブナ林は山地林として照葉樹林帯の上の垂直分布帯を占めることになる．

図I-8　日本のブナ林の分布（Sasaki[7]より作成）

東北地方南部以北の平野は，日本の他の地域の平野と同様，今日では人類の干渉のためにもとの植生はすっかり失われている．したがって，ここに元来どのような植物群落が生育していたかは残存している断片的な植生から類推するほかなく，モミ林やナラ林がこの地域のもとの植生であるとする説もある．しかし，たとえば山形県庄内・最上地方のブナ残存林，宮城県金華山のブナ林，青森県小湊

の雷電神社の海岸近くに生育するブナの残存木などの存在から見て，この地域のかなりの部分がブナ林によって覆われていたと考えてもまちがいはないであろう．

ブナ林の上限は，四国で 1,800 m，中部地方 1,800 m，関東地方 1,600 m，東北地方南部 1,500 m，同北部 1,200 m である．これらの高度より上は，シラビソやオオシラビソなどを優占種とする常緑針葉樹林帯，いわゆる亜高山帯となる．ブナ林の北限は北海道渡島半島の長万部と寿都(すっつ)を結ぶ黒松内低地帯である．

日本の植生帯の水平的あるいは垂直的な配列と気候との関係は，吉良[8]の考案した温量示数によってうまく説明されるところが多い*．ブナ林についてみると，下限は温量示数 85 の等値線とよく一致し，本州山地での上限については同 45 にほぼ一致する．しかし北限に関しては，上記の黒松内低地の温量示数は 65 から 70[9]であり，ここと道東・道北の温量示数 45 以下の亜寒帯系針葉樹林の地帯とのあいだは，エゾマツ，トドマツなど亜寒帯系針葉樹とミズナラ，シナノキ，イタヤカエデなどの夏緑広葉樹とが混在する針広混交林地帯となっている．

ブナの北限が上限より温暖な地域にあるのは，最終氷期終結以来北進を続けてきたブナが，いまだ気候的な北限に達していないためであるとも考えられる．しかし，北海道にみられるような針広混交林は，ユーラシア大陸の亜寒帯針葉樹林帯，つまりタイガの地帯の南側に細長く分布し[11]，なかでもユーラシア大陸西端ではタイガとブナ林地帯の中間にこのような森林が位置するところをみると，ブナ林の北限を定める要因は必ずしも単純ではない[12]（吉良ら 1976）．

さらに，日本の冷温帯には夏緑広葉樹だけでなく，スギ，ヒノキ，ヒノキアスナロ，ツガなどの針葉樹も生育する．これらはブナとともに生育することもあれば，単独で針葉樹林を形成することもある．このような針葉樹を温帯針葉樹といい，経済的に重要なものが多い．温帯針葉樹林はまだよく研究されていない森林のひとつである．

日本のブナ林は普通高木，亜高木，低木，草本の 4 階層からなる．高木層はブナの占める割合が大きく，ことに後で述べる日本海側のブナ林でこの傾向が顕著である．亜高木層はカエデ類やナナカマドなどからなるが，よく発達したブナ林では貧弱なことも多い．低木層にはほぼ常にササが生育する．ササの存在は日本

---

\* 温量示数は 1 年間の月平均気温のうち 5°C をこえるものから 5°C を減じて加え合わせたものである．単位は °C・月．くわしくは吉良[10]などを参照されたい．

のブナ林と中国の水青岡林とに共通で,他の地域のブナ林にはない特徴である.草本層は発達の悪いことが多い.

　日本海側地域のブナ林と太平洋側地域のブナ林とがかなり異なっていることはよく知られている.この相違点は,① 林床,② 林冠,③より上方の垂直分布帯との接続の3点で顕著である.

　まず林床についてみると,生育するササの種類が日本海側のブナ林ではチシマザサ,太平洋側のブナ林ではスズタケあるいはミヤコザサのように異なっている.さらに日本海側のブナ林は林床にヒメモチ,ヒメアオキ,エゾユズリハ,ユキツバキなど匍匐性の常緑低木を伴うが,太平洋側のブナ林ではこれらを欠いている.

　日本海側のブナ林に生育するチシマザサは,稈が地表から斜に立ち,越冬芽を稈の上方にもつ.多雪な日本海側地域では,このような形態は地表にたやすく倒れることによって雪圧をかわし,しかも越冬芽が雪によって低温から保護されるという点で都合がよい.匍匐性常緑低木もたやすく地表に倒れることによって雪圧に耐え,雪による低温からの保護によって常緑を保っていられると考えられる.一方雪の少ない太平洋側では,雪圧が小さいかわりに雪による低温からの保護もない.そこでは常緑低木は生育せず,稈が地表から直立し,かつ越冬芽が地表付近にあって低温にさらされないスズタケやミヤコザサが林床に繁る.

　第2点の林冠についてみると,日本海側のブナ林では林冠構成樹種にブナの占める割合がきわめて高いのに対して,太平洋側のブナ林ではイヌブナなど他の夏緑広葉樹が混在し,ツガやモミなどの針葉樹がまざることも多い.

　第3点の上方の垂直分布帯との接続は,日本海側,ことに北陸・東北地方の日本海側山地の亜高山帯に針葉樹林帯が欠除することと関連する[13,14].このような山地では針葉樹林帯があるべき位置に低木群落が成立するので,ブナ林が森林限界を形成することになる.この場合,ブナの高木林と亜高山帯相当の低木群落との間に,低木型あるいは亜高木型のブナ林がかなり普遍的に見られる.このような低木型あるいは亜高木型のブナ林は種組成の上からは高木型のブナ林とほとんど変わらないが,ブナの樹高が低く(2~6m),いちじるしく根曲がりし,かつ根元から何本にも分かれた幹をもっている.ただし③の特徴は,①,②の特徴をもったブナ林の分布地域すべてにみられるものではなく,日本海により近い山地に多い.たとえば奥羽山脈では,①,②の特徴をもったブナ林の上方に針葉樹林帯がつづくのが普通である.

## 3. 世界におけるブナとブナ林の比較

**b. ヨーロッパブナ** ヨーロッパブナは黒海西岸とスカンジナビア半島を結ぶ線より西，ほぼピレネー山脈までの地域に分布する（図Ⅰ-9小図）。ケッペンが当初西岸海洋性気候（Cfb）をブナ気候と名づけたように，この地域はほとんどこの気候の下にある。これに対して日本のブナ林地帯がDfbの気候の範囲に分布することはすでに今西[15]によって指摘されている*。一方，温量示数についてみれば日本のブナ林の上限の値45と，ヨーロッパブナ林の北限にあたるオスロの値約40とはほぼ同じである。

ヨーロッパブナ林の分布域の中心部を図Ⅰ-9に示した。アルプス以南の地中海

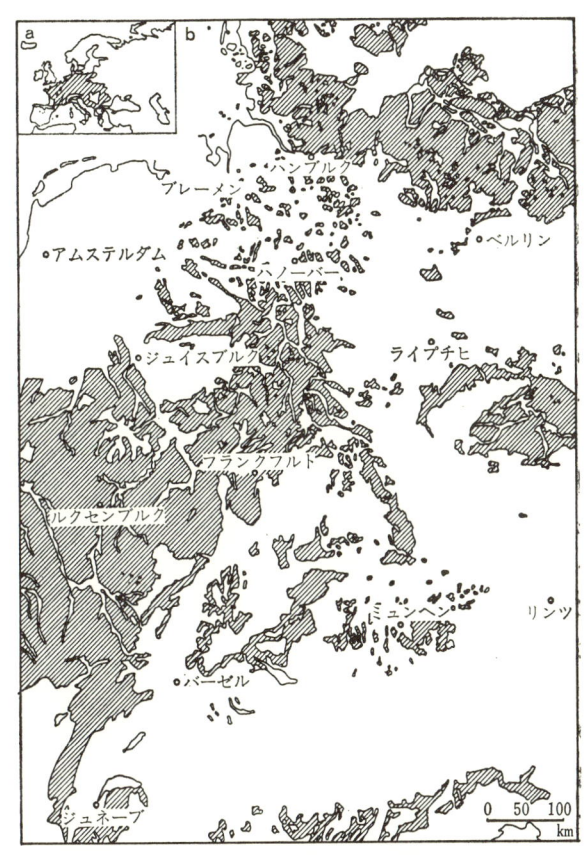

**図Ⅰ-9** ヨーロッパブナの分布域（a）および中部ヨーロッパのヨーロッパブナを含む森林の分布（b）（Schmithüsen[16]より作成）

沿岸では，ブナ林地帯は山地林として硬葉樹林地帯の上部を占める。しかしアルプス以北の中部ヨーロッパでは，ブナ林をはじめとする夏緑広葉樹林が人類の活動のもっともさかんな平野部を占める。夏緑広葉樹林を構成する樹木にはヨーロッパブナのほかナラ，シデ，カンバ類などもあるが，ヨーロッパブナ林は山地下部を中心に，広く丘陵帯から平野にかけて，さらに山地のかなり高所まで水分条

---

\* ケッペンのC気候とD気候は最寒月平均気温が $-3°C$ より高いか低いかによって分けられる。なお，Dfbをカシ気候とした教科書があるが，カシは照葉樹であるからナラ気候が正しい。

件が中庸で土壌条件に恵まれた立地に成立する[17]。

　垂直分布としてはブナ林地帯の上方には普通針葉樹林帯が続く．しかし降雪の多いピレネー山脈西端部などでは針葉樹林が欠け，ヨーロッパブナ林が直接森林限界を形成することがある．このような場合，森林限界付近には，わが国の日本海側山地のように低木型ないし亜高木型のブナ林が見られる．

　今日日本では低地にブナ林がほとんどみられないのに対して，中部ヨーロッパでは低地に立派なヨーロッパブナ林をみることができる．これらの多くは，産業革命後一時は潰滅に頻したものを保護育成した結果であるといわれる．

　日本のブナ林をみなれているわれわれの目からみたヨーロッパブナ林の第一印象は，林冠以外の階層の貧弱さである．30mにも達しようという林冠は，ヨーロッパナラ（Quercus robur）などのナラ類や，シデ，カエデ類なども含み，ヨーロッパモミ（Abies alba）をともなうことも多く，常に被度高くうっぺいしている．これに対して亜高木層や低木層はきわめて疎である．林床にはかなりの被度で草本層が発達することもあり，早春，アネモネやサクラソウの仲間などによって美しく彩られることも多い．しかし時には草本層も貧弱で，低木や草本にまったく体を触れないで林内を通行できることもまれではない．日本でも緩傾斜地のよく発達したブナ林で林床が疎なことはあるが，ヨーロッパブナ林とは比較にならない．

　これは，ヨーロッパブナ林の密な林冠が日射をさえぎるためともいわれているが，極東や北米と異なりヨーロッパでは東西に走る大山脈の存在によって，氷期・間氷期がうつり変わる際に植物の移動が妨げられ，植物相そのものが貧困なこともこれにあずかっていよう．ヨーロッパブナ林の構成種数は日本のブナ林の約1/5から1/6といわれる．

　高くて密な林冠の下になにもないヨーロッパブナ林に入ると，林冠にさえぎられた弱い陽の光の中にまっすぐな太い幹が並び，ゴシック寺院に入ったような感じをうける．ドイツの植物に関する伝承を集めた「ヨーロッパの森から」[18]にもブナ林を教会になぞらえた詩が紹介されている．ヨーロッパ人，ことにドイツ人の樹木に対する愛着心はわれわれ日本人よりはるかに強いが，彼らのブナに対してもつ神聖な，あるいは神秘的な感情は同書にくわしい．

　**c．オリエントブナ**　　オリエントブナはコーカサス山脈西部の湿潤域を分布の中心とし，バルカン半島からカスピ海南方のイランに達する（図I-7, I-10）．

同山脈東半の乾燥域ではマツ,トウヒ,カンバ類の森林が主力となる.垂直分布帯としてみると,オリエントブナは黒海東岸では海面高度,その他の地域では海抜 600～700 m から 2,000 m にかけて分布する.オリエントブナが優占種としてブナ林を形成するのはこのうちほぼ海抜 1,000 m から 1,600 m にわたる地域である.ブナ林地帯の下方はヨーロッパナラ林が占める.このナラ林とブナ林の交替は,温度条件の相違によるよりも高度の増加に伴う降水量の増加に関係すると思われる.

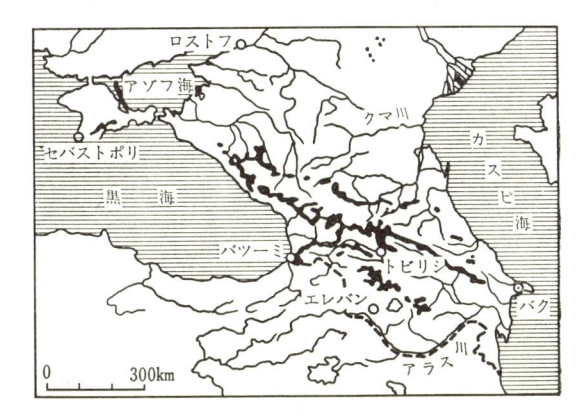

**図 I-10** コーカサス山脈のオリエントブナの分布(黒い部分)[16]

オリエントブナ林には高木としてはシナノキ,ニレ,カエデ類などが加わる.低木にはガマズミ,ニワトコ,スイカズラ類などの夏緑低木と並んで,ヨーロッパイチイ (*Taxus baccata*) やキヅタ,シャクナゲ類など常緑性のものも多い.

ヨーロッパブナ林とくらべて,オリエントブナ林は種構成が多様である.これは,この地域が氷期に氷河の影響から免がれ,植物の避難所 (refuge) だったことに関係しよう.

オリエントブナと他のブナとの相違点は垂直分布帯上の出現のしかたにもある.他地域のブナは普通夏緑広葉樹林帯の中だけに現れるが,オリエントブナは上方に接するコーカシアモミ (*Abies Nordmanniana*) やオリエントトウヒ (*Picea orientaris*) を優占種とする針葉樹林帯にも現れる.この森林は「暗い針葉樹林」(dark coniferous forest) と呼ばれ,きわめて密に繁っているが,オリエントブナはこの中にカエデ類などと共に散生的に混入する.

さらに,オリエントブナはこの針葉樹林帯の上限,つまり森林限界付近の海抜 2,000 m 内外で再び純林状の群落となって出現する.この群落は低木林ないし亜高木林であるが,わが国の日本海側山地にみられるように,根元からいくつにも分かれて根曲りのいちじるしい幹をもった個体によって構成されている.この現

象がとくに積雪量の多い山脈西端部にみられるのは，ピレネー山脈の場合と同様である[20]．

**d. アメリカブナ**　アメリカブナの分布域はカナダ南東部からセントローレンス河沿岸および五大湖地方，さらにアパラチア山脈に至る地域である（図I-11）．この地域の北端に沿って連なるいくつかの地点の温量示数は約50から70である．前にのべたとおり吉良ら[12]（1976）は北海道の現在のブナの北限は温度条件とは関係しない可能性のあることを示唆したが，アメリカブナとブナの北限が同様の温量示数をもつことは興味深い．

冷温帯であっても北米西岸にはブナ林地帯はなく，この気候帯は温帯針葉樹林によって占められる．

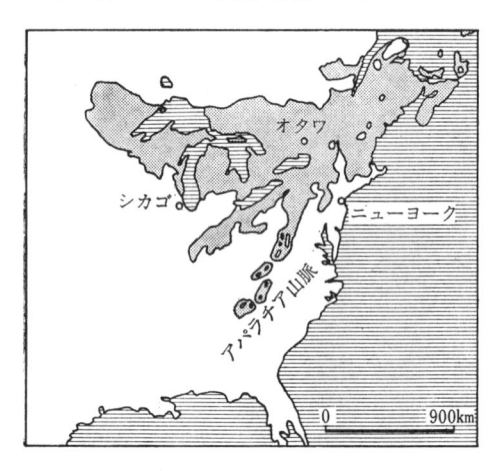

図I-11　アメリカブナ林の分布[21]

アメリカブナは森林の独占的な優占種にはなれない．多くの部分でサトウカエデ（*Acer saccharum*）と混生し，一部でカナダツガ（*Tsuga canadensis*）も加わるなど，アメリカブナが林木中に占める割合はむしろ小さい．このほかカンバ，シデ，ナラ，トネリコ類，さらに他のカエデ類など，日本やヨーロッパのブナ林地帯にも普通な夏緑広葉樹の仲間が加わる．

アパラチア山脈ではアメリカブナは山地林を形成し，その上方には針葉樹林帯が続く．しかし，針葉樹林帯の中で風の吹きぬける鞍部の付近だけ，アメリカブナが純林状の低木～亜高木林を形成する．このような場所をビーチギャップ[22]と呼ぶ．この出現のしかたはオリエントブナの場合と似ているが，これまでのべた日本，ピレネー山脈，コーカサス山脈の森林限界付近のブナ低木～亜高木林が多雪と関係するらしかったのに対して，アパラチア山脈ではむしろ強風と関係するらしい．いずれにせよ，いま「らしい」と不確かな書き方をしたように，これらブナ低木～亜高木林は系統的な研究がまたれる群落である．

ブナの種子は日本でも古くから食用とされ，ヨーロッパブナの種子も採油に利

用された.アメリカブナの種子も開拓民によって食用に供されていたことが,近年有名な L. I. ワイルダの小説『農場の少年』そのほかにみられる.

**e. 水青岡類** ブナ属が優占種となる森林のうちで,中国のそれはわれわれ日本人やおそらくヨーロッパ人が考えるものからもっとも遠い.われわれはブナ林を冷温帯の夏緑広葉樹林帯を代表する森林と考える.しかし,中国ではこの役割はナラ林が果たし,水青岡類は夏緑広葉樹林帯と照葉樹林帯の漸移帯にあたる夏緑・常緑広葉混交林帯の一部に現れる.この混交林の分布域は秦嶺山脈を北限とし,主に揚子江流域の江蘇・安徽・河南・湖北・陝西・甘粛の各省と,さらに貴州・湖南・四川省の広い部分を占める[23].

この混交林の種構成は割合としては夏緑樹が多いが,カシ類そのほか多くの照葉樹を含み,針葉樹も少なからず生育する.階層構造は高木,低木,草本の各層がよく発達し,高木層はさらに2ないし3層に分けられる.林冠構成樹種が多様で優占種が特定しにくいこともあり,この点では熱帯降雨林に似た性質をもっているともいえる.この植生帯を日本の夏緑広葉樹林帯と同じ凡例の下に表している例もあるが[24],両者は明らかに別のものである.

水青岡類はこの混交林域の山地型の森林に林冠構成種として生育する.なかでも水青岡,亮葉水青岡が重要である.このような山地林はほぼ海抜1,000から2,000mにかけて現れる.林冠木としてはほかにニレ,エノキ,カンバ類などの夏緑広葉樹,クリガシ(シイ),カシ,クスノキ,ヒメツバキ類などの照葉樹が含まれる.低木,草本は豊富でここにも常緑の種が多く,タケ・ササ類も生育する.

この森林の分布域について,湖北省の宜昌(海抜707m)の気温資料から100m あたり 0.6°C の減率をもって温量示数を計算すると,水青岡林地帯下限の海抜1,000m で138,上限の2,000m では84となる.これは吉良の分類に従えば気候帯の上からは暖温帯,植生帯としては照葉樹林帯の中心を下限とし,上限付近は冬の寒さを考慮に入れて暖温帯落葉樹林帯(後述)からかろうじて夏緑広葉樹林帯に達する*.

高木層に常緑広葉樹が混在する例は現在の世界の他のブナ林にはみられない**.しかし,地質時代にはブナ属の化石が照葉樹の化石と同時にみつかる例が

---
\* 吉良[9]では減率に 0.55°C/100m を採用している.この値をもってすれば,中国の水青岡林はすべて暖温帯となる.
\*\* 四国や九州には,シイ・カシ類とブナが混在する森林が知られているが,これは面積 (次頁へ)

知られている．たとえば日本の中新世後期の地層からは，ブナとごく近い *F. palaeocrenata* やイヌブナの祖形と考えられる *F. protojaponica* が，現在の照葉樹林の構成種であるカシ，タブ，クス，さらに東アジアや北米などの冷温帯から暖温帯にかけて分布する古い型の広葉樹と同時に産出する[6]．

気候が温和で照葉樹とアメリカブナ型のブナ（*F. protojaponica*）が混じっているという点では，この化石植物群はまさに中国の水青岡林をほうふつさせる．鈴木[6] が推察するように地質時代の植生が現在の植生より未分化であったとすれば，中国の水青岡林は古い森林のタイプを保存しているといえよう．

上の相違点は別として，近い位置にある日本のブナ林との類似点をあげれば，第1は林床のタケ・ササ類の存在である．これは世界の他のブナ林にはない．日本海側のブナ林についてみれば，低木ではあるが常緑樹種の多い点が中国の水青岡林と類似している．太平洋側のブナ林に関してはイヌブナの存在が中国の水青岡林との類縁をうかがわせる．イヌブナと米心水青岡とはともにアメリカブナ型のグループに入り，イヌブナの分布域がブナ林地帯に止まらず，より温暖な暖温帯落葉樹林帯* にまたがるからである．日本海側のブナ林の常緑低木や暖温帯落葉樹林についてはまだ解明されるべき点が多く，これらの点からも中国の水青岡林のくわしい研究がまたれる．

### 3) 世界のブナ林地帯

このようにみると世界のブナ林やブナ林地帯は相互にかなり性格を異にしている．

とくに性格が他と異なっているのは中国の水青岡林で，気候的には他が冷温帯にあるのに対して，これが暖温帯に分布するのは根本的な差違といえる．それにともなって林冠構成樹種に照葉樹を多く含むのも他に例がない．

照葉樹の存在を別とした林冠の種構成の点では，水青岡林，アメリカブナ林，オリエントブナ林がブナ属以外の種を多く含むのに対して，ブナ林，ヨーロッパブナ林はブナ属の割合が高い．

---

（前頁より）も狭く，漸移的現象とみるべきであろう．しかし，中国の水青岡林と日本の森林との関係を知るうえで重要である．

　* 各月の平均気温のうち 5°C 以下のものから 5°C を減じて加え合わせた値を寒さの指数[9] という．温量指数が 85 をこえる暖温帯域でも，内陸などで寒さの示数が －10 以下の地域には照葉樹林が成立せず，コナラ，クリ，イヌブナさらにモミなどを優占種とする森林がみられる．これを「暖温帯落葉樹林」とよぶ．

## 3. 世界におけるブナとブナ林の比較

　立地を地形的にみると，もっぱら山地林である水青岡林，山地の部分が大半のオリエントブナ林に対して，ヨーロッパブナ林，アメリカブナ林，ブナ林は山地とともに平野にも分布域をひろげている．

　以上を考慮し，ある文化の場ということを前提とすれば，「ブナ帯」としての共通性をもつものはヨーロッパと日本に限られよう．とくに発達した文化の中心としてはヨーロッパのブナ帯が重要である．

　最後につけ加えると，もちろんブナ帯といっても全域がブナによって覆われているわけではない．表I-2に示した日本の例のように，地形条件の違いに伴ってさまざまな群落が成立する．このような現象はごく普遍的なことであり，多種の群落がセットとして形成している植生帯の広い部分をブナが占めていればこれをブナ林地帯とよぶわけである．この群落の多様性は，人類のことに初期の活動に

**表 I-2** 日本のブナ林地帯の地形と植物群落との対応（牧田・菊池[25]）

チシマザサ-ブナ群団とスズタケ-ブナ群団はそれぞれチシマザサ，スズタケあるいはミヤコザサを林床に伴うブナ林を表す．

| 地形的地域区分 | 日本列島の背腹性 地形構成要素 | 日本海側 | 太平洋側 |
|---|---|---|---|
| 山　地 | 尾　　根　面 | キタゴヨウ・ネズコ林 | ヒメコマツ・ヒノキ林 |
| | 斜　　　　面 | チシマザサ-ブナ群団，ミヤマナラ低木林 | スズタケ-ブナ群団 |
| | 山　麓　面 | サワグルミ林 | シオジ林 |
| | 扇　状　地 | ハルニレ林 | ハルニレ林？ |
| | 河　　　　床 | シロヤナギ林 | シロヤナギ林 |
| 丘　陵 | 尾　　　　根 | アカマツ林？ | アカマツ林 |
| | 断　　　　面 | チシマザサ-ブナ群団 | スズタケ-ブナ群団 |
| | 丘　麓　面 | ケヤキ林 | ケヤキ林 |
| | 扇　状　地 | ハルニレ林 | ハルニレ林？ |
| | 河　　　　床 | シロヤナギ林 | シロヤナギ林 |
| 台　地 | 段　丘　面 | ？ | ？ |
| | 段　丘　崖 | ？ | ？ |
| | 扇　状　地 | ハルニレ林 | ハルニレ林？ |
| | 河　　　　床 | シロヤナギ林 | シロヤナギ林 |
| 海岸平野 | 河　　　　床 | タチヤナギ林 | タチヤナギ林 |
| | 自　然　堤　防 | オニグルミ林，ハンノキ林，オギ群落 | オニグルミ林，ハンノキ林，オギ群落 |
| | 後　背　湿　地 | ヨシ群落，マコモ群落，その他，ハンノキ林？ | ヨシ群落，マコモ群落，その他，ハンノキ林？ |
| | 浜　堤　列 | ハンノキ林 | ハンノキ林 |
| | 浜　　　　堤 | ハマニンニク群落，その他 | ハマニンニク群落，その他 |
| | 潟 | シバナ群落，その他 | シバナ群落，その他 |

とって,採取しうるものの多様性に結びつくために重要であったとともに,今後のブナ林地帯の利用・保全にあたっても留意しなければならないことである.

〔牧田 肇〕

## 文 献

1) 北村四郎・村田 源 (1979):『原色日本植物図鑑』木本編Ⅱ. 保育社, 545 p.
2) Meusel, H. (1964): Die Evolution der Pflantz in pflanzengeographisch-ökologischer Sicht. *Beitr. Z. Abstammungslehre, Teil* **2**, Volk u. Wissen Volksengner, Verl: 7-39.
3) 上原敬二 (1977):『樹木大図説』Ⅰ, 有明書房, 1,300 p.
4) 堀田 満 (1974):『植物の分布と分化』三省堂, 400 p.
5) Tanai, T. (1972): Tertiary history of vegetation in Japan. Graham, A. ed.: *Floristics and paleofloristics of Asia and Eastern North America*, Elsevier, pp. 235-255.
6) 鈴木敬二 (1968): 植生の変遷と植物固体の機能—葉の形態と機能. 地質学論集, **3**, 57-71.
7) Sasaki, Y. (1970): Versuch zur systematischen und geographischen Gliederung der japanischen Buchenwaldgesellschaften. *Vegetatio*, **20**, 215-249.
8) 吉良竜夫 (1945): 農業地理の基礎としての東亜の新気候区分. 京都大学農学部園芸学教室, pp. 1-23.
9) 吉良竜夫 (1948): 温量指数による垂直的な気候帯のわかちかたについて—日本の高冷地の合理的利用のために. 寒地農学, **2**, 147-173.
10) 吉良竜夫 (1971):『生態学からみた自然』河出書房新社, 296 p.
11) Tatewaki, M. (1958): Forest ecology of the islands of the north Pacific Ocean. *J. Fac. Agr. Hokkaido Univ.*, **50**, 375-486.
12) 吉良竜夫・四手井綱英・沼田 真・依田恭二 (1976): 日本の植生. 科学, 235-247.
13) 四手井綱英 (1952): 奥羽地方の森林帯 (予報). 日林東北支部会報, **2** (2), 2-7.
14) 石塚和雄 (1978): 多雪山地亜高山帯の植生 (総合抄録)『吉岡邦二博士追悼植物生態論集』, 同出版会, pp. 404-428.
15) 今西錦司 (1933): ケッペンの気候型と本邦森林植物帯の垂直分布に於ける関係に就いて. 地球, **20**, 397-427.
16) Schmithüsen, J. (1976): Atlas zur Biogeographie. Bibliograph. Inst. Mannheim/Wien/Zürich, Geogr.-u. kartogr. Inst., Mayer, 80 S.
17) Ellenberg, H. (1978): Vegetation Mitteleuropas mit den Alpen in ökologischen Sicht. 2. Aufl., Eugen Ulmer, 981 S.
18) 谷口幸男・福嶋正純・福居和彦 (1981):『ヨーロッパの森から』日本放送出版協会, 242 p.
19) Walter, H. (1974): Die Vegetation Osteuropas, Nord-und Zentralasiens, Gustav Fischer, 452 S.
20) Henning, I. (1972): Die dreidimentionale Vegetations anordung in Kaukasus. Troll, C. ed.: Geoecology of the high-mountain regions of Eurasia, Franz Steiner, pp. 192-204.
21) Knapp, R. (1965): Die Vegetation von Nord-und Mittelamerika und der Hawaii-

Inseln. Gustav Fischer, 373 S.
22) Ressel, N. H. (1953): The beech gaps of the Great Smoky Mountain. *Ecol.*, **34**, 366-378.
23) 中国植被編輯委員会 (1980):『中国植被』同委員会, 1,375 p.
24) Wang, C.-W. (1961): The forests of China with a survey of grassland and desert vegetation. Maria Moor Cabot Foundaiaon Publ., No. 5, Harvard Univ., 321 p.
25) 牧田　肇・菊池多賀夫 (1980): ブナ林地帯の気候・植生構成・歴史. 日本生態学会第27回講演要旨集, 137 p.
26) Plesnik, P. (1972): Obere Waldgrenze in den Gebirgen Europas von den Pyrenäen bis zum Kaukasus. Troll, C. ed.: Geoecology of the high-mountain regions of Eurasia. Franz Steiner, pp. 73-92.

# 4. ヨーロッパにおけるブナ帯農耕文化の諸特徴

　ブナ帯は世界的にみて, わが国を含む東アジア, 北米大陸南東部と, 北西ヨーロッパを主とするユーラシア大陸西部に分布する. これらの地域はいずれも温帯に属し, 一般に経済が高度に発達した地域であり, 世界で人口が最も稠密な所である. またともに世界の穀倉の一部をなす地域でもある. しかし, これらの地域の生活様式の態様はさまざまであり, 農業の方法やそれを基礎とする生活文化をみても, 地域によって大きな差異が認められる. たとえば, わが国と北西ヨーロッパの農業を比べてみても, わが国では米作への依存が強い炭水化物農業ともいえる農業が発達したのに対し, 北西ヨーロッパでは基本的には耕種農業と畜産を組み合わせた混合農業が特色であり, 畜産への依存度が高い蛋白質農業といえるものが発達してきた.

　ところで, 北西ヨーロッパにおけるこの畜産の発達は, 非常に特色あるものである. なぜなら, 世界的にみて, 穀物への依存が強い農業は, 植物栽培に有利な湿潤な地域で行われてきたのに対し, 牧畜業は一般に植物生産に不利な乾燥地や半乾燥地で発達してきたからである. 実際北西ヨーロッパの気候は, 日本などと比べれば低温で湿潤度は低いが, ケッペンの分類によって Cfb で示される西岸海洋性気候である. これは別名ブナ気候とも呼ばれ, ここには欧州ブナ, 欧州ミズナラ林に代表される冷温帯落葉広葉樹林帯が発達している. それゆえ, 北西ヨーロッパはむろん, 乾燥地とはいいがたい (図 I-12). そこでこの小論では, とくに耕種農業と畜産の統合性, ならびに畜産への比重増大がいかにしてもたらさ

れてきたのかに着目しながら，ヨーロッパの環境利用，すなわち森林の利用や農耕文化の発達について概観する．

### 1) 農耕の起源と森林の利用

北西ヨーロッパの農耕の起源は，紀元前7,000〜5,000年のカンピニー文化にまでさかのぼる．ヨーロッパではこの時期は，優占樹種を指標とした森林時代からみれば，シナノキ，ニレ，ナラ類が群集を形成するナラ混交林時代であった．新石器時代人は，これらの豊かな落葉樹林での狩猟や採集にまだ大きく依存しながらも，次第に農耕を発達させ，定着化したらしい．ヴェルトによれば，この時期にすでに大西洋岸地域において，犁耕による牛を伴った農業が行われ，エンマー小麦，大麦，ソラマメ，エンドウなどが栽培されていた．その後，農耕地域が拡大する一方，雑草であった燕麦が栽培化され，帯文土器文化にともなってヒトツブ小麦がもたらされ，内陸アジアのライ麦や他の家畜類も伝えられた．青銅期時代には，北西ヨーロッパの農業は耨耕段階を経ずに，西アジア起源の麦作，犁耕と大型家畜飼養によって特徴づけられる農耕文化として成立した．ヨーロッパ農業の基本的作物および家畜類は，この時期にほとんど存在したという．このように，北西ヨーロッパの農業は当初から家畜をともなった耕種農業として発達した．

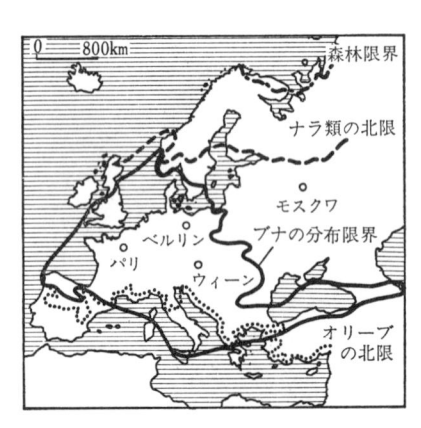

**図 I-12 ヨーロッパのブナ帯[24]**
ヨーロッパブナの分布域は，おおよそ黒海とスカンジナヴィア半島を結ぶ線の西，ほぼピレネー山脈までの地域である．

農業方式は焼畑式の移動耕作が主であったが，各地に定着集落が成立した．ドナウ川中流域，上ライン低地，シュヴァーベンやフランケンアルプの南斜面，南バイエルンおよびマイン，ネッカー低地などのステップハイデがその代表的な舞台となった．居住地域としては，湿地や深い森林を避け，農耕，とくに穀類の栽培のしやすい，土壌が軽鬆な河岸段丘上，石灰岩地域やレス土壌地帯で，平原と森林が境を接している地が好んで選ばれた．森林は，後でふれるように，中世以前の北西ヨーロッパの農業にとって大きな意義を有していた．青銅器時代には，

牛の牧畜としての利用，常畑の存在，移動耕作のための森林破壊などがはっきりと認められるようになった．この森林の破壊は，牛や羊の飼養能力を急速に高めたと考えられる．穀物の栽培は，小麦，大麦が中心であったが，乾燥した土壌や冷涼で湿潤な地域では，ライ麦と燕麦がより重要であった．これら穀物類は，現在では一般に秋播きの冬穀物（小麦，ライ麦）がパン用に，春播きの夏作物（大麦，燕麦）が飼料用にされているが，当時はもちろん近代まで，ほとんどすべてが人間の主食（パンないし荒びき粥）であった．

ところで，先史時代から中世まで，北西ヨーロッパは広大な森林に覆われていた．この地域の森林は，ナラ混交林時代を経て，紀元前2,000年頃から気候の湿潤化にともない，ブナ，ナラ，モミが互いに優占を争う，いわゆるブナ時代に入るが，いずれも下層植生の発達が悪いことが特徴である．春先の開葉期にリンドウなどの宿根性草本が林床に小群落をつくるぐらいで，1年の多くは落葉がめだつ．このことは，樹種構成が単純なこととともに，日本のブナ林といちじるしい相違をなす．しかし，この落葉が有機質に富んだ肥沃な土壌を生み出し，多くの農耕適地を提供した．下層植生の発達が悪いことは，家畜の放牧にとっても好都合であった．

森林，とくに落葉樹林は，時代が古くなればなるほど人類にとって重要な役割を果たしたが，そのひとつは食糧補給源としてであった．とりわけ農耕技術の未熟な新石器時代人達は，カシやハシバミ，ブナ，クリの実，あるいは野生のナシ，リンゴ，漿果類への依存が大きかった．長い時代にわたる最も重要な林地の利用は，落葉樹の木の実を飼料として利用する豚の放牧であった．たとえば，時代は下るが，ドイツでは森林は，法規や契約書のなかでしばしばネールヴァルト（家畜を飼う森の意）と呼ばれ，森林の価値がそこで飼える豚の頭数で計算されたことが珍しくなかった．切り払われた森林の一部や放棄畑の草原や荒蕪地では，ニレ，カンバ，ナラ，シナノキ，トネリコなどの若葉や野草を飼料として牛や羊が飼養された．これらの動物は，肉，乳，チーズ，毛皮衣料などを提供した．ほかに森林は，イノシシ，シカなどの狩猟，あるいは燃料や建築材の採取地としても大切なものであった．このような初期の農耕民は森林への依存が強く，耕作さえも森林を犠牲にして成立するものであったが，森林破壊の規模は小さく，耕作後畑を長い間放置するので，原状に復する森林も多かった．逆に，林縁に居を構え，耕地を守ることは，林縁の固定化に寄与したと考えられている．

ローマ時代には，より高度な文明が北西ヨーロッパに流入したが，さほど大きな農業技術の進展はみられなかった．それは，乾燥した温暖な地域で発達したローマの農業技術が，冬の厳しい北西ヨーロッパにそぐわなかったからである．それでもさまざまな野菜，果樹類が導入され，とりわけブドウ栽培は，北西ヨーロッパに急速に普及した．またローマ人によって穀物，羊毛，亜麻，ブドウ栽培の商業化，あるいは荘園設立といった契機がもたらされた．当時の農業についても不明な点が多いが，まだ人口が少なく，土地に余裕があった地域では一般に原始的な穀草式農法が行われていたのに対し，ローマの影響を強く受けた地域や人口圧の大きかった地域から，すでに地中海地域に定着していた二圃式農業が次第に導入されるようになったと考えられる．農業経営は，まだ共同体的規制の少ない個別的なものであった．

## 2) 中世における森林開墾と三圃式農業の発達

5〜6世紀頃のヨーロッパでは，農業は一般に二圃式農法によって営まれていた．一方，人口は6世紀のペストの蔓延による減少を経て，7世紀になって増加してきた．この人口増加に対処する一つの方法が，森林や低湿地の開墾による農業地域の拡大であった．開墾は，ボージュ山脈付近では7世紀頃から始まり，以後東部や北部に拡大し，11世紀には中部ドイツや北ドイツにおいても盛んになり，11〜13世紀に最盛期を迎えた．これが，いわゆる大開墾時代といわれるものである．

開墾は，豊かな森林を切り開くものが圧倒的に多かった．たとえば，最もよく知られた森林開墾事業の一つは，シトー修道会に属する修道院によるものであった．この頃数多くの修道院が新設されたが，これらの中にはシャンパーニュ地方のボーフェ，ベルフェ，ベルファイユ（いずれも美しいブナの意），ロレーヌ地方のオート・セルヴ（高い森の意），現タルネ・ガロンヌ県のグランド・セルヴ（大森林の意），現ウール県のブルイユ・ブノワ（祝福された雑木林の意）といった森の名を冠する大修道院があり，これはシトー修道会の森林への執着を示すものと理解されている．ドイツでも，火入れをして森林を切り開き，耕地を拡張することが盛んに行われた．図 I-13 は，現西ドイツ・ヘッセン州の最北部の森林が，中世にいかに開墾され，その後ペストの流行による人口減少などを背景にいかに再生されたかを示している．しかし，シュリューターら，多くの学者がすで

## 4. ヨーロッパにおけるブナ帯農耕文化の諸特徴

に明らかにしているように，これらの中世の森林開墾は，北西ヨーロッパ全体でみると，限られたものであった．なぜなら，肥沃な土地が少なくなったり，狩猟

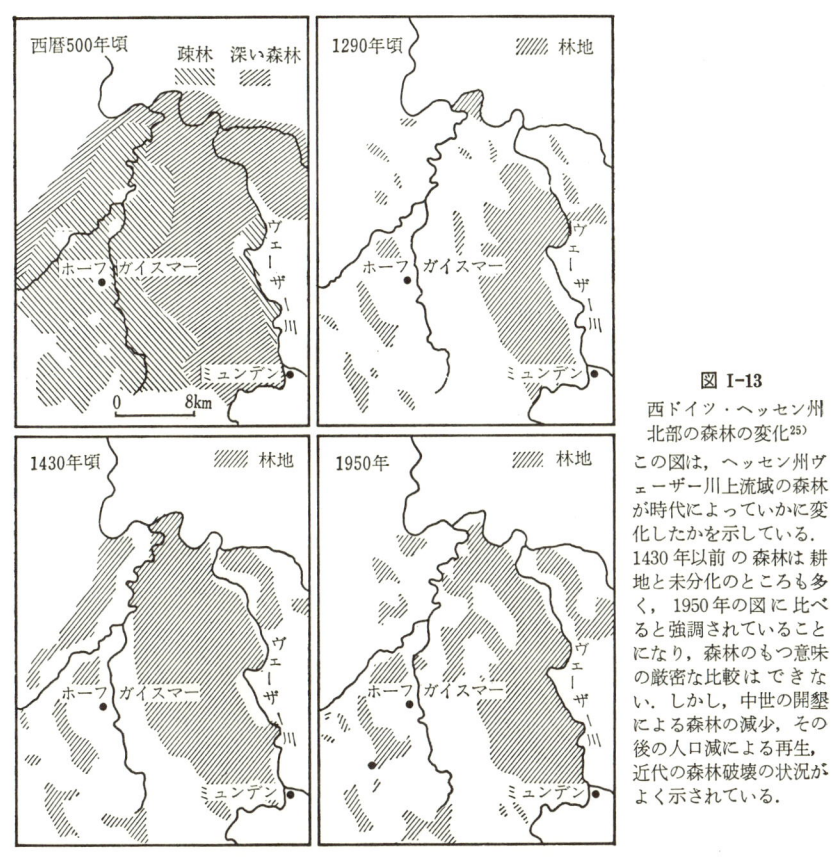

**図 I-13**
西ドイツ・ヘッセン州北部の森林の変化[25]

この図は，ヘッセン州ヴェーザー川上流域の森林が時代によっていかに変化したかを示している．1430年以前の森林は耕地と未分化のところも多く，1950年の図に比べると強調されていることになり，森林のもつ意味の厳密な比較はできない．しかし，中世の開墾による森林の減少，その後の人口減による再生，近代の森林破壊の状況がよく示されている．

や燃料としての森林資源が減少し，諸侯が開墾を恐れるようになったからである．ドイツではかなりの割合を占めた針葉樹林さえも，蜜や蜜蠟を採取する養蜂の場として重視されるようになり，14世紀にはニュールンベルク地方で針葉樹が造林されるようにさえなったという．いずれにせよ，森林は耕地拡大のために開墾されたが，13〜14世紀にはそれは下火になり，むしろ農業の改良に力が注がれるようになった．

7世紀以降の人口増加に対するもう一つの対処方法が，土地利用の集約化であり，これが三圃式農法の採用であった．中世に発達した三圃式農業は，北西ヨー

ロッパの経済，社会の特性をとらえるのによい指標である．またさまざまな点で農村景観に強い影響を及ぼしたことから，ヨーロッパを考える際にはつねに重要視されてきた．すなわち，三圃制の成立は，古典的荘園支配制から領域的支配への移行という封建制の成立およびこれと平行した土地利用規制による村落共同体の確立と結びついていた．その成立はまた，小村から集村への発展および長地条耕地，耕圃制，耕区制を伴う開放耕地制と密接に関連していた．

ところで，三圃式農法に関する最古の文献は，シュヴァーベン地方にある789年のものであるが，一般にはロアール川以北の人口稠密地域で始まり，開墾の余地が少なくなるにつれて次第に各地に広まったと考えられている．フランドル地方では9～13世紀頃に三圃式農業が支配的であり，イングランドでは13世紀の中頃から14世紀の中頃にかけて二圃式から三圃式への移行が行われたという．この三圃式農法とは，二圃式が耕地を二分して穀物の栽培と休閑を交互にくり返していたのに対し，耕地を三分して夏穀物をさらに植えつけることによって生産性を高めようとするものであった．アルプス以北の北西ヨーロッパでは地中海地域に比して夏の雨が多く，春播きの穀物を栽培することが可能になる．それを秋播きの穀物と組み合わせることによって三圃式農法が成立した．寒さのために大麦や小麦の栽培が困難な地域では，かわりに燕麦，ライ麦が栽培されたことについてはすでにふれた．三分されたある耕地の利用は，第1年目の秋9～10月に小麦またはライ麦の種を播き，翌年の6～7月に収穫する．そして次の年の春4～5月に大麦か燕麦を播種し，その年の7月に収穫し，次の年1年は休閑し，第4年目の秋に再び冬穀物を播種する．休閑は，地力維持と，アルプス以北では休閑期の中耕による雑草除去のためにも必要であった．

図I-14は，二圃式と三圃式の内的関連を示しているが，耕地の6分の1に作付を増やすことによって，その生産性は3分の4に増大するという．これが，農業技術の点ではゲルマン犂(すき)の採用や，村落共同体の確立と結びついて普及したことがとりわけ注目されるゆえんとなった．ゲルマン犂は乾燥地域で発達した犂が改良されたもので，これによって北西ヨーロッパのより深根性の雑草を除去することが可能になったが，一面ではこの大型の犂は高価であるうえ，多くの役畜を必要とし，共同体による農耕を招来させる一因となった．また，耕地への家畜の侵入を防ぐ合理化策として一枚一枚の耕地を囲まず，一定の区画（耕区）に牧柵をめぐらしたが，そのため耕区に同時に播種する必要がおこり，その結果

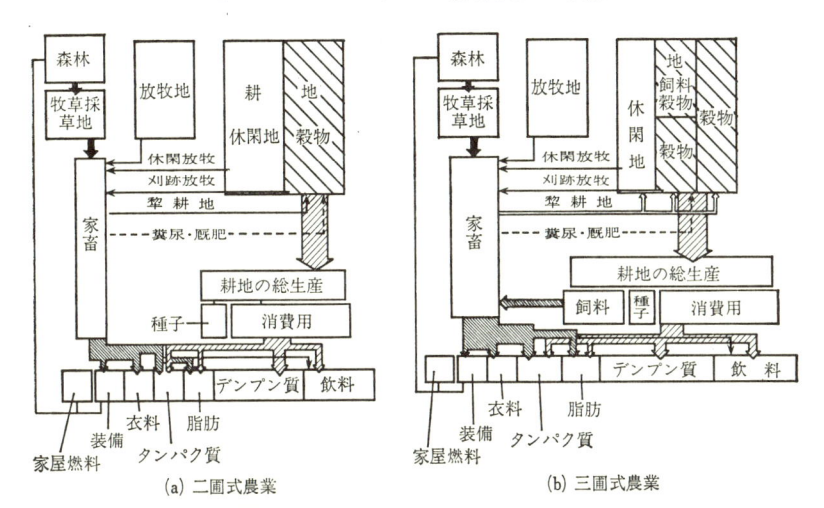

## 4. ヨーロッパにおけるブナ帯農耕文化の諸特徴

**図 I-14 二圃式農業と三圃式農業の比較**[8]

この図では，三圃式農業で耕地の6分の1に飼料穀物を栽培した場合，飼養家畜数がふえ，耕地と家畜の有機的結合が強まることを示している．しかし，理論どおりにならなかったことは本文で述べられている．

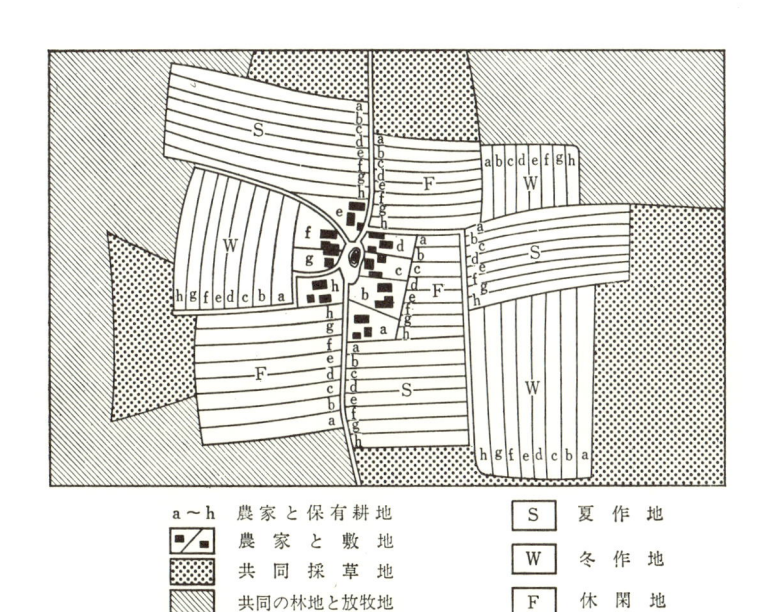

**図 I-15 三圃式農業を営む農村の模式図**[26]

a～h の各農家は，休閑地，夏作地と冬作地のそれぞれの耕区に土地をもっていたが，明瞭な境界物はなく，耕作は共同で行われることが多かった．

耕作強制がなされるようになる過程でも共同体的性格は強化された．図I-15は，こうした三圃式農業を営む村落をシェーマ化して示したものである．

しかし三圃式農法の採用によって，生産は理論どおりにいちじるしく増大したわけではないらしい．それは，耕地利用の強化が施肥量の増大を要求する一方，拡大された耕地は人口増に対処するために食糧としての穀物の栽培にあてられやすく，放牧地も減少したため肥料をつくる家畜を増やせなかったからである．それゆえ，この三圃式農業の普及は穀作化と理解した方がよく，それは，粗放的穀草式ないし二圃式農業の時代に飼養しえた家畜を犠牲として，より多くの人口を支持しうる穀物栽培を強化した面が強かった．耕種農業と畜産が相まって生産性を高めるようになるには，まだしばらく時間を必要とした．

三圃式農法は，北西ヨーロッパの全域に普及したわけではなかった．たとえば，より湿潤で冷涼な大西洋沿岸地域，フランスの中央高地，ドイツの中位山地やアルプス前地などの地域では，原始穀草式農法による外畑と一圃式農法（常畑）である内畑を組み合わせた農業が続けられていた．しかしこれらの地域でも，内畑を拡大して三圃式農法を導入し，生産性の向上をはかろうとする努力がしばしばなされてきた．またアルザス地方を中心とするライン地溝帯地域では，三圃式農業を経て，商業的に小麦を栽培するための二圃式農業が行われていた．このように北西ヨーロッパにおける中世の土地利用方式とは，森林，共同放牧地，外畑，内畑を組み合わせた方式であって，外畑は原始穀草式農業に利用し，内畑は人口圧や自然条件などの差異によって一圃式・二圃式・三圃式農業とさまざまに利用し，外畑・内畑の利用強度を変えるものであったと，統一的に理解されよう．土地利用における地域差からも考えられるように，強く家畜に依存していた地域もあったが，一般には家畜の地位は低かった．

牛の飼育の第一の目的は役畜としてであって，畜産物はあくまで副産物にすぎなかった．牛乳は牛の出産後，牧草に恵まれる夏季に搾乳されるのみで，生乳としての利用は少なく，チーズ，バターに加工されるか，粥汁として利用された．牛の年間搾乳量は，中世にはせいぜい540～680$l$/頭にすぎなかった．小農・中農の家庭では肉はせいぜい週2回，昼食時にとられた程度で，若干数の豚と羊，および労役に耐えられなくなった牛が飼料の不足し始める冬前に屠殺され，これが1年間の肉類のすべてになった．主食はライ麦，大麦，燕麦などの荒びき粥やパンで，パン食は11～12世紀になってようやく一般的になった．しかし小麦パ

ンは，まだほとんどの地域で慶事の食事にしかつかなかった．

### 3) 農業革命，近代的混合農業の成立

　三圃式農業にみられた低生産性の悪循環を断ち切ったのは，14世紀にフランドルおよびブラバント地方において始まった休閑地での飼料作物の栽培であった．いわゆる穀草式農法の成立である．飼料作物としてカブのほか，赤クローバー，ルーサン，ライグラスなどが栽培されるようになった．これによって冬季の飼料の欠乏が克服され，家畜密度が増大し，そのため耕地への肥料の供給が増えて，耕地の生産力も一段と増した．16世紀には冬季における牛の舎飼いが一般化し，放牧地に直接還元されていた家畜の糞尿が，有効に耕地に利用しうるようになった．また大鎌の普及により，穂刈りの後，放牧されて飼料となっていた麦わらが敷わらとして利用されるようになり，これも厩肥増産に役立った．後にこの方法を採用したシレジアのある農場では，1772～1870年の間に家畜単位数が30％，厩肥生産量が270％増加したという．

　フランドルやブラバント地方では，飼料作がはじめて取り入れられたばかりでなく，商業的な工芸作物の栽培も早くから興隆した．この地域はイギリス，フランス，ドイツ3国の中間的位置を占める交易の中心地であり，羊毛工業が発達したことなどもあって，ここでは12世紀以降，都市が急速に発達した．その結果，農産物の市場価値が高まる一方，都市から灰，油粕，鳩の糞，ごみなどの肥料を入手することによって農作物の連作が可能になった．飼料作物のうち牧草類は，耕作強制下の休閑地で栽培することができたが，カブ類は集約的に栽培すると収量が増えるので，土地利用の個人化を促した．この地域ではそれゆえ，三圃制下の耕作強制が最も早く消滅し，小規模な独立自営農が出現した．この農民層にさまざまな新技術が受け入れられた．このような条件に恵まれて，農業の革新はこの地域で実現された．この農法は17世紀にはイングランド東部でも採用され始め，ノーフォーク四圃輪栽式農法（カブー大麦ークローバー一小麦の4年輪作）となって結実した．ここでは条播機が発明され，穀物作付中の中耕除草が可能となり，馬力中耕機が発明された．これらは，家畜の増加による施肥量の増大，カブの深耕作用やクローバーによる空中窒素の固定化といった条件と相まって，穀物栽培の生産性を一段と高め，播種量に対する収穫量の比は倍増したという．

　このように，耕種農業と畜産が有機的に結びついた混合農業の成立は，生産性

を飛躍的に高め，農業革命と呼ぶにふさわしい．土地利用上の変化も，従来の共同体的規制を解き放つような農村社会の変化と表裏一体となって進行した．三圃式農業によって形成された農村景観は，囲い込みや共有地の分割によって変えられた．この過程で，従来未分化であった森林と農用地の分化も進んだ．しかし，こうした変化は 14～19 世紀にかけて次第に起こったものであり，19 世紀初頭ですら，人口稠密な地域以外では中世的な農業が色濃く残っていたし，イングランドやスカンジナヴィア諸国を除くと，開放耕地制下の耕地形態がごく普通にみられた（図 I-16）．

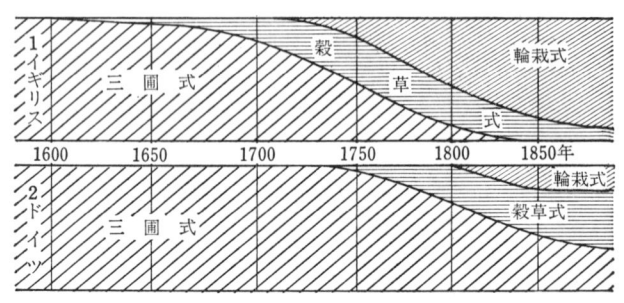

**図 I-16 農法移行の国による差異**[6]
この図はイギリスとドイツにおける農法移行を模式的に示したものである．三圃式から穀草式への移行はフランドル地方で早く，さらに合理的な輪栽式への移行はイギリスのノーフォーク州で実現された．

### 4) 工業化時代における農業

近代的混合農業の成立やそれにともなう技術的革新は，従来森林に大きく依存していた農業を次第に森林から訣別させることになった．それゆえ 15～18 世紀にかけての危機的な森林破壊は，同じ落葉広葉樹林の利用といっても，むしろ工業的利用によるものであった．燃料や造船などのほかに，とくに冶金業が莫大な木材を必要とした．イギリスの石炭鉱業の発展は，そのための森林の欠乏から説明されるほどであった．19 世紀には森林の農業的役目はますます低下し，一方工業的利用の需要は増大，多様化したが，18 世紀頃からドイツを中心として森林保護の重要性が強く認識され，造林に力が注がれるようになった．

近代的農法はさらに改良されながら，とくに 1850 年以降の工業化と都市化と結びついて急速に普及した．その普及の程度は，当初には国や地方によって緩急さまざまであったが，北西ヨーロッパ全域への拡大はヨーロッパ農業にさらに質

## 4. ヨーロッパにおけるブナ帯農耕文化の諸特徴

的変化や地域的専門分化など，さまざまな変化を促す基盤を醸成することになった．ここではそれらのうち，とくに栽培作物と飼養家畜に注目して，いくつかの特徴的な変化をみてみよう．

作物のうち休閑地を減ずる役割を果たした耨耕作物をみると，テンサイの栽培は19世紀中頃より普及した．バレイショは18世紀から広く栽培されるようになり，工業用アルコールや豚の飼料として利用された19世紀にはとくに重要になったが，20世紀になってその栽培は次第に衰退してきた．飼料カブを含めこれらの耨耕作物は本来労働集約的なもので，一般に中小農家によって栽培されてきたが，機械化が可能になって以来，大規模な経営農家によって栽培されるようになった．中小経営層は，近年ではより機械化しやすい穀作への傾斜がいちじるしい．それを飼料として養豚を行うものも多い．このようななかで，耕種農業のうちでは穀作がその比重を高めているが，栽培される穀物には大きな変化が生じてきた．燕麦は，機械化によって馬の飼料としての意味を失うにつれて減少し，中央ヨーロッパのパン用穀物であったライ麦も，小麦パンの消費の拡大に伴って急減した．本来人間の主食であった麦類は，中世に燕麦が飼料化されて以後，一貫して飼料化の道をたどり，第二次世界大戦後には小麦さえ，その一部が飼料に供せられるようになった．

一方，家畜の地位は消費の拡大と穀物価格の相対的低下に伴い急速に上昇してきたが，家畜の構成はいちじるしく変化してきた．羊は北西ヨーロッパでも肉・毛用として，さらに糞畜として，18世紀頃まで豚とともに重要な家畜であった．その後新世界との競合に破れ，1870年以降急速にその意義を失った．代わって，牛が家畜の中心になった．牛は近代初期においても，役畜兼用でしかなかった．肉牛，乳牛としての品種改良が始まったのは18世紀中頃からで，1908年のイギリスにおいてさえ，兼肉牛のショートホーン種が3分の2を占め，乳牛用は7％を占めていたにすぎなかった．混合農業の中から酪農が独立したのは，ごく最近のことであった．

穀物栽培に不利な冷涼・湿潤な地域や地力の乏しい地域は，交通の発達と農業の商業化に伴って次第に穀物栽培を放棄し，ついには自給用穀作すらもやめて，完全な草地農業地域へと発展する例も多くなった．同様な過程で，ブドウや園芸農業も特定の地域に集中してきた．また耕作に不向きな地域では，農業自体が放棄され植林化された所もある．このように近年の北西ヨーロッパの農業生産は，

適地への集中によって地域的専門分化が著しい．同じ地域のなかでも，経営規模の差による農業経営の違いが顕著になってきた．これらの変化を一般的にみれば，ヨーロッパの農業は，中世・近代を通じて進行してきた土地利用の集約化が工業化時代になって終わりを告げ，機械力と化学肥料の投入によって，土地生産性を維持しながら労働生産性を上昇させる方向で発展してきたとみることができよう．

### 5) ヨーロッパ ブナ帯の農耕文化

ヨーロッパ ブナ帯，すなわち北西ヨーロッパの農業は，畜産と耕種農業の統合的生産に特色がある．同じブナ帯に属するわれわれ日本人にとっては，この畜産が非常に特色あるものにみえる．われわれはその発達を環境利用という点に注目しながら，歴史的脈絡のなかで考察してきた．ここでは，その環境的特徴をもう少し検討してみよう．

北西ヨーロッパの農業は，麦作，犂耕，大家畜飼養文化として発生した．これは，当初から家畜を役畜として利用するほか，わずかではあるが乳を利用することに特色があった．よく指摘されるその一つの理由は，ヨーロッパの環境のもとでの麦作は，とくにわが国の水田耕作などに比べると，土地生産性がはるかに低いことである（表 I-3）．穀物の生産量を規定する一つの因子である雨量をみても，ヨーロッパの降水量はおしなべてわが国の2分の1ないし3分の1程度である．たとえば，小麦の播種量と収穫量の比は，フランスやドイツでは9～10世紀に2.5，13世紀に4，18世紀にも6～8であった．アーサー・ヤング（Arthur Young）によれば，農業の進んでいた18世紀後半のイングランドでさえ，この比は9～12で，この比が3以下になるようなら小麦の作付けをやめた方がよいとの記録があったという．わが国の穀物栽培が，北西ヨーロッパに比し，いかに有利であるかが明らかである．それゆえ，北西ヨーロッパでは生産の増大は面的拡大によらざるをえず，それには畜力が必要不可欠であった．麦作はまた地力消耗的で，連作による

表 I-3　穀物収穫量の播種量に対する倍率（1958年）[12]

|  | 日　本 | 合衆国 | ベルギー | イギリス |
|---|---|---|---|---|
| 米 | 110.0～144.4 倍 | 24.2 倍 | 倍 | 倍 |
| 小　麦 | 51.7 | 23.6 | 20.2 | 15.7 |
| 大　麦 | 54.3 | 9.1 | 19.1 | 18.4 |
| 燕　麦 |  | 7.4 | 17.8 | 14.4 |
| ライ麦 |  | 8.9 | 16.6 |  |

収量の低下が大きい．連作による収量の低下は，水稲の場合74.7％にすぎないが，麦類は36％に減少するという．この意味でも，休閑ばかりでなく，肥料入手源としての家畜が必要であった．

植物の成育速度の差異は焼き畑の状態を比較しても了解される．焼き畑の森林回復期間は，高温多湿の東南アジアでは10年間，わが国では20～30年といわれている．それに対して冷涼で雨量の少ない北西ヨーロッパでは，森林が回復するのに100年以上必要である．ここでは，森林の回復期を農業の休閑期と考えるような焼き畑農業も不可能で，別の形で休閑期をもつ二圃式・三圃式農業へと進まざるをえなかった．このような下生えの発達さえよくない森林は，逆に放牧地としての利用には好都合であった．これも，エネルギー効率の悪い家畜生産に依存せざるをえない一つの理由であった．表I-4は，バレイショ，穀類，牛乳，豚肉の太陽エネルギー利用効率を示したものである．牛乳はともかく，もっとも効率の悪い牛肉では，その効率は豚肉の3分の1程度である．

麦類は食生活という観点からみても蛋白価が低く，そのうえ外皮が堅く，粒食しにくい．その効率の悪さを補うためにも，家畜が必要であった．他方，北西ヨーロッパの気候は，毛皮におおわれた家畜の成育には適しているうえ，穀実を熟成させるには不十分で

表 I-4　太陽エネルギーの利用効率[20]

|  | 太陽エネルギーの利用効率 | 1人を養うに必要な面積 |
|---|---|---|
|  | ％ | m² |
| バレイショ | 0.10 | 600 |
| 穀　　類 | 0.05 | 1,200 |
| 牛　　乳 | 0.04 | 1,500 |
| 豚　　肉 | 0.015 | 4,000 |

も，牧草や飼料作物の生育には十分である．牧草は，穀物のように地中の水分や養分を消耗しつくすこともなく，また雑草に負けることもない．それは柔軟で，栄養分に富む．北西ヨーロッパはブナ帯といえども，このような微妙な自然環境の厳しさが，畜産と耕種農業を生む基礎的条件となった．

中世にはブナ林の開墾と農法の改良を通して，穀物栽培を拡大することによって人口支持力を高める努力がなされた．しかし，すでに述べた理由から，最低限の家畜は保たれ，副産物としての肉，ミルク，チーズやバターの消費の伝統も維持された．この中世の三圃式農法による穀作化現象は，飼料作物の栽培化によって終わりをつげた．ここに，ブナ林への依存を弱め，家畜生産と穀物生産が相まって増大可能な近代的混合農業が成立した．その後，新大陸を中心とする他地域からの安価な穀物の流入や工業化にともなう消費水準の上昇などが，北西ヨーロ

ッパの農業をより家畜生産に傾斜させることになった．その結果，最終生産物としての家畜の地位は，大幅に上昇してきた．ヨーロッパ人の食生活をみても，現在ではそれを肉食として，日本人の米食と対比させることが多い．しかし，ヨーロッパ人の食生活は，1850年頃には当時の日本などと比べると当然肉食への依存は高いが，まだパンがカロリー源の60〜70％を占めていた．この割合は20世紀に入って急速に減少し，第2次世界大戦後には20〜40％になり，逆に肉類や乳製品への依存が急速に高まった（図Ⅰ-17）．それゆえ，動物性食品を多量に消費するようになったのは，たかだかここ100年のことにすぎない．

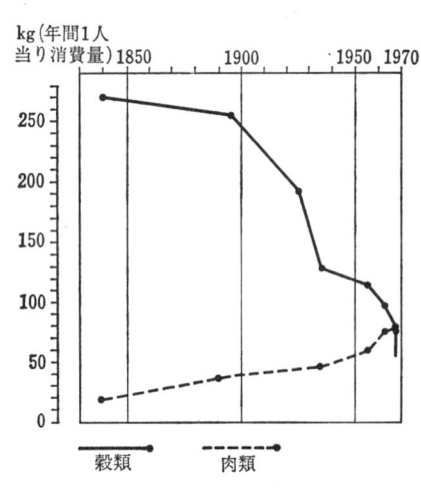

図Ⅰ-17 フランス人の穀類・肉類消費量比較図[4]
フランス人の摂取カロリー量は，ヨーロッパでも多い方であるが，穀類消費量が比較的多く，バランスのとれた栄養状態であるといわれている．

以上のことを結論的にみれば，北西ヨーロッパはブラーシュがいうように，ライ麦や燕麦の栽培と大家畜利用という彼ら本来の農業から出発し，これに地中海的性格を結合させながら，豊かなブナ林を活用して耕種農業と牧畜の統合化された農業を確立してきたといえる．それには，温帯夏雨地帯で比較的集約的な農業が可能であるが，一方では日本などに比して穀物の生産性が低く，逆に家畜や草地の成育には好都合というヨーロッパ・ブナ帯の自然が大きな条件になったと考えられる．しかし，今日のヨーロッパ・ブナ帯の牧畜的農耕文化は，あらゆる面でその特性を顕著にしてきたのは比較的最近のことであり，自然を合理的に活用して長い年月をかけて形成されてきたことにより大きな特色が求められよう．

〔石井英也・桜井明久〕

## 文献

1) アーベル著：三橋・中村訳 (1976)：『ドイツ農業発達の三段階』，未来社．
2) 飯沼二郎 (1967)：『農業革命論』未来社．

3) 市川健夫・斎藤 功 (1979): 日本におけるブナ帯農耕文化試論. 地理, **24**, 84-102.
4) 伊東俊太郎他編 (1976):『西ヨーロッパと日本人』講談社.
5) ヴェルト著: 藪内・飯沼訳 (1968):『農業文化の起源』岩波書店.
6) 加用信文 (1972):『日本農法論』お茶の水書房.
7) 木内信蔵編 (1979):『世界地理6 ヨーロッパⅠ』朝倉書店.
8) グレゴー著: 山本正三他訳 (1973):『農業地理学』大明堂.
9) グリック著: 飯沼二郎他訳 (1977):『世界農業の形成過程』大明堂.
10) 栗原藤七郎 (1976):『文明の農業的基礎』家の光協会.
11) ゲルデス著: 飯沼二郎訳 (1957):『ドイツ農民小史』未来社.
12) 鯖田豊之 (1966):『肉食の思想』中公新書.
13) シュミットヒューゼン著: 宮脇昭訳 (1968):『植生地理学』朝倉書店.
14) 水津一朗 (1976):『ヨーロッパ村落研究』地人書館.
15) 千田 稔 (1970): 農耕の発生・伝播についての景観論的研究, 人文地理, **22**, 26-64
16) ドヴェーズ著: 猪俣禮二訳 (1973):『森林の歴史』文庫クセジュ, 白水社.
17) バート著; 速水融訳 (1969):『西ヨーロッパ農業発達史』日本評論社.
18) ブラーシュ著; 飯塚浩二訳 (1940):『人文地理学原理』岩波文庫, 岩波書店.
19) 安田喜憲 (1974): 農耕伝播による人類の森林破壊の比較歴史地理学的研究, 人文地理, **26**, 621-657.
20) 山根一郎 (1976):『日本の自然と農業』農山漁村文化協会.
21) 吉野正敏 (1979):『世界の気候・日本の気候』朝倉書店.
22) Born, M. (1974): Die Entwicklung der deutschen Agrarlandschaft, Wissenschaftliche Buchgesellschaft.
23) Butzer, K. W. (1974): Accelerated Soil Erosion, in Perspectives on Environment. *Publication*. No.13 of A. A. A. G., 57-78.
24) Darby, H. C. (1956): The Clearing of the Woodland in Europe, in Man's Role in Changing the Face of the Earth, ed. Thomas, W. L. Jr., Chicago Univ. Press.
25) Jager (1951): Die Entwicklung der Kulturlandschaft in Kreise Hofgeismar, Göttinger Geogr. Abhandlungen 8.
26) Jordan, T. G. (1973): The European Culture Area, Harper and Row.
27) Schlüter, O. (1952): Siedlungsräume Mitteleuropas in frühgeschichtlicher Zeit, Teil 1, Forschungen zur Deutschen Landeskunde, 63.
28) Smith, C. T. (1967): An Historical Geography of Western Europe before 1800, Longmann.

# II. ブナ帯における伝統的文化と現代の諸相

## 1. 堅果類の採取と利用

　わが国における堅果類の食料としての利用は，縄文時代（B.C. 10,000〜B.C. 300年）以来の伝統がある．とくに水稲栽培以前の縄文時代には，トチやドングリ類は主食的な役割を果たし，水稲栽培の発達した弥生時代以降も，救荒食料として現代にいたるまで，重要な役割を果たしてきたのである[1]．

　縄文時代以来利用されている主な堅果類は，カヤ，クルミ，クリ，ドングリ類，トチなどであり，大部分がブナ帯に優先するものである．このうちカヤ，クルミ，クリとドングリの一部は，食用化に問題は少ないが，ドングリ類の大部分とトチとは，アク抜きをしないと食用化することができない．とくにトチのアク抜きはむずかしい．タケノコ，ワラビ，ゼンマイ等の日本列島の山野の植物には，程度の差こそあれ若干のアクが含まれていて，それぞれに処理の方法が確立されているが，トチの場合のみ別格にむずかしいと意識されている．したがってトチのアク抜き技術の開発された時期以降には，南西諸島のソテツを除いた大部分の野

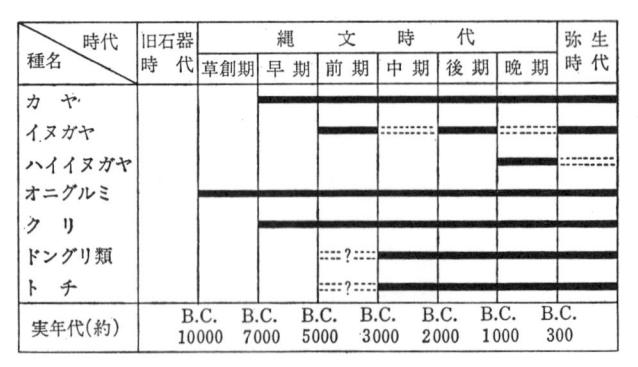

| 時代<br>種名 | 旧石器<br>時代 | 縄　　文　　時　　代 ||||||| 弥生<br>時代 |
|---|---|---|---|---|---|---|---|---|
| | | 草創期 | 早期 | 前期 | 中期 | 後期 | 晩期 | |
| カ ヤ | | | | | | | | |
| イヌガヤ | | | | | | ======= | | |
| ハイイヌガヤ | | | | | | | | ======= |
| オニグルミ | | | | | | | | |
| ク リ | | | | | | | | |
| ドングリ類 | | | | ===?=== | | | | |
| ト チ | | | | ===?=== | | | | |
| 実年代(約) | B.C.<br>10000 | B.C.<br>7000 | B.C.<br>5000 | B.C.<br>3000 | B.C.<br>2000 | B.C.<br>1000 | B.C.<br>300 | |

図 II-1　堅果類の利用開始期

1. 堅果類の採取と利用

生植物が, 食用化されていたものとみてよいであろう.

このトチのアク抜き技術の開発は, 縄文中期以降であるが, ドングリ類の場合は前期にまでさかのぼる可能性が大きい. これらによって植物デンプンの確保が安定し, 縄文文化の後半の一段の発達がみられるのであって, その安定の度合は, 故藤森栄一等をして焼き畑農耕の存在を想定せしめたほどである. 学史的には, この縄文農耕論の代案として, 野生堅果類の研究が進んだ, ということができる.

これら主食的な役割を担ったドングリ類やトチの利用よりも先行して, カヤ, クルミ, クリなどは縄文草創期・早期より, すでに食用化されている. 本稿ではこれらの前後関係にもとづいて, その利用状況を通観してみることとする (図Ⅱ-1参照).

### 1) カ ヤ

宮城県以南の本州, 四国, 九州の山地に自生している常緑高木で, 縄文遺跡でも宮城県石巻市沼津貝塚 (後期), 同南境貝塚 (同), 同県牡鹿郡女川(おながわ)町尾田峰貝塚 (晩期), および山形県飽海(あくみ)郡遊佐(ゆざ)町神矢田遺跡 (後・晩期) 等を北限として, 10数遺跡より検出されている (図Ⅱ-2). 時期的には愛知県知多郡南知多町先苅(まずかり)貝塚出土例の縄文早期例を最古とする. 兵庫県城崎郡日高町神鍋山遺跡では, 縄文前期の袋状貯蔵穴から多数出土している. 生貯蔵を示唆しているともとれるし, 外種皮を腐らせていたとも考えられる.

カヤの種子はバイの実と呼ばれることが多い. 二百十日過ぎにとり, 外種皮の青いまま灰で煮て, 川で洗ってよく干して保存する. 土中で外種皮を腐らせるより, 灰で煮た方が渋皮が種皮の内側についてとれるので, より美味であるという (岐阜県揖斐(いび)郡徳山村塚).

カヤは食用・油用のほか, 縄文時代には独木舟の用材としてもよく使われている.

### 2) イヌガヤ

岩手県以南の本州, 四国, 九州に自生する常緑低木で, カヤほど大きくならない. 種子は関東および北近畿の数遺跡から出土しているにすぎない (図Ⅱ-3). 縄文前期の千葉県安房(あわ)郡丸山町加茂遺跡, 福井県三方郡三方町鳥浜貝塚,

同後期の京都府舞鶴市桑飼下(くわがいしも)遺跡等がその例である．

種子を食用および油用として利用するといわれているが，岐阜県揖斐郡徳山村

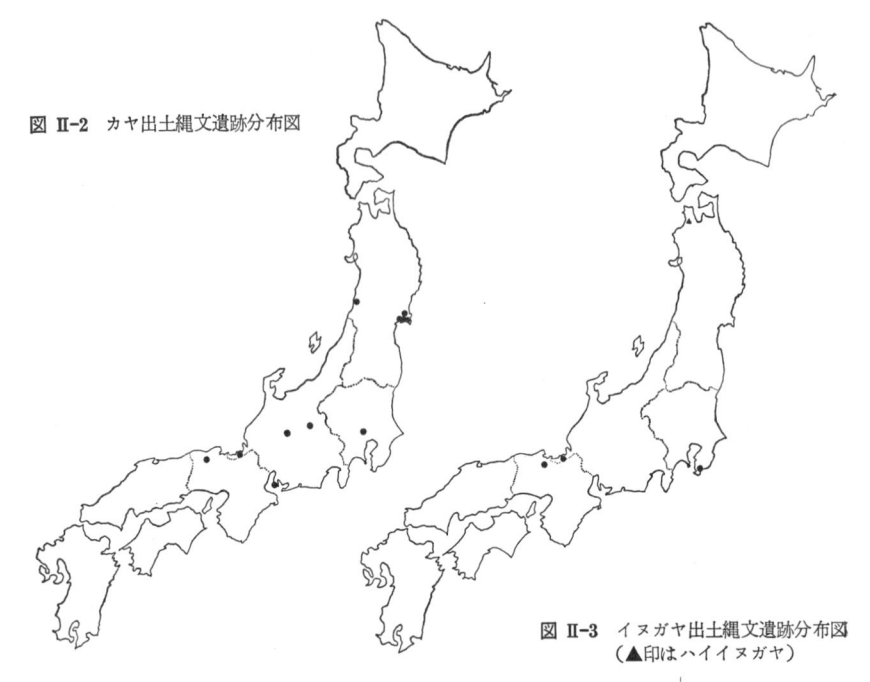

図 II-2 カヤ出土縄文遺跡分布図

図 II-3 イヌガヤ出土縄文遺跡分布図
（▲印はハイイヌガヤ）

塚ではこれをヒヨビの実といい，赤く熟した甘い外種皮を食べ，実は油をとるだけという．胚乳を食用にしたという例は，今後十分に民俗誌的に検討される必要があろう．カヤとは種子の形態も異なるが，線形の葉は握っても痛くないので区別しやすい．イヌガヤの材は，縄文時代には弓や櫂にもよく用いられている．

ハイイヌガヤは，北海道西部から本州の日本海側，四国の一部に分布する多雪地帯適応型である．北村四郎等は，イヌガヤは食べないが，ハイイヌガヤは食べることもあると記しており[2]，上記徳山村の例も含め，両者の関係は今後いっそう明らかにされる必要がある．種子は青森県西津軽郡木造町亀ヶ岡遺跡（晩期）より出土しているのみである（図II-3参照）．

平安時代に編纂された『延喜式』には閉美(ヘビ)油とあり，イヌガヤまたはハイイヌガヤの油とみなされている．この油は凝固点が氷点下5度以下と低く，冬の神事や灯台等の屋外点灯用油としてすぐれたものであるという[3]．

## 3) クルミ

　縄文時代遺跡から出土しているクルミは，オニグルミと，亜種のヒメグルミの2種である．北海道，本州，四国，九州全域に自生する落葉高木で，核がきわめて堅いため，遺跡からはもっともよく検出されている．他種のものはなく，クルミのみ出土しているという遺跡が多い．食用植物遺体出土遺跡204遺跡のうち，67%に当る136遺跡より出土している．出土遺跡の地理的分布は，北海道から九州までの全域に及び，時期的にも草創期から晩期までの全期間にわたっている（図II-3）．縄文前期になると，青森県東津軽郡平内町一本松遺跡・宮城県仙台市三神峯(みかみみね)遺跡等のように，貯蔵穴中の出土例がみられるようになる．前者は住居址内の土壙中の出土であり貯蔵ともみられるが，後者は屋外例であり，果皮を腐らせている状態を示唆しているとも考えられる．そして青森県南津軽郡平賀町石郷遺跡（晩期）では，あたかも集積して果皮を腐らせていたかのように，約1,000個のオニグルミがまとまって出土した．左右の両殻があわさったままで，短く尖った先端も欠損していない．同様な例は，新潟県西頸城郡青海町寺地遺跡（晩期）でも検出されている．

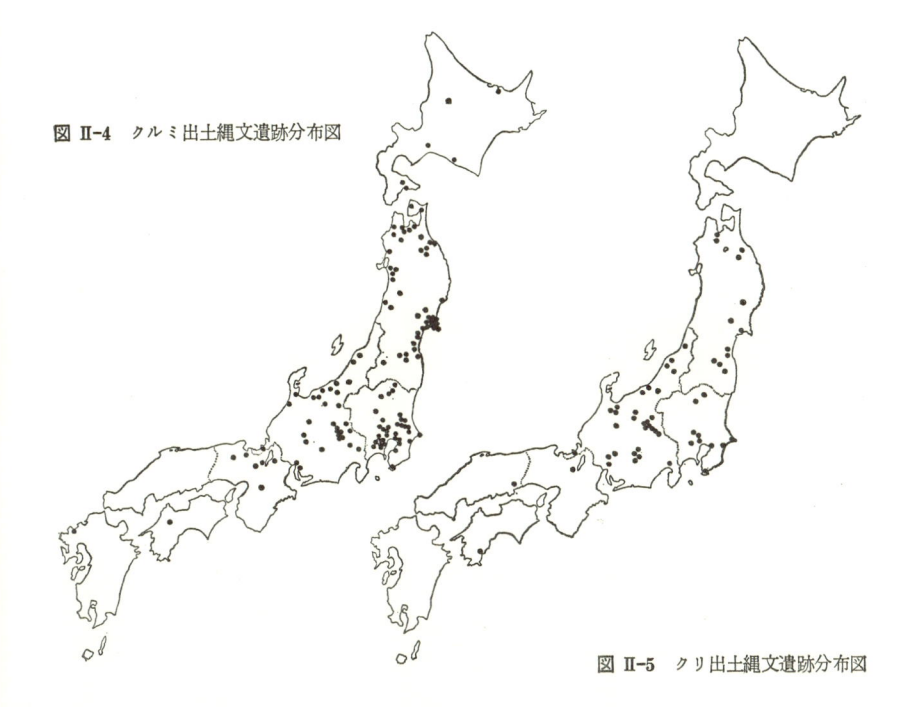

図 II-4　クルミ出土縄文遺跡分布図

図 II-5　クリ出土縄文遺跡分布図

オニグルミの種子は10〜11月に落下し，これを集積して草や葉をかぶせて外果皮を腐らせ，川で洗いよく乾燥させて保存する．そして採集時からヒメグルミは別扱いにして，混在させることは少ない．ヒメグルミはオニグルミより脂肪分が少なく，味がこれより劣るとされているからである．

オニグルミの核皮は厚く，縄文人はこれを手のひら大の長円形の敲(たた)き石で割っているため，尖端が欠損している例が圧倒的に多い．近代では金槌等で割られることが多い．これに対し明治時代以降に輸入され，かつ在来種との交配で育成栽培されたカシグルミ（テウチグルミ），セイヨウクルミ（ペルシャクルミ）等は核皮（いわゆる殻）が薄く，核のあわさり目を2個あわせて圧すれば容易に割れる．今日駅の売店等で売られているのはこれら栽培品種であり，その生産地の6割を長野県が占めている[4]．他は東北，北海道である．これらの普及に伴い，日本でも民芸的なクルミ割りの道具が作られるようになったらしい．在来のオニグルミは決してこうした道具で割ることはできない．

また長野県を中心に栽培品種が発達した契機については不明な点が多い．材が緻密で狂いが少なく割れ目ができないため，家具や指物材にされる他，鉄砲の銃床としてもきわめて重要であったが，むしろこのために明治時代以来栽培が盛んになったのであり，種子の利用はこれとの抱き合わせであるという意見もあり注目される．

### 4) ク リ

北海道西南部から九州にかけて自生する落葉喬木であり，種子は甘味が多い．縄文遺跡では北海道を除く青森県から福岡県までの範囲に出土しているが，とくに東北地方から中部地方に多い．北海道に出土例がみられないことはクルミと異なる点である．縄文早期から晩期にかけての各時期にわたって出土しているが，草創期の例は未検出である．もっとも古い例は静岡県沼津市元野遺跡の土壙中出土例である．また千葉県千葉市加曽利貝塚でも後期に属するクリの貯蔵穴が検出されている．これらは生貯蔵が行われていたことを示唆している．一冬だけの生貯蔵は，甘味を増すことに主な目的がある．長期保存としてはゆでてよく乾燥させることが重要である．縄文中期の新潟県栃尾市栃倉遺跡や長野県諏訪郡富士見町藤内遺跡等の火災で焼失した住居址では，炉の上の火棚で乾燥させていたものが落下したような状態で出土しており，2種の貯蔵法が行われていたことを知る

ことができる．

　岩手県岩手郡雫石(しずくいし)町黒沢川では，生の味を落さないため砂と一緒に穴に埋めたという．土だけでは熱をもち発芽してしまうので砂を入れる．新潟県下では木箱に砂を入れて，そのなかにクリを入れる．これをスナグリと称している．このような貯蔵法は全国各地にみられるが，さらに韓国にもみられる．

　クリの材は耐湿性に富み堅く，竪穴住居の柱材にはよく用いられており，新潟県中魚沼郡津南町沖ノ原遺跡（中期）では，板壁にも用いられている．近代に鉄道の枕木として盛んに用いられたのも，同様な考え方に立っているといえよう．

### 5) ドングリ類

　ドングリ類は，クリ属，ブナ属を除くブナ科の堅果であり，コナラ属，シイノキ属，マテバシイ属の種子をさす．これらはそのまま食用に供することのできる種類と，アク抜きを必要とする種類とがあり，アク抜きの方法にも差異がみられる．筆者はこのアク抜きの関係を主にして，民俗学的に表Ⅱ-1のように分類している．すなわち，D類はアク抜き不用のもの，C類は水さらしのみでアク抜

表 Ⅱ-1 ドングリ類の分類

| 民俗分類 | 属 | | 種(出土例) | 民俗調査例のあるもの | 森林帯 | 他の堅果類 |
|---|---|---|---|---|---|---|
| A. クヌギ類 アク抜き伝承の途絶えたもの | コナラ亜属 | コナラ属 | | | 落葉広葉樹林帯 (東北日本) | クルミ クリ トチノキ |
| B. ナラ類 水さらし+加熱処理 | | | ミズナラ コナラ | ミズナラ コナラ | | |
| C. カシ類 水さらしのみ | アカガシ亜属 | | アカガシ アラカシ | アラカシ,シラカシ, ウラジロガシ,オキナワウラジロガシ | 照葉樹林帯 (西南日本) | |
| | | | イチイガシ | 同左 | | |
| D. シイ類 アク抜き不用 | シイノキ属 | | ツブラジイ スダジイ | 同左 | | |
| | マテバシイ属 | | マテバシイ | 同左 | | |

きのできるもの，B類は水さらしのみではアク抜きのできないもの，そしてA類はアク抜き技術の伝承の途絶えたものである．そして食料の安定化につれて個別の認識が薄れ，すべてをドングリと呼ぶようになったが，もっとも狭くドング

リという時は A 類のクヌギ等をさす．いわゆるドングリまなこというのは，このクヌギ等のまんまるい形態に由来するのである．しかし本類はほとんど遺跡からは検出されていない．

B 類は，A 類とともにコナラ属コナラ亜属に属す，ミズナラ，コナラ等で，東北日本の落葉樹林帯の代表的樹木である．これらのアク抜きは，水にいれて何度もたいてはアクをすて，アクが出なくなった段階で一晩水にさらして食用化する．このアクは水溶性のタンニンであり，灰を加える必然性はない．実際には灰を使っているところもあるが，これは後に記すトチのアク抜き方法からの影響であり，分布も重なっている．

図 II-6　ドングリ類出土縄文遺跡分布図

C 類は，コナラ属アカガシ亜属のカシ類のドングリであり，西南日本の照葉樹林帯の指標的樹木の種子である．このアクもタンニンであるが，C 類の場合は水さらしのみで，B 類のような加熱工程はみられない．

京都府北部の由良川流域を中心とした丹後地方では，A 類のドングリをタンコロジザイまたはタイコジザイ，B 類をホウソ，C 類をジザイ，そして D 類をシイの実と呼び，ドングリという総称概念は明治時代以降にもたらされたという．このジザイの実の加工食品がジザイモチである．

舞鶴市大俣の儀間しもさん（故人，明治 17 年生）に，再現して加工工程をみせて頂いた概要は次のとおりである．10 月頃ジザイの実（アラカシとシラカシ）を拾い，天日で干した後，木槌でたたいて荒割りし，箕で殻と実をわける．実は石臼で粉にひき，サラシの袋にいれてカケイにかけてアク抜きをする．この時には石の上にサンダワラ 2 枚を置き，砂がはいらぬように，また水がまんべんなくし

みるように，この間に袋をはさむ，さらす期間は約30日であるが，もっと短い場合もある．食べる時はジザイ粉だけで，他の物は混ぜない．これをまるめてやや平たくし，セイロでむして食べた．熱湯に入れたり，焼いて食べることもあったが，終戦後の節米の頃を最後に食べられなくなった（1973年秋調査）．

奈良県南部の吉野地方では，アク抜きしたカシの実の粉を飯の炊き上り前に混ぜるカシメシ，カシノコメシがあった．また伊豆七島や沖縄では，同様な方法のシイメシがあった．

D類のドングリはこれらと異なり，アク抜きのいらない種類であり，やや甘味を有している．これらにはシイノキ属のスダジイ，ツブラジイとマテバシイ属のマテバシイの他に，カシ類中のイチイガシが含まれる．これらはまたC類とともに西南日本の照葉樹林帯の指標的な樹木である．マテガイに似て太く長いマテバシイは分布が限られ，ツブラジイは直径1cmにも満たない小さな実であり，京都北野神社の縁日や博多の中洲等で売られているシイの実は，ほとんどスダジイである．

A～C類と異なりアク抜きのいらないD類は，カヤ，クルミ，クリ等とともに食用化が始まったと推定されるが，実際はやや複雑である．1980年に発掘された鹿児島県曽於郡志布志町東黒土田遺跡では，縄文草創期でももっとも古い隆帯文土器にともないドングリの貯蔵穴が検出された[5]．そしてこのドングリは，大阪市立大理学部粉川昭平教授の鑑定によると，シイ類やイチイガシでないことは確実であるという．したがってアク抜きを必要とする種類ということになるが，関連する諸現象の研究からみて，縄文時代最古の段階にすでにアク抜き技術が開発されていたとは考えにくいのが現況である．しかしその必然性がいまだに解明されていない縄文土器の起源を研究する上ではきわめて重要な所見であり，今後なお十分に検討を重ねる必要がある．

これを除くとドングリ類の貯蔵穴もまた縄文前期より増加する．そして水稲栽培の始まった弥生時代にも貯蔵穴は多数みられ，しかも稲作先進地帯の北部九州地方に多いことに注目される．先に記したシイメシ，カシメシのような利用法が推定される．また貯蔵穴は地下水の影響を受けるような場所にもみられ，アク抜きのための占地と考える人もいるが，その種類はアク抜きのいらないイチイガシの場合が大部分であり，生貯蔵であることは明らかである．福岡県春日市辻田（つじばたけ）遺跡（弥生後期）の場合は，貯蔵穴周辺の同時代層には自然堆積の他

種のカシ類が多数みられるが，貯蔵穴中のドングリはイチイガシのみで，きわめて選択的であった．

そしてドングリ類は次のトチの実とともに，近世・近代にいたるまで救荒食料としてきわめて重要であったが，近世初期には別系統の食べ方がもたらされる．今日西南日本に伝わるカシキリ，カシノミドウフ，カシノミコンニャクがそれであり，ルーツは韓国のドングリ食品のムッである．縄文以来の伝統的なドングリ食とのちがいは，味の差，ドングリの種類の差，および加工法の差に顕著にみられる．

韓国のムッに使われるドングリはＡ類のクヌギ，カシワ，ナラガシワ等で，Ｂ類のコナラも利用される．しかしコナラは味が劣り，アク抜きにも日数がかかるという．これらは水さらしでアク抜きをした後袋に入れて，水をかけながらデンプンのみをもみ出し，これを釜でやや固くなるまで煮て型に入れて冷やすのである．味がよいのはいわばもみ出した後のカスを捨てるからであり，韓国で緑豆製のムッよりは劣るが，ソバ製のムッよりはうまいとされており，たいていの観光地ではこれを食べることができるし，かつては日常的にもよく食べられていた．もみ出し工程はみられないが，アラカシでこれを作る土佐のカシキリは釜で煮て固め，ニンニクの葉をきざんでいれた酢味噌をかけて食べる点に，故地の伝統を伝えている．豊臣秀吉の朝鮮侵略時に，長曽我部元親に連れてこられた釜山付近の陶工が作って広めたという伝承がある．こうした伝承はないらしいが，天草や人吉盆地に伝わるカシノミドウフ，カシノミコンニャクもこれと同一であるとみられる．

日本の場合，カシ類と同様に水さらしのみでアク抜きのできるクヌギ類が，なぜほとんど食用化されなかったのかきわめて疑問であり，今後多方面から検討を加えて解決すべき問題である．

## 6) ト チ

北海道南部，本州，四国の山地に自生する落葉高木で，九州にはまれである．縄文遺跡でも？印付の宮崎県下の1遺跡例を除けば，青森県から岡山県までの約40遺跡から出土している（図Ⅱ-7-a）．アク抜きがむずかしいとされるトチの実が食用化されたとみなしうる出土状態の筆頭は，むかれた大量の種皮が，クルミやドングリ類等の他の植物遺体とともに，低湿地に廃棄された結果形成された特

1. 堅果類の採取と利用

殊泥炭層の場合である．人為的形成によるものを自然形成の泥炭層と区別するため，上に特殊の2字を冠することになっている．

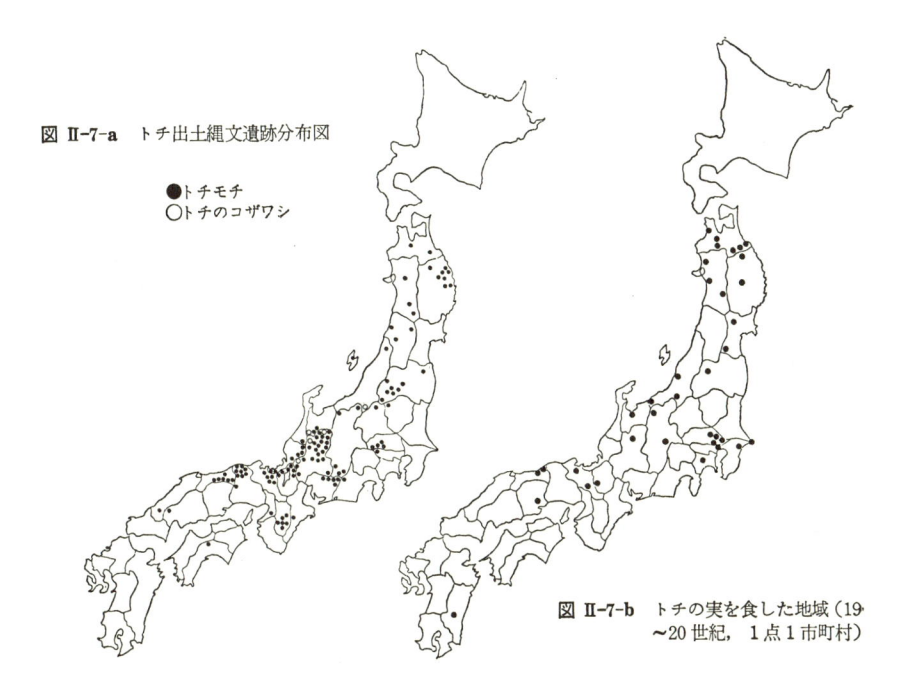

**図 II-7-a** トチ出土縄文遺跡分布図
● トチモチ
○ トチのコザワシ

**図 II-7-b** トチの実を食した地域（19～20世紀，1点1市町村）

　トチの皮をも多量に含んでいた特殊泥炭層には，青森県八戸市是川(これかわ)遺跡，同県西津軽郡木造町亀ヶ岡遺跡，新潟県三島郡三島町根立(ねだち)遺跡，滋賀県大津市滋賀里遺跡，京都府舞鶴市桑飼下遺跡，鳥取県鳥取市布勢遺跡，同桂見遺跡等がある．このうち前3者は縄文晩期に属し，後4者は同後期に属す．これらによってトチの実の食用化は縄文後期までさかのぼることができるのであるが，近年さらにこの上限がさかのぼる発見があった．

　貯蔵穴中の出土もまた食用化の意図を明示する出土状態であるが，これが縄文後・晩期ばかりでなく，宮城県刈田郡七ヶ宿町小梁川遺跡，長野県諏訪郡原村居沢尾根遺跡において，縄文中期の例が検出されたのである．

　また岩手県稗貫郡石鳥谷町大地渡(おおちわたり)遺跡の縄文中期の1住居址中からも多量のトチの実が出土している．この他断片的な資料をも含めると，縄文中期には岩手県から岐阜県にかけての地域で，すでにトチの実が食用化されていたとみなすことができる．そして京都府，鳥取県下の特殊泥炭層遺跡から，縄文後期に

なるとトチの実の食習俗が西南日本へも伝播していることを知ることができる．
このことは，非常にむずかしいとされるトチの実のアク抜きの技術が縄文中期の東北地方で開発されたことを示唆している．そしてこの上限はさらに前期までさかのぼる可能性が強く，その地域も東北地方北部に限定されてくる可能性が強い[6]．

　トチのアクはサポニンやアロインといった非水溶性成分であり，アルカリと中和して流し去る必要があり，これを灰あわせと呼んでいる．日本列島の山野の植物には若干のアクが含まれていることが多く，それぞれにアク抜きの方法が確立しているが，そのなかでもこのトチのアク抜きはむずかしいと意識されている．そしてこれさえできれば，トチの実は大きくて拾いやすい上に大量に結実落下するし，ドングリ類にくらべれば味もよい．近世にいたるまでとくに焼き畑地帯では重要な食料であり，救荒食料ともなっていた．

　トチのアク抜きには二つの方法がある．今日トチモチを作る前提として伝わっているアク抜きの方法が一般的である．これに対しトチのコザワシという方法がある．これは秋山郷や濃飛加越山地にのみ残存している方法である（図Ⅱ-7-a）．これはドングリ類と同様にその粉だけを晒してとる方法で，おそらく縄文時代にまでさかのぼる方法である．トチモチの場合はモチゴメとつきあわせてモチにするのであり，コメの渡来した弥生時代を上限とする．

　トチの実は9月になって落下したものを拾い，虫殺しをした後よく乾燥させれば，何10年でも保存できるといわれている．しかしその冬の間に消費するものについては穴を掘って埋めておき，固くならないように一時的保管を行う．遺跡で検出される貯蔵穴というのは，この一時的な保管場所であり，古代でも長期保存のためには屋根裏貯蔵が行なわれたとみるべきであろう．縄文時代の竪穴住居址は，通常直径数mの円形または方形であるが，近年この数倍の大きさの長方形大型家屋址が東北地方から北陸地方にかけて多数発掘されるようになった．この屋根裏確保に効率のよい家屋址は，トチの天然分布や積雪量との関係が深い．トチのアク抜きの上限の予測は，このタイプの家屋址の研究が背景にある．もっとも大きい秋田県能代市杉沢台遺跡の例（前期）は，幅10m，長さ30mもあり，普通の竪穴住居址の約10倍の大きさである．

　トチの木はまたいったん伐採されると，決して短期間には回復することのできない樹木である．このため近世にはトチ山制度等で伐採は制限されていたし，採

集に当たっても口あけの慣行等がみられたのである．縄文時代にあっても，各遺跡間のテリトリーの設定にはトチの木は重要な存在になっていたであろうが，平安時代においても，同様に規制を推定させてくれる資料がある．福島県福島市御山千軒遺跡は池沼の脇に営まれた遺跡であり，ここからは多種の植物遺体とともにトチやケヤキの実が出土している．どちらも木地の好素材として著名である．花粉分析の結果もこれらの樹木がここに生えていたことを示している．それにもかかわらずこの遺跡から出土した轆轤(ろくろ)挽きの椀等はすべてケヤキ製であり，トチ製品は1点もない．おそらく重要な食糧源として，トチの木の伐採を禁じていたことが考えられる．しかしながら今日トチの木の分布，およびトチモチの食習俗は，南会津地方でもないとみられない．平安時代までは東北地方の平野部の沢辺林に広くトチの木がみられたらしく，今日の後退した分布状況は，その後の東北地方の開拓を間接的に示唆しているのであろう．長野県諏訪郡原村居沢尾根遺跡や青森県青森市三内丸山遺跡の，平安時代の竪穴住居址中からも多量にトチの実が出土している．そして三内丸山遺跡では多量のアワも同時に出土しており，この組合せは近世焼き畑を行っていた山村の主食のそれを連想させてくれるのである．

以上縄文時代を中心にして野生堅果類の利用を通観したのであるが，その特徴の第一として，西南日本の照葉樹林帯に卓越するのはドングリ類のC・D類のみであり，他はすべて東北日本の落葉樹林帯に卓越するものであることが指摘できる．アク抜き技術も後者から前者へと伝播した可能性が大である．第2の特徴としては，ほとんどが主食ないし救荒食として利用されてきたことが指摘され，「東アジアやカリフォルニアの住民は，複雑なアク抜き技術を使ってでも，でんぷんの多いナッツを主食として利用することに努力を重ねてきた．これに対し，脂質の多いナッツをデザート用に仕上げる方向で進んできたのがヨーロッパであり，両者はナッツの文化史の上でまったく対照的な性格を示しているとみてさしつかえない」と，佐々木高明が喝破しているとおりである[7]．

このアク抜き技術の存在によって，腐朽して遺残しない植物質食料の利用についても類推が可能になったことはまた，縄文時代は狩猟漁撈時代であるといった誤ったイメージを打破し，植物食の比重の高かったことを明らかにしていくこととなった．このことは水稲栽培の伝来した弥生時代以降に対し，縄文時代の文化

的伝統が強く影響を与えていることを明らかにすることともなったのであり，縄文文化の日本文化における基層文化としての重要性を再認識させる契機ともなったのである．低生産力段階にあった水稲栽培の支えになったばかりでなく，トチの実の利用に代表される自然認識の確かさは，その後の文化的伝統の基礎となった上に，日本人の自然観の形成にも大きく関与していることは確かであろう．

〔渡辺　誠〕

### 文　　献

1) 渡辺　誠 (1975)：『縄文時代の植物食』雄山閣．
2) 北村四郎・村田　源 (1979)：『原色日本植物図鑑』木本編Ⅱ，保育社．
3) 深津　正 (1983)：『燈用植物』法政大学出版局．
4) 斎藤幸男 (1972)：クルミ栽培についての地理学的考察．信濃，**34** (3), 61-77.
5) 河口貞徳 (1982)：縄文草創期の貯蔵穴，季刊考古学，**1**, 63,
6) 渡辺　誠 (1983)：トチの実食用化の上限について．角田文衞博士古稀記念古代学叢論，pp. 25-40.
7) 佐々木高明 (1983)：ナッツの文化．週刊朝日百科・世界の食べもの，**128**, 214-220.

## 2.　ブナ帯の狩猟と漁撈

　狩猟と漁撈は，採集とともに人類の最も古い生業形態である．野生動物の乳飲み子を拾い，育てることは，浜辺や河川で貝類や甲殻類を漁る採集段階とほとんど変わらなかった．火の使用と弓矢の発明によって人類は野生動物の捕獲率を高めることができた．旧石器時代に家畜化された犬に加え，いまから約10,000年前の新石器革命の時代に野生哺乳動物のいくつかは家畜化され，人類の伴侶となった．

　わが国における野生動物は氷河期～間氷期のくり返しにより，温暖期のゾウ[1]，寒冷期のヘラジカ[2]等大きく変わったが，縄文中期以後においてわが国に生息した大型獣は，クマ，カモシカ，シカ，イノシシであり，北海道においては，イノシシにかわってアザラシやトドが加わる．トドはアイヌ語に，その仲間のセイウチはロシア語に由来するといわれるように[3]これらは北方系の動物である．このことは，北方系の狩猟技術そのものが，内地まで伝播していたのではないかと

想定を起させる.

ところで,狩猟民は本来,獲物を求めて移動するものであるが,原始的段階においては漁撈者,採集者を兼ねていたと考えられる.農耕が加われば,たとえそれが男女の分業として行われたとしても,定住性を高めるので,よりその色彩が強くなると思われる.本稿では,移動性狩猟者の形態を留める東北地方のマタギと,農耕社会の中にあって農耕から遊離した職能としてのアルプスの猟師について述べ,ブナ帯の狩猟形態についての一端を解明したい.

現在,内水面漁業における漁獲物で,アユに次ぐものは溯河性のサケとマスであるが,先史時代や古代においてもっとも盛んな漁業はは海面をも含めサケ・マス漁であった.イワナ,ヤマメなど陸封性のサケ科の魚族とともにサケ・マスはブナ帯における重要な水産資源であり,その漁撈はブナ帯文化複合にとって欠くことができない要素になっている.

## 1) 日本における野生動物の分布

日本には8目34科77属132種の野生哺乳動物がいるが,これらのうち人間の狩猟対象となるものはそれほど多くない.狩猟対象となるものは,大きく,①大型でその肉が食糧に,毛皮が衣類等に活用できるもの,②毛皮の価値が高いもの,および,③農作物や樹木に被害を与えるものの3つに分類されよう.狩猟は,一度行うと先祖回帰のゆえか,われわれにとっても血わき肉おどるものである.したがって,クマ,シカ,イノシシなどの山肉は,家畜の肉類が普及した現在,その天然性ゆえにその毛皮とともに珍重されているのである.

図Ⅱ-8は,環境庁の『動物分布調査報告書』にもとづき,クマ,カモシカ,シカ,イノシシの分布を示したものである.ツキノワグマは,「本州では山岳地帯に偏り,中部および東北地方に広く分布しており(北海道はヒグマ)」[4],ニホンカモシカは「植生的にはブナクラス域を中心に高山植生域,コケモモ-トウヒクラス域,ヤブツバキクラス域にまたがり分布している」[5]ので,両者ともブナ帯の野生動物ということができる.カモシカは九州山地,四国山地,紀伊山地のブナ帯には生息するが,中国山地には分布しない.『延喜式』の民部の諸国年料雑物の中には,「安芸国から零羊角四」と記載されているので,かつて中国山地にもカモシカが存在したことがわかる.カモシカは,1925年から狩猟禁止となっているので,中国山地ではそれ以前にカモシカが絶滅したことになる.とこ

ろで，1874年（明治7）の『府県物産表』によると，カモシカは青森県では「青猪子」，岩手県では「青猪」，秋田・静岡両県では「青鹿」，筑摩県では崑獅子（クラシシ）」，「羚羊（カモシカ）」，「岩鹿」と記載されている．このことは，カモシカが

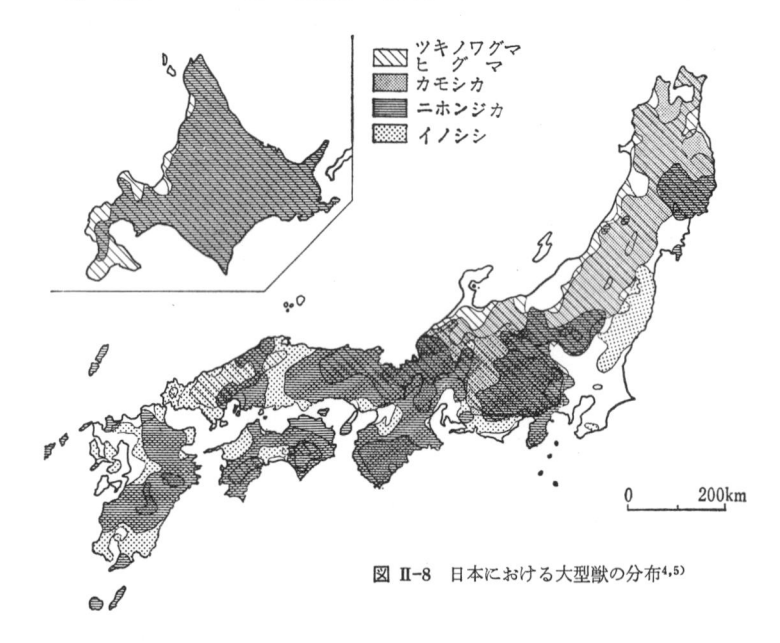

図 II-8 日本における大型獣の分布[4,5]

現在でも九州山地，四国山地，紀伊半島，赤石山脈などの西南日本の外帯で「ニク」と呼ばれ，北アルプスで「クラシシ」，東日本で「アオシシ」と呼ばれていることに対応するものであろう．

　一方，ツキノワグマは九州山地においては絶滅し，四国山地でも大野ケ原，剣山周辺で生息が確認されているにすぎず，絶滅が心配されている．本州に生息するツキノワグマは突然出会った時以外はおとなしいが，北海道に生息するヒグマ（羆）は狂暴性があり，毎年何人かが襲われる．そのせいかどうかわからないが，千葉徳爾によれば，アイヌの熊狩り儀礼と日本のそれとは異なるという．霊力のあるクマを獲った際，その祟りを除く熊狩り儀礼が九州山地や四国山地に濃厚に残存していることは[6]，かつて西南日本のブナ帯にツキノワグマが生息していたことの証左であろう．なお，『延喜式』や『府県物産表』からは，その分布の変動はわからないが，『延喜式』には，熊皮，熊胆，熊掌があげられており，ツキノワグマの利用が古くから今日同様，敷物，薬用であったことが理解される．

## 2. ブナ帯の狩猟と漁撈

　ツキノワグマとニホンカモシカがブナ帯の野獣とすれば，イノシシは照葉樹林帯を代表する野獣である．イノシシの生息分布をみると現在阿武隈山地が北限となっており，また足が短いこともあって，富山・新潟・長野県北部，会津などの深雪地帯にいないのが特色である．しかし，1874年の『府県物産表』によると，イノシシ（野猪）は，今日生息していない宮城県，水沢県（岩手県南部），若松県（会津）および新潟県でそれぞれ538, 106, 13, 33頭捕獲されており，その分布域が現在より広かったことがわかる．ところで農作物を荒らすイノシシは多産系であることもあり，日本人にとって最大の害獣であった．西南日本においてはその被害防止のためのシシガキが設けられているのをみかけることがある．農業生産性の低い山間地や傾斜地を有する山村では，その被害が死活問題であったという[7]．しかし，その肉はボタンと称され，美味であるので，今日ではイノシシと豚を交配したイノブタが各地で飼育されている．平安時代にあっては猪皮と薬用としての猪蹄があげられている．

　一方，ニホンジカはブナ帯から照葉樹林帯まで広く分布する．能登半島からは最近絶滅したのであるが，イノシシ同様，秋田・山形・新潟・富山・石川など諸県など日本海側深雪地帯にいないのが特徴である．しかし，シカマタギの里といわれる岩手県五葉山地区，牡鹿半島，九州の対馬，五島列島などに濃密に分布している．風雅なものとして和歌にうたいこまれたシカは，当時鹿革，鹿皮，鹿角，鹿茸として『延喜式』に表れる．その合計数をみると信濃の90頭を最高に武蔵75頭，上野60頭，上総30頭など関東地方に多かったが，これは，平安時代東国の開発が遅れていたことの一面を示すものであろう．

　イノシシやシカとともに農作物や森林に被害を与える野生動物にノネズミとノウサギがいる．ノウサギは年間100万頭捕獲されているが，1930～40年の狩猟統計によると[8]，毎年50～80万頭捕獲されていた．また，同統計によるとイタチは10～17万頭，キツネは1,500～2,200頭の間で捕獲されていた．それは，イタチやキツネがカワウソ，テン，ムササビとともに良質の毛皮獣であったからである．なお，同統計によるとイタチやキツネ（銀狐，黒狐，十字狐，紅狐，赤狐，青狐）がミンク，ラクーン，タヌキとともに東北，北海道の農家で飼育されていたのである．一方，狩猟対象にならないノネズミの撲滅のため，第二次大戦後大量に殺鼠剤が撒かれたが，それは野ネズミばかりでなく，その天敵であるイタチやキツネまで大量に殺してしまったので，イノシシをふやす結果にもなった．

カワウソ，テン，ムササビなどの野生動物は，飼育対象にならないだけに貴重な毛皮獣であった．1965年に特別天然記念物に指定されたカワウソは，1928年まで狩猟対象であった．『延喜式』に獺肝，獺皮と表れているように薬用，毛皮獣であったのである．1874年の『府県物産表』によるとカワウソは，岐阜県の24頭を最高に，北は水沢県から南は宮崎県まで捕獲されており，全国的に生息していたことがわかる．現在，高知県の四万十川流域で確認されているにすぎないが，明治7年には高知県は熊谷・静岡・石川県とともに7頭のカワウソを捕獲し，7位であった．また，東北日本でバンドリと呼ばれるムササビは猟銃で射止められたのに対し，テンは罠によって捕獲された．それは，シベリア開拓が黒テンを求めて始まったといわれるように，高価な毛皮をいためないためでもある．

一方，照葉樹林帯の動物であるニホンザルは，ブナ帯に属する青森県の下北半島や津軽半島まで分布する．それはニホンザルが雑食性のうえ，各地のサル山にみられるように社会生活を営むため，他の野生動物より自然への適応形態が大であるからだと考えられる．1946年来，狩猟対象からはずされているが，農作物に被害を与えるので，各地で有害獣としての駆除が行われているため，生息地を狭めているという．一般に『孝行猿』にみられるように知恵の働くサルは，人間に類似しているため，西南日本ではあまり狩猟対象にならなかったといわれている．しかし，『府県物産表』によると西南日本の飾磨（しかま）（兵庫県西部），名東（香川県・徳島県），愛媛県でもそれぞれ35，45，20頭のサルが捕獲されたと報告されている．現在でも白山山麓の吉野口村や赤石山脈の南信濃村ではサルの大脳の黒焼きと肉が利用されている．

人間と野獣の関係をみると千葉徳爾が『人獣交渉の諸形式』[9]で述べているように，オオカミは人間に危害を加えるというよりは，害獣であるシカを追い払い，人間を人里まで安全に送り届ける「送り狼」の事例にみられるように人間の味方として意識されてきた地方があるという．1905年（明治38）以降，絶滅したといわれるニホンオオカミは，事実，盗難・火難予

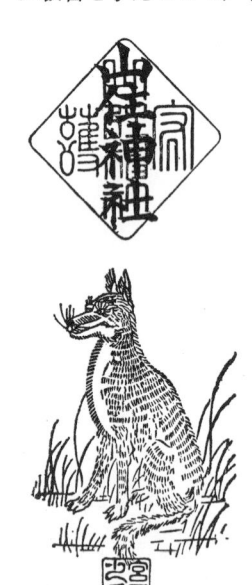

図 II-9　山住神社のヤマイヌ（オオカミ）

防の火伏せの神である秩父の三峯神社や山住神社の守り本尊とされ，護符に描かれているのである（図Ⅱ-9）．またキツネはお稲荷さんとして豊川稲荷などの豊作の守り神とされる．キツネツキの伝承が西南日本に多いようにキツネを照葉樹林帯，オオカミをブナ帯の野生動物と考えるのはいいすぎであろうか．

　ここで鳥類についてみると関東や東北地方に多い「鷹巣山」や「鷹匠山」の地名が目につく．鷹匠は現在，東北の秋田県湯沢や山形県真室川町にみられるにすぎないが，中世以来武士は軍事演習をかね，鷹狩りを行ってきた．周知のようにタカは，鳥類の王であり強さのシンボルであった．したがって，権力者は鷹を雛のうちに捕獲するため，領民が自由に入ってはいけない「御巣鷹山」を設け，タカを保護してきた．雛から生肉で育てられたクマタカは，「野生の猛鳥であるため，体力があれば野生に帰ってしまうので，鷹の体力低下の馴致が，鷹狩りのコツである」[10]という．日本画に描かれる精悍な鷹のように，羽を広げた鷹の雄姿は，権力の象徴であった．したがって，そのような剥製は，高価に販売されるので，現在でも鷹巣を求めて，雛のうちに捕ってしまう密猟者が跡をたたないと報道されている．ともあれ，鵜飼いを照葉樹林帯文化の一つとすれば，この鷹狩りはブナ帯文化の一つであるといえよう．また，狩猟対象の鳥類はキジ，ヤマドリ，ウズラ，カモ，クイナ，バン，シギ，ツグミなどである．第二次大戦前の狩猟統計によると，1930～40年前2者は年間30～40万羽，カモ，バン，シギなどの渡り鳥はそれぞれ60～80万，10～14万，20～35万羽捕獲されていた．カモなどを湖や河川に沿った鳥屋場で待ち伏せて撃つ鳥猟は，現在でもみられるが，宮内庁主催で千葉県行徳の新浜御猟場で行われるカモ猟が古典的形態を伝えている．一方，ツグミはカスミ網で捕獲されるので，その数は同期間200～350万羽に達した．県別にみると栃木・岐阜・長野の3県で全国の40％，それに福井・石川・愛知県を加えると70％を占めた．ツグミ猟は，尾根を越えてくるツグミを囮の鳴き声でよび集め，カスミ網で捕獲するものである．カモ，ガン，ツグミは北方系の渡り鳥であるのでブナ帯の鳥ということができる．群をなす渡り鳥はツルを含め，かつて農作物を荒す害鳥で「唐土の鳥」として，意識されてきた．しかし，狩猟と環境の破壊によってその数が減少しているので，渡り鳥の多くは，国際渡鳥条約の批准とともに国際保護鳥として禁猟になった．しかし，密猟が存在していることも新聞等で報告されている．

2) ブナ帯における狩猟と野生動物の生態

(1) 東北のマタギ集団　鉄砲をもって野鳥や野獣を撃つ人を一般に猟師,鉄砲打ちというが,狩猟を生業としてきた人びとを明治政府は「職猟」とし,レジャーに鳥類や小動物をとる「遊猟」とは分けてきた.職業的な狩猟集団を東北地方ではマタギという.しかし,マタギといった場合,西南日本に卓越する個人狩猟ではなく,共同狩猟を行う集団といった意味あいが強い.第二次大戦前に東北地方の狩猟集落を調査した山口弥一郎によれば,マタギ集落としては青森県下北半島の畑,白神山地北麓の西目谷(にしめや)・大然(おおしかり),八甲田山麓の大川原・黒森など津軽マタギの集落,秋田県森吉山麓の根子(ねっこ)・打当(うっとう)・戸沢などの阿仁マタギや檜木内の仙北マタギ,鳥海山麓の百宅(ももやけ),山形県朝日山系の徳網(とくあみ),三面,飯豊(いいで)山麓の長者ケ原,小玉川および福島県の檜枝岐(ひのえまた)があげられている[11].また,マタギ集落の痕跡が認められるところとして北上山地北部の田野畑地区,同中部の高滝森山麓,南部の五葉山麓および雫石(しずくいし)・沢内地区等があげられている.

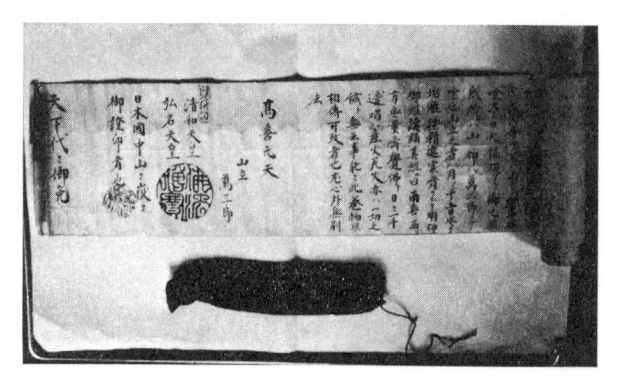

図 Ⅱ-10 『山立根元記』

東北地方の狩猟集落で最も著名な阿仁マタギの核心集落根子では,マタギの統領であるスカリの家に『山立根元記』という巻物がある(図Ⅱ-10).それには,日光男体山と赤城山の神が戦った際(戦場ケ原),弓の名人万事万三郎が白鹿となって現れた劣勢の男体山の神を助け,大ムカデに変身していた赤城明神の目を射貫き,勝利に導いたため,万三郎の後裔であるマタギ達に全国の山々を狩をしてもよいという認可状を清和天皇から授けられたということが書かれている[12].この巻物は日光派であり,狩人の所持する巻物にはほかに弘法大師が高野山を開いたときその道案内をした猟師に野獣の殺生の方法を授けたという山立由来記の高野派および山ノ神の出産伝説に因んだものとがある.山立根元記は,木地師の出自を惟喬親王につながる小椋秀実の子

孫であるとした木地師の由緒書に類似している．それは，清和天皇が惟喬親王の弟にあたることから容易に想像される．

しかし，ここで注目したいのは，その巻物の最後に日光二荒山（ふたらさん）の認印が押してあることである．このことは，阿仁マタギが奥羽山地を南下し，日光まできていたことを示すものであろう．事実，奥会津の山村や信越国境の秋山郷にはマタギ宿さえ存在したのである．たとえば，鈴木牧之が信州秋山郷のマタギ宿で秋田狩人をよんで「国処は羽州秋田の辺り哉と尋るに，城下より三里隔たる山里と答ふ」[13]というように，阿仁マタギが南下し，狩猟とイワナ漁をしつつ，草津温泉あたりまでやってきたのである．しかも，マタギの中には土地の娘と結婚し，秋山郷に定着してしまった者もいる[14]．

ところで狩猟の中で最大のイベントはクマ狩りである．クマ狩りには，穴グマ猟と巻き狩りがある．冬眠のため穴にこもった「熊を捕（とる）は凍りたる春の土用まえ，かれが穴よりいでんとする頃を程よき時節とする也．岩壁の裾又は大樹の根などに蔵蟄（あなごもり）たるを捕るには，（中略）穴にそろそろ入り，熊に蓑毛を触れば，熊はみのゝ毛を嫌ふものゆえ除て前へ進む．…終には穴の口にいたる．これを視て待かまえたる猟師ども手練の槍先にかけて突留る」[15]というものである．このような穴グマ猟は東北のマタギをはじめ積雪地帯に共通する現象といえよう．クマは冬眠する前穴の近くの木に自己の縄張りを示すため，かじった跡や爪跡を残すので，また冬眠前に大量に脱糞し，寒さを防ぐため「毛干し」を行う．このような現象を猟師はアタリとよぶが，それを見つけ，付近に冬眠中の室を探し出すのである．

しかし，冬眠からさめたクマが森林の中にいることを足跡や糞により確認した場合は，巻き狩り（共同狩猟）を行う．クマは追われると上へ登る性質があるので，巻き場の尾根筋に射手（ブッパ）を配置し，スカリに統卒のもと沢筋から勢子に「ホリャ，オリャ」とかけ声をかけクマを追い上げるのである．またその確認のないまま行う場合クロマキという．共同狩猟においては獲物の分配は平等が原則であるが，かつて獲物を射止めたものが，クマの胆（い）か，頭をとる権利があった[16]．なお，何日にもわたる巻き狩りの際，山ノ神に豊猟を祈願し，山で使う山言葉とアイヌ語が類似していたことなどは，すでにブナ帯文化の構図で示しておいた．信州秋山郷には「熊曳き歌」という民謡があるように射止めたクマはどんなに遠くても集落まで雪上を曳いてきた[17]．それは万病の薬となり，金の値

段以上に高価であるといわれるクマの胆を公開の場でとりだすためである．このことは逆にクマの胆のまがいものが流布していたことを示すものであろう．なお，ブナの実を食べた熊の胆はアメ色になり，トチ，ナラの実を食べたクマの胆は黒ずんでいるといわれる．

ともあれ，狩猟民であるマタギ達は，クマの胆ばかりでなく，医薬の知識に長けていた．たとえば「熊の胆は胃腸病，頭は脳病，狼の頭は心臓，腎臓，神経痛，猿の頭及びハラミ子は頭痛，めまい，産前・産後，血の道等，又猿のキモは馬の腹痛の特効薬，むじなの胃は，夏季の下痢，羚羊の下顎はリューマチス，鹿の袋角は下熱剤等」[18]に利用されたのがその例である．阿仁の根子部落においては，サル，カモシカ，テンの頭を焼いてつくった三頭焼(さんこやき)が万病の薬として有名で，農閑期には売薬業をしたものが多かった．根子の佐藤正夫によると「薬は昔の『熊の胆売り』ではなく，立派な鑑札を取った売薬業者である」．東北を中心に北は樺太から南は岐阜県まで売り歩いたが，「それらの行商の持って行く薬の種類は，婦人病，花柳病，胃腸薬，懐中薬，神経病其他，呼吸器病，眼病，内臓病，牛馬薬，鎮痛薬，脳病薬，動脈硬化病，外傷薬，強荘剤など」[19]であったという．

福島県南会津郡只見町や新潟県北魚沼郡入広瀬(いりひろせ)村[20]には，日光派系統ばかりでなく高野派系統の狩猟秘書が残存している．阿仁の根子にも日光派ばかりでなく，高野派系統の巻物もあるので，会津から上信越の山岳国境地帯は，有力な狩猟地であったと思われる．本地域に接する栃木県塩谷郡栗山村でクマ，シカ，サル，テン，バンドリを捕獲してきた猟師によると[21]，シカは雪の上に足跡さえみつければ，必ず射止めることができたという．それは，シカを追うとシカは一定の間隔をもって逃げ，カモシカ同様ふり返って猟師の動勢をうかがう性質があり，疲れてくると足踵に熱をもつため谷川におりて足を冷やす習性があるという．猟師はそこをねらって射止めるのである．栗山村では，戦前までバンドリ（ムササビ）がよい狩猟対象であった．バンドリはおぼろ月夜に木の上からグライダーのように滑空して木の根元近くにおり，すぐ反対側にまわるが，あたりの気配をうかがうように猟師の方を見る性質がある．猟師は月明りに光る二つの目の真中をねらい撃つとおもしろいようにとれたという．

これらに対し，テンはトラバサミのようなワナで捕獲する．テンのけもの道は決まっているので,けもの道が谷をわたる個所に丸太を渡し,その上にこけ等でカ

モフラージュしたワナを仕掛ける．テンは高まりをもつ個所を跳んで行く性質があるので，ワナにかかる．東日本のブナ帯ではないが，九州の五家荘(ごかのしょう)では，大小のおもりをつけた二つの輪からなるワナを仕掛けると好奇心のあるテンは輪に首を入れ軽い方のおもりを引きあげると首がしまり河に落ちる．ワナを仕掛けた丸太の下には水が堰止めてあるため，テンは川で溺死する．この方法は毛皮をいためることがない狩猟法である．

（2）北アルプスの狩猟集団

　北アルプスの山麓で冬期「猟銃をもって業とするもの」は，1876年（明治9）の『長野県市町村誌』によれば，安曇郡有明村44戸，常盤(ときわ)村31戸をはじめ，全戸の2～8%であったと推定される．北アルプスの猟師たちは，流域圏ごとに狩場をもっていた．「黒部の主」といわれた平村野口（現大町市）の遠山品右衛門らは，10月から2月末まで信州側の高瀬川流域で獲物を追い，3月から4月にかけては針ノ木峠（2,541m）を越えて，富山県の黒部川渓谷で狩猟した．また安曇(あずみ)村の上条嘉門次らは梓川流域，西穂高村（現穂高町）の小林喜作は中房川流域で主として狩猟していた．

　狩猟の対象はカモシカ（嵓獅子という）とツキノワグマが主であったが，ウサギ，ムササビなどの小物もとり，狩猟中の食料とした．しかしカモシカは1925年（大正14）に天然記念物に指定されて禁猟になってから，主要な獲物はクマのみになった．

　北アルプスの狩猟者は5～7人の集団で，獲物をとるハンターと運ぶポーターに分かれていた．時には遠山品右衛門のグループに上条嘉門次らが加わって，黒部渓谷に入り，猟をしたこともあった．明治時代の猟期は10月15日から4月15日であったが，大正時代にはいると，12月1日から2月末日までになった．この間あらかじめ夏のうちに設けられた簡便な小屋を基地にして狩猟を行った．なおとったカモシカは「シシくびり」といって，腹の方へ足と首を曲げて，背負いやすいように縛った．またクマは適当に解体して，ポーターが背負い，峠を越えて，里まで運び出した．カモシカの肉を「シシ肉」といって，これを振り売りする「シシ売り婆さん」さえ存在していた．このような信州の猟師の黒部渓谷における狩猟は，1956年（昭和31）まで行われていた．

　上条嘉門次を有名にしたのは，1893年（明治26）彼47歳のときイギリス人宣教師ウェストンを穂高岳に案内したことによるものである．それは彼が猟師の常

として岩登り，岩下りの技術に長けていたことはもちろんであるが，山の地理，気象，とくにガスに巻かれた時の方向感覚が抜群に明かるかったからである[22]。このようなことは，中房温泉から殺生小屋まで1日で結ぶルート喜作新道を拓開いた小林喜作，黒部川畔の平の小屋を拠点に「岩魚釣りに没頭，冬季は火縄銃を肩にクマ，カモシカを狩って暮らした」[23] 遠山品衛門にも共通するものであろう．

　北アルプスに比べ積雪量の少ない南アルプスではカモシカ猟とともにイノシシ猟が行われていた．南信濃村の松島誠一は[24]，1959年和田に移り住んで以来，1982年までにクマ40頭，イノシシ900頭を捕獲した現存する「大猟（猟師の名人）」の一人である．イノシシは大寒に交尾期を迎えるので，11～1月に捕獲するのがよいという．オスのイノシシは交尾期に餌も食まずにメスを追いかけるため，体重が3割方減り，脂肪が落ちてしまうためだ．なお，同氏によれば，キツネを禁猟にして以来，イノシシの頭数が減ったという．それは，キツネがイノシシの親子が離れていたすきをねらって，ウリンボといわれる子供を食べてしまうからである．また，口のおごったキツネはウサギを食べなくなったともいう．しかし，彼は毎年40～50頭のイノシシを捕獲している．それは，彼がすぐれた猟犬を持っているとともに，ライフル銃の性能が望遠鏡つき連発銃へと向上したからである．捕獲されたクマ，シカ，イノシシ等は，南信濃村の中心集落和田にある山肉屋の星野屋に持込まれて解体される．冷凍設備の発達でこれら山肉は1年中保存されるが，1982年小売価格は100g当たりイノシシ700円，シカ600円，クマ500円であった[25]．

　南アルプスの狩猟は単独猟が多い．南アルプスでも一緒に猟に出ることはあるが，日常的には単独猟である．これは南アルプスは北アルプスに比較して積雪が少なく，日帰りの狩猟が多いことにも関連がある．

　一方，北アルプスを境に信州と対峙する立山は，富士山，白山とともに山岳宗教の中心地であった．立山の開山は，越中の国主佐伯有若が白鷹を追って山に入り，クマを射たが，そのクマが阿弥陀如来であったので，その霊異を感じ，弓を捨て僧となったことに始まるという．広瀬　誠は，このクマと狩人の登場する形態から考えて「立山開山伝説の担い手は狩猟山民であった」と断言している[26]．海抜3,015mの立山は雄山神社までぶな板，材木坂，弥陀ケ原，地獄谷などがあり，衆徒は難行苦行の信仰登山によって仏の教えを会得できたのであろう．この信仰登山の先達「仲語」を努めたのが，立山中宮寺のある芦峅寺（あしくらじ）であ

る．芦峅寺の社人は，立山縁起に関連のある佐伯，志鷹の両姓からなり，それが代々坊を継ぎ，冬季檀那場を廻る勧進活動を行い信仰者を広めてきた．彼らが多くの宗徒を集めることができたのは，立山曼荼羅の絵解きや護符を配ることだけではなく，富山売薬の元となった薬の置売を行ったからであるという．この薬種を求めてキワダやオウレンなどの苦味健胃薬ばかりでなく，信州の狩人のように野生動物を捕え，薬用にしていたと想像される．

明治維新による廃仏毀釈によって山岳宗教は衰退するが，芦峅寺の人々は，北アルプスの猟師のように信仰登山から新興登山である山岳登山の案内人としてあるいは薬草採取，狩猟活動によって宗教集落を支えたと推定される．仲語の伝統を継承し山案内人としては佐伯平蔵，福松，兵治，宗作などが知られており，彼らの子孫の多くは山小屋を設立し，その経営にあたっている．

日本の狩猟は欧米諸国以上に猟犬を重要視する．わが国の猟犬は獲物を駆り出すだけではなく，大型獣と直接格闘する点に特色がある．かつて焼き畑耕作を営むブナ帯山村には牛馬が飼育されずに，家畜といえば犬のみであった．そこで秋田犬，秩父犬，川上犬，甲斐犬，美濃犬，紀州犬など日本在来種の犬は，猟犬としてブナ帯山村で飼育されてきた．隔絶された地形のために，異種と交配することなく，長い間純種が保たれてきたのである．

1930年以降，在来の日本犬の雑種化が進んで，現在ブナ帯における猟犬は大部分が洋種になってしまった．しかし猟犬の役割は猟師たちに大きい評価を受けている．集団的な狩猟に当たり，その分け前は能力別でなく，参加者全員に均等に分配される．ところが，犬の所有者には1頭につき一人前と同等の分配がなされているのが一般的な慣習になっている．

### 3） ブナ帯の漁撈
#### （1） サケ・マス漁

ブナ帯における海面・内水面を通じて代表的な魚類はサケとマスである．

現在日本のサケ・マス漁業は，沿岸のサケ定置漁業と北洋の母船式サケ・マス漁業，北海道を基地とする流し網漁業が中心である．しかし近代になるまで，内水面でのサケの採捕が主であった．わが国の沿岸でとれるシロザケ，サクラマス，カラフトマス，また北洋でとれるベニザケ，ギンザケ，マスノスケ，シロザケ，カラフトマスはいずれもサケ科サケ属の魚族である．シロザケなど多くのサ

ケ属は内陸の川で孵化して稚魚となり，海洋に下って成魚となって再び生まれた川に帰ってくることから，溯河(さつか)性のサケと呼ばれている．またヤマメやヒメマスは，イワナ属のイワナとともに渓流や湖で一生を過ごすことから陸封性のサケという．しかしヤマメは海に下ってサクラマスに，またヒメマスはベニザケになる．これらは同種のサケ属なので，ヤマメの雄とサクラマスの雌が交尾するケースがよくみられる．

わが国でもっとも漁獲が多いのはシロザケで，サケといえばシロザケを指す場合が多い．この魚は海に出てから北太平洋を10,000〜14,000kmも回遊して，3〜6年目に母川に帰ってくるが，体重は3.5〜5kgにも達する．このように大きく成長するのは，プランクトンの豊かな北太平洋を回遊するからで，これに対して陸封性のサケは大型魚になれない．一般に大型魚は海面でなければとれないが，成魚になって母川にもどってくるシロザケとカラフトマス，サクラマスは，幼稚な技術でも容易に漁獲できた．シロザケなどは川の本流でも湧泉のある砂利のある地点ならば産卵するが，多くは支流のせまい河床で卵を生んだ．そこで，ヤス，棒など簡単な漁具でも大量に漁獲できたのである．

秋田県南部の由利地方に，鳥海山に源をもつ子吉川が流れている．この中流域の矢島町には「鮭石(さけいし)」と呼ばれている線刻の石がいくつか発見されている．そのうち絵画が明瞭な石が3個あって「魚形文刻石」と命名されている．発掘された付近には，土器・石器の出土も多く，鮭石は2,000年前の縄文晩期にサケの豊漁を祈って建設されたものである．また信濃川沿岸をはじめ，各地で魚形線刻画土器が発掘されているが，それは東日本の縄文遺跡からの出土が多く，縄文時代にはサケやマスが重要な食糧資源であったことを示している．

「サケ・マス文化論」[27]を展開した山内清男によると，東日本の縄文時代の遺跡が西日本より多いのは，ブナ帯における堅果類とサケ資源が豊富だったためであるという．縄文晩期には青森県津軽地方の七里長浜にある亀ヶ岡遺跡に代表される亀ヶ岡式土器をともなう文化が繁栄する．この亀ヶ岡文化圏は東北地方から北関東にかけて発展するが，その物質的な基盤はサケ・マスにあった．この当時は寒冷期のため，サケ資源が豊富であった．しかし原始・古代を通じて，サケ・マスの遺骨が少ない．これはタイなどと異なり，サケの骨の大部分が軟骨であり，頭から尾に至るまで食べられてしまったからである．

歴史時代にはいると，人口の増加とともにサケ資源は漸減していったが，古代

## 2. ブナ帯の狩猟と漁撈

においてサケは重要な食糧になっていた。10世紀はじめに朝廷から出版された『延喜式』によると、当時大量にサケが貢納されていたのは、信濃（現長野県），越後（現新潟県），越中（現富山県）の3国であった．これらの国からは，楚割鮭（すわやりざけ）（サケの内臓を取り除いて干したもの），氷頭（ひず）（サケの頭を干したもの），背腸（せわた）（サケの背骨についている血を塩辛にしたもの），鮭子（すじこ）（サケの卵を塩漬けにしたもの），鮭鮨（さけずし）（サケのなれ寿司）などが税として貢納されている．平安時代でも、これら3国より東北地方や北海道の方がサケの漁獲が多かったと思われるが，京都よりあまりに遠く，そのうえ律令国家の支配力も強くなかったので、サケの貢納がなかった[28]。

人口が少なかった古代東日本の内水面におけるサケ漁は、現在のアラスカやカムチャッカにみられるような盛況であったと考えられる。そして北海道におけるアイヌ民族のサケ・マス漁は、独自の資源管理がなされていたため和人が大量に進出する明治初期まで、このような漁況が維持されてきた。

戦国時代・江戸時代になると、サケがとれる河川を「鮭川」といって、貢租の対象とされていた。近世においてはサケの漁獲に対して、4割の税を課すのが通例であった。この事実はサケがとれる河川は、高い生産力をもっているので、大名の知行に算定されていたことを示している。

サケ・マスの漁獲量については、1882年（明治15）以降農商務省統計に記載されているが、明治時代は漁業に対する営業税が高かったため、その漁獲量はきわめて低い。実質量の100分の1以下という場合さえあるので、統計面の数値で論ずることは無理である。1930年以降になると、サケ漁獲量統計はかなり精度が高くなるが、それでも実際の漁獲量は統計面の2倍以上あったと考えられる。

長野県における千曲川・犀川水系のサケ・マス漁は、1936年に完成した東京電燈（現東京電力）の西大滝ダム（飯山市岡山地区西大滝）の建設によって大きな打撃をうけ、ダムの魚道におけるサケの密漁もあって、1941年にはほとんど壊滅している。この時漁業補償は1912年（大正元）から1929年（昭和4）の18ヵ年平均の平均漁獲高とされている。その結果、算出された数値はサケ18,5000貫（69,375kg），マス14,700貫（55,125kg）であった。ところが，「長野県統計書」の18ヵ年間の平均数値を出すと，サケ2,275貫（8,531kg），マス3,589貫（13,459kg）である。二つの数値を比較した場合、かなり大きな格差が認められるが、各地で「千本祝い」が行われた現実を考慮すると、前者の東電の資料の方

が精度が高いと思われる．現在サケの内水面漁業は，人工孵化に使う親魚を捕獲する以外許されていない．したがって，法的にみれば密漁が多く，これも統計精度を低める結果になっている（1980年の内水面漁獲高．9,207t）．したがって，近代以降の水産統計を使って，サケ・マス漁業を論ずることは危険である．

現在日本におけるシロザケの分布をみると，太平洋岸では九十九里浜の夷隅(いすみ)川，また日本海岸では響(ひびき)灘に注ぐ粟野川（山口県）が南限になっている．しかし第二次大戦前までは北九州の筑豊炭田を流れる遠賀(おんが)川にサケがさかのぼっており，支流の嘉穂川の流域にある嘉穂町には鮭神社があり，サケが献上されていた．このようにサケの分布には消長があるが，東北地方には「飢渇(けがち)鮭，豊年鱒」という俚言がある．これは凶作になるような冷涼な年にはサケがよくとれ，陽気がよく豊作の年にはマスが豊漁となるという意味である．気候が寒冷化すれば，日本列島のサケ資源が豊富となり，その分布が拡大していく．1万年このかたの沖積世にも4回にわたる小氷期があった．南北朝時代や天明・天保の大飢饉が続発した幕末などはこの小氷期であった．このような低温の時代には，北九州にも大量のサケがのぼり，それが嘉穂町における鮭神社を存在させたゆえんである．

近代にはいってからの沿岸におけるサケ定置漁業の発達は，1920年以降の河川におけるダム建設とともに，サケ資源を急速に減少させていった．またサケ資源の維持に役立っていたサケ漁に関するタブーも民衆から失われていった．

しかし，1956年以降北洋におけるサケ・マス漁が年々制限され，さらに1977年サケ資源の母川国主義がとられて，沿岸内水面のサケ漁業が重視されるようになった．そこでサケの母川回帰本能を利用した孵化放漁事業が拡充されている．単に稚魚を放流するだけでなく，1966年から餌付けしてから放流することが普及し，さらに海中の生簀(いけす)の中で養殖して放流する事業も始められている．その結果，サケの回帰率は，天然孵化の0.5％，孵化放流の1.0〜1.5％であったものが，餌付け放流した場合3.0％にも向上している．1981年放流されたシロザケの稚魚は19億尾におよんでいるが，沿岸の定置でとれるシロザケの大部分は孵化放流された稚魚が回帰したもので，日本でとれる10万tのうち，6割におよぶ6万tが定置による漁獲になっている．

サケの稚魚放流はハマチやタイの養殖と異なり，海を汚染することもなく，北洋の生態系を十分に利用できる貴重な水産資源である．日本におけるサケの孵化

放流事業は，主として北海道と東北地方のブナ帯において行われているが，大河川ではなく，開発が進んでいない中小河川の方が人工孵化事業に適している．したがって，道東地方の薫別川・網走川，三陸海岸の田老川，津軽石川などで孵化事業が伸びており，その結果河口付近の定置漁業も発展している．

北海道には海岸地帯や河岸に，魚付け林と呼ばれる保安林が仕立てられて，魚の生活環境を保護してきた．サケ・マスの稚魚は森林から落下する昆虫を餌として食べる．また森林は水源涵養林として，流水量を安定させる．さらに森林の保温・放冷作用は，河川の水温に反映して，サケ・マスの生活環境を良好にするなどの機能を果たしている．保安林の指定を受けていないが，知床半島のように全森林が魚付け林の役割を果たしている森林が多い．

「ヒノキ（現実にはアオモリヒバ）はアワビを育てる」ということわざが，下北半島の漁村にあるが，森林に覆われた岩石海岸では，ワカメやコンブなどの海草がよく繁茂し，これ食をべるアワビ・ウニが豊富になるという因果関係が成立している．

サケ・マスに限らず，アワビ・ニシンなどの資源は，ブナ帯の森林生態と密接な関係をもっている．

### （2） イワナ・ヤマメなどの渓流魚

日本におけるブナ帯山地の渓流魚はイワナとヤマメである．イワナは13〜15°Cが最適で，最暖月でも20°C以下の冷たい渓流にすんでいるのに対し，ヤマメは18°C以上の川を生活の場としており，両者は完全にすみ分けをしている．イワナの地理的分布をみると，北海道の全域，琵琶湖以北の本州の山地，中国山地・紀伊山地の一部に生息しており，その南限は熊野川上流で北緯34°付近である．一方高距限界は北アルプスで，標高1,850mまですんでいる．これがいわゆる岩魚留である．1981年水産庁統計によるとイワナの漁獲量は277tで，量的には決して多くない．信濃川55t，利根川44t，木曽川19t，天竜川16t，北上川・揖斐（いび）川10t，最上川9tなどが主なものである．ところが，イワナが最も多くとられている黒部川は，水産庁の主要河川に指定されていないため，統計面にあらわれていない．イワナ釣りは主として人里離れた秘境で営まれているため，統計上に出ていない場合が多いと思われる．

ヤマメはサケ科の魚の中ではもっとも温暖性で，全国の河川にすみ，台湾の山地まで生息している．東日本のヤマメは雌雄ともに海に下ってサクラマスとな

り，一部が河川に残ってヤマメとなるが，西日本では全部が河川に残り，海には下らない．分類学者の中にはヤマメをヤマベとアメノウオに分け，前者は主として日本海岸，後者は太平洋に注ぐ川にすんでいると主張している．また後者は生長線に朱点があるといわれている．このほか陸封性のサケ・マス類にはアマゴとビワマスがある．アマゴは箱根以西の太平洋岸と瀬戸内海に注ぐ川の上流部に生息している．またビワマスについてもアマゴの湖沼型，もしくは琵琶湖独得のものという2論がある．

イワナやヤマメなどは現在その漁獲量は大したことはないが，1874年（明治7）政府が発行した『府県物産表』をみると，イワナやヤマメを特産としている郡が多い．とくに北アルプスに源をもつ梓・高瀬・黒部・飛騨・木曽などの諸川は，イワナの宝庫であった．イワナの漁期は5月から9月はじめまでである．4月までは積雪のため，餌となる川虫が少なく，河底にひそんでいるので，イワナを釣ることができない．また9月から10月までは産卵期で，その間は餌をとらないので，イワナはやせ衰えて，味もよくない．そこで雪融けのころから晩夏までが漁期になる．とったイワナはミヤマハンノキなど落葉広葉樹を燃料に使って燻製にした．イワナはブナ帯山村における貴重な蛋白質源となり，また一部は上高地の旅館などに商品化されていた．

イワナ，ヤマメなどの渓流魚は乱獲によって，資源がいちじるしく減少している．過疎化によって無居住空間が広がったことも乱獲に拍車をかけた．これに加えて，森林の乱伐，砂防堰堤・発電用ダムの建設なども，渓流魚を失わせる大きな要因になっている．最近渓谷魚というと，アメリカから輸入されたニジマスの養殖物が主体となっている．さらにイワナやヤマメ・ヒメマスの養殖，さらに溯河性のギンザケの養殖まで行われている．しかし，天然物に比較して味のうえでははるかに劣っている．

（3） **サンショウウオ漁**

ここでいうサンショウウオとは，ハコネサンショウウオのことである．周知のようにわが国には世界最大の両生類であるオオサンショウウオをはじめ，トウキョウサンショウウオ，トウホクサンショウウオなど多種類が生息する．サンショウウオは清流にすむので，その存在の有無が環境汚染のバロメーターとさえいわれている．オオサンショウウオは，縄文土器のモチーフ（井戸尻遺跡出土）となっていることに加え，その緩慢な動作と大きさにおいて漁の対象となっていたと

思われる．生息数の激減に伴い，生きた化石といわれるオオサンショウウオは天然記念物に指定され，中国山地等の一部に生息するにすぎなくなった．

ハコネサンショウウオ（*Onychodactylus japonicus*）は，その名が示すとおり箱根山中に生息する体長15cm前後の原始的両生類である．つまり明治13年刊の『日本地誌略物産弁』によれば「箱根山中ノ渓間ニ産ス長サ三四寸，或ハ五六寸許，其貞(カタチ)蠑螈(イモリ)ニ似テ黒ク，手ハ四指ニシテ，足ハ五指ナリ，昼ハ渓水ニ棲ミ，夜ハ陸ニ上ル，土人松明ヲ照シテ之ヲ捕ル，山椒ノ香気アリ，故ニ山椒魚ト云ウ，炙リ食ヘバ，小児ノ疳ヲ治ス，漢名黒魚ト云フ，他地ニ産スル鯢魚(サンショウウオ)トハ別ナリ」とハコネサンショウウオの生態等が簡明に記載されている[29]．一般にハコネサンショウウオの生息地は海抜1,000m以上の高山で，南は，四国の石鎚(いしづち)山から北は下北半島まで分布する（図II-11）ので，その採捕はブナ帯の生業とみることができる．

図II-11　ハコネサンショウウオの生息分布（文献30などによる）

ハコネサンショウウオ漁は，石鎚山の渓流で行われる原始的な手づかみ方式[30]から，ここに報告する筌(うけ)漁まで多様である．また，宮本常一は「この谷にはサンショウウオも居る．イモリに似てイモリより少し大きい程度のものでヤマオコゼといっている．ヤマオコゼは山の神のつかいでとると怪我をすると言っているが，滋養になると言ってたべるものが多い」[31]と報告しているが，このような自給的採捕は，秋山郷や東北地方ばかりでなく，サンショウウオの生息地すべてに及んでいたであろう．しかし，ここではサンショウウオ漁がブナ帯山村の一定の現金収入になっていた帝釈(たいしゃく)山周辺栃木県栗山村，福島県檜枝岐

(ひのえまた)村，舘岩村の事例についてみよう[32]．

　帝釈山周辺のこの地域には1979年現在19人のサンショウウオ採捕家がいるにすぎないが，かつて栗山村の川俣集落ではほとんどすべての家でサンショウウオ漁を行っていたのである．サンショウウオ漁は，ふだん岩蔭等にひそみ姿を見せないハコネサンショウウオが，産卵期に水のきれいな渓流におりてくるという性質を利用したものである．採捕家は漁場である一，二の沢に沿って「モジリ」と呼ばれる筌(うけ)を150～200本渓流に伏せる．漁期はトチの花の開花とともに始まる．「ヒエマキゼミが鳴きだすととれだし，ソバマキゼミが鳴くと終り」や「クロブナの芽吹きを目安にする」というように，ブナ帯の気候景観を採捕開始の指標としているのである．一般に6月10日から7月10日の梅雨期が漁期で，6月20日から7月1日が最盛期であるという．筌は地温の上昇とともに上流に伏せ，一般に一漁期に10,000匹前後とれる．栗山村の小栗照衛によるとこれまでの最高は，1日4,200匹，全体で30,000匹であったという[33]．漁の初期にはオスが多く，中期にはオス・メス同数となり，晩期にはメスが多くなるという．捕獲数は，これだけとってもほぼ一定しているので濫獲の心配はない．

　筌(うけ)の形態はドジョウウケに類似しているが，アゲのついていないのが特徴である．それは筌を垂直に近い角度で設置するので，渓流におし流されたハコネサンショウウオがその渓流の水勢で脱出できないからである．筌の主材料は寡雪地のブナ林の下生えであるスズタケである．太さ約5mmのスズタケ30本前後使い，水に強いブドウの皮で筌の口の部分（直径15cm位）をまるくしばり，そこからタモの皮でスズタケをらせん状にとめてゆき，中央部をひょうたん状にくびれさせ筒状の筌ができあがるのである．筌は漁期の終了とともに引揚げるが，3～4年でだめになるので，毎年50本前後更新しなくてはならない．

　捕獲したサンショウウオは1斗缶にひと握りの塩を加えた塩水につけ，殺した後，オス・メス交互に20匹ずつスズタケにさす．それを棚にかけ，広葉樹を焚いて燻製にする．広葉樹の生木は火力が強く，針葉樹と違って樹脂もでないので5時間位で燻製にできるという．翌日，それを蓬(ヨモギ)の葉の中に入れしなやかにし，タモの皮で20匹ずつ，オスを内側にメスを外側にして束ねる．この20匹の束はかつて東京の漢方薬店やその製粉所に販売されていたが，近年では湯西川(ゆにしがわ)温泉等の観光地の発展によりホテル，旅館，みやげもの店等に1束1,000～1,500円でおろされ，ほとんど地元消費になった．

このようなサンショウウオの漁法は，20世紀のはじめ甲州の人によって栗山村川俣部落に教えられたという．前述の「土人松明ヲ照シテ之ヲ捕ル」よりはずっと進歩した漁法である．川俣部落では，昭和の初期にはすべての人がこれに従っていたので[34]，各人の漁場が決まっていた．最盛期には県境の尾根を越え，福島県の檜枝岐村，舘岩村，群馬県の片品村の沢にまで筌を伏せた．檜枝岐村や舘岩村の山中に小屋掛けしブナ材で杓子ぶちを行っていた人々も，川俣の人にその漁法を教わり，(1930) 年頃からハコネサンショウウオ漁を開始したのである[35]．

このようなハコネサンショウウオ漁は耕地の限られた山間地の人々がイワナ・ヤマメ漁，冬期の狩猟山菜やキノコの採集とともにブナ帯の資源を最大限に活用しようとする生業の組合わせの一つの形態になっている．

〔市川健夫・斎藤　功〕

## 文　献

1) 亀井節夫 (1967)：『日本に象がいたころ』岩波新書，197 p.
2) 安田喜憲 (1980)：『環境考古学事始』日本放送出版協会，270 p.
3) 朝日　稔 (1977)：『日本の哺乳動物』玉川大学出版部，236 p.
4) 環境庁 (1979)：『動物分布調査報告書（哺乳類）』p. 38.
5) 環境庁 (1979)：『ニホンカモシカの分布域，生息密度，生息頭数の推定について』，p. 43.
6) 千葉徳爾 (1969)：『狩猟伝承研究』風間書房，pp. 360-389.
7) 早川孝太郎 (1926)：『猪・鹿・狸』郷土研究社，218 p.
8) 農林省 (1940)：『第17次農林省統計表』，pp. 308-310.
9) 前掲 6)，pp. 153-180.
10) 山形県真室川町町史編集委員会 (1969)：『真室川町史』，p. 1144.
11) 山口弥一郎 (1942)：東北地方におけるマタギ集落の機構とその変遷．地理学評論，**18**, 99-128.
12) 朝日新聞秋田支局編 (1977)：『最後の狩人たち』無明舎，175 p.
13) 鈴木牧之著，宮　栄二校注 (1971)：『秋山紀行・夜職草』東洋文庫，p. 117.
14) 市川健夫 (1961)：『平家の谷―秘境秋山郷―』令文社，177 p.
15) 鈴木牧之著；宮　栄二監修 (1970)：『校注北越雪譜』野島出版，pp. 28-29.
16) 阿仁町根子の佐藤竹蔵氏からのききとりによる．
17) 前掲 14)，p. 59.
18) 前掲 11)，p. 112.
19) 武藤鉄城 (1977)：『秋田マタギ聞書』慶友社，p. 122.
20) 山崎久雄 (1978)：大白川の狩猟習俗．文化庁『民俗資料選集（狩猟習俗Ⅱ）』国土地理協会，pp. 177-223.
21) 栗山村野門の故小栗小郎次（明治30生），つめ（明治35年生），昭衛（昭和4年生）氏からのききとりによる．
22) 横山篤美 (1981)：『上高地物語』信州の旅社，pp. 140-158.

23) 大町山岳博物館編 (1972):『北アルプス博物誌Ⅰ』信濃路, p.45.
24) 南信濃村の大猟松島浅一 (昭和3年生) 氏からのききとりによる.
25) 南信濃村和田の山肉・精肉・山産物・剝製商, 星野屋の主人 片町信人 (大正14年生) 氏からのききとりによる.
26) 広瀬 誠 (1977): 立山開山の縁起と伝承.『白山・立山と北陸修験道』名著出版, pp.99-225.
27) 山内清男 (1971): 日本先史時代概説.『日本原始美術Ⅰ』, 講談社.
28) 市川健夫 (1977):『日本のサケ―その文化誌と漁』, 日本放送出版協会, pp.70-76.
29) 床井 弘・斎藤時泰続纂; 榊原芳野訂正; 土方幸勝再訂 (1880):『日本地誌略物産弁』の復刻版, (1979):『日本産物誌』八坂書房 (桜井正信解説), p.41.
30) 佐藤井岐雄 (1943):『日本産有尾類総説』日本出版社, p.302.
31) 宮本常一 (1951):『越前石徹白民俗誌』刀江書院, p.70.
32) 斎藤 功 (1981): 帝釈山周辺のサンショウウオ漁について―ブナ帯における伝統的生業の一形態―. 科研費報告書『ブナ帯における生活文化の生態地理学的研究』(代表市川健夫), pp.173-178.
33) 前掲21)
34) 朝倉隆太郎 (1968): 鬼怒川上流の山村とその変容.『日本地誌Ⅴ』二宮書店, pp.595-600.
35) 岩波久彰 (1976): 檜枝岐におけるハコネサンショウウオの漁法と燻製. 爬虫両棲類学雑誌, **6**, 105-109.

# 3. ブナ帯における森林資源の利用

　人類の生活は, 狩猟・漁撈・採集などの原始的段階であればあるほど, 彼らの周囲の天然資源に依存してきた. 亀ヶ岡式土器に代表されるようにわが国の縄文時代において東北地方の方が人口が多かったと推定されているのは, 東北地方に落葉広葉樹の堅果類, それで生息していた野獣, 落葉樹の下生えである山菜およびワラビ, カタクリ, ユリ根などのデンプン質食糧が, 河川を溯上する鮭族の存在と合わせ, 西南日本の照葉樹林帯より豊富だったためであろう. 東北地方のブナ帯では, このような森林資源に依存する生活形態が現在まで存続してきたり, 最近まで色濃く残存していたのである. ここでは前節で述べた堅果類の利用, 狩猟・漁撈を除き, 天然資源の利用, とくに森林資源の活用に焦点を当て, ブナ帯の生活文化の一端を解明したい.
　一概に森林資源といっても樹種構成, 樹齢, 樹木の部分および森林を活用する人々の社会の発展段階によって資源の意味が異なる. 森林資源の用途は用材が一般的であるが, 現在進行している砂漠化の大きな要因は森林の焼畑耕作と人々が

日々使用する薪の伐採であるといわれている．このことは太陽エネルギーを固定して成長する森林が，石油，石炭などの化石エネルギーと異なり，人類にとって最も古く，最も新しいエネルギー源であることを示している．一方，落葉樹の若芽や花は，人々に新しい息吹を感じさせるものとして食用にされ，樹皮は染料や薬用に樹液はカナダのメイプルシュガーやメイプルシロップと同じく，わが国の東北地方でイタヤカエデから採取された．また，ナラやクヌギの若枝は刈敷として水田の肥料に，落葉，落枝も堆肥や焚き付けとして活用されたのである．

本章では森林資源の活用が以上のような有機的に結合したセットをなす構造から成立しているという観点に立ち，森林資源のうち，とくに樹木の活用に焦点をあててみよう．

### 1） ブナ帯の森林資源と衣料
### （1） アイヌ民族の衣料

古代東北や北海道に居住していた民族がツングース系のアイヌであったことは，彼らの生活文化を示す地名や伝説から明らかにされている．幕末から北海道の開発により狩猟・漁撈・採集を行っていたアイヌ民族が，鮭の採取規制や日本人の病気を通じて大きな打撃を受けたことはよく知られている事実である．そこで先人の業績をもとにアイヌの生活文化の一端を復元してみよう．

アイヌ民族の衣生活をみるとアッシ織が目につく．アッシ織は北海道の日高・胆振地方ではシナ科のオヒョウニレの樹皮を原料にいざり機で織られたものであるが，カラフトでは蕁麻（モセ：イラクサ）の内皮を原料にしたという[1]．一般にアイヌは漁撈が中心であったので，アザラシの皮や鮭皮，狩猟によって得られる鹿皮の衣類がアイヌ固有の民族衣料と考えられ，アッシ織はいざり機からみて日本人等の接触によって伝播したものと推定されている[2]．しかし，原料のオヒョウニレは後述する科布の原料であるシナノキと同じシナ科の落葉喬木であり，元来「シナは『結ぶ，しばる，くくる』という意味のアイヌ語からきたものである」[3]といわれることからみても，北方系の文化である余地を残していると思われる．

オヒョウニレは，アッシ織の他釣糸，綱，網等にも活用された．野生のヨシ類もオヒョウの樹皮とともに編まれ，茣蓙（ござ）に加工された．信州・秋山郷ではイラクサで編まれたアンギンが，明治時代まで重要な衣料であったことを考えると，アイヌ民族もイラクサで編んだアンギンのような衣類が，毛皮類とともにア

ッシ織に先行した衣料であったとも考えられる．

また，漁撈を中心に獲物を求めて移動生活していたアイヌ民族の住居は手に入る棒を円錐形に立て，その上に草類で覆った仮小屋（三角テント）が原型であった．定住家屋の建設に際しても，最初，二つの三角テントを連結した形で屋根を作り，南方文化の影響でそれに柱を立てるようになったものだという[4]．屋根葺の材料はその周囲にある菅，笹，木皮であったという．このような定住家屋は，鮭，鱒の産卵場など定常的に食糧確保が可能な地点に建てられ，集落（コタン）を形成した．

（2） 日本の古代織物とその残存形態

江戸時代に木綿が普及する以前，わが国の常民の衣料は麻であった（なお，肌にやさしく，染色が容易な綿織物が普及する様相は，柳田国男の『木綿以前の事』に詳しい）．大麻，苧麻（チョマ）が肌着から礼服まで幅広く活用されたのである．しかし，麻以前の織物と考えられる葛布，藤布，科布等も裃地，袴地，蒲団地，漁網，縄等特殊用途に合わせ，山間地や海岸部に近年まで残存してきた．一般に，これら野生植物の繊維で織られた布は，古代織物といわれている[5]．ところで，今日，われわれは古代人が使用した獣皮，毛皮，羊毛（獣毛），麻，綿花等の動物性・植物性繊維からなる衣料をより洗練された形態ではあるが，季節的・用途別に着分けて生活している．このような衣類というものは，古代・中世・近代等の衣料が重層的に混在していることを特色としているように思われる．しかし，ここでは，古代織物のうちシナノキを原料とするシナ（科）布に焦点をあてて，それらの特質を解明しよう．

古代織物といわれるシナ布はどの地域で生産されていたのであろうか．その手がかりは明治7年の府県物産表にある．府県物産表は，藤布，葛布，太布等の全国統計の得られる唯一の資料である．それによると，シナ布は秋田県の1,473反を最高に，酒田県の799反，山形県の407反，石川県の220反，筑摩県（信濃西部および飛騨）の18反の順である（図II-12）．またシナ皮，シナ縄の生産地は若松（会津）県を最高に，シナノの国の語源といわれるほど有名であった筑摩県，青森県，新川（越中）県，石川県であった．シナ布は，科布が一般的名称であるが，秋田ではシナ布に加え，菩提樹皮布，ムマタ皮織（マダ布），石川県ではアッシ（厚司）とでている．また，シナ皮は若松県の統計に「望陀皮又シナ皮，朶糸，椣糸」[6]と記載されている．

ブナ帯の落葉喬木であるシナノキの樹皮を活用したシナ布,シナ皮,シナ縄の産地は,シナ布がマダ布と呼ばれた東北地方から北陸地方に卓越していた.瀬川清子が「シナの木は東北や日本海側の国ばかりでなく,信濃の国(長野県)や飛驒(岐阜県)でも盛んに利用したそうで,今日70歳くらいの人の話によれば,若い頃にはシナの働き着物を着ている人はいくらでもあった」[7]と述べているのは,シナ布の分布を示した図II-12と符合する.事実,東北地方の歴史民族資料館等を訪

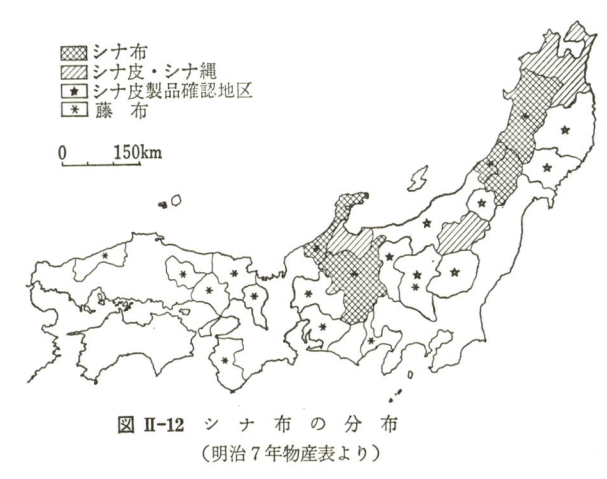

**図 II-12 シ ナ 布 の 分 布**
(明治7年物産表より)

ねるとシナ布がマダ布として陳列され,精巧な肌着にさえなっている場合がある.

なお,府県物産表は,明治政府が各府県に物産表の雛型を送り,府県でその生産高を記載したものであるが,明治7年という時代背景もあり,申告もれ等もあったと考えられる.したがって,図II-12には,物産統計表には記載されていないが,当時あるいはその後までシナ布およびシナ皮製品が,生産されていたと文献および筆者の調査で確認できた諸県も入れてある.盛岡・水沢(岩手)県,置賜(おきたま)県,新潟県,長野県,栃木県,熊谷県(群馬県埼玉県西部)である.栃木県,群馬県北部,長野県はかつて馬の轡(くつわ)や手綱に使われたシナ縄の生産地であり,山形県西置賜郡小国(おぐに)町樽口では,シナ皮が今日でも自家用の蓑およびマタタビ細工の細縄等に利用されている.なお,図II-12には参考までに藤布の生産地がつけ加えてある.以下,現在シナ布の生産と古代織物の特徴についてのべよう.

(3) 羽越国境地帯におけるシナ布の生産と水晒し法

日本海岸の羽越国境地帯,つまり,山形県西田川郡温海(あつみ)町と新潟県岩

船郡山北(さんぼく)町の寒村で現在でもシナ布の生産が続けられている．かつて，全域で行われていたシナ織は，温海町の関川と山北町雷(いかずち)の雪深い2集落に残存しているのみである．この地域にシナ布が残存したのは，この集落が江戸時代から塩木(しょっき)(薪)切り，木炭生産など山仕事に生活を依存してきたこと，シナ織りが出稼ぎに出られない老人や主婦の冬季の仕事であったこと，および1年がかりで織り上げられるシナ布の素朴な美しさが，手作りの民芸ブームの中で見直されたためである[8]．

シナ布は織りあがるまで1年を要する．シナノキは伐採しても傍芽更新をするため，1株に何本も生えている．そのシナノキを切り樹皮をはぐシナヘギは樹盛の最も活発な6月に行われ，アイヌ同様男の仕事である．

盆から9月までの間にシナニ，シナモミ，アマタテ，シナコキ，シナツケの作業が女の仕事として行われる．乾燥し貯蔵されていたシナ皮は川水に浸された(ウルガス)後，それをシナ釜で10時間位木灰を入れて煮る(シナニ)．1機のシナ布のためには2斗5升の木灰が必要である．この木灰は囲炉裏で燃やしたナラやブナなど落葉広葉樹のものが最高であったが，近年囲炉裏の消失とともに広葉樹以外の木灰も使われるようになった．シナ煮した後，シナ皮は熱いうちに叩いたり，揉んだりした後(シナモミ)，薄く剝ぐ．「シナ皮は千枚にはげる」といわれるように1枚のシナ皮(靱皮)を10～30枚に剝がし，タテとヨコに分類する(アマタテ)．アマタテされたシナ皮は，木灰がついているので，川水で黒皮の部分とともに洗い流す(シナコキ)．シナコキされたシナ皮は紅褐色であるので，米糠を入れた樽の中で2日間漬け，その発酵によって黄褐色にする(シナツケ)．それを水洗いして貯蔵する[9]．

以上の作業工程の中には注目される点がいくつかある．その一つは，木灰を多量に使うシナ煮が古代織物である藤布，葛布，蕁麻(イラクサ)の加工工程と一致することである．しかも，この工程にはかつてアメリカの文化地理学者サウアー(C. O. Sauer)が衣類を作るため草本繊維を叩いて水に晒すことは，その植物が含むアルカロイドによって魚を麻痺させる漁法と同じであると指摘したこと[10]と共通するものがある．事実，新潟県三面川水系の朝日村では「クルミの根を叩いて，つぶしておいてワラで包んでおき，川の中で揉むネウチ漁が村人総出で行われた」という．また，わが国にはサンショの木の皮や葉を木灰と一緒に揉んで川に流す毒揉み漁は，筆者の確認した北越の山村ばかりでなく，東北地方で一般的

## 3. ブナ帯における森林資源の利用

であったと思われるからである[11]．それと同時にシナツケは，川マスやイワナを米と一緒に樽に漬込む山間地のナレズシの起源になったとも想像されるのである．

木灰を使って植物の繊維を人間の利用しやすいように靱(しなや)かにするこの工程は，堅果類のタンニンを除去するアク抜き法である水さらし法ともきわめて類似している．つまり，照葉樹林文化論の提唱者中尾佐助は，ヤマイモ，ヒガンバナ，テンナンショウなど根茎類の毒ぬき法が，トチ，ドングリのアク抜き法と共通で，照葉樹林文化固有の水さらし法と指摘した[12]．しかし，食糧の獲得・加工工程は，サウアーの指摘するように衣食住の三位一体で総合的に考察しなければならない．たとえば，ワラビ粉をとるため，ワラビの根茎をたたいた繊維部分でワラビ縄を作ったのは，先の物産表によれば全国的に行われていたのである．毒抜きを必要としないクリ・クルミ，毒抜きを必要とするトチ・ミズナラ・カシワのドングリなどの堅果類，ワラビ・カタクリなどの根塊類が多いのは，照葉樹林帯よりむしろブナ帯である．

ここで話題を再びシナ布に戻そう．シナツケされ貯蔵されたシナ皮は稲の収穫が終わった晩秋から初冬にかけて細く細く裂き（シナサキ），糸に繋いで行く（シナオミ）．シナオミされた糸は巻いて玉にされ，シナヨイ車でシナ糸に縒(より)をかける（シナヨ

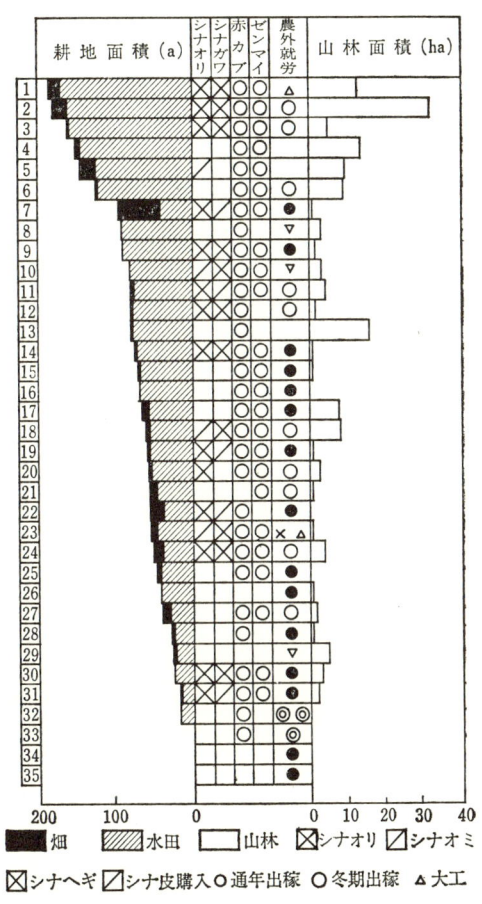

図 II-13 山北町雷集落における農家別シナ布生産状況
（土地台帳および聞き取りによる）

リ).それを枠に移した後,経糸長さ20丈,上下各140本ならべ筬(おさ)に通しいざり機で4月まで一冬かけて織り上げるのである.1機20丈×1尺2寸;60m×36cmであるが,このためには20貫のシナ皮が必要とされる.この1年近くかかって風雪の中で織り上げられたシナ布は,1982年1機13万円であった.

図Ⅱ-13は,山北町雷集落のシナ布生産状況を示したものであるが,34軒のうち14軒がシナオリを行っており,シナオミ,シナヘギさらに民芸加工を加えたら,ほぼ全戸が直接・間接にシナ布生産に関係していることになる.今日でもゼンマイ採取や焼き畑による温海カブ栽培にみられるように雷は周囲の山林資源に大きく依存した集落といえるだろう.

## 2) 森林資源の伝統的利用
### (1) 常民によるブナ林資源の自給的利用

冷温帯落葉樹林はブナが卓越するのでブナ林帯,ブナクラス域と呼ばれるが,それは,ブナ,ミズナラ,イタヤカエデ,シナノキ,ヤマモミジ,ホウノキ,トチノキ,サワグルミなどの高木層と,ナナカマド,ヤマウルシなどの低木層の樹木のほか,日本海側を特色づけるチシマザサ,太平洋側を特色づけるスズタケなどの下生えや蔓植物などからなる[13].ブナ帯で暮らしてきた人々は,この周囲の資源を十分活用してきた.表Ⅱ-2は,ブナ林帯の主な樹種の利用をみたものであるが,その部位のほとんどが多方面に活用されてきたことがわかる.

表 Ⅱ-2 ブナ帯の主要樹種の利用状況

| 樹　　　種 | 建築材 | 木地物 | 家具 | 農具 | 樹汁 | 堅果 | 食用 |
|---|---|---|---|---|---|---|---|
| ブ　　ナ |  | ○ | ○ | ○ |  | ○ | ナッツ |
| ミズナラ | ○ | ○ | ○ | ○ |  | ○ | ナッツ |
| イタヤカエデ |  | ○ | ○ | ○ | ○ |  | 新芽,樹液 |
| シナノキ | ○ | ○ | ○ | ○ |  |  | 新芽,樹液 |
| ヤマハンノキ | ○ | ○ | ○ |  |  |  |  |
| トチノキ | ○ | ○ |  |  |  | ○ | ナッツ |
| オニグルミ | ○ |  |  |  |  | ○ | ナッツ |
| ヒノキ | ○ |  | ○ | ○ |  |  |  |
| アスナロ,ヒバ | ○ |  | ○ | ○ |  |  |  |

農務省山林局 (1912):『木材ノ工芸的利用』.同 (1915):『森林植物食用竝特殊用途調査書』.

ブナ帯で生活する人々の多くは山間地の農民である.裏日本のブナ帯は積雪地帯であり,表日本でも寡雪地とはいえ寒さが厳しいので,ブナ帯で暮らす人々は

囲炉裏で薪を燃やし暖をとったことであろう．この薪炭としての利用が森林資源の最も古い利用形態であり，量も多かったにちがいない．薪を燃やすことは明かりをとることであり，「囲炉裏端は親たちが子供達に村の歴史や民話を伝える場所であり，また夜長の秋や冬になるとわら細工や縫物などする夜なべ仕事の場でもあった」[14]．つまり，囲炉裏を囲む家族の団欒は，ブナ帯で生活するための方法や戒律を学ぶ全人教育の場であり，労働そのものを通して自然との一体感が生まれるという自然観を育んできた場といえる．

囲炉裏に下がっている自在鉤の上部にある弁慶にイワナやヤマメの燻製がさしてある光景をみかけることがある．これは最初から燻製をしたものではなく，囲炉裏の火力と煙で燻製がそこで出来あがったものである．ブナ帯の広葉樹の薪は樹脂(やに)を出さないため，貯蔵食糧としての燻製をつくるには好都合である．栃木県の栗山村では，前述のようにハコネサンショウウオの燻製さえつくられているのである．この囲炉裏でできた木灰は，前述のようにトチのアク抜きや野生繊維の軟化等に大いに使われてきた．この木灰はまた，焼き畑の唯一の肥料であるように，土壌の酸性化を防ぐため最近まで常畑に散布されてきた．以上のように囲炉裏を囲む生活は，小学唱歌に歌われているように，日本人の郷愁を誘う原風景となっている．縄文時代から永々と続けられてきた炉（hearth）を囲む生活から魚類の燻製，タンニン酸を含む堅果類の食糧化，毛皮のなめし技術（カシワの樹皮を使用），野生繊維の織布化などの生活文化が形成されたことは，ブナ帯にこそ日本文化の原型があると思われるのである[15]．

薪についで大量にブナ帯の森林資源が活用されたのは，木炭生産であろう．木炭の利用自体は古いものであり，タタラや野鍛冶に使用された木炭も少なくなかったが，販売用木炭の生産は輸送路の開発とも関係するため，ブナ帯の多くの人々が炭焼きを始めたのは明治末期から大正の初期においてであろう．それは木炭の需要が都市における煮物の燃料，こたつやあんかの暖房用燃料，養蚕の暖房用燃料として増大してきたためである．木炭の生産量の増大とともに1930年木炭の検査制度が確立し，エネルギー革命の進行により木炭の生産が激減してきた1960年に廃止された．木炭生産の減少は日本の山林が自然に傍芽更新や下種更新がなされる落葉広葉樹林からスギ，ヒノキ，カラマツ等の針葉樹林へ変わったことを意味する．この陽樹である落葉樹から陰樹である針葉樹への変化は堅果類の減少，それを求める野生動物の減少を導き，ワラビ，ゼンマイ，ヒメタケ等の

山菜の宝庫である下生え,低木層,高木層からなる植相を消滅させ,森林資源の活用をいちじるしく減退させた.このことは,若者を山村から都会へ流出させ,過疎化を進展させる結果となった.広葉樹資源を使ったナメコの原木栽培が木炭に代わる生業と期待されたが,オガクズ利用のナメコの菌床栽培の普及につれて,生産地も山間地から平地に移動した[16].かくて,ブナ帯の多くの山村はいまや過疎地帯になっている.

### (2) 木地師と民具の小商品生産

ブナ,トチ,ホウ,サワグルミなどブナ帯の森林資源を活用し,篦(へら),杓子,椀,曲物などの生(素)地を作っていた人々が木地師である.山間で作った杓子や椀を平地農村に販売するため,木地師は自己の権威を保つため木地師文書をもっていた.それらは,山七合目以上の木を自由に伐採してよいという御墨付をはじめ,木地師が清和天皇の兄にあたる小野宮惟喬親王を奉じて鈴鹿山中の小椋村に移り住んだ藤原実秀(後の小椋実秀)の子孫であるという由緒書,および木地師の免許状が主なものである[17].

木地師文書は平安末期から現れていた.この時期はわが国の仏教が大伽藍を配置した奈良六大寺などの顕教から空海の密教を中心とする山岳仏教へ傾斜していったため,仏塔,仏器を作成していた木工寮の轆轤(ろくろ)工が都で不必要となり,山地へ入っていった時期とも一致するという[18].このことは,全国に分布していたそれぞれの土地の木地生産者が,律令体制の崩壊後の中世・近世を通じて蛭谷の筒井八幡宮と君ヶ畑の高松御所の氏子狩の結果,組織化されていったものと思われる.氏子狩は紀伊山地をはじめ,西は中国山地・四国山地,東は中部地方から東北地方まで及んでいた(この点に関しては橋本鉄男の研究[19]に詳しい).かくて,轆轤を使った木地製品の普及とともに,民衆の食器も土器から木器へ変わってきた.東北地方の木地師は領主の転封に際して移動してきたものといわれているが,現在,温泉地などに集中しているコケシ工人の中には,その土地の木地師に多く起源をもつことが明らかにされている.

ブナ帯の有用材を求めて,20〜30年ごとに移動していた木地師も明治以前から定着しはじめ,農耕を開始した.その製品も杓子,椀,盆から第二次大戦中の航空機の部品,昭和30年代の経済の高度成長期になるとサラダボール,フォーク,菓子盆などに変わってきた.裏日光の栗山村では,杓子はブナ,木鉢はトチの木から製造されるが,それは全国的傾向でもある.また茶椀や菓子入れには,

キハダ，ミツバハナ，サルスベリ，クワなどの木が利用されていた．一般に椀は木目の美しいケヤキが主体であるが，仏壇で有名な秋田県稲川町川連(かわづら)では，ブナを原料素地とした漆器椀が大量につくられている．現今のごとき画一化された食器の前に，手づくりの温かみのある木製品は，伝統的工芸品の粋として今後とも注目されてゆくにちがいない．

ブナ帯の山村でも，ブナ帯の有用樹を使った木工生産が農業を補う意味で行われてきた．それは，轆轤を使う木地師の高等技術を要するものでなく，コバ板，樽丸などの半製品，コスキ，杓子，農具の柄などであった．たとえば，会津最奥の山村檜枝岐(ひのえまた)や館岩村では，明治末期から戦後にかけて，杓子ぶちが最大の収入源であった．多くの農民が周囲のブナ林に小屋掛して，ブナ材で杓子を作っていた．「最盛期であった昭和10年頃は，100人近い職人がいたといわれる．当時の戸数は80戸ほどで，うち男子が250人ほどであったから働ける男は皆杓子ぶちをやった，といっても言過ぎではなさそうである」[20]と須藤護は述べている．事実，檜枝岐では1人で年間30俵の杓子を作る人もいた．1俵は500本であったから1日100〜120本つくってもまる5カ月間かかるわけだ．昭和8年の村勢要覧によれば，「宮島」と呼ばれる板杓子600俵，汁杓子350俵が生産され，安芸の宮島等へ出荷され，それぞれ1,800円，2,450円の産額をあげていたのである[21]．このような杓子ぶちもプラスチック製品の出現で昭和27・28年頃から衰退しはじめ，現在，かつての出作り地帯キリンテの出作小屋で汁杓子がわずかに生産されているにすぎない．

栃木県栗山村では北接する檜枝岐同様，杓子ぶちに加え，クロビ，シラビソ，トウヒを材料に日光曲物の素地作り，クリを用いた日光会席膳の生地作り，ヤナギを材料とした日光下駄の台作りおよびミネバリを使った箸作り等が行われていた．日光曲物の素地づくりの場合，柾目の通った1尺5寸位の大木を伐採し，2尺7〜9寸の長さにクダギリし，それをナタとクサビで8分の1に大割する．大割された三角形の尖った部分を山小屋で削り去り，ナタで年輪に直角に半分，半分と割っていき，最後にセンで仕上げるのである[22]．以上のように山間地の農民は木工品製造者であるので，地域性に富む鍬や万能など農具の柄は，山林を見回し，めぼしをつけておいた木を切って作る．つまり，専門家集団ではないが，ブナ帯の農民は，周囲の山林資源を活用する採集者でもあり，また狩猟者，木工品製造者，大工などでもあった．このことは，ブナ帯の生活文化が，森林資源を活

用した労働の多面的・季節的・有機的配分によってなりたっていたことを示すものであろう．

### 3) ブナ林資源の産業的利用

世界最古の木材建築法隆寺がヒノキでできていることは，つとに知られていることである．木材の有用性は，一般に建築材としての価値によって決定される．宗教建築に利用されてきたヒノキは，現在でも一戸建住宅を建築する際の，日本人の理想である．ヒノキ，スギ，マツなどの針葉樹が青木と呼ばれ，幕藩体制下で保護されてきたのに対し，ブナ帯の落葉樹は雑木と呼ばれ，主に薪炭，木炭に利用されてきた．ここでは，後者のうち，とくにブナ材の産業的利用について焦点をあててみたい．

#### (1) 戦前におけるブナ材の工芸的利用

明治にはいり，西洋文化が導入されて産業が発達するとともに，広葉樹に対する需要も増大した．ブナ材は，新たな木製品の原材量として，またケヤキ，カシ，サクラなど有用広葉樹の代替材として活用されるようになった．つまり，前述のごとく「古来山間ニ於ケル副業トシテ製作セラル杓子，鍬柄，天秤棒，丸物漆器木地，雪搔，艢，軈，雪橇，車輛，船底等」[23)]に加え，明治末において近年

表 II-3 明治末期におけるブナ材の利用状況

| | 製材品(尺) | 用材率 | 立木換算(尺) |
|---|---|---|---|
| 紡 績 用 木 管 | 3,000 | 0.3 | 10,000 |
| 軍 用 銃 床 | 11,200[a)] | 0.3 | 37,333 |
| 軍 馬 鞍 骨 | 560[a)] | 0.3 | 1,866 |
| 乗 馬 鞍 骨 | 21[b)] | 0.3 | 70 |
| 亜 鈴 ・ 棍 棒 | 319[b)] | 0.3 | 1,063 |
| 曲 木 家 具 | 550[b)] | 0.1 | 5,500 |
| 下 駄 歯・板 草 履 | 6,300 | 0.3 | 21,000 |
| 輸 出 向 洋 傘 手 元 | 220[b)] | 0.4 | 550 |
| 斗 概 (と か き) | 80 | 0.3 | 270 |
| ショベル，スコップ柄 | 1,760[b)] | 0.4 | 4,400 |
| 計 | 24,101 | 0.3 | 82,052 |

a) 砲兵工廠の使用量のみ　b) 東京市中の生産のみ
（農商務省山林局（1912）：『木材ノ工芸的利用』1245-1248による）

ブナ材の「用途ノ開ケタルモノ」を示したのが，表II-3である．これらのものは量こそ異なりこそすれ，現在まで利用されている．紡績用木管は1万錘当たり

## 3. ブナ帯における森林資源の利用

粗紡木管2万本,リング木管11万本,チーズ木管31万本,撚糸木管5万本ぐらい必要とされたという[24].戦前の繊維の輸出の華やかなりし頃の紡績工業の設備は,約1,300万錘であったことから考えると,その耐用年数を10年としても,ブナ材に対する多大の需要が存在したと思われる.

図Ⅱ-14は,1916年から1978年までのブナの伐採量の推移を示したものである.

**図Ⅱ-14 ブナの伐採量の推移**
（農林省統計表による）

1916年の伐採量は243,000石,67,600$m^3$であるが,この数値は表Ⅱ-3に示した明治末期のブナの伐採量82,052尺,約27,000$m^3$の2.5倍である.しかし,表Ⅱ-3にはブナの椀などの伝統的木工品が含まれていないこと,および統計が偏重していて,全国的使用量が含まれていないことを考慮すると,伐採量はほとんど変わっていないことがわかる.このことは,前述の紡績用木管がブナ材ばかりでなく,カバ,ミズメ,カエデなどの広葉樹から作成されたことを意味する.その後のブナ伐採量の動きをみると（図Ⅱ-14）,大正時代には100,000$m^3$台で微増,1930年代には漸増傾向を示し,第二次大戦中に軍需のため急増したことがわかる.

そこで,この間のブナ材利用の状況をみよう.

日露戦争後ヨーロッパから曲木のイスやテーブルが輸入されるとともに,わが国においても明治末期から東京,大阪,秋田に曲木家具工業が興った.曲木家具の技術は,木材を数時間煮沸することによって柔軟性を増す方法で,ドイツで発明された技術であるという[25]（しかし,わが国でもこの曲木技術は,原始的であるが雪国の歩行具かんじきの作成に古くから使われてきたと思われる）.たとえ

ば1920年高山に設立された飛騨産業では，当初曲木イスや折りたたみイスを馬車で岐阜まで運び社員自ら売り歩いたが，売れ行きは芳しくなかった．しかし，

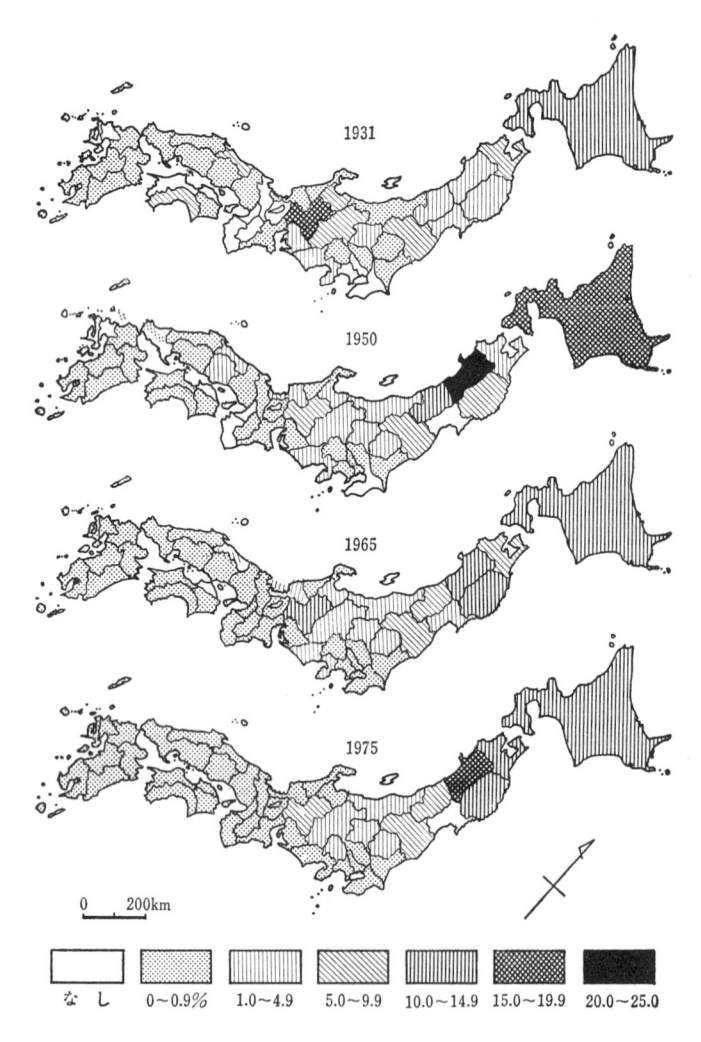

図 II-15 ブナの都道府県別伐採割合
（農林省統計表による）

凡例: なし／0～0.9%／1.0～4.9／5.0～9.9／10.0～14.9／15.0～19.9／20.0～25.0

関東大震災によってブナ材のテーブル，イスに飛ぶように売れるようになったという[26]．つまり震災後，東京や東海地方に新しく建築された家は，畳，卓袱台，

膳という日本人の生活に別れを告げ，洋風化した近代的生活にふみきったのである．洋風の曲木家具はその後，大陸に輸出されたこと，1936年官庁，学校，寺院などに合ったスタンダードが設定されたことによって需要がいちじるしく進展した[27]．かくて，飛騨を含む岐阜県のブナ伐採量は，日本一で，1931年日本全体の18.6％に達していたのである（図Ⅱ-15）．

これら民間におけるブナ材開発と相まって，ブナ蓄積量の大部分を有する国有林のブナ材開発も1931年頃から着手された．その年，群馬県の法師温泉に官営の法師製板場が設立され，ブナの製材，人工乾燥，加工の施設をもつフローリング（加工床板）の生産工場となった．それ以前にあった山形県の大森山簡易製板場などでは，ブナ材で官営製炭とともに椀や曲木の材料をとっていたという[28]．その後，各地に製板場が設立され，フローリングなどをつくっていたが，1941年木材統制法により官営工場の縮小・廃止が決定された．これら製板場の多くは，戦時体制に合わせた日本木材統制会社に引き継がれ，軍需関係の工場に転換した．戦時中の軍用合板は「直接兵器用として航空機機体，とくに外装用，水上機のフロート用，燃料タンク，舟艇用などに用いられ，また，積層材，硬化積層材の形で，航空機桁，縦通材，プロペラ等に用いられた」[29]．戦後これらの経験を母体に，民間でブナを始めとする広葉樹材の利用開発が隆盛をきわめるのである．

ところで1939年秋田市新屋および石巻に広葉樹利用のパルプ工場が東北振興パルプ工業によって設立されたことは，豊富なブナ林資源を有する東北地方にとって画期的なことであった．当初ブナパルプは針葉樹との混合溶解パルプであって，人絹・スフの生産に利用されたが，戦後製紙原料として大きく発展したものである．

（2）戦後における広葉樹利用の発展

戦後におけるブナ材需要のいちじるしい増加の背景には，建築材としての利用の増大があげられる．もちろん，ブナなどの広葉樹林はヒノキやスギのように柱材としてではなく，フローリングとしての利用である．しかし，寺院などにはブナ材で造営した建造物もある．古刹として著名な山形県の山寺（宝珠山立石（りっしゃく）寺）や鈴立山若松寺の柱，桁，羽目板など大部分にブナが使われている．また，岐阜県揖斐郡谷汲村にある横蔵寺の三重塔の柱もブナ材であるという[30]．さらに山形県小国村の民家の骨組，白川郷の合掌づくりの民家の梁には根曲りの

ブナが巧みに活用されている．このことは，ブナ帯の環境のなかでヨーロッパのように構法によっては，ブナ，ナラなどの広葉樹が建築材として立派に通用することを示すものであろう．

ブナなど広葉樹のフローリングが戦後大量に使われるきっかけとなったのは，1946年から49年にかけて建設された進駐軍の宿舎2万戸の床板が彼らの親しみのある広葉樹だったからである[31]．その後，紡績工場の床板として，学制改革に伴う学校とくに体育館の床板としてブナ材が大量に使われるようになった．1955年にはフローリングが官公庁，住宅公団など公共建築の仕様に床材として指定され，ブナ材の需要は高度経済成長とともに急増したのである（図Ⅱ-13参照）．このことはブナなど落葉広葉樹のフローリングが散孔材で弾力性に富んでいるため，立ったまま作業したり，運動する場合，足がつかれないという特性をもっていることを示すものであろう．近年，一般家庭のダイニング・キッチンにブナのフローリングやフローリングブロックが使われているのも，よく見かける光景である．

ところでブナは一般に大木であり，丸太を製材する際，外側から目的に合わせ耳つき板，インチ板，ストリップスを生産する．中心は赤褐色の偽心材であるので，枕木に利用される．辺材のうち質のよいものは家具材，楽器などの高級材に，ついでフローリングに利用される．それらに利用できない半端材は，製函材，チップなどに用いられる．鉄道枕木に使われるブナには防腐処理が施される．1950年代前半ブナは枕木の20％台を占め，後半には30％台を占めていた．しかし，周知のように，近年コンクリート製のPC枕木が使われるようになってきたのでブナ材の枕木は1957年の156万本を最高に減少してきている．

戦後大きく発展したブナ材利用は家具類であろう．ブナ製の家具工業はフローリングと同様，進駐軍の家族住宅に備える家具の調達によって復興した．イス，テーブルに加え，長イス，ひじかけイス，ベッドなどの生産には戦争中軍需品を生産していた木工場も参加した．新制中学・高校の机やイスの製造も，ブナ材を利用した家具工業を発展させる要因となった．このような，いわば特需家具，学校家具に加え，わが国の経済復興とともに事務用家具の需要も大きくなった．高度経済成長期においては，ホテル，レストラン，喫茶店などの簇生にともない，ブナを中心とする広葉樹を使ったテーブル，曲木イスなどの営業用高級家具ばかりでなく，一般家庭における需要をも生み出した．つまり，生活水準の向上にと

もなう生活の欧風化は，ヨーロッパのように広葉樹ができた家具を多くの家庭に備えさせるようになったからである．

　良質のブナ材は，楽器や弱電関係にも使用されている．ブナの積層材は丈夫なのでピアノの桁に，また塗装がよく効く性質を生かし，テレビ，ステレオのキャビネットや電気こたつなどにも用いられている．ブナ材を 3mm に切削して重ねた積層材はテニスのラケットにさえ使われている．また，パチンコ台の釘板の大部分はこの積層材でできている．これはブナ材が気象の変化に応じた伸縮が少なく，釘の効きがよいためである．しかし，木材は製材の過程でどうしても耳つきの半端板ができる．これらの半端材は製函材に加え，刃物や鍋の柄などの台所用具や玩具などに用いられてきた．つまり美しい斑をもったブナの白木は，一般に轆轤（ろくろ）で円柱状に挽かれるので，柄類やハンガーなどの家庭用具，積木，汽車，けん玉などに使われている様子は，私達の身の回りに数多く見出せるのである．

## むすび

　ブナ帯の落葉広葉樹林はそれを樹木としてみた場合，かつて「雑木」と呼ばれたように，ヒノキ，スギなどの「青木」に比べ，大きな価値をもっていなかった．それは冷温帯落葉広葉樹の代表樹種であるブナ（山毛欅）が，役に立たずぶんなぐりにされていたので，「橅」と書かれたことに象徴的に表れている．

　しかし，これは中央から樹木を産業的にみた場合であって，ブナ帯の人々にとっては重要な意義をもっていたのである．広葉樹は薪炭として囲炉裏で暖をとるのに最も古くから活用されてきたのである．炉床（hearth）でできた木灰でもって，シナノキの樹皮を使ったシナ布に代表される野生繊維の衣料化，堅果類の食糧化などの生活技術が育まれた．両者に共通する水晒し法に関連し，毒揉み漁のような共同漁撈が行われ，イワナの燻製はじめ川マスのナレずし加工などの生活文化が生れたと考えられる．これらは有機的に結合しているので，総体としてブナ帯文化と呼びうるものであり，その体系は囲炉裏を囲む生活で長い間代々受けつがれてきたものといえるであろう．

　明治維新による西欧文化との接触は，日本人の生活様式を徐々に座型から立型に変えた．畳，膳からイス，テーブルへの変化である．イス，テーブルは曲木家具に代表されるように広葉樹，とくにブナ，ナラ材の価値を高めた．イス，テー

ブル，机などは学校等を含め官庁で使われるものであるので，広葉樹利用は中央集権化と結びついて発展したともみることができる．それは進駐軍の住宅，義務教育の普及，進学率の向上などで戦後まで続いた．イス，テーブルの一般家庭における普及は，関東大震災と第二次世界大戦による復興を契機にしたものである．生活水準の向上と高度経済成長期におけるホテル，レストランの簇生は，広葉樹家具，フローリングの需要を急増させた．

かつて無尽蔵と思われた広葉樹資源も木炭生産の衰退によるヒノキ，スギの植林の拡大により分布範囲をせばめ，国有林への依存率が高くなった．国有林においても広葉樹の需要に応じきれず，天然下種更新による二次林の育成，計画的伐採・供給を余儀なくされている．近年ではブナ材の用途の多様化・高級化につれ，また供給量の減少に伴う価格の高騰につれ，かつての橅を「槻」と書いてブナと読ませることさえ提唱されている．ブナに見られる資源の涸渇傾向は，ブナ帯の森林資源全体に妥当するものである．

ともあれ，ブナ材を中心とする落葉広葉樹の調度に囲まれ，軟かさと温もりのある木製品を再評価し，ゆとりとうるおいのある生活を送りたいものである．自然の大地で太陽と水によって育まれた樹木を有意義かつ巧みに利用してこそ，真の生活文化は築かれるものであろう．　　　　　　　　　　　　　　　〔斎藤　功〕

## 文　献

1) 知里真志保 (1973)：『知里真志保著作集3』平凡社，p. 195.
2) 高倉新一郎 (1974)：『日本の民俗1 北海道』第一法規，p. 30.
3) 牧野富太郎 (1961)：『牧野新日本植物図鑑』北隆館，p. 383.
4) 前掲1)，p. 223.
5) 富山弘基・大野　力 (1967)：『日本の伝統織物』徳間書店，pp. 141-143.
6) 藤原正人編 (1959)：『明治前期産業発達史資料 (1)―明治7年府県物産表―』明治文献資料刊行会，p. 428.
7) 瀬川清子 (1948)：『きもの』六人社，p. 13.
8) 斎藤　功 (1983)：焼畑カブとシナ布―羽越国境地帯における伝統的生業の生態地理学的研究．地域調査報告 (筑波大)，第5号，107-119.
9) このようなシナ織りの作業工程については，堀　豪：シナ布について―岩船郡山北町雪における―．17 p. (1966年当時ガリ版刷り) および森谷周野 (1975)：越後のシナ布紡織習俗．文化庁『民俗資料選集3』，1-49. に詳しい．
10) Sauer, C. O. 著：竹内常行・斎藤晃吉訳 (1960)：『農業の起源』古今書院，p. 36.
11) 朝日村教育委員会 (1980)：朝日村史，p. 115 および宮澤賢治 (1979)：毒もみのすきな署長さん．『新修宮沢賢治全集11』筑摩書房，pp. 77-84.

12) 中尾佐助(1966)：照葉樹林文化．『栽培植物と農耕の起源』岩波新書，および中尾佐助他(1969)：『照葉樹林文化』中公新書，208p.
13) 市川健夫・斎藤 功(1979)：日本におけるブナ帯農耕文化試論．地理，**24** (12) 84-102.
14) 市川健夫(1976)：自然火のある生活．『風土のなかの衣食住』東書選書，174-187.
15) 斎藤 功(1982)：日本におけるブナ材利用の変遷．地理，26 (4)，47-59.
16) 斎藤 功(1983)：東北地方におけるナメコ栽培の発展と生産地域の変動．北条 寿教授退官記念論文集，pp.18-27.
17) 渡辺久雄(1977)：『木地師の世界』創元社，201p.
18) 宮本常一(1964)：『山に生きる人々』未来社．pp.76-85.
19) 橋本鉄男(1979)：『ろくろ』法政大学出版局，444p.および同氏(1970)『木地屋の移住史』民俗文化研究会，161p.
20) 須藤 護(1977)：奥会津の山村檜枝岐の生活誌．グラフィク・ガイド『尾瀬・日光・奥鬼怒』，pp.184-192.
21) 川崎隆章編(1943)：『尾瀬と檜枝岐』那珂書店，p.406.
22) 栃木県教育委員会(1967)：『栗山の民俗』，36-44.
23) 農商務省山林局編(1912)：『木材ノ工芸的利用』大日本山林会，p.1254.
24) 藤井左内・藤田彰介(1949)：『日本の木製品工業』富士出版，p.242.
25) 前掲 24) p.92.
26) 飛騨産業株式会社木材部長上野 清氏の談話による．
27) 日本ぶな材協会編(1966)：『ぶな—その利用』同協会，268p.
28) 髙橋富雄(1971)：ぶなと共に40年—秋田のブナ材利用開発—．秋田木材通信，1413-1425号.
29) 前掲 27)，p.11.
30) 前掲 27)，p.8.
31) 前掲 24)，pp.251-256.

# 4. ブナ帯における伝統的農耕と生活文化

### 1) ヒエ，アワなどの雑穀作と根菜類の栽培

　ブナ帯における水田農業は当初水稲ではなく，田ビエが栽培されていた．木曽御嶽山麓の長野県木曽郡開田村では，18世紀中期以降開田されたが，すべてヒエが作付けされていた．その事実を示すものに3基の「稗田碑」がある．末川集落にある1776年(安永5)に建設された稗田碑には，1748年(寛延元)開いた水田に水稲が実らずにヒエを作付けしたことが記されている．また把之沢(たばのさわ)集落と西野集落には1802年(享和2)と1806年(文化3)に開田されたことを示す稗田碑がある[1]．

　開田村の水田は800～1,200mの高冷地にあり，ブナ帯に属するため，栽培技

術の低い江戸時代には水稲を栽培することは容易でなかった．幕末から水稲栽培が始められたが，1876年（明治4）水田134町4反から，米421石とヒエ2,000石を生産されており，この段階でもヒエ作が圧倒的であった．

秩父山地の長野県南佐久郡川上村では，1779年（安永8）のころから水田農業が始まるが，当初はもっぱらヒエのみを栽培し，稲作が始まるのは幕末になってからであった．また北上山地や下北半島のような典型的なブナ帯においても同様で，水田農業で稲作がヒエ作に卓越するようになるのは，20世紀のはじめ，明治末から大正初期になってからである．そして第二次大戦後，1960年代まで水田の水口（みなくち）や通し苗代には，ヒエが栽培されていた．

以上のような事実からブナ帯において，ヒエは稲作以前の水田作物としてきわめて重要であったことを示している．これは坪井のいう照葉樹林帯の水田におけるミズイモの栽培ときわめて対照的である[2]．田ビエはいつの時代から育苗して移植していたかは明らかではないが，少なくとも中世には田植えがなされていた．このように田ビエは畑ビエ，アワなど畑作における雑穀より栽培管理が集約的であり，灌漑がなされていたこともあって，畑作の3〜4倍の生産力があった．

東アジアのブナ帯はモンスーン気候ゆえに降水量が多く，畑作より水田耕作の方が有利であることは論をまたないが，夏の積算気温の不足から田ビエ中心の栽培を営まざるを得なかった．また開田には造田工事や用水工事に多くの労働力を要することもあって，水田の有利性がわかっていても，水田農業は江戸中期以降になるまでなされていないブナ帯も少なくなかった．

したがって，ブナ帯の農業は近世まで常畑と焼き畑耕作が中心になっていた．熱帯の焼き畑や照葉樹林帯の畑作地帯では，陸稲がかなりの比重で栽培されているが，ブナ帯ではその作付けはほとんどなく，アワ，ヒエ，キビ，ソバなどの雑穀とダイズの栽培が多い．いずれも気候に対する適応性が強く，また生育期間が短い作物である．アワはキビとともに粳（うるち）と糯（もち）の区別があり，雑穀の中で最も美味であるため，ブナ帯で広く栽培されていたが，西日本の照葉樹林帯でもかなり栽培されていた（図Ⅱ-16）．キビはアワより生育日数が短く，そのうえ旱魃にはより強いので，アワの栽培に適さない農地で栽培された作物であった．またヒエはアワより耐寒性，耐湿性に対する適応が大きいが，あまりうまくなく，つき減りが多く，30％程度しか残らないという欠点をもっている．しかし玄ヒエは穀物の中で最も貯蔵性に富み，精ヒエでも黒蒸法によったものは長年の

貯蔵に耐えるので,備蓄食糧としてはすぐれている.さらに稈が多く,家畜飼料としての役割も大きい.そのため,東北地方を中心に広くブナ帯で栽培されていた.

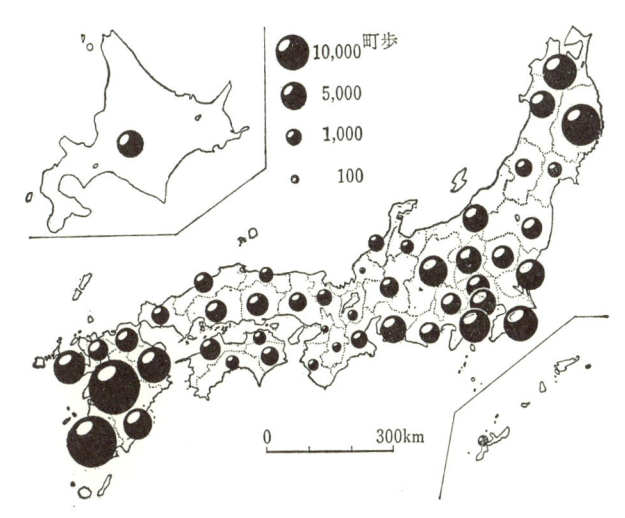

**図 II-16** アワの都道府県別栽培面積 (1923年)
(第39次農商務省統計により作成)

ソバには夏ソバと秋ソバの2種があり,生育期間が50～75日と最も短いために,生産限界地でよく栽培されてきた.風害,凍霜害には弱いが,吸肥力が強いので瘦地でも十分に成長するので,凶作の多いブナ帯ではどこでも作られ,ほとんどの雑穀作が消滅した現在でも栽培されている作物である.

しかし,西日本の照葉樹林帯で栽培されているシコクビエは,ブナ帯でまったく栽培されていない.

カブとダイコンなど根菜類は野菜の中で特に重要視された.とくにダイコンは蔬菜としてではなく,アワ,ヒエ,麦などに入れて「糧飯(かてめし)」としたので,ブナ帯では穀物扱いされているのが一般的であった.またカブは蕪菜(カブナ)と呼んでいた地方が多く,地下茎と葉茎の両方を食用にすることができた.カブはテンサイと同様糖分が多いので,かつてブナ帯山村ではこれを果物代りに生のまま食べ,また煮物に当たっては甘味料に使われていた.

バレイショは1601年(慶長3)オランダ人によってわが国へ伝えられたが,ブナ帯では18世紀までに栽培されるようになった.ジャガイモ,加比丹芋,二度芋,三度芋,夏芋,甲州芋など呼称はさまざまであるが,「お助け芋」とも呼

ばれていた．

　カブなどの根菜類とバレイショは，いずれも生育期間が短く，冷害を受けることもないので，夏土用中の気候不順であったら，これらの作物を多く作付けした．そこで典型的な救荒作物として，施政者からも奨励されている．

　繊維作物としては，大麻(タイマ)と苧麻(チョマ)（カラムシ）が栽培されたが，綿花を作ることはできなかった．繊維の太い大麻からは太布（フノともいう）や細美(さいみ)（薄手の麻布をいう）が織られたが，綿布に比較して保温性がよくないため，冬の衣料としては適さない．しかし蒸籠に敷く布や蚊帳，畳条，下駄の鼻緒などの原料には，大麻の方が綿花より適しているので，照葉樹林帯に移出されていた．また苧麻からは夏の高級衣料である上布(じょうふ)や縮(ちぢみ)が織られてきた．

　油脂原料，香辛料としてのエゴマ（荏胡麻）は，17世紀菜種が燈油原料として広く栽培されるようになるまで，わが国における主要作物のひとつであった．しかしその後も東日本における焼畑耕作の商品作物として栽培されてきた．また東北や中央高地の山村では，アフリカ原産のゴマがよく育たないので，エゴマが栽培されてきた．

　近代以降エゴマは主要作物でなかったために，「農商務省統計」にはじめて出てくるのは，1921年（大正10）になってからのことである（表Ⅱ-4）．この当時エゴマの栽培をみると，東北地方や北関東，中部地方の山地に主としているが，四国や九州などの山間部にも作られていたことがわかる．1979年以降農林水産省の「特産農作物統計」にはエゴマは記載されていない．これは都道府県からの報告がないからである．しかし福島県をはじめ，東

表Ⅱ-4　エゴマの主要生産地

| 道県別 | 1922年 | | 1923年 | |
|---|---|---|---|---|
| | 栽培面積 | 収穫高 | 栽培面積 | 収穫高 |
| 北海道 | 173.0町 | 1347石 | 83.6町 | 857石 |
| 青　森 | 105.2 | 589 | 71.3 | 481 |
| 岩　手 | 104.9 | 721 | 99.3 | 602 |
| 宮　城 | 47.1 | 315 | 46.8 | 311 |
| 秋　田 | 29.2 | 85 | 16.8 | 73 |
| 山　形 | 31.4 | 186 | 28.0 | 171 |
| 福　島 | 37.8 | 300 | 45.8 | 370 |
| 栃　木 | 211.2 | 1,793 | 188.3 | 1,238 |
| 千　葉 | 33.8 | 287 | 28.5 | 245 |
| 新　潟 | 126.4 | 680 | 118.4 | 541 |
| 石　川 | 23.0 | 140 | 20.0 | 115 |
| 長　野 | 14.9 | 118 | 18.1 | 135 |
| 岐　阜 | 72.8 | 510 | 83.1 | 495 |
| 全国計 | 1,062.1 | 7,400 | 899.2 | 5,897 |

（第39次農商務省統計，第40次農商務省統計により作成）

日本のブナ帯ではエゴマはいまだに栽培されており，野菜の和物，餅やソバのたれなどに用いられて，郷土料理に欠かせないものになっている．

このエゴマは糸魚川-静岡構造線の西側では標準語が通ずるが，福島県ではジュウネン，岩手・青森両県ではジュウネ，信越地方ではエクサ，アブラエなどと呼称がきわめて多様であることは，現在では地域的な作物になっていることを示している．ところが，エゴマは5,000〜4,000年前の縄文中期から戦国時代まできわめて重要な作物であったことが確認された．これは松谷暁子によると長野県諏訪市の荒神山遺跡，諏訪郡原村の大石遺跡から発掘された直径2mmほどの炭化物はアワではなくて，シソ科のエゴマであることが証明された[3]からである．

## 2) ブナ帯における焼き畑耕作

第二次大戦後，藤森栄一が「縄文農耕論」[4]を提唱して，これまで弥生時代以降と考えられていたわが国の考古学界に大きなショックを与えたが，いまではこの主張が定着している．原始的な農耕はどの地域でも焼き畑耕作から始まるが，日本でもその例外ではない．ブナ帯の落葉広葉樹林は照葉樹林より土地が肥えており，また焼き畑を放棄した後の地力の回復も早い．これはブナ帯の広葉樹は枯れて落ちた場合，腐蝕をより多く生産するからである．とくにマメ科のハンノキなどの場合，地力の回復が早く，休閑期間を短縮することができた．そこでブナ帯は原始時代からわが国における焼き畑耕作の卓越地帯になってきた．

この原始的な農耕は，近世以降になると，わが国では経済的に開発が遅れた山間部のみに営まれるようになったが，中世までは武蔵野台地のような照葉樹林帯の平坦部でも焼き畑耕作がなされてきた．武蔵野のコナラ，クヌギ，赤マツなどは焼き畑跡地に自生した二次林で，いずれも陽樹である点，共通している．またかつて焼き畑が卓越していた北上山地や日本海岸の山地に，シラカバ，ブナなどの陽樹やクズがよく繁茂しているのも特色である．

焼き畑の造成する季節をみると，西日本の照葉樹林帯では春に火入れをする春焼きが多い．これに対して，東日本のブナ帯の場合，日本海岸の深雪地帯では雪融けが遅いので，春焼いてもアワやキビの播種に間に合わない．そこで7月下旬から8月上旬にかけて草木を刈り払い，1週間ほど乾燥した後に火を入れる．この時期は夏の小乾季でよく乾燥するので，焼き畑の造成には便利であるが，この頃樹木は十分に水分を保っているので，山火事になるおそれは少ない．しかし火

入れ後の生育期間は短いので，ソバ，ダイコン，カブなどを除くと，初年度には栽培ができない．一方雪の少ない太平洋岸では，秋に草木を伐っておき，春焼く場合が多いが，この時期には野火が山林に延焼するおそれがあるので，火入れは共同作業で慎重になされる．

焼き畑における作付け大系を，信越国境の秋山郷の場合をみると，火入れ後，降雨があると秋ソバをバラ播きし，2年目から畝をたてて，アワーダイズ，あるいはエゴマーアワーダイズーアワの順序で栽培する．最後にソバ，エゴマ，キビなどを作って捨てるのが一般的形態で，その利用期間は4〜6年である．輪作物の中にマメ科のダイズが必ず入っており，地力の維持に意を用いていたことがわかる．

肥料は少量の草木灰以外，まったく使用されていない，反当労働力はソバで5人，アワで15人，ダイズで10人程度をかけるにすぎない．焼き畑耕作でいちばん恐ろしいのは，雑草の侵入と繁茂である．そこで1960年代までゾウリなどの履き物を用いないほど細い神経を使っていた．それにもかかわらず，伝統的な技術に頼っている限り，焼き畑の収量が低く，その生産はきわめて不安定であった[5]．

林業の盛んな照葉樹林帯では，人工林と焼き畑とを輪栽する切替畑農業が発達している．林業労働者を兼ねる零細な農家が，伐採跡地を山林地主から借りて焼き，耕作するもので，一般に地代がきわめて安かった．したがって小作人が耕作しやすく，一方地主にとっても植林するに当り，地ごしらえ（整地）を必要としないため，それだけ生産費を引下げることができた．

ブナ帯の山村では，古い村落共同体としての紐帯が強いこともあって，焼き畑は個人有地よりも部落共有地で行われるところが多かった．したがって，焼き畑耕作の経営規模は土地所有ではなく，家族労働の多寡によって決定された．

焼き畑耕作は，第二次大戦後まではブナ帯，照葉樹林帯を問わず，かなり広範な山村に分布していたが，1960年以降山村にも商品経済が浸透し，また米が手軽に入手できるようになったため，雑穀作を主とする焼き畑は急減していった．

現在ブナ帯山村で焼き畑耕作が大規模に維持されているところは，赤カブが栽培され，商品化されている集落である．赤カブのような品種改良がまったく行われていない伝統作物は，常畑で栽培すると矮小となり，また甘味が少なくなる．ところが，毎年新たな焼き畑に作ると，品質がよいものが収穫される．山形県西田川郡温海（あつみ）町一霞（ひとかすみ）では30ha，福井県足羽（あすわ）郡美山町河内

(こうち)では10haにも及ぶ焼き畑が毎年造成されている．ここで作られている温海カブは農協で漬物に加工されて，各地に出荷され，また河内カブは大野市の朝市で青果のまま販売されている．

かつて焼き畑耕作の盛んであった白山山麓の白峰村では2戸ほど残存する出作り農家が，「薙畑大根」を栽培している．また秋山郷では1975年から学術参考用に焼き畑が毎年20aほど造成されて，ソバやアワなどの雑穀が栽培されている．

現在照葉樹林帯で営まれている焼き畑耕作は，高知県吾川郡池川町椿山(つばやま)に代表される四国山地でも消滅して，九州山地や阿蘇火山麓に限られている．それも厳密にいうと切替畑で，杉林の伐採跡地を利用したものである．ここでは温海町のような大規模な耕作がなく，栽培作物もサトイモが大部分で，一部にアズキが作付けされている．この点，ブナ帯における焼き畑耕作と，照葉樹林帯の切替畑耕作とは，その内容に大きな相違がみられる．

### 3) ブナ帯に発展した馬文化圏

日本における畜産文化圏をみると，江戸時代を通じて東日本が馬文化圏，近畿を中心とした西日本が牛文化圏，西南日本は牛馬混合圏となっている．ブナ帯が卓越する東日本では，地温が低いため，発酵熱の高い馬の厩肥の方が牛のそれよりも肥効が高い．とくに水田より常畑の多い山間地では，地力の維持のため，糞畜としての馬が生産手段として不可欠となる．ブナ帯では農業の発展が遅れていたため，19世紀末まで犂の利用が普及しなかった．そのため，役用としては農産物，肥料，商品を運搬する駄畜としての利用が主であった．

一方わが国の交通事情をみると，近代になるまで西日本では内陸水運が発展したが，東日本ではその発達が不十分で，その代り駄畜の利用が一般的であった．このような状況を私は「西船東馬」と呼んだ[6]が，東日本では北上山地北部の葛巻通り，藪川通り，草津，三原，千国（糸魚川），野麦などの諸街道を「牛道」と呼ばれて，もっぱら駄畜には牛が使われていた．これは道がけわしく，積雪で滑りやすい街道では，馬が使えずに牛が用いられたからである．しかし，少数の牛道を除くと，東日本では駄馬交通が主体である．そこで西日本の牛産地であった中国山地から，主な需要地であった近畿地方まで牛を輸送するに当り，内陸水運と瀬戸内海の海運を利用した．これに対して，東日本の牛馬の輸送は，すべて博労たちが陸路を野宿しながら追っていったのである．また駄畜交通では馬の方

が速いので便利であるが,馬方,牛方が追うことができる頭数は,馬が4頭が限度であったのに,牛は7頭まで可能であった.したがって馬方,牛方の労働生産性は,前者の方が高いと一概にいえないうらみがあった[7].

飼料の面からみると,反すうする牛は,馬より飼料が少なくてすんだ.日本在来の牛馬はほとんど濃厚飼料を必要とせず,主として粗飼料に依存していた.したがって,開発が遅れて,農用林野が広範に存在していた東日本のブナ帯に,馬の生産地帯や育成地帯,使役地帯が卓越していた.とくに馬の生産地帯は下北半島や北上山地などの南部地方,阿武隈山地,木曽山地など,採草地,放牧地など野草地が広いブナ帯の山間部に立地していた.馬産地帯では放牧しなければならないので,馬1頭当り10haにも及ぶ草地を必要とした.このような広大な農地は,地代の安い辺境地でなければその確保がむずかしい.チュウネンの「孤立国」において最も遠隔な第6圏に牧畜圏を設定しているが,ブナ帯の馬産地帯はこの第6圏のような立地条件をもっていた.

東日本における牛の生産地帯は,北上山地の北部,佐渡島,丹那盆地の三カ所にすぎない.そのうち,ブナ帯に属する牛の産地は北上山地のみである.また牛の使役地をみると,前述の牛道が存在する地域を除くと,鹿角盆地,米沢盆地,安房地方,越後平野などであった.これらの少数地域を除くと,東日本のほとんどが馬文化圏に属していたといえよう[8].

ブナ帯における畜産の典型は,山間部の馬産地帯であった.仔馬を生産する馬産の目的は,仔馬を販売することよりも厩肥の生産にあった.木曽の開田村の例をみると,1930年(昭和5)堆厩肥の生産は1,240万貫(46,500t)で,金肥換算で49,600円に及んでいる.一方仔馬を中心とする畜産生産額は18,818円で,堆厩肥の生産額の37.9%にすぎない.堆厩肥のほかの施肥量は,緑肥4,000貫(15t),120円,金肥426円で,全施肥量のうち金肥は2.2%である.以上のような事実から,馬は主として糞畜として飼われており,飼育の過程で生産される仔馬を販売したが,それは副次的であった[9].

役畜としての馬は,ブナ帯においては19世紀末まで犂の利用が未発達のため,農用には代がき,堆厩肥,生産物の運搬など用いられるにすぎなかった.したがって,近世まで馬は駄畜として用いられ,荷馬車をひく輓馬の利用は,明治以降になってからのことであった.

以上のように馬の飼育は最も飼育密度の高い馬産地帯においてさえ,自給性が

強く，大量の堆厩肥によって耕種農業が維持されていた．このような特質をもつブナ帯の農業類型は，自給的混合農業であるといえよう．自給性の強い農業の場合，休閑せずに毎年作付けを続ける場合，大量の肥料を施す必要があった．ブナ帯の気候は冷涼で，緑肥や落葉を施肥すると，地温が低いために分解に時間がかかる．そこで落葉を用いるにしても，敷藁代りに使って馬に踏ませ，厩肥にしてから施している．

　馬産地では耕地を馬柵（ませ）で囲んでいるところが多い．これは放牧に馬を追っていく際，食害を防止するための施設である．また秋季山地の牧場から下ろした馬は，収穫後の水田や畑に放牧されるが，その際野菜畑や屋敷（宅地）を保護するためにも馬柵が必要となる．木曽の馬産地では第二次大戦中まで麦を栽培しなかった．これは収穫後の耕地に放牧するためであったが，放牧は他人の経営地にもできる，一種の「開放地制度」であった．また馬柵をめぐらした特定の団地を，「孫四郎ケイト」，「古屋敷ケイト」などと呼んでいるが，これは垣内の意味で，中国山地における牛産地の「壁内」と同意語であろう．

　このような馬柵のある集落景観は，ヨーロッパアルプスなど畜産の盛んな地域にみられる風景であるが，わが国のブナ帯山地では，農耕馬，挽馬の需要が急減する1960年代に消滅していった．その結果，集落を取囲んだ馬柵は，残象として部分的にみられるにすぎない．

　もっとも原始的な農耕である焼き畑耕作には家畜をともなわない．これは地力の回復を長期間の休閑によって行うからである．ところが，焼き畑地帯で開田が進められて，稲作が始められるとともに，平行して畜産が行われるようになる．信州秋山郷では，1875年（明治8）から稲作と田ビエ作が始められたが，同時に厩肥を得るために，和牛の肥育と駄賃馬の飼育が行れるようになった．

　日本における牛馬の飼育は，ブナ帯，照葉樹林帯を問わず厩肥の生産が最大の目的である．したがって，草を刈る余裕がない農繁期を除くと，たとえ放牧期間であっても一定の家畜を舎内飼いをし，朝草刈りをしてこれを与えて厩肥の生産に精を出してきた．厩屋から堆積した厩肥を取出す「馬屋出し」は，春と秋の2回しか行わないので，馬小屋は半地下式にして，大量の厩肥を蓄えることができる構造になっている．

　ブナ帯における牛馬の飼料は，カリヤス，ススキなどイネ科の野草が主で，冬期間の舎内飼いには，干し草(刈干し)が与えられていた．また干し草にはマメ科

のグスの葉がダイズとともに栄養価が高い飼料とされていた．冬期間には干し草のほか，稲，ヒエ，アワ，ダイズなどの稈が主要な飼料となり，栄養を必要とする出産期や農繁期には小糠やヒエを加えて，煮て与えた．また牛には味噌を与えたところが多いが，この牛味噌は人間の食用よりは塩分が多く，大豆と塩の構成比は半々である．

ブナ林などの林床にはクマザサがよく繁茂したが，このような林間が，在来種の牛馬には格好な放牧地になっていた．牛馬はクマザサのほか，ヤマブドウ，クズなど食べて成長していく．放牧地は記名共有地，部落有地，組合所有地などが利用されてきたが，北上山地や木曽では国有林や旧御料林に対する放牧の入会慣行があり，現在でも利用されているところもある．

専用の牧場や採草地は，灌木が生えないように春になると野火をつける．ブナ帯における野草は照葉樹林帯より生産力が低いので，毎年利用されると植物と土壌の栄養塩類含量は減少し，草種は劣悪化している．その荒廃の極に達しているのが，菅平牧場や霧ヶ峰で，トダシバが卓越し，一部には裸地を生じている．木曽では草地の隔年利用が行われているので，このような現象がみられない．ヨーロッパアルプスはもとより蒙古高原においても草地の利用期間を調整して，過放牧による土地の荒廃を防いでいるが，日本のブナ帯で近代以降開設された牧場にはこのような配慮がみられないのである．

ブナ帯の牛馬生産地では，家畜を家族の一員として取り扱っている．したがって家畜を殺して食べる南西諸島などとはまったく異なった風習をもっている．厩屋を台所に接して設ける内馬屋(うちまや)が一般的であり，死んだ馬は墓をつくって手厚く葬った．また肉畜としての豚や山羊はかつてまったく飼われていなかった．

和人の植民地となった北海道には，本土とは異質の畜産文化がみられる．渡島半島など道南地方では，ブナ林に放牧する土産馬の生産にみられる．これは南部地方など東北北部の伝統的ブナ帯農業の系譜をくむものであるが，道央・道東地方にみられる欧米的な農耕文化地帯では，外国種を交配して育成した中半血種(その好例は日本釧路種)が活躍した．プラウとカルチベーターを中心とする農耕には，馬格の大型化が必要であった．この生産性の高い農業によって，とくに道東地方における広いブナーミズナラ帯の開拓は可能になったのである．

〔市川健夫〕

**文　献**

1) 市川健夫（1966）:『高冷地の地理学』令文社, p.162.
2) 坪井洋文（1978）:『イモと日本人』未来社.
3) 松谷暁子（1983）: エゴマ.『縄文文化の研究』第2巻, 生業, 雄山閣.
4) 藤森栄一（1970）:『縄文農耕』学生社.
5) 市川健夫（1960）:『平家の谷―信越の秘境秋山郷』, 令文社, pp.47-49.
6) 市川健夫（1975）: 文化地理の指標としての家畜. 地理, 20-11.
7) 市川健夫（1981）:『日本の馬と牛』東京書籍, pp.177-188.
8) 同上, pp.17-20.
9) 市川健夫（1966）:『高冷地の地理学』令文社, pp.292-294.


# 5. ブナ帯における稲作の成立と限界

　水稲は高温多湿の地域では高い収量をあげることができ, このことが, 日本のような狭い国土で多くの人々の居住を可能にした一つの原因と考えられる. 1980年における日本の総耕地, 5,461千haのうち55.9%は水田であり, 農業粗生産額全体の30%近くは米によって占められていた. また, この年の水稲作付け面積は2,350千ha, 収穫量は9,692千tであった.

　水稲の作柄がここ10年間で最も平年の値に近かった1979年における水稲生産の分布をみると, 収穫量全体の26.8%を占めた東北地方の重要性の高いことがまず目立つ. これに次いで北陸地方や九州地方の収穫量が多い. 一般に大都市から遠隔にある地域では, 水稲作が重要であるといえよう. このことは, 農業粗生産額に占める米の割合からも理解できることで（図II-17）, 東北地方の日本海側から北陸地方にかけて, 米に強く依存する地域が広がる. これに対して, 関東地方から東海・近畿地方などの大都市圏とその周辺, そして四国地方や南九州など他の商品作物生産が盛んなところでは, 米の重要性は低い.

　次に10a当り水稲収量の分布をみると, 青森県と秋田県は550kg以上の生産をあげ, その他の東北地方の諸県も500kg以上の高い収量をあげていることがわかる（図II-17）. この他の地域で500kgの水準に達しているのは, 北海道の中央部と長野県, 福岡県および佐賀県にすぎない. このことから, 日本の米の単

収は，北九州を除いて，比較的寒冷な地域に高いことがわかる．水稲が熱帯もしくは亜熱帯起源の作物であることを考えると，このことは一見奇異に思われる．

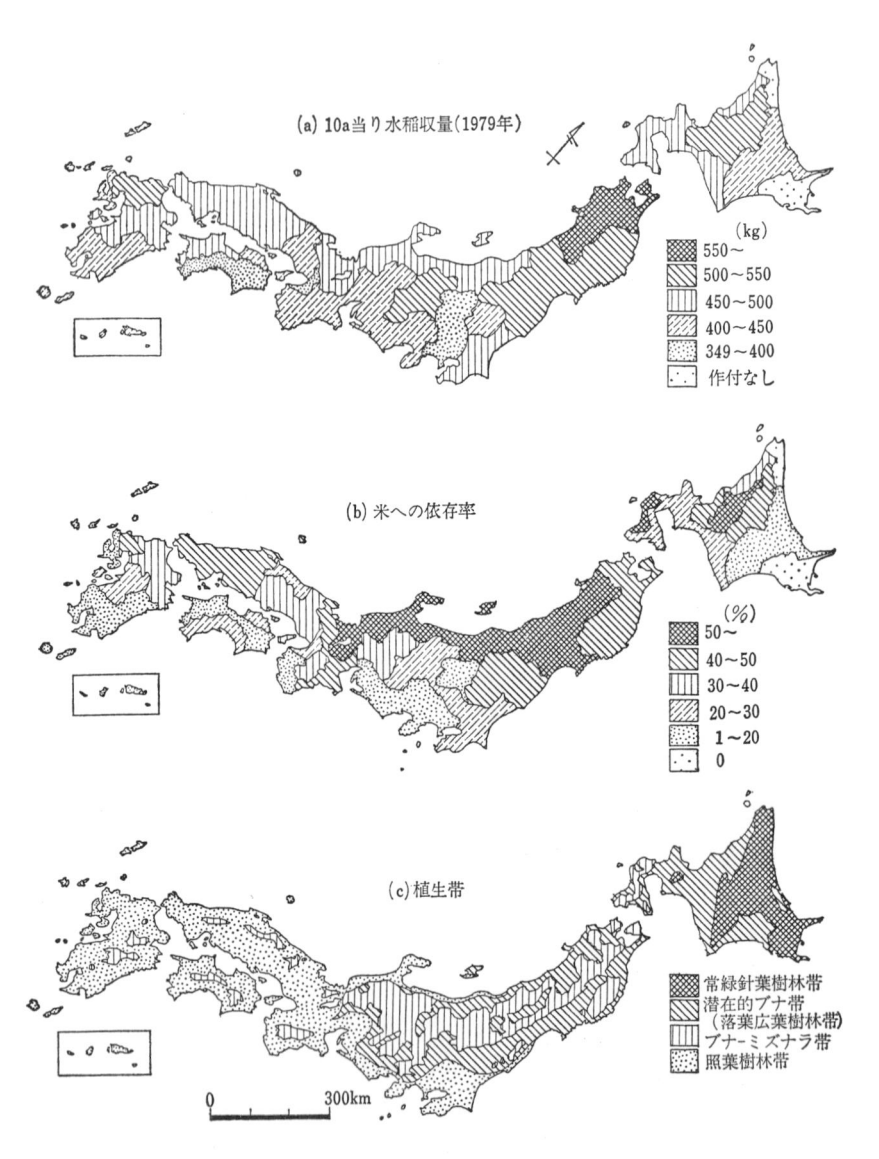

図 II-17 日本の稲作と植生帯
(昭和54年産作物統計および文献8)

(a) 10a当り水稲収量(1979年)

(kg)
550〜
500〜550
450〜500
400〜450
349〜400
作付なし

(b) 米への依存率

(%)
50〜
40〜50
30〜40
20〜30
1〜20
0

(c) 植生帯

常緑針葉樹林帯
潜在的ブナ帯
(落葉広葉樹林帯)
ブナ-ミズナラ帯
照葉樹林帯

ところで，日本のブナ林の分布地は，中央高地の800m以上のところから北に伸び，奥羽山脈や出羽山地，北上山地に広がっている．市川・斎藤（1979）による潜在的ブナ帯まで含めると，東山・東北地方および北海道東部までがブナ帯に属することになる（図Ⅱ-17）．これまでみたように，水稲の単収が高い地域や米へ強く依存する地域が，この広義のブナ帯の範囲によく対応する．ブナ帯では，長い冬や積算温度の不足，冷夏，霜害などによって米の収量は低く，しかも年による変動は激しかったはずであるが，今日では日本の稲作の中心になっている．これはどのような理由で，どのような過程を経て実現されたのであろうか．ブナ帯の自然環境は，水稲作に適しているのであろうか．そこで，ここでは日本のブナ帯における水稲作の発展過程を整理し，ブナ帯の水稲栽培技術の特徴とその限界について検討することにしよう．

## 1） 稲作の成立と拡大
### （1） 稲作の起源と伝播

栽培稲の発祥地については古くから検討されてきたが，最近の研究では，雲南からアッサム，ヒマラヤあたりがその起源地とされている．そこから稲作は照葉樹林帯の分布に沿って東に広がり，揚子江下流地域に達したといわれている．日本への稲作の伝播については，安藤が1951年に「揚子江下流の江南地方から北九州と南朝鮮に海を越えて直接伝わった」という説を発表し，多くの人々の支持を得るようになった．それ以前は，華北から朝鮮半島を経由して稲作が導入されたとする北方説と，島しょづたいに南方から伝わったとする説が有力であった．

日本にはじめて稲作を中心とする農業が始まったのは，紀元前300年頃北九州においてであった．これが弥生時代の始まりであった．稲作の開始は，福岡県板付遺跡で発見された土器にともなった炭化米や土器に残された籾(もみ)の圧痕から裏づけられている．弥生時代における稲作拡大の様相は，全国各地の遺跡における炭化米や籾の圧痕からしだいに明らかになってきている．

杉原の研究によると，北九州に始まった稲作は，まず，九州の南部へと伝播し，鹿児島まで100年を経ずして到達した（図Ⅱ-18）．また，稲は東の方へも進み，四国・中国に広がり，そして弥生時代前期後半（紀元前100年頃）には伊勢湾岸と福井県にまで達し，ここでしばらく進みが止まった．気候条件を考えると，九州から伝わった西の稲でも，東海地方から東京湾周辺に至る地域において

も十分に実ったはずであるが,東海地方以東では当時まだ自然の食糧が豊富であったことが稲作の東進を阻んだと考えられている.この時期の稲作の東限は,照

図 II-18 日本における水稲作の伝播[13,15,16]

葉樹林帯とブナ帯の境におおまかに対応し,発祥地から照葉樹林帯にそって拡大してきた稲作が,ここまで比較的容易に広がったことがうなずける.

弥生時代の前期を過ぎ,中期に入ると稲作を基盤とした文化が東日本へ伝播を開始した.弥生中期の前半に太平洋岸を進んだ稲作は,関東西部にまで及んだ.他方,中央高地に入った稲作は,一つは山梨県中央部に,もう一つは伊那谷から長野県中部に達し,さらに浅間山麓から群馬県中央部,そして栃木,茨城を経て

福島県南部に至った．稲作は弥生時代中期の中頃には東北地方中部に達し，弥生時代中期末か後期のはじめに東北地方北部に進み，紀元300年前後には北海道を除く日本全土に広がった．

(2) ブナ帯における稲作の定着

安藤は『和名抄』に示された水田面積を整理し，8世紀末には105万haの水田が開かれていたことを明らかにした．これは，現在の日本の水田面積の3分の1以上に相当する．ブナ帯に含まれる出羽と陸奥の水田面積は，すでに93,060haに及んでいたが，それでも現在の水田面積の13％あまりにすぎなかった．畿内では，現在の水田面積の60％以上に相当する部分がそれまでに開発されていたことと比較すると，ブナ帯における水田開発の遅れが理解できる．

東北地方の水田開発は，江戸前期と中期に急速に進み，1645年（正保2）における陸奥と出羽の石高は240万石であったが，1873年（明治6）までの約230年間に209万石の石高の増加があった．この間の日本全体の石高の増加が755万石であったことと比較すると，東北地方でいかに急速に開発が行われたか理解できる．とくに北上川流域で50万石，阿武隈川流域で30万石，岩木川流域で30万石の増加があった（菊地，1962）．近世に入り多くの稲の品種分化がみられるようになり，ブナ帯の厳しい自然条件のもとでもかなり安定して栽培できる品種が現れた．さらに，低温克服技術としての苗代改善や冷水処理がすすむことによって，早播きの可能性が強まった．

それでも江戸期に開田が進んだのは，条件のよい平坦地が中心で，北上山地や奥羽山脈山麓など，標高の高い場所まで開発がおよばなかった．同じことは中央高地のブナ帯でもみられ，この当時，標高700〜800mが多くの場合水田開発の限界であった．例外としては，八ヶ岳西麓のいわゆる山浦地方があげられ，ここでは近世初期から水稲作が標高1,100m付近まで成立していた．この地域では，日照時間が長く積雪が少ない．しかも灌漑用水路が早くから引かれ，水が確保されていた．

(3) ブナ帯における稲作の発展

明治期以降1970年までの100年間に，日本の水田面積は約80万ha増加した．表II-5によると1900年以前は中国地方や九州地方などの西南日本における水田拡大がいちじるしかったことがわかる．1900年以降北海道で水田開発が急速に進み，1930年には水田面積は20万haに達した．北海道に次いで，東北地方や

表 II-5　日本の地方別水田面積の推移　　　1,000 ha （ ）は%

| 年 | 全国 | 北海道 | 東北 | 北陸 | 東山 | 関東 | 東海 | 近畿 | 中国 | 四国 | 九州 |
|---|---|---|---|---|---|---|---|---|---|---|---|
| 1880年<br>(明治13) | 2,600.5<br>(100.0) | —<br>(0.0) | 444.7<br>(17.1) | 330.6<br>(12.7) | 84.8<br>(3.3) | 362.0<br>(13.9) | 273.7<br>(10.5) | 321.0<br>(12.3) | 280.2<br>(10.3) | 141.4<br>(5.4) | 362.1<br>(13.9) |
| 1900年<br>(明治33) | 2,744.5<br>(100.0) | 3.1<br>(0.1) | 463.8<br>(16.9) | 333.9<br>(12.2) | 87.5<br>(3.2) | 374.2<br>(13.6) | 284.4<br>(10.4) | 333.1<br>(12.1) | 320.0<br>(11.7) | 143.9<br>(5.2) | 400.6<br>(14.6) |
| 1920年<br>(大正9) | 3,009.5<br>(100.0) | 83.1<br>(2.8) | 502.5<br>(16.7) | 351.9<br>(11.7) | 96.4<br>(3.2) | 405.0<br>(13.5) | 304.3<br>(10.1) | 343.1<br>(11.4) | 334.8<br>(11.1) | 153.4<br>(5.1) | 436.0<br>(14.5) |
| 1930年<br>(昭和5) | 3,171.6<br>(100.0) | 200.2<br>(6.3) | 543.6<br>(17.1) | 367.0<br>(11.6) | 86.4<br>(2.7) | 416.2<br>(13.1) | 293.9<br>(9.3) | 331.7<br>(10.5) | 337.5<br>(10.6) | 145.9<br>(4.6) | 449.2<br>(14.2) |
| 1950年<br>(昭和25) | 2,852.2<br>(100.0) | 149.7<br>(5.2) | 522.1<br>(18.3) | 340.9<br>(12.0) | 89.3<br>(3.1) | 382.2<br>(13.4) | 263.0<br>(9.2) | 276.5<br>(9.7) | 296.7<br>(10.4) | 134.6<br>(4.7) | 397.2<br>(12.9) |
| 1960年<br>(昭和35) | 3,171.6<br>(100.0) | 199.4<br>(6.3) | 595.5<br>(18.8) | 371.6<br>(11.7) | 160.6<br>(5.1) | 435.5<br>(13.7) | 219.1<br>(6.7) | 300.9<br>(9.5) | 301.9<br>(9.7) | 150.0<br>(4.7) | 432.1<br>(13.6) |
| 1970年<br>(昭和45) | 3,415.2<br>(100.0) | 290.7<br>(8.5) | 714.8<br>(20.9) | 387.3<br>(11.3) | 103.9<br>(3.0) | 469.8<br>(13.8) | 269.7<br>(7.9) | 278.5<br>(8.2) | 309.5<br>(9.1) | 143.1<br>(4.2) | 447.9<br>(13.1) |
| 1980年<br>(昭和55) | 3,054.3<br>(100.0) | 267.4<br>(8.8) | 694.6<br>(22.7) | 347.7<br>(11.4) | 90.1<br>(2.9) | 431.5<br>(11.9) | 216.8<br>(7.1) | 231.5<br>(7.6) | 255.8<br>(8.4) | 119.5<br>(3.9) | 399.4<br>(13.1) |

1880年，1900年　日本帝国統計年鑑；1920年，1930年，1950年　農林省（農商務省）統計表；1960年，1970年，1980年　作物統計．

東山地方，そして九州地方での水田増加率が高かった．第二次世界大戦中と直後に日本の水田面積は一時的に減少したが，1955年頃に戦前の水準に復し，それ以後1974年まで順調に伸びた．ことに北海道と東北地方，東山地方，そして関東地方における水田拡大が目立った．

北海道の稲作は函館付近で1685年（貞享5）に，しろひげという津軽からもちこまれた品種が栽培されたのが最初とされている．しかし，1886年（明治19）における水稲作付け面積は1,800 ha にすぎず，水田の分布も渡島半島に限られていた（図II-18）．1880年代後半からの石狩平野での水稲作の成功は，広島町の中山久蔵が，しろひげの中から耐冷性の赤毛を発見したことに負うことが多い．さらに，1894年（明治27）の凶作の際，赤毛の中から赤毛よりも1週間ほど出穂期が早い坊主が発見されたことと，直播機の考案により，稲作の北限は上川盆地に広がった．1903年（大正12）には走坊主が育成され，十勝地方や北見地方でも稲作が定着した．急速な稲作拡大は，耐冷性品種の育成に代表される稲作技術の進歩とともに，国費が投入された土功組合による大規模開田が進められたためであった．1937年（昭和12）の農林11号の育成によって，北海道のほぼ全域で稲作が可能となった．しかし，1931年から1935年までの冷害によって稲作前線は後退し，1975年には北見地方を除いて，1910年頃の稲作前線までもどっている．

## 5. ブナ帯における稲作の成立と限界

　東北地方でも明治期以降の水稲栽培技術の進歩や基盤整備事業の実施によって，それまでアワやヒエが多く植えられていた下北半島や北上山地北部，奥羽山脈の東麓の扇状地群，そして奥会津などにおいて水田開発が進められた．北上山地の下閉伊郡の山村で開田事業が始まったのは，大正中期から昭和初期にかけてであり，奥羽山脈から流出する雫石（しずくいし）川や豊沢川，和賀川，胆沢（いさわ）川が形成した扇状地上でも，大正末から昭和初期にかけて，主に畑から水田への転換が活発に行われた．奥会津の檜枝岐（ひのえまた）川の上流では，稲作が標高600m以上の地域に広がるのは容易でなかったようで，標高725mの南会津郡伊南（いな）村大桃に稲作が達したのは，1920年（大正9）頃であった．東北地方の開田が最も急速に進んだのは，1950年から1965年頃までで，この時期に青森県の下北半島西部や岩手山東麓，福島県の阿武隈山地と郡山盆地周辺では，50％以上の水田増加があった．

　中央高地のブナ帯においても，明治期以降水田面積がいちじるしく増加した．標高1,000m付近に耕地が広がる長野県開田（かいだ）高原では，明治期まで多くの水田にはヒエが植えられていた．水稲の作付が多くなったのは，大正期に入ってからであった．標高800～900mの長野県の秋山郷では，1894年（明治27）頃から水田が漸増したが，当初の水田の生産力は焼き畑におけるよりも低かった．本格的な開田は，大正末期から昭和初期にかけて行われた．飛騨地方でも明治初期に稲作を行っていたのは，高度700～800mまでの集落であり，高度1,000mまで稲作が伸びたのは，高原川上流で明治末期，飛騨川上流では大正期に入ってからであり，それぞれ最上流部では昭和初期にようやく開田が実現した．乗鞍山麓の奈川や番所，鹿島槍東麓，八ヶ岳東麓の小海，富士五湖周辺では1955年以降大規模な開田が実施された．

　ブナ帯における明治期以降の稲作発展は，水田面積の拡大とともに，収量の急増となって現れた．北海道や東北地方などの10a当り収量は，1935年頃まで全国水準よりもはるかに低かった．1890年代には山形県を除く東北地方の各県の10a当り収量は，全国平均の218kgより低く，ことに青森県と秋田県と岩手県は150～180kgの収量しかあげることができず，北海道とともに全国でも最低の水準にあった（図Ⅱ-19）．

　第二次世界大戦中から1950年までは，東北地方の単位面積当り収量は全国水準を維持し，さらにそれ以後，近畿・北陸地方をぬいて全国最高の水準に達し

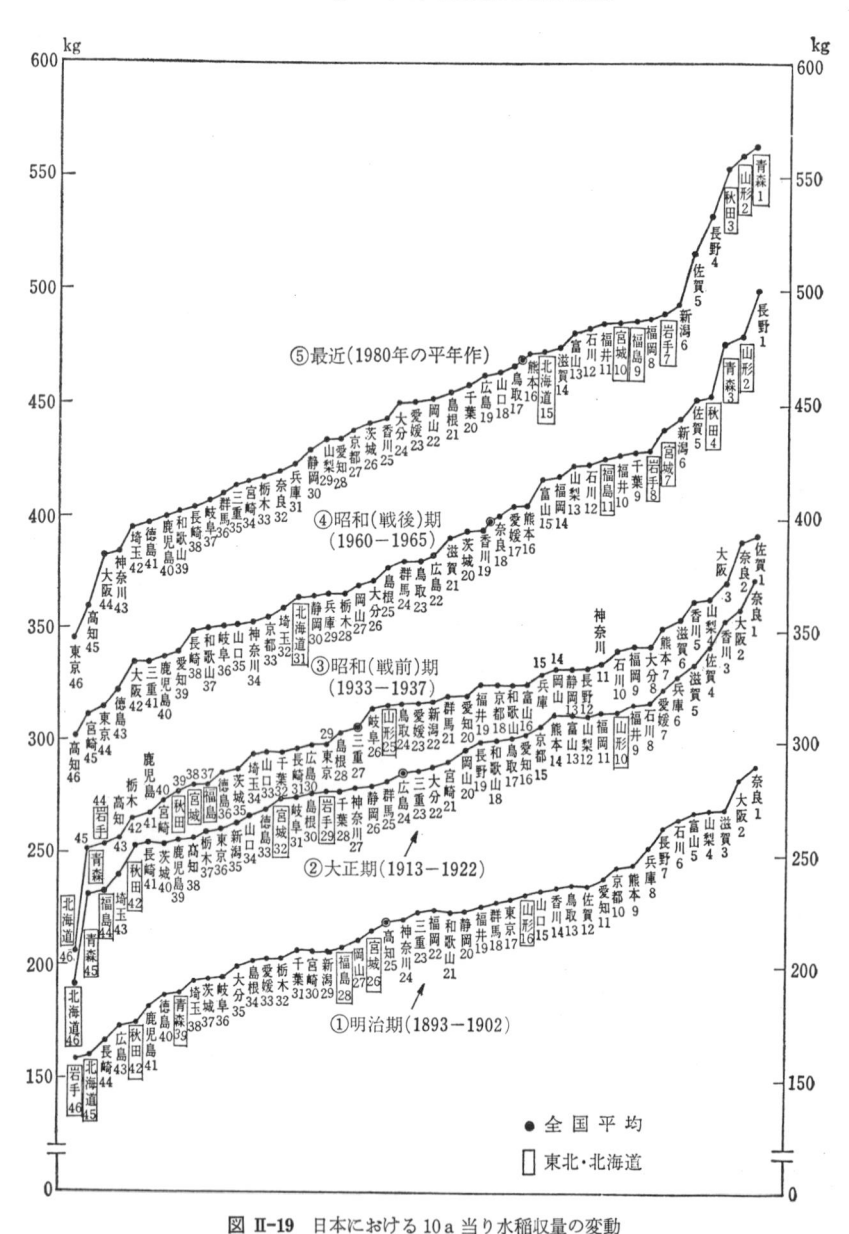

図 II-19　日本における 10 a 当り水稲収量の変動
（農文協（1981）：『イネ I　稲作論と基礎生理』および昭和 55 年産作物統計から作成）

た．東北地方の10a当り収量は，1950年代後半に400kg，1960年代後半には500kgの水準に達した．そして1967年に山形県が長野県をぬき10a当り収量で全国第1位となり，それ以来極端な冷害年を除くと，山形・秋田・青森の3県が首位を独占するようになった．他の東北3県や長野県の単収も高水準を維持している．北海道における単収も急上昇しているが，豊凶の差は依然として大きく，平均すると全国水準よりもやや高い程度である．次に，これまで述べたブナ帯の稲作発展を支えた水稲の栽培技術の進歩についてみてみよう．

## 2) ブナ帯における稲作技術の進歩
### (1) 栽培期間の延長

ブナ帯に位置する東北地方の農民の大きな関心は，早植えを行い，栽培期間を延長することにおかれていた．たとえば，山形県では1919年（大正8）には4月20日以前に播種する割合は13.5%にすぎなかったが，1955年には80%がそれ以前になった．田植期をみても，1918年（大正7）には6月5日以前のものはわずか10.7%にすぎなかったものが，1955年には69.4%になった．栽培期間の延長を秋季の早冷に向かって行うことは不可能であるが，苗代期においては技術的に可能であった．それによって高い収量を得ようとする努力がなされた（鎌形，1958）．1979年の場合には東北地方で最も早い宮城県で4月11日，最も遅い山形県でも4月19日に播種された．

水稲は夏季高温多照の時期に幼穂形成期に入り，それから約30日で出穂する．この出穂期は東北地方においては，古くから8月20日が限界とされていた．1979年の出穂最盛期をみると，宮城県と福島県では8月8日，山形県で8月9日，青森県と岩手県で8月12日，秋田県では8月14日であった．そして，この8月中旬を基準とする出穂期に関しては，明治以来大きな変化はなく，結果として栽培期間が約30日間延長されたのである．このことによって冷害を回避し，さらに多収性の中生種を安全に栽培することが可能になった．

### (2) 苗代の改良

健苗育成と播種期のくり上げが東北農業の基本的課題であり，そのための重要な技術進歩の一つが苗代改良であった．東北地方では古くから「通し苗代」が一般に用いられていた．これは稲の育苗だけを行い，跡地の作付をしない専用苗代田で，健全な苗づくりの一つの試みであった．しかし，これによって約5%の水

田では生産が行われないことになる。1925年（大正15）には秋田県で81.2%，岩手県で73.6%，その他の県でも40～60%の苗代が通し苗代であった。通し苗代では，苗代跡に青草や厩肥が入れられ，腐敗するのを待って数回打ち返され，除草管理が行われた。通し苗代は，水田の基盤整備の実施と硫安や塩安などの無機質窒素肥料の普及，水稲の品種改良などを契機に，昭和初年からしだいに減少していったが，1954年に至っても青森・岩手・秋田の各県では40～50%が通し苗代であった。

ブナ帯の育苗を大きく変えたのが，1942年長野県軽井沢町の精農家荻原豊次の発想による保温折衷苗代であった。これは短冊型苗代揚床をつくり，播種後の床面を油紙で覆うものであった。1950年頃から普及し，ブナ帯において急速に拡大した。この苗代を土台とし，ビニールを被覆材料としてトンネル式の被覆畑苗代がつくられ，1955年頃から広まった。保温折衷苗代や被覆畑苗代の普及により，通し苗代は完全に姿を消した。健苗の育成と早植が可能になったことから，収量も1950年代後半には急速に伸びた。さらに，育苗技術は1970年代に入って田植機の普及に伴う室内育苗法あるいは電熱室内育苗法によって一層進歩した。

### （3）品種改良と稲作技術の進歩

ブナ帯の稲作発展に最も大きくかかわってきたのが品種改良であり，それぞれの時代の技術によって最も高い機能を発揮する品種が取り入れられた。東北地方を中心とした水稲品種の変遷に関する最近の研究のうち，渡辺（1981）のものが詳細でよくまとまっているので，これを参考にしてその概要を述べる。

東北地方では，明治期に入ると水稲の生産安定を図るために，まず湿田の乾田化が行われ，これによって馬耕の導入と短床犂による深耕が可能になった。ダイズ粕や魚粕などの購入肥料の増大で土壌が肥沃になり，在来品種は倒伏しやすくなり，病気や害虫の被害も大きくなった。さらに，明治期にたびたびおきた冷害によって，耐冷性品種の必要性が高まった。これに応えたのが，山形県田川郡の阿部亀治が1893年（明治26）に選出した亀の尾であった。亀の尾は早生で冷害もある程度回避でき，多収良質で当時の有機肥料に耐えることができた。亀の尾は1902年（明治35）と1905年（明治38）の大冷害を契機に，東北地方に急速に普及した。

大正期に入ると東北地方では，早稲を植え晩稲を減らすこと，短冊苗代で薄播

きし健苗育成を図ること，播種期と田植え期を早めること，窒素の多用を避けること，冷水の掛け流しの中止と深水による保温などの冷害対策が取りあげられた．ダイズ粕の他に硫安などの無機肥料の使用量の増大につれて，亀の尾のいもち病発生量がふえた．冷害に対しても亀の尾は回避効果をもっていただけで，それ自体耐冷性品種ではなかった．

亀の尾に代わる品種となったのが，1921年（大正10）に農商務省農事試験場陸羽支場で育成された陸羽132号であった．この品種は倒伏といもち病に強く，多肥で増収効果があった．さらに品質も亀の尾と同等で，早生で耐冷性にもすぐれていた．1929年（昭和4）に作付け面積で東北地方で首位となり，これが第二次世界大戦後まで続いた．ところが，1950年を過ぎたころから化学肥料を主体として施肥量が急激にふえ始め，陸羽132号の耐肥性では応じきれなくなった．この頃から保温折衷苗代が登場し，さらに殺菌，殺虫，除草などのための農薬の開発が進んだ．

第二次世界大戦後の食糧増産期においては，多肥でも収量が確保され，耐冷性と耐病性にすぐれた藤坂5号が伸び，1953年と1954年の冷害を契機に，東北地方北部に広がった．他方，宮城県では良質・良食味のササシグレが普及し，岩手県と山形県に広がった．1965年以降の重要な品種は，フジミノリとササニシキとトヨニシキであり，それに次ぐものとして，レイメイとキヨニシキがあげられる．フジミノリは食味と品質が不十分な藤坂5号に代わったもので，倒伏に強くいもち病抵抗性をもつ安定多収品種であったが，レイメイの出現によって後退した．レイメイも食味と品質では時代の要請に応えることができず，アキヒカリにその地位をゆずった．ササシグレに代わる品種はササニシキで，良質・良食味という点ではササシグレ程度で，耐倒伏性といもち病抵抗性についてはササシグレよりすぐれている．トヨニシキとキヨニシキはいもち病にきわめて強く，栽培安定性にすぐれ，品質と食味もササニシキほどではないが良い．キヨニシキが収量の点ではトヨニシキよりもすぐれているため，栽培面積が近年増加した．

1981年における東北地方の主要水稲品種の作付け状況をみると，第1位が187千haのササニシキであり，東北地方全体の作付面積の34.3％を占めた．ササニシキは青森県を除く東北各県で作付けされているが，宮城県と山形県における作付け面積がとくに多い．仙台平野と庄内平野が，ササニシキの作付け中心である（図II-20）．東北地方第2位のキヨニシキの作付け面積は84千haで，秋田県

全域と岩手県南部，山形県の内陸部に多く分布している．キヨニシキとほぼ同じ作付け面積をもつアキヒカリは，1977年から青森県と秋田県を中心に急増した．

第4位のトヨニシキの作付け面積は65千haで，岩手県南部と秋田県，そして福島県にこの作付けが多い．以上の四つの品種で東北地方の水稲作付け面積の80％を占める．また，それぞれの品種の分布状況をおおまかにみれば，東北地方の北部に耐冷性の優れたアキヒカリが卓越し，中部あるいは南部の内陸部にいもち病に強く多収性のキヨニシキとトヨニシキが，そして南部の平坦部に良質・良食味で多収性のササニシキやササミノリが卓越するといった地域分化がみられる．

### (4) ブナ帯の自然環境と稲作

これまでに述べた栽培技術のほかに，第二次世界大戦後にはDDTやBHC，水銀剤などの新しい農薬や植物ホルモン系除草剤が導入された．また，1950年頃から化学肥料の投下量が増えたが，従来の元肥中心主義から追肥に重点を置く施肥方法に変わってきている．そして密植と病虫害の徹底防除，および中干しと間断灌漑の励行という水管理の合理化が進められた．ブナ帯の限られた適期に効果的に農作業ができる機械の導入，それを可能にするための水田の基盤整備が実施されてきた．

ところで，冷害が回避されれば，ブナ帯の稲作は西南暖地の稲作よりも有利な

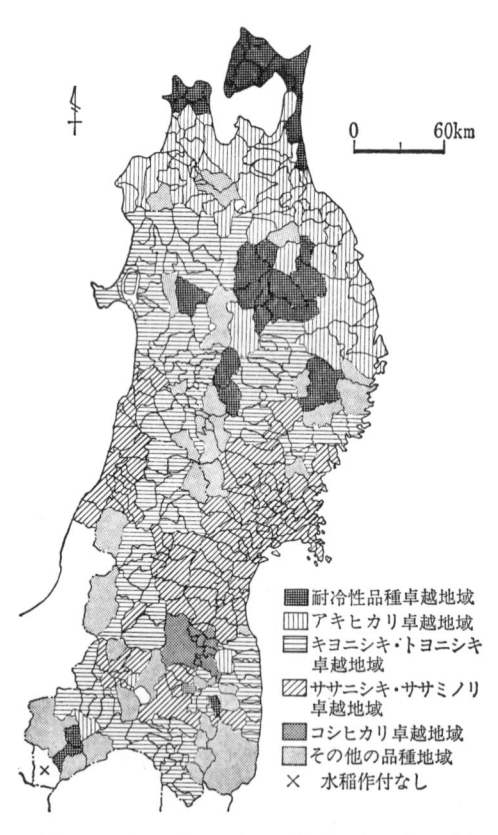

図 II-20　東北地方における主要品種の分布（1981年）
（各県の食糧事務所資料から作成）

環境条件をもっている．西南暖地では台風災害や虫害および旱害のほかに，土壌中の酸素が欠乏することによる秋落現象をおこしやすい危険性が高い．さらに西南暖地では，夜間高温のために呼吸作用が激しくなり，日中につくられた光合成物質の多くがこの呼吸作用で消耗されてしまい，穀実として貯蔵されるものが少なくなるのである．稲の光合成能力は 22°C ぐらいから 32°C ぐらいまでほとんど変化はないが，光合成物質を消費する呼吸作用は，その温度範囲内で気温が高い方が激しくなる．したがって，冷涼で日較差が大きく，さらに緯度が高いために日照時間が長いブナ帯の方が，西南暖地よりも稲作に有利になるのである（平山，1969）．

西南暖地では，多量の窒素肥料を施すと高温のために稲の葉面積が急速に大きくなり，株の間の葉が重なり光合成能力が落ちる．しかも呼吸量は葉の面積に比例して増加するので，施肥量の割には収量は伸びない．他方，ブナ帯では施肥による葉ののび方が小さいので，多量の肥料を投下しても葉は大きくならないので，施肥量に応じて収量が多くなる（松尾，1976）．

### 3) ブナ帯における稲作の限界
#### （1） 冷　　害

稲作技術が高度に発達したとはいえ，冷夏や日照不足がたびたびおこるブナ帯は，熱帯起源の稲にとって必ずしも安全な生育条件をもっているとは限らない．稲作技術が発達する以前はその被害はさらに大きく，1601年から1913年までにおきた東北地方の凶災害229回のうち，40% は冷害によるものであったといわれている．江戸期の元禄・天明・天保の三大凶作では，東北地方で3分作が普通，1分作以下のところも多かった．冷害による凶作で江戸期後半には東北地方の人口は減少し，末期になっても回復できなかった．明治期に入ってからも冷害は多く，しかも連続しておこった．とくに1869年（明治2）前後と1905年（明治38）前後，1934年（昭和9）前後の被害が大きく，作況指数は東北全体で50に達しない場合もあった．

第二次世界大戦後，冷害による減収は全体に少なくなり，冷害年であるにもかかわらず，地域によっては平年より収量の多い場合もみられるようになった．1960年代から1970年代前半までは，天候に恵まれたこともあって，収量も順調に伸び，冷害もかなり克服されたかにみえたが，1976年と1980年，1981年と厳

しい冷害にみまわれることになった．1970年以来の米の生産調整のもとで，冷害に対する防止技術が後退の兆しがあるためともいわれるが，もともと照葉樹林帯に沿って広がってきた稲の寒さに弱いという形質は，本質的に変わっていないように思える．

冷害には遅延型のものと障害型のもの，およびそれらが重複した混合型のものがある．遅延型冷害は，ある程度長期にわたる低温により稲の生育が遅れ，秋の寒さが厳しくなってから開花結実することにより，米粒に十分デンプンが蓄積されないものである．他方，障害型冷害は稲のとくに低温に敏感な生殖生長期の前期に20°C以下の低温になると，花器の形成が障害をうけ，不稔籾が多くでるようになることである．1980年の冷害は障害型に，1981年のものは遅延型に分類される．

1980年の場合，オホーツク海高気圧が発達し，そこから冷涼な偏東風（ヤマセ）が東北地方の太平洋側にむけて吹き出すといった第一種型冷夏となった．この結果，東北地方全体の作況指数が78という，第二次世界大戦後最悪の状態になった．被害の状況を作況指数の市町村別分布からみると（図II-21），低温が偏東風によってもたらされたために，青森県の下北半島や岩手県東部のように地形的に太平洋側に張り出している地域の被害が大きかった．冷涼な風が奥羽山脈を越えると気温が上昇し，日本海側では比較的被害は少なかった．他方，1981年の低温は，前年みられた第一種型冷夏と，シベリヤ大陸より寒気が流入する第二種型冷夏の両方によるものであった．また，この年は低温に加えて台風による被害も大きかった．この年の東北地方の作況指数は85で，被害の分布状況は前年の場合とは違って，東西方向の差よりも南北方向の差が顕著にみられた．最も大きな被害をうけたのが下北半島で，作況指数が20程度であり，次いで青森県から岩手県北部に至る一帯の単収が低かった．秋田県北東部から岩手県にかけては作況指数は70から80，秋田県南部から宮城県北部にかけては80から90であり，山形県と福島県では作況指数90以上の地域が多かった．

このように冷害の分布をみてくると，東北地方の冷害によって明確になった稲作の地域差の基本パターンには，太平洋側と日本海側の違い，南北の緯度の差，沿岸地域と内陸地域の違いがあることがわかった．これに加えて，標高の高さが緯度の高さと同じ効果を及ぼすことは，北上山地や阿武隈山地，奥羽山脈や朝日・飯豊（いいで）山地，越後山脈に位置する地域が冷害の常襲地であることから

も理解できる．標高が増すにつれて稲作は強い自然の規制をうけるようになり，標高に応じた栽培方法が必要になる．次にこのような状況を山形県西置賜(にしおきたま)郡小国(おぐに)町の事例でみてみよう．

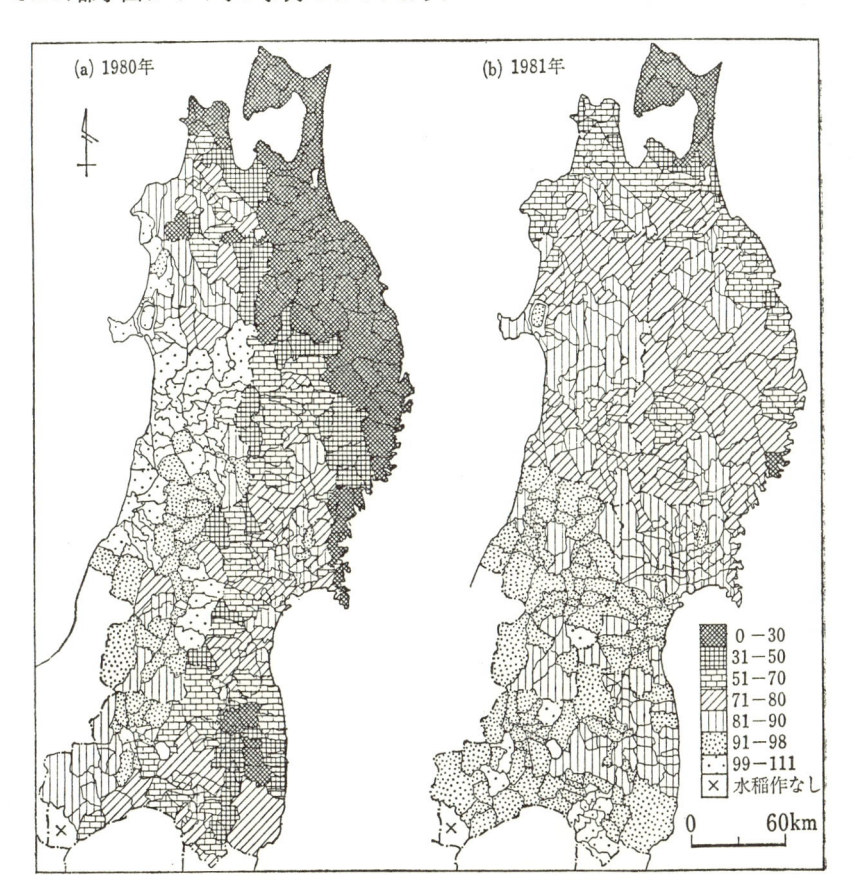

図 II-21　東北地方における水稲の作況指数[20,21]

## （2）標高による稲作の差

小国町は山形県の西南部新潟県境に位置し，飯豊(いいで)連峰と朝日連峰にはさまれた山間の盆地からなる．1980年の農林業センサスによると，農家数は1,220，経営水田面積は1,113 ha であり，水田は総耕地面積の86.1%を占めた．小国町の 10 a 当りの水稲収量をみると，平年作で 420 kg にすぎず，県でも最低の水準である．1980年の小国町における水稲品種の作付割合をみると，キヨニシ

キ 41.1%, やまてにしき 30.3%, さわのはな 10.8% である. ところで, 山形県で多く栽培されている水稲品種の特性をおおまかに整理すると, 食味や品質の点ですぐれたものから, ササニシキ, さわのはな, キヨニシキ, はなひかり, やまてにしきの順となり, 耐冷性や耐いもち病性, そして栽培しやすさという点では逆の順となる. こうしてみると, 小国町では山形県で最も耐冷性が強い品種がみられ, 稲作条件の悪い地域といえよう.

小国町の中央部において, 北からの荒川の本流に東からの横川が合流する. さ

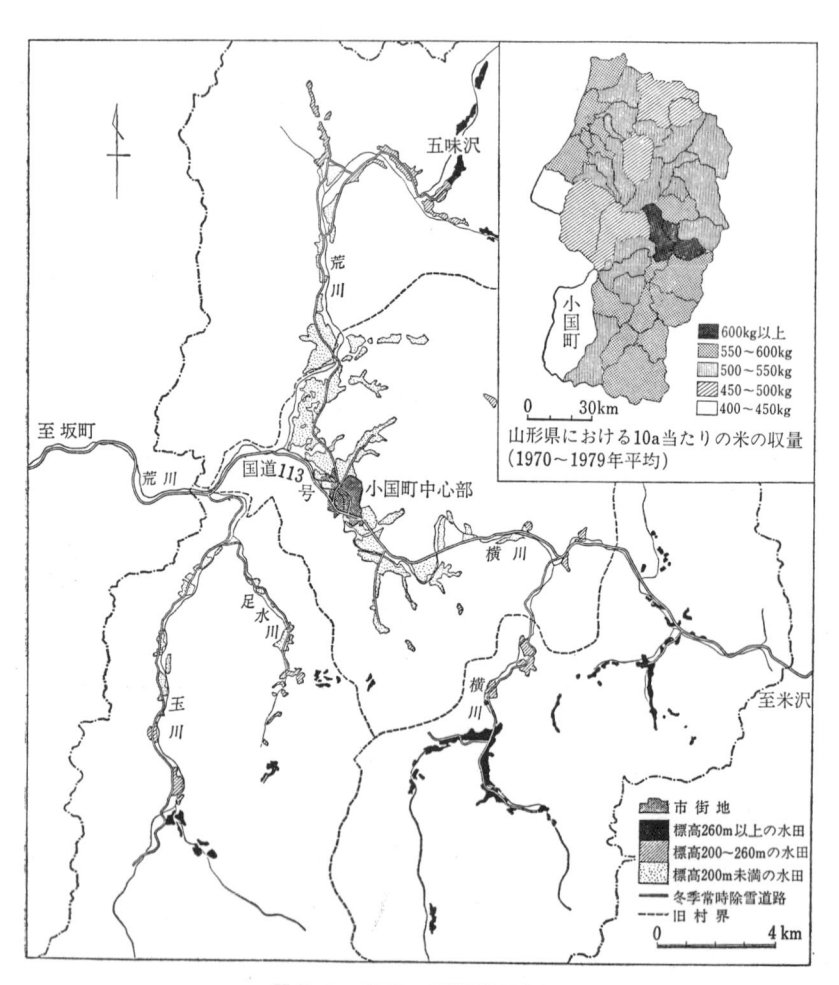

図 II-22 小国町の標高別水田分布

らに3kmほどの下流で，南からの玉川が荒川に加わる（図Ⅱ-22）．荒川の谷では標高340mまで，玉川の谷では標高320mまで，横川の谷では標高が400mまで水田が分布している．それぞれの谷では，標高500m付近まで地形的には水田適地が分布しているにもかかわらず，積雪が多く栽培可能期間が短いことや，寒冷な気候のため，原野として放置されている．

小国町では，標高200m以下は平坦部とよばれている（表Ⅱ-6）．平坦部では3月の中旬から下旬には雪が溶ける．そして，田植えの最盛期は5月18日である．

表Ⅱ-6 小国町における地域別水稲作[a]

| 地域区分 | 水田の標高 | 融雪期 | 播種期 | 田植え期 | 最盛期 | 苗 | 品種 | 平年収量[b] 10a当り (kg) | 1980年作況指数 |
|---|---|---|---|---|---|---|---|---|---|
| 平坦部（中心部） | 200m未満 | 3月中旬 | 4月20日 | 5月15日〜24日 | 18日 | 稚苗中苗 | キヨニシキ さわのはな | 470 | 90〜100 |
| 中山間部 | 200〜260m | 4月10日 | 4月10日 | 5月15日〜5月末 | 22日 | 中苗 | キヨニシキ やまてにしき | 420 | 70〜90 |
| 山間部 | 260〜400m | 4月10日 | 4月15日 | 5月20日〜5月末 | 25日 | 中苗 | やまてにしき キヨニシキ | 390 | 30〜60 |

a) 1980年11月の聞き取りによる．　b) キヨニシキの収量．

主として中苗が植えられるが，20％程度は稚苗も用いられる．品種をみると，キヨニシキが最も多く，さわのはながこれに次いでいる．1980年の平年収量は10a当り470kgで，小国町では最も高かったが，山形県の平均よりも90kgも低かった．冷害による被害は比較的少なく，1980年の作況指数は90から100で，平年作以上の地域もかなりみられた．この地域は市街地に近いこと，冬季には常時除雪されることから，町の中心部に立地する工場に通勤する農民が多い．

標高200mから260mまでの地域は中山間部と呼ばれ，融雪は4月初旬になる．田植えの最盛期は5月22日であり，中苗が用いられる．品種については，キヨニシキが依然として主体であるが，さわのはなに代わってやまてにしきがみられるようになる．冷害の被害も大きくなり，1980年の作況指数は70から80であった．10a当りの水稲の平年収量は420kgである．この地域の主要道路の常時除雪が実現したのは1975年頃であり，それでも冬季には町の中心部まで1時間を要するので，通勤兼業は少なく，日雇兼業者が多い．

標高260m以上の水田が分布する地域は，山間部とよばれる．融雪期は中山

間部とほぼ同じであるが，田植えの最盛期は3日遅れる．キヨニシキの栽培限界に近く，やまてにしきが卓越するようになる．10a当りの平年収量は390kgで，収量の年による変動は大きい．1980年の冷害では壊滅的な被害を受けた場所が多く，作況指数も全体で60以下となった．この地域では農家の兼業として日雇兼業が卓越するが，キノコや山菜採取が収入の中でかなりのウエイトを占めるようになる．集落によっては出稼者も多くみられる．

　小国町では，山間部ほど生産性が低く不安定な水稲作を補うために，さまざまな山地利用が行われてきた．焼き畑によるソバ，アズキ，ダイコンの栽培，木炭の製造，ゼンマイやワラビ，ウド，フキ，コゴミなどの山菜の採取や，ナメコやマイタケなどのキノコ類や木の実類などの採取も行われた．その他に木地の製作や狩猟もみられた．青草を刈り，牛馬の飼料や堆厩肥に使用された．しかし，1960年頃からこの地域も大きく変わった．稲作の省力化が進められ，通勤兼業や日雇兼業が急増するにつれ，山地利用の重要性は低下してしまった．しかし，新たに導入された兼業も，稲作のあり方によって強く規制されることが多く，稲作の地域差は人々の生業全体の違いとも深くかかわっている．

## むすび

　雲南からアッサム，ヒマラヤあたりを起源地とし，そこから照葉樹林帯沿いに東進し，紀元前300年頃北九州に伝播した稲作は，500〜600年のうちに本州の北端にまで到達した．しかし，ブナ帯における水田開発は，江戸末期まで比較的自然条件に恵まれた平坦地に限られていた．それでも冷害による凶作がたびたびかさなり，江戸期後半の東北地方の人口は減少してしまったほどである．

　明治期以降のブナ帯における水稲作発展はめざましく，北海道のほぼ全域，東北地方や中央高地の山間部にまで広がった．現在では日本のブナ帯は水稲生産の中心となり，単位面積当り収量も西南日本の照葉樹林帯のそれを大きくひき離してしまった．ブナ帯の水稲発展を支えたのが品種改良と苗代改善に伴う早植化の技術であり，また，さまざまな農薬，肥料，農業機械の導入と水田の基盤整備であった．冷害さえなければ，夏季には比較的冷涼で高温障害が少なく，日照時間の長いブナ帯の方が，稲作に有利といわれるようになった．

　ブナ帯の稲作の限界の一つは，稲の寒さに弱いという性格が，冷害年に露呈することである．生産性の低い稲作のゆえに，特徴的な生業形態がみられるブナ帯

の農村は多い．しかし，稲作は今日の日本のブナ帯における重要な経済的基盤となっており，自然条件の制約がきびしいだけに，地域により場所によりさまざまな技術が工夫されている．このような稲作技術の地域差を詳細にみれば，その背後にある生活文化全体の地域的特徴や，ブナ帯全体に共通する性格を探り出すことができよう．　　　　　　　　　　　　　　　　　　　　　　〔田林　明〕

## 文　献

1) 青野寿郎・尾留川正平編 (1969):『日本地誌，第12巻，愛知県・岐阜県』二宮書店，603 p.
2) 青野寿郎・尾留川正平編 (1975):『日本地誌，第3巻，東北地方総論・青森県・岩手県』二宮書店，668 p.
3) 嵐　嘉一 (1975):『近世稲作技術史』農山漁村文化協会，623 p.
4) 安藤廣太郎 (1951):『日本古代稲作史雑考』地球出版，163 p.
5) 伊東信雄 (1970): 稲作の北進．伊東信雄・高橋富雄編『古代の日本 8 東北』角川書店，pp. 22-42.
6) 市川健夫 (1966):『高冷地の地理学』令文社，414 p.
7) 市川健夫編 (1981):『ブナ帯における生活文化の生態地理学的研究』昭和54・55年度文部省科学研究費総合研究 (A) 報告書，317 p.
8) 市川健夫・斎藤　功 (1979): 日本におけるブナ帯農耕試論．地理，**24**，18-36.
9) 上野福男 (1979):『高冷地の土地利用の秩序』二宮書店，178 p.
10) 岡本次郎 (1962): 土功組合の設立と分布からみた北海道稲作の地域的展開．東北地理，**14**，35-41.
11) 鎌形　勲 (1953):『山形県稲作史』東洋経済新報社，499 p.
12) 鎌形　勲 (1958): 稲作技術の展開．稲葉泰三編『最近における東北農業の展開』農業総合研究所，pp. 9-105.
13) 川口丈夫 (1935): 北海道米作の地理学的研究 第2報 (1)(2)．地理学評論，**11**，1-23, 41-82.
14) 菊地利夫 (1962):『新田開発』至文堂，229 p.
15) 佐藤敏也 (1971):『日本の古代米』雄山閣，346 p.
16) 杉原荘介 (1977):『日本農耕社会の形成』吉川弘文館，380 p.
17) 田中　稔 (1982):『稲の冷害』農山漁村文化協会，226 p.
18) 永井威三郎 (1969):『米の歴史』至文堂，250 p.
19) 農林省農林水産技術会議・日本農業研究所編 (1970):『戦後農業技術発達史 第1巻，水田作編』農林統計協会，1228 p.
20) 農林水産省東北農業試験場編 (1981):『東北地域における55年冷害の記録—昭和55年異常気象による作物被害の実態と解析—』東北農業試験研究協議会，313 p.
21) 農林水産省東北農業試験場編 (1982):『東北地域における56年冷害の記録—水稲冷害と台風害の実態と解析—』東北農業試験研究協議会，129 p.
22) 平山完二 (1969): 水稲早期栽培の経営的研究．農業技術研究所報告，H，**40**，1-110.
23) 星川清親 (1975):『解剖図説 イネの生長』農山漁村文化協会，317 p.
24) 松尾孝嶺 (1976):『お米とともに』玉川大学出版部，225 p.
25) 森嘉兵衛 (1979):『岩手県農業史』岩手県，1446 p.

26) 柳田国男・安藤廣太郎・盛永俊太郎他編 (1969):『稲の日本史 上・下』筑摩書房, 374 p., 335 p.
27) 山口弥一郎 (1960): 奥会津の高冷地. 地理, **5**, 713-720.
28) 山田龍雄・五十嵐憲蔵 (1981): 稲作技術史. 農山漁村文化協会編『稲作全書 イネⅠ 稲作論と基礎生理』pp. 119-232.
29) 吉田武彦 (1978):『水田軽視は農業を亡ぼす』農山漁村文化協会, 224 p.
30) 渡辺進二 (1981): 東北地方の水稲品種変遷記 (1)(2)(3)(4). 農業技術, **36**, 262-266, 359-363, 506-510;**37**, 66-71.
31) 渡辺忠世 (1977):『稲の道』日本放送出版協会, 226 p.

## 6. ブナ帯における夏野菜栽培の発展

　戦後における日本農業を特徴づける一つに野菜作の発展があげられる. 都市化のいちじるしい進展により, 生鮮野菜の一大供給地域であった近郊農業が大きな打撃を受けたのに対し, 大市場から離れた遠郊農業は近郊農業の不振を凌いで発展し続けてきた. 遠郊農業のうち, 温暖な気候を活用し, 野菜の早期出荷をめざした暖地性輸送園芸が, 温室, ビニールハウス等の加温施設の普及により, 暖地でなくとも暖地という人工的環境を作りだすことに部分的に成功しているのに対し, 高冷地性輸送園芸は, 夏季の冷涼な気候という自然条件そのものに依拠する傾向が強い.

　高冷地農業は, 市川が「中央日本の場合, 標高 650 m から 800 m 以上の冷涼な気候地域で営まれている農業」[1] と規定したように, 低暖地農業に対する概念であった. 一般に高冷地においては, 稲作ができないかできても収量がいちじるしく低かったので, ヒエ, アワ, キビなどの雑穀やダイズ, アズキなどの豆類が耕地の大部分を占めていた. しかし, 畜産や養蚕などの商品生産の発展とともにこれら自給的穀菽農業に分化が生じ, 戦後になると野菜生産や酪農が成長部門として前面にでてきた. 野菜作が前面にでてきたものが, 今日高冷地性輸送園芸と呼ばれるものである.

　近年, 高冷地農業あるいは高冷地性輸送園芸といった場合, 農産物の大需要地東京が控えている中央高地で発達した野菜栽培に適用する語感が強い[2]. このことは高冷地ないし高冷地性という言葉の中に, きわめて強い地域的概念が含まれていることを意味する. 事実, 東北地方や北海道において中央日本の高冷地に類似した環境は, 一般に積雪寒冷地と呼ばれてきた[3]. そこで筆者は, 中央高地の

高冷地農業と東北・北海道の積雪寒冷地農業の両者を合わせ，統一的にブナ帯農業と呼ぶことにしたい．中央高地の標高 800m 以上で年平均気温 10°C，最暖月の気温 23°C の地帯には本来的にブナ林が発達し，そのような気候環境は標高の低いところに農地の高距限界を有する東北・北海道に敷衍できるからである．したがって，自然条件と人為作用の総合指標である植生ブナ（山毛欅）のあるブナ林帯とかつてあった地域（潜在的ブナ帯）で行われている農業は，すべてブナ帯農業といえる[4]．

ブナ帯では伝統的穀菽(こくしゅく)農業が行われてきたが，近年においては野菜作への専門化がいちじるしい．低暖地において秋冬野菜，冬春野菜として栽培されるダイコン，ハクサイ，キャベツ，レタス，ホウレンソウなどを冷涼な気候を活用し，夏期に栽培するのである．しかも，これらの野菜はすべて実をとるものではなく，短期間で成長し，都市民にビタミンを供給する根菜や葉菜であることもいちじるしい特徴である．本稿ではこのような野菜栽培の形態をブナ帯の夏野菜栽培とした．

ところで，嬬恋(つまごい)村のキャベツ，野辺山のハクサイ，川上村のレタスなど中央高地の夏野菜栽培は，高冷地性輸送園芸の極相としてよく知られている．筆者も栃木県北西部のブナ帯[5]や東北地方のブナ帯の夏野菜栽培を調査した結果，ダイコンが夏野菜栽培の先導作物であることが判明した．しかも，ブナ帯の夏野菜栽培は東北・北海道のみならず，中国山地，九州山地など西南日本まで発達していることが明らかとなった[6]．本稿ではこれらの成果をふまえ，ブナ帯における夏野菜栽培の分布範囲や発展系列の解明に焦点を当ててみよう．

## 1) 夏ダイコン栽培の発展とブナ帯への波及
### （1） 八ケ岳東麓における夏ダイコンの漬物加工

ハクサイ，レタスの生産で著名な野辺山高原でも，かつてダイコンが主要な商品作物であった．周知のように野辺山高原には江戸時代に成立した板橋集落から戦後の緊急開拓集落までさまざまの集落がある．戦前においてもキャベツ，ハクサイ，ダイコンの商品化が試みられたが，輸送費の割合が高いため，永続しなかった．したがって，戦時中の食糧増産政策のもとで，ヒエ，ソバ，ダイズを中心とする伝統的穀菽農業が強化された．1950年，野辺山開拓農協は戦前から「早漬タクアン」の産地として著名な松筑地域[7]を見習い，野辺山駅近くにタクアン

工場を設置するとともにダイコン栽培を奨励した. 標高 1,350m の高原で栽培されるダイコンは, 夏季に限られ, 低暖地に較べればおのずと早期に収穫, 早期に加工された. つまり, ブナ帯における夏ダイコンの加工は, 自然と「早漬タクアン」になるのである.

ところで, 野辺山高原の「早漬タクアン」は, 畑で抜きとった生ダイコンを酒樽やコンクリート槽に塩を加えて「一夜漬け」したものを, サッカリン, 黄粉, 塩を加えて樽に漬込み, 貨車で輸送中につかる（発酵する）よう調整されたものである. 1951, 1952年から簇生したタクアンの漬物工場は, 最盛期の1960年頃には南牧(みなみまき)村だけで16カ所も存在した[8]. それらの工場は小海線の駅や市場, 板橋に集中していた. この駅別タクアン出荷量の実績を示したのが図II-23である. 1960年までダイコン栽培面積が増加したのは, ダイコンがキャベツ, ハクサイに比べ, 反当労働力投入が1/4ですんだからである. また, 牛馬耕を主体とした1960年までの技術段階からすれば, 省力作物であるダイコンは農民からも歓迎され, 新墾地で良質のものができるから開拓民は相対的に高収入を享受できたのである. 一方, 漬物業者にとっても原地で加工すれば輸送重量が減少し, 輸送中の損失も少ないというメリットがあった. これらが野辺山高原で加工用夏ダイコンの栽培を発達させた要因である.

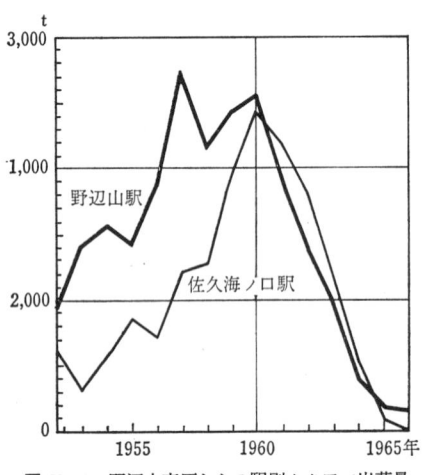

図 II-23 野辺山高原からの駅別タクアン出荷量の推移
（『八ヶ岳高原そさい発展史』p.117 より作図）

しかし, 1960年をピークにしてダイコンの栽培面積は急速に減少し, 「早漬タクアン」の出荷量も急減したのである. 「ダイコンの産地は10年で移動する」という俚諺どおり, ダイコンの連作障害にともなう萎黄病が発生したためである. ダイコンの首部に黒斑を生じる萎黄病の発生は, 品質を落とし, 収穫量を低下させたのである. しかしながら, 野辺山高原におけるダイコン栽培の減少期は, わが国の高度経済成長期に対応していたので, 交通・輸送手段の改善, 機械化の進展と相まって, 本地域をキャベツ,

ハクサイ,レタスなど夏野菜の生産地へと大きく発展させる契機となったのである.このことは耕種に有畜を加えた野辺山高原の混合農業を野菜園芸と酪農へ分化させた要因でもあった.

### （2） 栃木県北における夏ダイコン栽培の発展と夏野菜生産の多様化

栃木県北には戦場ヶ原開拓（1,400m），鶏頂山開拓（1,200m），釈迦ヶ岳開拓（900m），塩原開拓（900m）などの開拓地がある．戦前において農耕が不可能と考えられていたこれらブナ帯への入植と夏野菜栽培の発展は，鬼怒川上流の河谷集落にも影響を及ぼした.

**a. 戦場ヶ原開拓地における生食用夏ダイコン栽培の発展** 男体山の西麓にある戦場ヶ原開拓において，ダイコンは1946年の入植当初から自給用野菜として，政府から支給されたバレイショ，アワ，ヒエ，ソバ，ダイズなどの穀菽類とともに栽培されていた．しかし，それが商品化されたのは1948年のことであった．この年，開拓者の一人が，夏ダイコンを足尾鉱山までリヤカーで運び販売した結果，思わぬ高収入を得ることができた．これに刺激され，1949年ダイコン栽培農家が増加した．この年平地農村において台風による野菜の被害が大きかったため，ダイコンは開拓地にいながら飛ぶように売れた．1950年宇都宮の運送業者とダイコンの輸送契約が成し立，すべての農家がダイコンを栽培するようになった．この頃，戦場ヶ原開拓は，海抜1,400mという高冷地のため，農林省の種バレイショの原種圃に指定されたが，その反当販売収入がダイコンの1/10であったので，開拓民は種バレイショの栽培をすることなしに，夏ダイコンの生産に本格的に取り組み始めた．すなわち，墾開専従の人夫を雇って，できるだけダイコンの作付け面積を増大させる一方，ダイコンの間引や出荷を手伝う若年女子労働力を今市など平地農村から雇い入れ規模拡大をはかったの

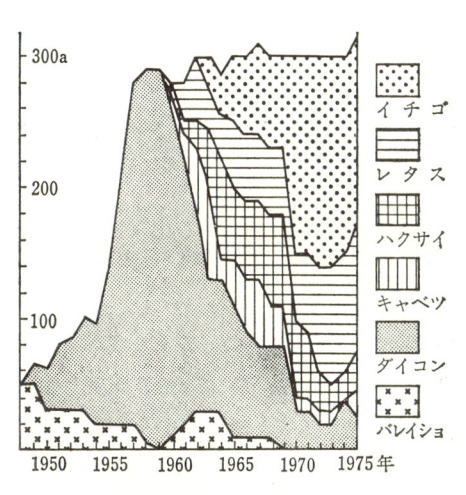

図 Ⅱ-24 戦場ヶ原開拓地における農作物の推移
―農家の耕地利用―
（『戦場ヶ原開拓誌』にもとづき作成）

である.かくて,ダイコンの栽培面積は各戸2町歩を超えるようになり,1958年にはピークに達し,夏ダイコンのモノカルチャー景観が出現した(図Ⅱ-24).

「戦場ケ原ダイコン」は,その量と質において東京市場でも名声を馳せ,1955年頃には輸送園芸地域としての地位を確立した.6月下旬から7月初旬にかけ播種し,8月から10月初旬にかけて収穫される夏ダイコンは,低暖地におけるダイコンの端境期だけに,東京市場で独占的地位を確立することができたのである.最盛期には1戸当り4,000本,トラック10数台出荷される日が続いた.しかし,この最盛期の1958年頃から単一耕作による連作障害のため,萎黄病が流行しはじめた.しかしながら,戦場ケ原ダイコンの地位は,農業経営と市場の両方で高すぎたので,容易に他作物に転換できるものでなかった.1961年,戦場ケ原開拓が夏ダイコンの優良出荷団体として市場から表彰され,翌年ダイコンを天皇陛下に献上する栄誉に浴したのは[9],戦場ケ原におけるダイコン栽培の最後を飾るできごとだったのである.

キャベツ,ハクサイ,レタスの三野菜がダイコンに代わる作物であったが,連作障害の本質的解決には至らなかった.それは,ハクサイ,キャベツがダイコンと同じ十字科植物であったばかりでなく,群馬,長野などの既成産地が東京市場で三野菜の独占的地位を占めていたからである.また,「産地はつねに移動する」といわれるように,きめの細かい良質のダイコンを生産する新興産地の抬頭が戦場ケ原におけるダイコンの作付け面積を大幅に減少させた要因であろう.

**b.ダイコン栽培の導入と夏野菜生産の多様化** 高原山の西麓に拡がる鶏頂山開拓では,「みのわせ大根の栽培は,戦場ケ原開拓より約3年遅れて昭和27年にはじまる.現在年間2,000tの大根が生産され,すべての農家にとって,これが農業粗収入中の7〜9割を占めるところとなっている.栽培期間は6〜9月の4カ月間であるから,すべての農家の生計が,このわずかな期間にかかっているといってよい」[10]といわれたように,1966年当時,夏ダイコンの生産は農業経営の中心におかれていた.事実,1968年の営農実績調査においても夏ダイコンは各農家の平均耕地面積4haの約半分(160〜280a)栽培されていた.ダイコンについで大きな面積を占めていたのは牧草類,青刈飼料であり,鶏頂山開拓ではダイコンを中心としながらも野菜と畜産を有機的に組合わせた混合農業が行われていたことを意味する.

鶏頂山開拓で本格的に栽培され始めた美濃早生ダイコンは隣接する塩原開拓と

ともに「日光ダイコン」の産地形成をなし，戦場ヶ原ダイコンについで東京市場で名声を得るようになった．つまり，鶏頂山開拓，塩原開拓を通る日塩道路が拡幅された 1960 年に 61 ha であった夏ダイコンの栽培面積は，翌年 111 ha，1970年の 212 ha まで順調に拡大した．戦場ヶ原開拓地における減少を相殺してダイコン栽培面積が増大したのは，鬼怒川上流部の河谷集落でも 1958～59 年にダイコン栽培が始まり，共販体制に加入したからである．今日栗山村の表栗山地区，湯西川(ゆにしがわ)地区，藤原町三依(みより)地区で約 50 ha の夏ダイコンが栽培され，戦後開拓地とともに「日光高原ダイコン」を出荷している．

栃木県北の夏ダイコンの産地である栗山村，藤原町，塩原町の 3 町村は 1966年農林省のダイコンの，1973 年にホウレンソウの指定産地となった．夏ホウレンソウの栽培はダイコンの導入が最も遅れた塩原開拓で始まった．萎黄病を回避するためダイコンに代わる夏野菜を模索中であった 7 軒の開拓農家が，1967 年栃木県開拓連，東京の種屋，市場と協力してホウレンソウの栽培を試みた．夏ホウレンソウの価格が相対的によかったので 3 年間で作付け面積が 10 ha に増大した．ホウレンソウ栽培は鶏頂山開拓にも波及し，1970 年には 30 ha に拡大した．この 30 ha が従来の稲藁による平束では包装の限界であったが，この限界を打破したのが，1970 年から採用された特別カットの輪ゴムの採用であった．これによって束まるきの時間が大幅に短縮され，翌年からホウレンソウの栽培面積が 2倍に増大した．かくて，1974 年には夏ホウレンソウの栽培面積が 100 ha，1977年には 121 ha に達した．栃木県ブナ帯の開拓地では，現在ホウレンソウ－ダイコンの 2 毛作が実施されている．ホウレンソウは播種から 50 日，ダイコンは 60 日で出荷できるからである．かくして，栃木県の夏ダイコンは 1960 年から，夏ホウレンソウは 1970 年から東京市場で王座を占めるようになったのである．

栃木県のブナ帯を特色づけるもう一つの現象にイチゴの山上げ栽培がある．イチゴ苗の山上げ栽培は，イチゴの花芽分化を促進するため，イチゴの生産地より早期に寒くなる高冷地で 9～10 月イチゴ苗を育苗することである．これを平坦地のビニールハウスに定植すると開花・結実しクリスマスや正月に出荷できるからである．わが国では静岡県で始まり，栃木県の日光ダナーの栽培に最も大規模にとり入れられたものである．もっとも現在では，低温貯蔵庫でイチゴ苗を冷蔵する株冷技術が最も普遍的となっている．ところで栃木県におけるイチゴの山上げ栽培は，戦場ヶ原開拓で 1957 年頃始まり（図Ⅱ-24参照），品質がよく収量もあ

がったので1970年頃,鶏頂山開拓にも波及した.現在,1971年に設置された栃木県の高冷地育苗圃も含め,60haのイチゴ苗がブナ帯の圃場で育苗されている（表Ⅱ-7).この面積は平地におろすと約3倍の190haのハウス面積となる.この面積は日本一を誇る栃木県のイチゴ栽培面積1,050haの17.1%を占めるにすぎないが,「日光ダナー」の産地形成に果たした役割は大きかったといえよう[11].

表 Ⅱ-7　栃木県におけるイチゴ苗の山上げ面積

| 地　区 | 海抜高度 | 昭和46年度 | 昭和52年度 |
|---|---|---|---|
| 戦場ヶ原開拓 | 1,400 m | 12.0 ha (38) | 20.0 ha (63) |
| 鶏頂山開拓 | 1,200 | 8.5　(27) | 18.2　(58) |
| 県高冷地育苗園 | 1,100 | — | 15.8　(51) |
| 釈迦ヶ岳開拓 | 700〜1,050 | — | 2.0　( 6) |
| 藤原町三依 | 650 | — | 2.0　( 6) |
| そ の 他 | | 1.0　( 3) | 2.0　( 6) |
| 計 | | 21.5　(68) | 60.0　(190) |

（　）内は本圃栽培面積.
（栃木県園芸特産課の資料による）

　イチゴの山上げ栽培は前述のように平均耕地面積がそれぞれ5ha,2haの鶏頂山開拓,戦場ヶ原開拓に導入されているが,耕地規模3haの塩原開拓には導入されていない.塩原開拓では農地を10当たり5〜10万円でイチゴ圃に貸すより,ホウレンソウの後作にダイコン,カブ,ハクサイ,ニンジンを栽培する方が農家の総合収入を高めることができるからである.しかし,耕地面積の広い鶏頂山開拓では,耕地の一部をイチゴ圃に貸しても総合収入の増加になりこそすれ,農業収入の減少にはつながらない.一方,戦場ヶ原開拓が農地を全面的にイチゴ畑や花卉・鉢物の山上げ栽培に貸しているのは,日光・男体山をめぐる観光化の波にさらされ,通年民宿を行っているからである.このように耕地面積の広狭や観光化という外部経済は農業に取り組む姿勢,夏野菜栽培に大きく影響することを意味するものであろう.

## 2)　ブナ帯における夏ダイコン栽培の北進と南進
### （1）東北日本への夏ダイコン栽培の北進

　東北地方における夏ダイコンの産地は福島県の郡山市,奥磐梯地区,蔵王東麓の蔵王町,川崎町等である.また,1980年に福島県南会津東部（田島町,下郷町）をはじめ,宮城県の栗駒町,岩手県の「はやちね」（川井村）が新しく夏ダ

6. ブナ帯における夏野菜栽培の発展   157

イコンの産地に指定され産地形成の途上にある（図Ⅱ-25）．郡山市の夏ダイコン栽培地区は，海抜900m前後の布引高原で，旧湖南村赤津の入会地である．かつて放牧地として利用されてきた布引高原では，新墾地であるがゆえに質のよいダ

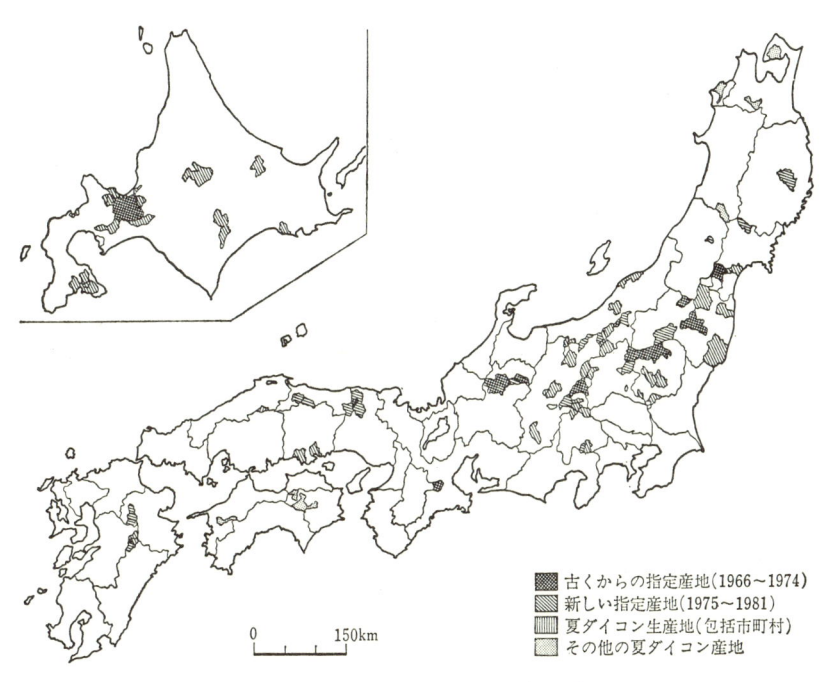

図 Ⅱ-25　日本における夏ダイコン産地の分布
（農林省統計情報部（1977，1981）:『野菜作別ステージ総覧』および野外調査による）

凡例：
- 古くからの指定産地（1966〜1974）
- 新しい指定産地（1975〜1981）
- 夏ダイコン生産地（包括市町村）
- その他の夏ダイコン産地

イコンができ，生食用夏ダイコンの産地として急成長したものである．これは関東地方，とくに栃木県北の夏ダイコン産地が，前述のように停滞気味であり，新しい産地が求められていたためである．一方，木地師の定着した村として知られる北塩原町の夏ダイコン栽培は交通の便に恵まれていたため，布引高原より早く1963年頃始まった．ここでは，連作障害は回避するため，夏ダイコンが3年に1回の輪作体系に組込まれているため，サヤエンドウ，ハクサイ，夏カブ，レタス，ブロッコリーの抑制栽培も行われている．また，蔵王東麓の七ヶ原開拓と同様，宮城県亘理地区からイチゴの山上げ栽培が行われていることもブナ帯の特徴である．なお，宮城，岩手，青森などの夏ダイコン産地が東京市場で意味をもつ

ようになってきたのは,東北自動車道の開通により,秋冬ダイコンを早期栽培することによって達成されたものである.

東北地方における夏ダイコンの栽培を特徴づけるものに,ダイコンの漬物加工がある.しかも,前述の八ヶ岳山麓と異なり,夏ダイコンの栽培が東京近郊や埼玉県岡部町の漬物業者との契約栽培で行われるところに特色がある.福島県の郡山地区,鳥海山麓の山形県八幡町,秋田県羽後町,八甲田山麓の平鹿町,東北町および下北半島の川内町などが加工用夏ダイコンの生産地である.たとえば,1963年埼玉県三芳村の漬物業者との契約が成立した八甲田山麓の善光寺平開拓では,夏ダイコンのモノカルチャーによって,それまでの生活保護状態を脱却し,津軽平野のリンゴ栽培農家より収入が高くなったという[12].漬物業者は,現地に移動クレーン付コンクリートタンクを設置し,畑で抜いたままの夏ダイコンを3日間下漬けにする.塩を加え重石だけのこの下漬け加工によってダイコンの重量は1/3になり,これを東京近郊の漬物樽で都会人好みの味付をして出荷する.これは,漬物業者が漬物樽の回転率を高めるため,収穫期のずれを活用したものである.

(2) 西南日本のブナ帯への夏ダイコン栽培の南進

西南日本にも中央高地ほど大規模ではないが,図Ⅱ-25に示したように,いくつかの夏ダイコン産地が出現している.岐阜県北部の蛭ケ野(ひるがの)高原,中国山地の氷ノ山(ひょうのせん)山麓,蒜山(ひるぜん)高原,九州山地の阿蘇山麓などである.海抜900mに位置する蛭ケ野高原で夏ダイコンの栽培が始まったのは1963年で,岐阜の漬物業者が現地でタクアン加工を始めたのを契機とする.ところが,工事中であった御母衣(みほろ)ダムに持って行けば,高く販売できることがわかり,1965年から名古屋市場にも出荷されるようになった.夏ダイコンの栽培面積は,1966年の8haから急増し,1980年には160haに達した.「蛭ケ野ダイコン」は名古屋市場だけでなく京阪神市場でも50%のシェアを誇るまでになっている.ところで,この夏ダイコン産地を現在まで維持できたのは,ダイコン栽培農家と酪農家が堆肥の供給,一時的圃場交換という地域複合経営により1973年に発生した萎黄病の被害を弱化させてきたからである.これに対し,三重県の奥一志(おくいちし)(美杉町),兵庫県の美方町などでは,夏ダイコンの指定産地となっているが,萎黄病の被害がいちじるしく栽培面積が激減している.

中国山地で夏ダイコンの栽培面積が増大しているのは,氷ノ山山麓の関宮(せき

のみや)町・大屋町などであるが，最大の産地は蒜山高原である．1952年八束村で始まった夏ダイコンは，京阪神市場に出荷された1955年頃から蒜山高原をなす川上村・中和村へも波及し，その面積が1960年の100 ha から 1965年の280 ha，1970年の400 ha，1975年の470 ha と急増した．この急増の背景には，大阪市場で夏ダイコンが高価に販売されたことはもちろんであるが，農業構造改善事業によるダイコン畑の造成と2期作の導入がある．また，蒜山高原は，蛭ケ野高原が「東海の軽井沢」と呼ばれるように，「西の軽井沢」と呼ばれ，別荘地，スキー場などブナ帯を特色づける環境にあるといえよう．

　九州の阿蘇北麓の小国(おぐに)町を中心に1970年頃から夏ダイコンが栽培され，1973年には210 ha の面積で農林省の指定産地となった．この急速な面積の増大は，阿蘇山麓を特色づける赤牛の放牧地の借地利用によってなされた．小国町のダイコン栽培農家は，町域内ばかりでなく，町域外の牧野を3年契約で借りうけ，トラクターで耕起し，ダイコンの2期作を行うのである．つまり，3年で6回の夏ダイコンを収穫するという牧野の略奪的利用によって，ダイコン栽培農家の規模拡大（最高16 ha），作付け面積の増大，産地形成がなされたといえるだろう[13]．

　なお，西南日本における夏ダイコン栽培地には，わずかではあるが，イチゴ苗の山上げ栽培も実施されたり，現在でも実施されているのは，東北日本にも共通する現象である．さらに，飯田(はんだ)高原のキャベツ栽培や波野町のハクサイ栽培を含め，九州など西南日本における夏野菜栽培は，長野県等の夏野菜栽培地帯の技術研修によって万能になったものである．このことはブナ帯技術の南進・南下を意味するものであろう．

## 3）夏野菜栽培地域とブナ帯

　夏ダイコンは，これまでみてきたように夏季冷涼な開拓地等で栽培されてきた．従来農業限界地であった火山山麓等の開拓地においては，水稲耕作限界にあった河谷集落同様，ヒエ，アワ，ソバ，ダイズなどの穀菽類が当初の作物であったが，ダイコンは比較的早期に栽培されてきた．これは，ダイコンが自給的大衆野菜であったことを示すとともに，成長するにつれとう立するので火山灰土でも容易に栽培されてきたことを示すものである．しかし，ダイコンの単一耕作は前述のように連作障害を引きおこすので，産地はより外縁に移動する傾向がある．

現在まで夏ダイコンの栽培を続けているところは，鶏頂山開拓のように耕地面積が広く，それが他の作物の輪作体系の一部になっているところ，および蛭ケ野高原のように地域間複合経営によって堆肥等の有機質肥料が大量に投入されるところである．

ダイコンを含め，キャベツ，ハクサイ，レタスの夏野菜産地をブナ帯の分布図におとしたのが，図Ⅱ-26 である．中央高地の長野県では，ダイコン，キャベツ，

図 Ⅱ-26　日本における夏野菜の指定産地とブナ帯

ハクサイ，レタスの4野菜をはじめ，二つ以上の夏野菜が農水省の指定産地となっている町村が多い．また，東北地方の北上山地ではダイコンに加えレタスが，北海道のブナ帯ではキャベツ，レタスが指定産地となっている．西南日本においては，蛭ケ野高原，中国山地，九州山地ともダイコンに加えキャベツが指定産地となっている．また，キャベツの指定産地が，夏ダイコンより南の霧島山麓のえびの高原等に形成されているのも特色である．

なお，全体的にみると夏野菜の産地がブナ帯に形成されていることがわかる．もちろん，夏野菜の産地形成には大都市市場の果たす役割が大きいが，野菜産地の品目をみると夏野菜栽培の発展に一定の発展系列が存在するように思われる．すなわち，八ヶ岳山麓や栃木県北でみたように夏野菜栽培は，① ヒエ，アワ，ソバ，ダイズなど穀菽農業を基盤に，② 種バレイショが導入され，ついで，③ ダイコンが作付されるようだ．周知のようにダイコンは栽培は容易であるが連作障害が表れるため，④ キャベツが栽培されるようになる．戦前のキャベツは「南部甘藍」に代表されるように煮物用として利用されたが，戦後は「嬬恋のキャベツ」のように生食用として消費されるようになった．⑤ ハクサイは，⑥ レタスとともにキャベツより栽培技術がむずかしいので，夏野菜栽培に熟練した中央高地に発達した．茅野市玉川村で栽培される ⑦ セルリーは夏野菜の王というべきものであるが，大衆野菜とはいえないので農林省の指定産地からはずされている．しかし，中央高地でみられる夏野菜のこのような発展系列は，大市場に占める長野県産夏野菜のシェアが高いので，どの地域にでも妥当するものではなく，地域それぞれの発展系列が存在すると思われる．

夏野菜栽培地域と植生帯であるブナ帯との関係をより詳細に検討するため，図Ⅱ-27を作成した．中央高地で標高800mから1,600mまでの区域に入るブナ帯は，北進するにつれ低下し，南進するにつれ上昇する．つまり中央高地で800mのブナ帯の下限は，赤城山北麓で700m，栃木県北で650m，蔵王山麓で450m，北上山地で250mと低下し，下北半島では海岸部に達するのに対し，南の霧島山麓では1,200mとなる．また，八ヶ岳山麓川上村のレタス，ハクサイの高距限界が1,580mであり，乗鞍山麓でのソバのそれが，1,620mであったのは[14]，夏野菜栽培地域がほぼブナ帯に対応することを示すものであろう．

西南日本の夏野菜産地では岐阜県高鷲(たかす)村の蛭ヶ野高原が，スキー場の設置，別荘地の開発等で典型的なブナ帯に入る．しかし，中国山地の夏野菜栽培地域は海抜高度が低下する．中国山地のブナ林は一般に800m以上でみられるが，山陰側では「500〜600mでブナを主とした落葉広葉樹林が現れ，春梁山地の稜線に及んでいる」[15]ようにブナ帯の下限が低下している．このことは日本海式気候の張出しで，中国山地の氷ノ山・大山(だいせん)山麓および背梁地帯にある蒜山高原，高野町にも妥当すると思われる．事実，この一帯は山わさびの栽培地，アマゴの生息地[16]リンゴの栽培地とも一致し，ブナ帯の性格を強くもって

いるのである．

　九州の阿蘇山麓，背振(せふり)山地，霧島山麓においても夏野菜の産地は，標高が中央高地よりも低い．しかし，一般的にその下限は650～700mにあり，中

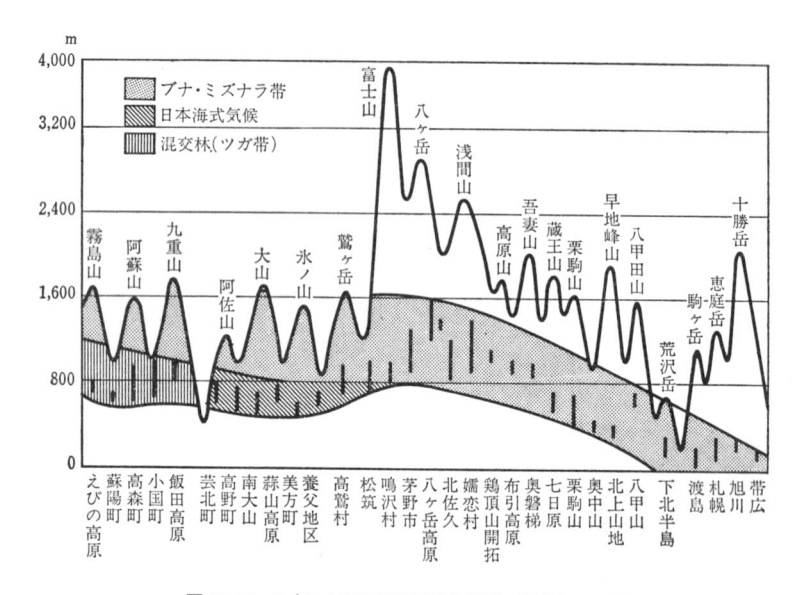

図 II-27　日本における夏野菜栽培地域の標高とブナ帯

間針葉樹林であるモミ・ツガ帯にあたる[17]．福岡県では標高800m以上の山地にブナクラス域に属する夏緑広葉樹林の残存林がみられ，背振山地に夏レタスの指定産地がある．このことは九州山地が中国山地同様，日本海式気候の影響下にあり小国のダイコン，九重飯田(くじゅうはんだ)のキャベツなどの夏野菜栽培を可能にさせているのであろう．霧島山麓の生駒高原で標高700mの地点でキャベツの栽培畑ばかりでなく，富士などの北方系品種のリンゴ園，イチゴの山上げ栽培を確認できたのは，それがブナ帯の特色を示すものとはいえ，平地との高度差そのものが，大きな意味をもっていることを示唆するものであろう．

## むすび

　低暖地で本来秋冬野菜および冬春野菜として栽培されるダイコン，キャベツ，ハクサイ，レタスを冷涼な高冷地で夏季に栽培する形態を本稿では夏野菜栽培とした．夏野菜栽培は中央高地ばかりでなく，同じ環境を有する東北や北海道でも

栽培されているので，本稿では高冷地と積雪寒冷地を統一的にブナ帯と呼ぶことにした．ダイコンを中心に夏野菜栽培地域を調査した結果，以下のことが明らかになった．

(1) 夏野菜は中央高地を中心に北は北海道から南は九州の霧島山麓まで，夏季冷涼であるという気候環境を活用し露地栽培される．したがって，その栽培地域はブナ帯とほぼ一致する．

(2) 夏野菜の栽培地域の中で戦後開拓地の占める地位が大きい．周知のように戦後開拓地は水稲栽培のできない乏水性の台地や冷涼な火山山麓等の農業限界地におかれたため，アワ，ヒエ，ソバ，ダイズなどを栽培すと穀菽農業が夏野菜栽培の基層にある．

(3) 夏野菜は既成の病原菌のいない開拓地等の新墾地でみずみずしい良質のものができる．伝統的穀菽農業に比べ価格のよい夏野菜栽培は単一耕作（モノカルチャー）になる傾向がある．単一耕作による弊害である連作障害は，「野菜産地は10年で移動する」という俚諺どおり，産地の移動と夏野菜栽培の進化系列をひきおこす．

(4) 連作障害は，夏野菜のパイオニア・クロップであるダイコンの萎黄病に典型的に表れ，生食用夏ダイコン産地を大市場からより遠隔地におしやった．その外側には加工用夏ダイコンの産地がある．これは漬物加工業者が漬物樽の回転率を高めるため，収穫期のズレを活用して契約栽培である．

(5) 夏野菜栽培は中央高地の場合，① ヒエ，ソバ，ダイズ → ② 種バレイショ → ③ ダイコン → ④ キャベツ → ⑤ ハクサイ → ⑥ レタス → ⑦ セルリーと進化しているように思われる．しかし嬬恋のキャベツ，野辺山のハクサイ，川上村のレタス，玉川村のセルリーなど大型産地の形成は，中央高地と異なる地域に別の進化系列を生みだすと思われる．

(6) 西南日本の夏野菜の栽培地域には，中央高地と同様，リンゴの栽培，イチゴ苗の山上げ栽培，別荘地の開発などがみられる．さらに，中国山地におけるように山ワサビの栽培，アマゴ（ヤマメ）やサンショウウオの生息地を考慮すると夏野菜栽培がブナ帯農耕文化複合の一翼を担っていることが理解される．

(7) 西南日本における夏野菜産地の形成には，農林省の指定産地のほか，ブナ帯で確立した夏野菜栽培技術が果たした役割が大きい．それは，リンゴ栽培を含め中国山地，四国山地，九州山地の農民が長野県等の先進地に技術研修に行って

いることから判断される．

(8) ブナ帯で栽培されるダイコン，キャベツ，ハクサイ，レタス等はすべて採種を行わず，夏の短期間で成長する葉根菜に特徴があり，その新鮮な野菜は大都市の発達した照葉樹林帯の人々にビタミンを供給し，国民の健康を維持増進し，ひいては日本経済の発展に多大の貢献をしていると思われる． 〔斎藤　功〕

文　献

1) 市川健夫 (1966)：『高冷地の地理学』令文社，p. 13.
2) 尾留川正平 (1962)：巨大都市市場との結合からみた日本の野菜園芸地域．東京教育大地理学研究報告，Ⅵ，179-225.
3) 農林省農業総合研究所積雪地方支所 (1949)：『積雪寒冷単作地帯における農家経済の諸構造』，p. 3.
4) 市川健夫・斎藤　功 (1979)：日本におけるブナ帯農耕文化試論．地理，24 (12)，84-102.
5) 斎藤　功 (1981)：栃木県ブナ帯における夏野菜栽培の発展．お茶の水女子大学人文科学紀要，34，1-12.
6) 斎藤　功 (1982)：日本における夏ダイコン生産の展開とブナ帯．筑波大学人文地理学研究Ⅵ，181-212.
7) 青鹿四郎 (1935)：『農業経済地理』叢文閣，p. 440.
8) 白石昌人編 (1981)：『八ヶ岳高原そさい発展史』長野県経済連佐久支所，225 p.
9) 戦場ケ原開拓30周年記念事業実行委員会 (1976)：『戦場ケ原開拓誌』，44-50.
10) 坂下利克 (1968)：わが国における高冷開拓地の動向と基礎事実．地理学評論，45，p. 333.
11) 栃木県農業試験場経営部 (1967)：『主産地の研究 (日光いちごの生産経過と現状)』，65 p.
12) 青森県平鹿町役場内山裕弼氏の談話 (1980) による．
13) 農林省統計情報部園芸統計課 (1979)：『野菜主産地生産動向解析調査報告書―熊本県小国地区―』，42 p.
14) 市川健夫・白坂　蕃 (1978)：乗鞍火山東麓における山地集落の変貌．新地理，26，1-26.
15) 文化庁 (1973)：『植生図・主要動植物地図 (鳥取県)』，p. 11.
16) 安江安宜 (1974)：ブナ林の生態地理 (未発表資料).
17) Horikawa, Y. (1972): Atlas of Japanese Flora, 500 p.

# 7.　ブナ帯におけるスキー場の立地と発展

わが国におけるブナ帯は，気候の点からみると，ヨーロッパの西岸海洋性気候，いわゆるブナ気候と似ているために，今日ではスキー・スケートなどヨーロ

ッパにオリジンをもつ近代スポーツの場として開発されている地域が多い．

わが国におけるブナ帯の近代的観光への利用の嚆矢となったのは，1886年（明治19），スコットランド人宣教師ショウ（Alexander C. Show）によって紹介された軽井沢であった．20世紀に入ると，日本人も避暑生活を取り入れるようになり，ブナ帯が広く分布する中央高地の高冷地には，軽井沢をはじめとして，富士見高原，箱根，日光などの避暑地が順次開発された．

ブナ帯における観光的利用には，避暑のほかに，ゴルフ，テニス，ラグビー，冬季のスポーツであるスキー，スケートなどがある．スケートは近年大都市内に屋内の人工リンクが設けられているが，軽井沢，蓼科高原，八ヶ岳山麓，日光，富士山麓および東北・北海道などのブナ帯各地に，天然のスケート場がある．天然のスケート場は，ブナ帯の中でも太平洋岸の寡雪地域に分布し，その数はスキー場に比するといちじるしく少ない．さらにスケートはその人口も少なく，施設が都市内部に人工的に造られることもあって，スキーほど集落に与えるインパクトは大きくない．また深雪地帯の境界地域にある木曽駒高原や蓼科高原などでは，スキー場とスケート場が併存している．

近代スポーツとしてのスキーは，ブナ帯に属する欧米の先進諸国でまず盛んとなった．わが国では20世紀初頭にスキーが導入された．ここではわが国のブナ帯に主として発展してきたスキー場について述べることとする．

## 1) スキー場の分布とブナ帯

### （1） 気候，植生からみたスキー場の分布

日本に本格的にスキーおよびその技術がもたらされたのは，1911年（明治44），オーストリアのレルヒ（Theodor von Lerch）によってである[1,2]．このスキーは軍隊の訓練用として導入されたものであるが，数年で日本の各地にはスキークラブができるまでに，積雪地域に急速に普及した[3,4,5]．今日，日本には約500カ所にスキーリフトをもつスキー場が，主としてブナ帯に開発されている．このうち日本海側のブナ帯では積雪も深く，雪質も良い．ニセコ，蔵王，苗場，野沢温泉，志賀高原，八方尾根，赤倉温泉そして大山（だいせん）など，わが国における著名なスキー場は，いずれも日本海側のブナ帯にある．太平洋側のブナ帯の多くは，積雪量も少なく，雪質も悪いためにスキーには適していない（図Ⅱ-28）．

スキー場成立の自然条件には、積雪量・積雪期間・雪質などの気候、コースの最高点と最低点の標高差および斜度・斜面の向きなどの地形条件があげられる。スキー場の自然的立地因子の中でも、とくに重要なものは、積雪量であり、それ

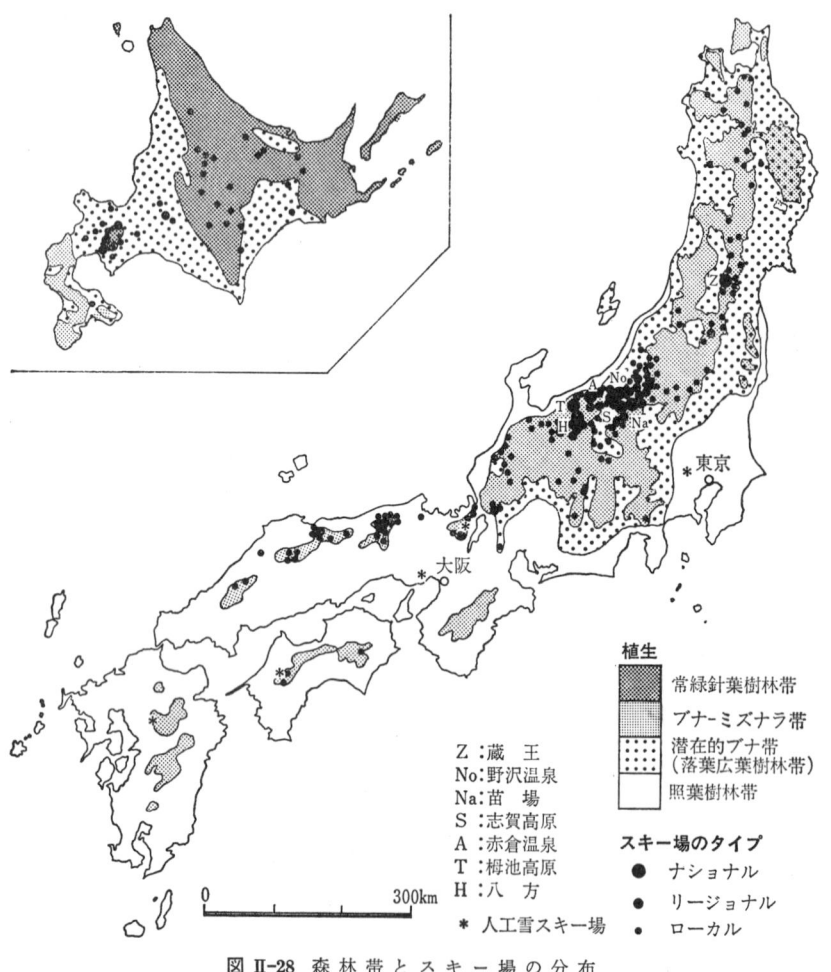

Z：蔵　王
No：野沢温泉
Na：苗　場
S：志賀高原
A：赤倉温泉
T：栂池高原
H：八　方
＊人工雪スキー場

植生
■常緑針葉樹林帯
▒ブナ-ミズナラ帯
⋯潜在的ブナ帯（落葉広葉樹林帯）
□照葉樹林帯

スキー場のタイプ
● ナショナル
● リージョナル
・ ローカル

図 II-28　森林帯とスキー場の分布

は代替性に乏しく、その地域の自然条件に密着している。わが国のスキー場は、人工雪のスキー場を除けば、そのほとんどが年最深積雪量 50 cm 以上の地域に分布している[6]。

一方、このようなスキー場の空間的分布だけではなく、スキー場のコースの最

## 7. ブナ帯におけるスキー場の立地と発展

高点と最低点をとり，森林帯の垂直分布との関係を，中央高地を例として模式的にみたのが図 II-29 である．志賀高原，万座温泉，草津温泉などのスキー場は，コースのほとんどがブナ帯よりも標高の高いシラビソ帯（亜高山帯）に開発されている．また乗鞍高原，白馬（八方），栂池（つがいけ）高原，戸隠，苗場，蔵王などのスキー場では，コースの大部分はブナ帯に属し，一部が亜高山帯のシラビソ帯に及んでいる．

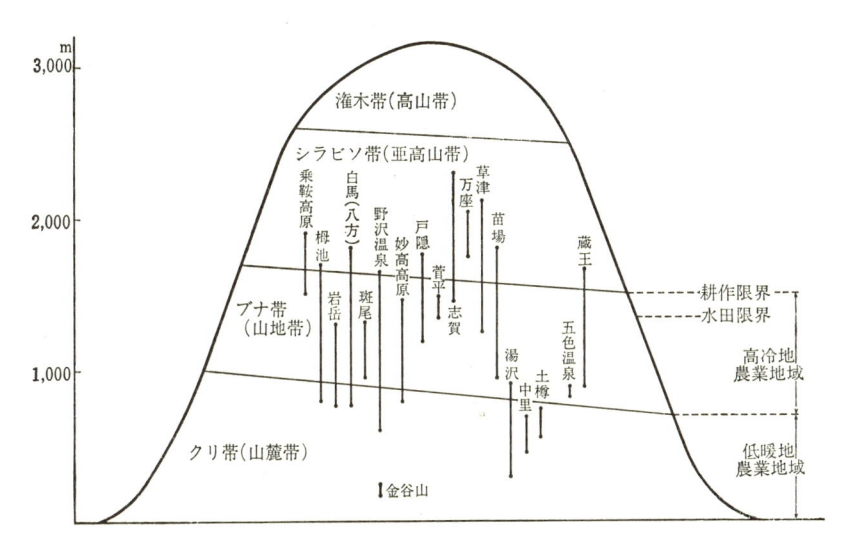

図 II-29 森林帯の垂直分布とスキー場

鳥海山，月山，乗鞍岳，立山，白馬岳などでは，亜高山帯や高山帯において雪渓を利用した夏スキーが行われているが，月山の夏スキー場を除いては，スキーリフトがない．

ヨーロッパのスキー場をみると，山地帯はもちろんのこと，亜高山帯や高山帯にもスキーコースが開発されている例が多い．わが国の場合，高山帯はもとより，亜高山帯における開発はきびしく制限されているために，スキー場の開発は少ない．

一方，標高の低い照葉樹林帯は，気候的条件からスキー場の開発には適さない．したがって，わが国のスキー場は亜高山帯と照葉樹林帯の中間を占めるブナ帯に，主として開発されているのである．

## （2） ブナ帯におけるスキー場の分布

　全国的に著名なスキー場は，前述のごとく中央高地などでは，標高 700～800m 以上，また東北地方では 400～600m 以上のブナ帯に立地している．しかし，年最深積雪量においては同一条件であっても，スキー場の分布は，東北地方や北海道地方に比して，長野県を中心とする中央高地にいちじるしく集中する傾向がみられる．これは，スキー市場としての大都市とスキー場間の時間距離やスキー場開発への投資などの社会経済的条件によるものである．

　基本的にわが国の主要なスキー場は，東京および大阪の両大都市から 250～300km 圏内に立地している[7]．わが国では，いまだに有給休暇や週休2日制が，十分に社会に浸透しているとはいえない．したがって，スキー場への来遊者の滞在期間は2泊3日までが圧倒的に多く，スキー場の利用は週末，連休，年末年始型である．ここに大都市にできるだけ近く，スキー場が分布する主要因がある．アメリカ合衆国の東部の一部を除くと，日本ほど人口集中地区から短時間でスキー場に到達できるようなところはめずらしい．

　ヨーロッパやアメリカなどのスキー場においては，長期滞在（1～2週間）がその中心である．スキー場の自然的立地条件は，日本であろうとヨーロッパであろうと変わりはない．しかし，スキーヤーの滞在日数の極端なまでの較差は，スキー場の立地と形態に大きく関係している．

　有給休暇制度の発達しているヨーロッパの場合をみると，ウィンター・リゾートの中心であるアルプス地域では，1～2泊でスキーを楽しむ人々は例外に近い．したがって，大都市とスキー場間の時間距離は，スキー場選択の副次的要因にすぎない．ところが，前述のように，有給休暇制度の未整備なわが国では，観光市場としての大都市からスキー場への到達時間が，スキー場選択においては大きな要因となる．特に瀬戸内地域の人口集中地区に近い中国山地には，非ブナ林帯にローカルなスキー場が散在している．

　スキーヤーの滞在日数の長いアルプス地域のスキー場は，スキー以外のスポーツ（主として水泳）を含むウインター・リゾートとして機能する．それが集落のもつ標高とあいまって，夏と冬に利用のピークをもつ観光集落が形成されている．

## 2) ブナ帯におけるスキー場の立地

### (1) スキー場としてのブナ帯の自然条件

　わが国のスキー場は，年最深積雪量 50 cm 以上の地域に分布している．しかしながら，現実に，企業的にスキー場経営が成立するには，スキーリフトが少なくともそのスキーシーズン中 110 日以上稼動する必要があるため，年最深積雪量が 100 cm 以上の地域，すなわち日本海側の積雪地域におけるブナ帯である山地帯上部から亜高山帯下部にかけて，大規模なスキー場が開発されている．滑走可能期間は，スキー場の経済性と大きく関連する．

　日本海側のブナ帯，とくに中央高地以北のブナ帯では，例年，12月中旬からスキー可能となり，したがって，スキーシーズンも長く，ナショナルなスキー場はこの地域に分布している．

　一方，滑走可能期間が 90 日内外で，年末年始に雪の少ない非ブナ帯の低暖地においては，企業的に大規模なスキー場は立地しえない．しかし，西日本，とくに中国地方などでは，中央高地の自然条件の良いスキー場との時間距離が大きいために，滑走可能期間の短い非ブナ帯内にローカルなスキー場が開発されている．

　わが国のスキー場の利用は，年末年始に最大のピークがみられる．各地における筆者の聴き取り調査によると，スキーリフト会社や民宿・旅館などは，年末年始にそのシーズンの 20～30％ 以上もの売上げがみられる．したがって，年末年始に十分な積雪がみられなければ，スキー場は大きな打撃を受けることになる．

　スキー場の滑走可能期間とスキー場の規模との関係をみたのが図 II-30 である．スキーリフトの総延長距離が，12,000 m 以上あるような，いわゆるナショナルなスキー場[7]は，滑走可能期間が 120 日以上もある．すなわち，わが国では 12月中旬から滑走可能となり，5月の連休までスキーができれば，大量のスキーヤーを集められる．これらはいずれもブナ帯の中でも標高の高いスキー場である．滑走可能期間が 160 日前後であってもローカルなスキー場にとどまっているのは，いずれも北海道のスキー場である．

　わが国ではスキーの大衆化とともに，ブナ帯の各地には，多数のスキー場が開発されてきた．また，中国地方や中央日本の低暖地である照葉樹林帯にも，スキー場が開発されてきた．しかし，スキー場の発展には，積雪量とともに，雪質がきわめて重要な要素であるために，照葉樹林帯では，有力なスキー場にまで成長しえない．とくに，北陸地方や山陰地方の沿岸地域は，年最深積雪量は 50 cm 以

上あるが，照葉樹林帯に属するために，湿り雪，いわゆるべた雪となり，スキーには適さない．そこで，吉良竜夫[8]による"暖かさの指数"，"寒さの指数"の算

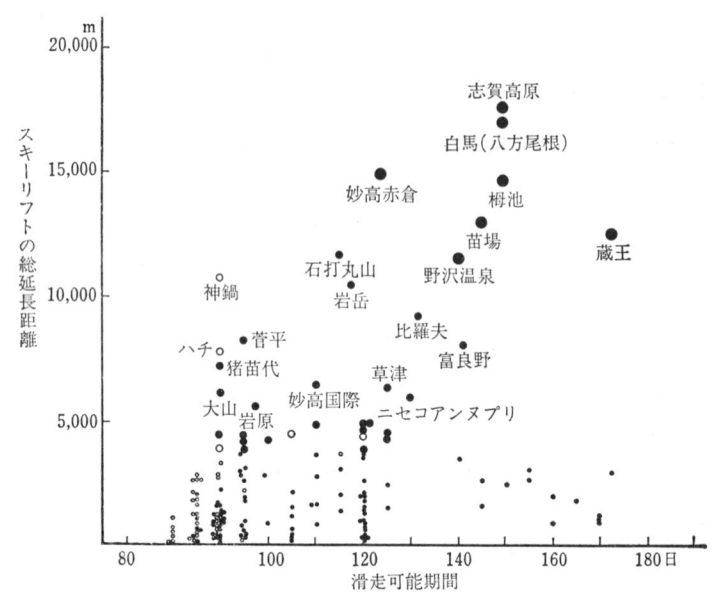

図 II-30 スキー場の滑走可能期間とスキー場の規模
丸の大中小はスキー場の類型で，それぞれナショナル，リージョナル，ローカルを表している．白ヌキは非ブナ林帯のスキー場．

出法を参考として，積雪量と雪質の分布を同時にみるために，降雪の条件となる0°Cを基準として，月平均気温がマイナスとなる月のそれを合計し，これを「雪の指数」と呼ぶことにした．これによると，札幌 −15.9°，蔵王温泉 −15.8°，野沢温泉 −3.8°，白馬村（八方）−6.1°，志賀高原丸池 −19.1°となる．この雪の指数が0°以下，すなわちマイナスを示す地点に，著名なスキー場が存在している．

金沢市の年最深積雪量は50cm以上であるが，月平均気温は，0°C以下の月がなく，したがって積雪はいちじるしい湿り雪である．

長野県飯山市の温量指数は96.3°で，中間地帯であるが，雪の指数は−4.3°となり十分にスキー場が立地しうる．現実に，飯山市の周辺の山地には，斑尾(まだらお)高原スキー場，飯山国際スキー場をはじめ，国鉄飯山線沿線にも多くのスキー場が開発されている．飯山盆地の場合，非ブナ帯に属していても，内陸盆

地であるために，冬季の気温は低くなり，盆地周辺の山地ではさらに良い雪質が得られる．また，国鉄上越線の塩沢（標高197m）は，雪の指数 $-1.2°$ で，非ブナ帯である．一般に上越線沿線のスキー場はほとんどが非ブナ帯にあり，自然条件には恵まれていないが，東京というスキー市場に近い交通条件がそれをカバーしているのである．

雪の指数が $-3.5°$ 以下の地域では，雪質がいわゆる乾き雪となる時期があり，ブナ帯の中でもスキー場として好条件を備えているといえる．長野県軽井沢の雪の指数は， $-6.2°$ とかなり低いが，積雪量はきわめて少ない．このような寡雪高冷地では，スノーマシーンによる人工雪のスキー場が開発されうる．人工雪を作るためには，夜間の外気温 $-3°C$ 以下が，少なくとも数時間持続することが必要である．このような条件を満たす太平洋沿岸のブナ帯に属する軽井沢，霧ヶ峰，富士山麓（日本ランドスキー場），比叡山，六甲山などでは，人工雪の利用が進んでいる．

このように，雪質・地形を含めた自然条件は，スキー場の形成条件であると同時に，発展を助長する条件にもなっている．

(2) **ブナ帯に発達したナショナルなスキー場**

日本に本格的にスキーが普及しはじめた大正期にあっては，スキーは今日のゴルフ以上のステイタス・シンボルであった．そして大正から昭和にかけては，各地でスキー場が開設された．スキー場の開発に最も積極的であったのは，ブナ帯に立地していた温泉地の旅館経営者などであった．たとえば，山形県五色温泉（集落標高820m），群馬県草津温泉（集落標高1,150m），長野県野沢温泉（集落標高600m）などでは，スキー場の開発に携わったのは，主として地元の旅館経営者であった．第二次世界大戦以前，標高も高く，積雪の多いブナ帯内の湯治場集落では，その利用は春と秋が中心であった．積雪期間は，「冬枯れ」で，湯治客はほとんどみられなかった．したがって，ブナ帯内の温泉集落の人々は，スキーの導入にきわめて積極的であった．

昭和初期には長野県の菅平高原（集落標高1,350m）や北城（ほくじょう）村細野（現，白馬村八方，集落標高750m）など中央高地のブナ帯山村の各地でも，スキー場が開発され，同時にそのようなところでは民宿経営がみられるようになった（表II-8）．菅平高原では，1927年（昭和2）にスキー場が開発され，冬季間不要であった農家の蚕室が，宿泊施設としての民宿として利用された．

表 II-8 スキー場関係開発史年表

| 時期区分 | | 年 | スキー場の開発 | スキー関連事項 | 交　　通 |
|---|---|---|---|---|---|
| 黎明期 | 開拓期 | 1891 | | | 東北本線全通 |
| | | 93 | | | 信越本線全通 |
| | | 1910 | | レルヒ少佐来日 | |
| | | 11 | 金谷山(新潟) | 小樽水産学校スキー部創立(日本最初のスキー団体)スキー製作はじまる | 中央本線全通 |
| | | 12 | 野沢温泉(長野)伊吹山(関西スキークラブ)赤倉温泉、関温泉など外国人中心に利用 | ヨーロッパ人によるスキークラブ(五色温泉)越信スキークラブ結成北大スキー部創立 | |
| | | 14 | 赤倉温泉(新潟) | | |
| | | 15 | 越後湯沢温泉(新潟)氷ノ山(兵庫) | | |
| | | 16 | 布　場(新潟) | | |
| | | 17 | 谷川(群馬)牧　野(マキノ) | | |
| | | 20 | 昆布温泉(北海道)沼尻温泉(福島)大　山(鳥取) | | |
| | | 21 | 蔵王温泉(山形)鹿沢温泉(群馬)上林温泉(長野)成　相(京都) | | 飯山鉄道(長野～飯山)(全通は1927年) |
| | | 22 | 大鰐温泉(青森)赤城山(群馬) | 赤倉スキークラブ | |
| | | 23 | ニセコアンヌプリ(北海道)鳴子温泉(宮城)土　樽(群馬)神鍋山(兵庫) | 第1回全日本スキー選手権大会(小樽、緑ヶ丘スキー場) | |
| 明期 | | 24 | 小野川(山形)宇奈月温泉(富山) | 第1回冬季オリンピック大会(シャモニーモンブラン)六華クラブ(五色温泉、山形) | |
| | | 25 | 那須温泉(栃木)土　合(群馬)立山弥陀ヶ原(富山) | 全日本スキー連盟創立 | |
| | | 26 | 大町中山(長野) | | 草軽電鉄 |
| | | 27 | 菅　平(長野)城崎温泉(兵庫) | | 長野電鉄(長野～湯田中) |
| | | 28 | 塩原温泉鉢伏山(兵庫) | 第1回全日本学生スキー選手権大会(大鰐温泉)冬季オリンピックへ日本初参加(サンモリッツ) | |
| | | 29 | 志賀高原丸池(長野)大町東山(長野)日光湯元(栃木) | 1929～30年頃、白馬地方にスキーヤーの入り込み増加ヘルゼット中尉来日大町スキー倶楽部 | |
| | | 30 | 榛名山(群馬)山田温泉(長野)木曽福島(長野) | ハンネス・シュナイダー来日 | |

## 7. ブナ帯におけるスキー場の立地と発展

| 時期区分 | | 年 | スキー場の開発 | スキー関連事項 | 交　通 |
|---|---|---|---|---|---|
| 黎明期 | 初期発展期 | 1931 | 蔵　原(長野)<br>岩　原(新潟)<br>越後中里(新潟) | 黒菱小屋開設(細野山岳スキー倶楽部, 長野)<br>諏訪スキークラブ | 上越線全通 |
| | | 32 | 霧ヶ峰(長野) | 菅平スキークラブ<br>菅平に民宿(7軒)<br>この頃レジャーとしてのスキーがさらに盛んとなる | |
| | | 33 | | アメリカでスキーリフト考案 | |
| | | 35 | | 志賀,妙高,菅平などを「上信越国際スキー場」に指定(鉄道省国際観光局) | |
| | | 37 | | 細野(現白馬村八方)で民宿経営正式許可(警察による営業許可) | |
| | | 38 | | 後楽園(東京)と甲子園(兵庫)でスキージャンプ大会 | |
| | | 39 | | 全国皆スキー行進日<br>第1回スキー指導員検定会(五色温泉と野沢温泉)<br>この頃スキーヤーが急増し,列車内でのスキーヤーの不作法が非難されるようになる | |
| | | 1941 | | 白馬スキー協会 | |
| | | 1942 | | 国防スキー列車運転 | |
| 復活期 | 施設開設期 | 1946 | 11月,札幌藻岩山にスキーリフト(米軍専用, 1948年解放) | | |
| | | 1947 | 1月,志賀高原丸池にスキーリフト(米軍専用, 1948年解放) | 索道規則の制定(運輸省令第34号) | |
| | | 1948 | 志賀高原熊の湯(長野)<br>草津温泉天狗山(群馬)にスキーリフト | 旅館業法制定 | わが国最初のスキーバス運行(京都) |
| | | 1949 | | 新聞にスキー場のPR記事 | |
| | | 1950 | 池の平,赤倉温泉,湯沢温泉(いずれも新潟)にスキーリフト<br>菅平にスキーリフト(長野) | | 東京〜草津温泉間にスキーバス<br>上野〜湯田中間に直通列車 |
| | | 1951 | 土樽でスキー場に夜間照明<br>白馬西山にスキーリフト<br>蔵王温泉(上の台)にスキーリフト<br>野沢温泉にスキーリフト<br>神鍋山(兵庫)にスキーリフト | | 国鉄列車内へのスキー持ち込み制限緩和(上越2,信越5,中央1の8列車以外へのスキー持ち込み制限撤廃) |
| | | 1952 | 志賀高原の米軍接収解除<br>↓<br>スキーリフト増設<br>白馬西山にスキーリフト<br>木曽薮原にスキーリフト | | |
| | | 1953 | 霧ヶ峰(長野)にスキーリフト | スキーリフトの構造基準制定(運輸省) | |
| | | 1954 | 花　輪(秋田)<br>白馬名木山にスキーリフト | | |

（表Ⅱ-8 つづき）

| 時期区分 | | 年 | スキー場の開発 | スキー関連事項 | 交　通 |
|---|---|---|---|---|---|
| 隆盛期 | 中央資本進出期 | 1955 | この頃になると各地でスキーリフトの架設が盛んとなる | | 湯田中～丸池間冬季バス |
| | | 1956 | 赤倉前山（新潟）にスキーリフト<br><br>スキー場とは<br>↓<br>「雪の降る温泉地」<br>＊（スキー場概念の変化）<br>↓<br>スキー場とは<br>「広く変化に富んだコースを提供しうる場所で，近代的ホテルのあるところ」 | 第7回冬季オリンピック（コルチナダンペッツォ，イタリア）で猪谷千春スラローム2位入賞<br><br>（スキーブーム）<br>新潟地方旅客索道協会設立 | |
| | | 1957 | 神城（長野）にスキーリフト<br>万座温泉（国土計画，群馬）<br>八方尾根（長野）にロープウェイ | 蔵王に空中ケーブル（山形） | |
| | | 1958 | 石打後楽園（新潟）<br>鉢伏高原にスキーリフト（兵庫）<br>八方尾根（東急，長野）<br>白馬ケーブル（長野）<br><br>この頃からスキー場開発が活発化し，大手資本の進出がみられるようになる | 石打プロスキースクール<br>ルディ・マット来日 | 志賀高原熊の湯まで冬季バス |
| | | 1959 | 狭山インドアスキー場（西武，埼玉）<br>信濃平（長野）<br>東館山（長野）にロープウェイ | 志賀高原（長野）にロープウェイ<br>戸狩（長野）に民宿（4軒）<br>白馬学生村 | |
| | | 1960 | 上越沿線のスキーリフト架設盛んとなる | | 新宿～白馬間直通列車 |
| | | 1961 | 谷川天神平（群馬）<br>越後中里（国土計画，新潟）<br>戸　隠（長野）<br>栂池高原にスキーリフト<br>国設猪苗代（福島）<br>軽井沢人工雪スキー場（長野）（2シーズンで閉鎖，1973年復活）<br>苗　場（国土計画，新潟）<br>北竜湖（長野）<br>白樺湖（長野） | | |
| | | 1962 | 富良野 | | |
| | 施設拡充期 | 1963 | 鹿島槍（長野）<br>苗場（新潟）にロープウェイ | クレッケンハウザー来日 | 信越線アプト式廃止 |
| | | 1964 | 石打TBS（新潟）<br>比叡山（人工雪，京都） | | |
| | | 1967 | | この頃からスキーリフト建設急増 | 上越線復線化 |

## 7. ブナ帯におけるスキー場の立地と発展

| 時期区分 | | 年 | スキー場の開発 | スキー関連事項 | 交 通 |
|---|---|---|---|---|---|
| 隆盛期 | 施設拡充期 | 1968 | 横岳(長野)<br>阿蘇山(人工雪,熊本) | 日本職業スキー教師連盟設立 | |
| | | 1969 | 月山に夏スキー用リフト(山形)<br>奥志賀高原(長野) | | |
| | | 1970 | みつまた高原(新潟)にロープウェイ | | |
| | | 1971 | 花輪にスキーリフト(秋田) | | |
| | | 1972 | 斑尾高原(藤田観光,長野・新潟) | | |
| | | 1973 | 五竜遠見(長野)にゴンドラリフト | | |
| | | 1975 | 剣山(徳島) | | |
| | | 1979 | 野沢温泉ゴンドラリフト | | |

山崎紫峰(1936年):『日本スキー発達史』,および筆者の各地での実態調査により作成

　第二次世界大戦後の1947年に,アメリカ合衆国占領軍は,接収した志賀高原の丸池(標高1,460m),札幌市藻岩山に米軍人専用のスキーリフトを架設した.これを契機として,野沢温泉,菅平,八方尾根(白馬村),山形県蔵王温泉などのブナ帯の各地に,スキーリフトが架設され,スキー客が増加し,集落も大きく変貌した.これらスキーリフトの架設は,いずれも地元資本によるものであったが,八方尾根のみは,共有林野を開発の対象として東急資本が導入された.

　1950年代後半以降の経済の高度成長に基づく国民所得の向上および大都市とスキー場間の交通時間距離の短縮は,スキー場とその立地集落の概念を大きく変えた.すなわち,スキー場の性格は,従来からの「雪のある温泉地」から,「スキースロープの規模が大きく,変化に富んだコースを提供しうる場所」へと変化した.このようにしてブナ帯は,スキー場開発の対象地となってきた.ブナ帯山村では,農業生産性の低さとあいまって,スキー場が開発されると,民宿経営が本格的に生業の重要な一部分として開始されるようになった.

　1960年代からは,さらに大規模なスキー場が求められるようになった.ブナ帯は積雪や雪質などの自然条件がスキーに適しているために,中央の電鉄資本などによって開発された規模の大きいスキー場は,いずれも自然条件の良いブナ帯内に存在する.西武系の国土計画株式会社による万座温泉スキー場(集落標高1,740m),苗場スキー場(集落標高1,000m)および藤田観光株式会社による斑尾高原スキー場(集落標高960m)などのスキー場の開発は,従来の鉄道沿線立地型のスキー場開発とは,大いに異なっている.すなわち,これらの開発は,い

ずれも「スキー場としての自然条件のすぐれた場所」であるブナ帯が選択されたのである．この結果，ブナ帯におけるスキー場の開発はいちじるしく進展した（表II-8）．

このように，わが国のスキー場開発は，ブナ帯が開発の中心となっているが，これらのスキー場を，筆者はスキーリフトの総延長距離，滑走可能期間，宿泊施設およびスキーヤーの誘致圏などの人文的特性をも加味して，表II-9のように階層区分している．

表 II-9 日本におけるスキー場の諸類型

| 項<br>類　型 | 特　　　　性 | | | スキー場および集落 |
|---|---|---|---|---|
| | リフトの<br>総延長距離 | 滑走可能期間 | 人 文 的 特 性 | |
| ナショナル型 | 12,000m以上 | 120日以上 | ・全国的に入込客がある．<br>・全国的なスキー競技大会がしばしば開催される． | 野沢温泉，志賀高原，苗場，蔵王，白馬，栂池，妙高赤倉 |
| リージョナル型 | 4,000～<br>12,000m | 90～120日 | ・地方中心的スキー場．<br>・各地方からの入込が中心となる． | テイネオリンピア，比羅夫，ニセコ，富良野，猪苗代，菅平，草津，戸狩，岩原，マキノ，神鍋山，ハチ，大山など |
| ローカル型 | 4,000m以下 | 90日以下 | ・地方都市の周辺に立地し，日帰りの利用が主体となる． | 飯綱（長野市），高湯（福島市），蔵王坊平（上山市）など |

数多くのスキー場の中にあって，野沢温泉，志賀高原，苗場，蔵王，八方尾根（白馬），栂池高原，妙高赤倉などの中央高地のスキー場は，滑走可能期間が120日以上あり，スキーリフトの総延長距離も12,000m以上で，全国的なスキー競技大会がしばしば開催されるような，ナショナルなスキー場に発展している．

スキーは季節性の強いスポーツであるため，観光集落としては，他の季節にもレクリェーション機能をもちうることが重要である．すなわち，温泉入浴，避暑，ハイキング，探勝，登山などとして周年的観光機能をもちうるならば，観光集落としての発展がいちじるしくなる．わが国のナショナルなスキー場は，野沢温泉，志賀高原，蔵王温泉，妙高赤倉などのように，温泉とあいまって発展した例が多い．しかしこれらは温泉のみにとどまらず，他のレクリェーション機能をもっている．また，苗場（集落標高958m），栂池高原（集落標高800m），八方

## 7. ブナ帯におけるスキー場の立地と発展

尾根（白馬村八方，集落標高740m）などは温泉地ではないが，スキー場としての自然条件に特に恵まれているのはもちろん，夏季のテニス，避暑，登山などのスキー以外のレクリェーション機能を有している．

自然条件はスキー場開発の基本であるが，とくに志賀高原や栂池高原などのように，ブナ帯の中でも自然条件に恵まれているため，従来は非居住空間であった山地に，スキーを媒介として新しい集落の発生をみたところもある．また，野沢温泉，浅貝（苗場スキー場），菅平などのように既存集落に隣接してスキー場が開発され，それらの集落がいちじるしく変貌したような集落も多い．筆者は，スキー場がその集落形成において重要な役割を演じ，スキー場と集落がひとつの有機的システムとして機能し，その集落の性格を形づくっている場合を，「スキー集落」と規定した[7]．野沢温泉，浅貝，菅平，八方などは既存集落移行型スキー集落，志賀高原，栂池高原，斑尾高原などは新集落発生型スキー集落の典型である．これらわが国のスキー集落は，表Ⅱ-10のようにまとめられる．

さらにスキー場の広がりを，スキー集落の類型別に，輸送施設を中心としてみ

表Ⅱ-10 スキー集落の諸類型

| 集落の原類型 | | | 具体例 |
|---|---|---|---|
| 既存集落移行型 | A. 農林業集落 | $A_1$ 稲作農業集落 | 八方，佐野坂，中綱，石打，六日町，浦佐，戸狩 |
| | | $A_2$ 畑作農業集落 | 菅平，番所（乗鞍高原） |
| | | $A_3$ 林業集落 | 浅貝（苗場スキー場） |
| | B. 温泉集落 | $B_1$ 常住温泉集落（スキー場立地以前から定住化のみられた集落） | 蔵王，赤倉，草津，湯沢，野沢 |
| | | $B_2$ 季節的温泉集落（スキー場の立地により定住化した集落） | 発哺，熊の湯，万座，白骨 |
| | C. 信仰集落 | | 戸隠，王滝 |
| 新集落発生型 | D. 新設観光集落 | $D_1$ 地元民の移住集落 | 一の瀬，硯川，栂池，鈴蘭，強清水，越水ヶ原（戸隠），月山姥沢 |
| | | $D_2$ 外部資本による開発集落 | 丸池，斑尾，蔵王坊平， |

各地の実態調査により作成．

たのが図Ⅱ-31である．野沢温泉，八方，大山などでは既存集落に隣接してスキー場が開発された．しかし，志賀高原，乗鞍高原，栂池高原などでは，既存集落

178    II. ブナ帯における伝統的文化と現代の諸相

から離れており，さらに標高も高く，自然条件の良好な地域に新しいスキー場が開発され，そこには新しい集落が形成された．

野沢温泉の集落（標高600m）は，ブナ帯ではないが，スキー場は600〜1,600

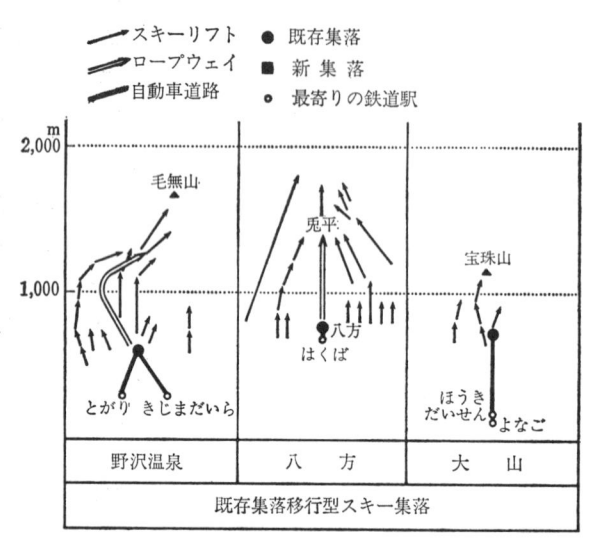

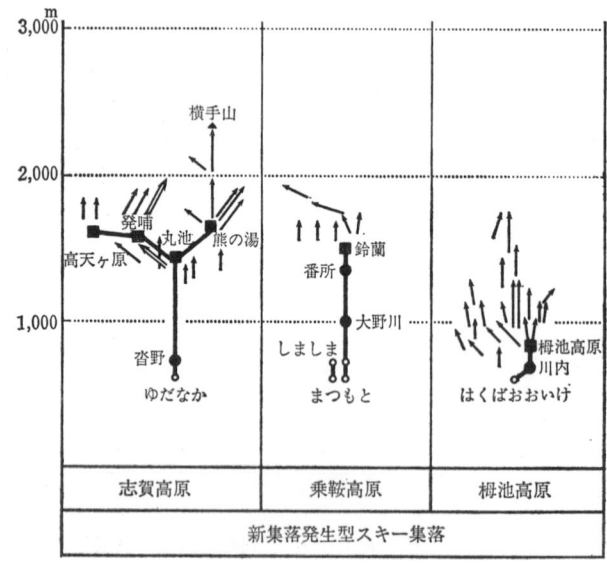

図 II-31
スキー集落の地理的模式

mのブナ帯に開発されている．八方，志賀高原，乗鞍高原，栂池高原などのスキー場も，いずれもブナ帯に開発されているが，とくに志賀高原，乗鞍高原などのスキー場の一部は，亜高山帯にまで及んでいる．

西日本のスキー場では，大山，鉢伏山などのスキー場の上部がわずかにブナ帯に含まれるが，多くのスキー場は，非ブナ帯に存在している．たとえば，関西地方で著名なスキー場である神鍋(かんなべ)山のスキー場をみると，関係する集落（標高 290m）はもとより，スキー場（400～740m）もすべて非ブナ帯に存在する．

### 3）非ブナ帯林におけるスキー場の消長
#### （1）歴史的スキー場の衰退

日本においては，日本海側が深雪地帯で，そこには多くのスキー場が開発されている．前述したように積雪量が 50cm 以上ある地域で，地形面に適当な斜面があれば，どこにでもスキー場は設けられるはずである．しかし，北陸地方の沿岸地域では，50cm 以上の積雪量があるが，照葉樹林帯に属するために，スキーには適さない．

上越市の金谷山は，1911 年（明治 44）にオーストリアのレルヒの指導により，わが国ではじめてのスキー講習会が開かれた歴史的に著名なスキー場である．積雪量は十分であるが，標高が低く（145m），雪質が悪いために現在，スキー場としては発展していない．

京都府の宮津湾に面した成相(なりあい)山（569m）の東および西斜面は積雪量が多く，1921 年（大正 10）に地元のスキーヤーによって，成相スキー場，世屋スキー場として開かれ，これは関西のスキー場としては最も早い時期であった．スキーシーズンには，宮津の文珠(もんじゅ)桟橋から山麓の府中まで，天ノ橋立湾汽船会社が，スキー船を廻航し，ケーブルカーも架設されるほど著名なスキー場であった（山崎，1936）．また第二次世界大戦以前まで，六甲山（932m）にも，ゴルフリンクを利用したスキー場があった．洛西の愛宕山（924m），比良山地中の武奈ヶ岳（1,214m）などの斜面にもスキー場が開かれた．これらのスキー場は，いずれも京阪神から近いという交通条件によって成立したが，いずれも非ブナ帯にあり，第二次世界大戦後はまったくかえりみられなくなった．このように近畿・中国地方のスキー場には，第二次世界大戦後に中央高地などにスキーリフ

トをもった自然条件の優れたスキー場が開発されるとともに消滅したスキー場が数多くみられる．

伊吹山，神鍋山，鉢伏高原，大山などのスキー場は，いずれも第二次世界大戦以前から西日本では著名なスキー場であり，そのほとんどが非ブナ帯ではあるが，西日本では，比較的自然条件が良く，貴重なスキー場としてこんにちまで利用されてきた．

（2）　交通立地に恵まれ開発された照葉樹林帯のスキー場

スキー場の成立には，地形・気候などの自然条件やさまざまの社会経済的条件がかかわっている[6]．スキーの市場が基本的には大都市であるために，交通条件がその発展に大きく関与している．とくに日本の場合，最寄りの鉄道駅からスキー場までのアプローチはスキー場立地の大きな条件である．この点において，国鉄上越線沿線に開発されたスキー場は，その典型である．

1951年国鉄列車へのスキー持ち込み制限が，一部の列車を除いて緩和されると，東京を中心として前夜行日帰り型のスキー場が，東京から距離的に近い国鉄上越線沿線に次々と開発された．土樽（集落標高540m），中里（同435m），湯沢（同320m）などの上越線沿線のスキー場は標高280〜950m，すなわちそのほとんどが非ブナ帯である低暖地とブナ帯の下部に分布するために，雪質が悪い．しかしながら，これらのスキー場は，すべてスキーリフトや夜間照明の設備を備えている．そしてまた大都市ときわめて近い．このように，鉄道沿線にあり，大都市と直結しているという交通条件が，非ブナ帯にもかかわらず，数多くのスキー場が開発された主要因であった．上越線沿線に含まれる苗場スキー場は，最寄りの鉄道駅からは遠いが，集落の標高も高く（浅貝，940m），ブナ帯であるために，雪質がきわめてよいために，ナショナルなスキー場に発展している．

中国地方においては，大山，鉢伏高原，神鍋山などが，よく知られたスキー場となっている．大山（集落標高760m）では760〜1,110mの主としてブナ帯にスキー場が開発され，中国地方では優れた地形面と雪質を持っている．したがって，その利用圏は中国地方を主として，広く九州・四国に及んでいる．

鉢伏高原（集落標高，560m；スキー場，740〜1,220m）では，スキー関係集落の全てが照葉樹林帯にあり，スキー場の最上部のみがブナ帯に属する．また，神鍋山では，スキー場の最上部でも740mでブナ帯ではない．三井野原スキー場（島根県横田町）は，1949年国鉄木次（きすき）線三井野原駅の開設と同時に，

駅に連なる標高700mの非ブナ帯にスキー場が開発された.一般に最大積雪深は1mに及ぶが,スキーシーズンは短く,1月上旬から3月上旬である.

このように,中国地方のスキー場は,地形的制約からそのほとんどが非ブナ帯に開発されている.これらは京阪神などの大都市からきわめて近いという交通条件によって成立している.

### 4) スキー場の開発とブナ帯山村の変容

日本のスキーリフトをもつスキー場は,543カ所を数える[9].筆者は,1975年に全国の主要スキー場219カ所について,その土地所有・土地利用について調査した.その結果,このうち187カ所(85.4%)は山林原野の借地によって成立していることが明らかとなった[6].また,スキー場の敷地をスキー場経営会社が所有している32カ所も,その敷地のすべてが会社所有である場合は,10カ所にすぎなかった.このように,わが国のスキー場のほとんどは,山林原野の借地によって成立している.したがって,わが国においては,共有地・国有地などの広大な山林原野の存在が,スキー場の開発に大きな役割を果たしていることが明らかである.また,その借地料は3.3m$^2$当り,年間10～50円程度であり,1haでは3～5万円(年間)になる.これが林業地代に相当するものであることは,すでに市川[10]が指摘している.この非常に安い林業地代のうえに,スキー場が開発されている.広大な林地をもつ林野庁が,いわゆる国設スキー場を設置しているのには,このような背景がある.また,積雪地帯におけるブナ帯では,樹木のの成長がおそく,さらに雪害による根曲りもあるために,林業収益が太平洋岸に比較して低い.このような林業事情も,相対的に林地のスキー場への転用を容易にした.

わが国の農山村では,集落の背後に農業生産と密接に結びついた共有地が広く存在している例が多い.集落自体は山麓帯(クリ帯)にあっても,農用林野は主としてブナ帯に広がっているところが少なくないが,この農用林野がスキー場に転用された場合も多くみられる.

このようなブナ帯におけるスキー場の開発によって,著しく変貌をとげた山村も多い.

既存集落移行型スキー集落のひとつである八方を含む白馬村(長野県)は,積雪が2m以上にも及ぶ深雪地帯にあり,ブナ帯における典型的な積雪水田単作

地帯である．ここでは北アルプスからの流出河川水を灌漑に利用するために，稲作の生産力は低かった．このため，とくに第二次世界大戦以前は，製炭，藁加工などの冬季の副業や出稼ぎの活発なところであった．こうした環境を反映して，白馬村の人口は1945年以来1970年まで減少をつづけていたが，1975年には増加に転じ，1980年には7,000人を超え，1955年の水準を回復した．この背景には，大規模なスキー場の開発を中心とする観光の進展があった．白馬村はわが国における民宿発生の地のひとつであるが，1960年代のスキー場の本格的開発とともに，いちじるしく民宿数が増加した地域で，今日では村内に約250軒の民宿がある．この結果，白馬村においては，観光に関連するサービス業，小売業，運輸・通信業などの就業人口が増加し，全体の3分の1以上を占めるようになってきている．

　1980年の農林業センサスによると，白馬村の農家人口は4,489人で総人口（6,993人）の64.2％に達しており，総人口の3分の2が農家人口であることを示している．民宿を兼業する農家の場合，国勢調査には，サービス業人口としてではなく，農業人口として記載される場合が多い．したがって，実際には，サービス業人口などの第三次産業人口がはるかに多いものと推定される．

　一方，産業分類別事業所数および従業者の統計をみると，白馬村における1975年の民宿を含むサービス業は584事業所，従業員は2,295人であった．これが1978年には646事業所，2,316人となった．前述の国勢調査に比較すると，事業所統計におけるサービス業人口が3倍にも達している．このことは，農家人口の中に民宿経営に従事する多くの人々が存在することを示している．さらに1981年の白馬村における観光粗収入は約530億円と推定されるのに対して，農業粗収入はわずか8億円程度にすぎない．白馬村においては，大規模なスキー場の開発が行われた結果，スキーを中心とした観光が地域の主要な産業となってきており，集落が大きく変貌してきた．

　長野県小谷(おたり)村には，「新集落発生型スキー集落」である栂池高原がある．標高800〜850mにあるこの集落は，栂池高原スキー場の開発によって，従来の土地利用が秣草などの採草地，またはほとんど経済性のない雑木林であった共有地の分割所有によって，地元民の移住を中として1960年代にまったく新しく形成された集落である．栂池高原には，1979年現在136の民宿・旅館がある．また栂池高原の北に位置する白馬乗鞍国際スキー場においても，スキー場の開発に

## 7. ブナ帯におけるスキー場の立地と発展

よって,若栗,蕨平などの新しい集落ができあがった.栂池高原,若栗,蕨平などはいずれもスキー場の開発にともなって,ブナ帯に形成された新しい集落である.この結果,小谷村の人口分布には大きな変化がみられた(表Ⅱ-11).

表 Ⅱ-11 小谷村における地区別人口の推移

| 年次<br>地区 | 1955 | 1960 | 1965 | 1970 | 1975 | 1980 |
|---|---|---|---|---|---|---|
| 栂　　池 | 294<br>(100) | 258<br>(88) | 291<br>(99) | 380<br>(129) | 568<br>(193) | 635<br>(222) |
| 六　　区 | 220<br>(100) | 202<br>(92) | 185<br>(84) | 171<br>(78) | 208<br>(95) | 319<br>(145) |
| その他の集落 | 1,654<br>(100) | 1,590<br>(96) | 1,413<br>(85) | 1,191<br>(72) | 964<br>(58) | 974<br>(59) |
| 千国小計 | 2,168<br>(100) | 2,050<br>(95) | 1,889<br>(87) | 1,742<br>(80) | 1,740<br>(80) | 1,928<br>(89) |
| 中小谷小計 | 1,870<br>(100) | 1,704<br>(91) | 1,499<br>(80) | 1,276<br>(68) | 1,104<br>(59) | 1,005<br>(53) |
| 中土小計 | 2,419<br>(100) | 2,204<br>(91) | 1,783<br>(74) | 1,492<br>(62) | 1,267<br>(52) | 1,087<br>(45) |
| 北小谷小計 | 2,003<br>(100) | 1,959<br>(98) | 1,686<br>(84) | 1,383<br>(69) | 1,135<br>(57) | 1,145<br>(57) |
| 小谷村総計 | 8,460<br>(100) | 7,917<br>(94) | 6,857<br>(81) | 5,893<br>(70) | 5,246<br>(62) | 5,165<br>(61) |

( )内は1955年を100とする指数.
国勢調査により作成.

1950年代後半からの人口減少は,わが国の山村の共通の社会現象であった.小谷村の人口は,1954年をピークとして1955年から1980年までの25年間に,39%も減少した.とくに20歳代の青年層の減少がいちじるしかった.多くの山村が,1960年前後から人口減少がはじまったのに対して,小谷村では数年早く減少傾向がはじまっている.それだけ小谷村の社会経済的条件が厳しかったものであることを示している.しかし村内における地区別の人口動態をみると,川内,松沢(既存集落)および栂池高原スキー場周辺(新集落)を含む栂池地区,白馬乗鞍国際スキー場周辺の若栗,蕨平,里見などの新集落を含む六区の二つの地区のみが人口増加をみている.とくに栂池地区は,栂池高原スキー場の開発が本格化してくる1970年になると人口増加がいちじるしく,1980年の人口は1955年の2倍以上になっている.ところが,あとのすべての集落は,国道148号線や国鉄大糸線沿線にある集落でさえも,人口はいちじるしく減少し,この傾向は1980年以降も続いている.

短期間にスキー客が集中するスキー場にあっては，スキーリフト，宿泊施設などで多数の臨時労働力が必要とされる．栂池高原には，1980年現在136軒の宿泊施設（収容可能人員6,700人/日）があるが，これらの宿泊施設全体の冬のピーク時における臨時従業者総数は約940人にのぼるものと推定される．これらのうち小谷村内からの供給は，わずか7.2%にすぎない．そのほとんどは東京，大阪，京都などからの大学生のアルバイトである．スキーリフトの臨時雇用も同様の傾向にある．これはいちじるしい人口流出の結果，観光経営に供給できる年齢層の労働力が村内にあまり存在していないことを示している[11]．

　栂池高原におけるスキー集落は，地元住民の移住を中核として形成された．彼らは旅館，民宿などの観光経営に従事しながらも，そのほとんどは農業を営む複合経営体である．稲作を主とした「稲作＋養蚕」が典型的農業経営であった栂池高原の母村である川内集落は，従来からの伝統的性格をまったく失った．

　白馬村や小谷村のように，農業生産性が低く，冬季間の就業機会が少ないブナ帯の山地集落では，スキー場の開発に伴い，急速に観光経営に依存していく傾向が強く，その社会経済構造を大きく変貌させている．　　　　　　　〔白坂　蕃〕

## 文　献

1) 山崎紫峰（1936）:『日本スキー発達史』明文堂, 380 p.
2) 中野　理（1964）:『スキーの誕生―日本スキーの父，レルヒを中心に―』金剛出版, 351 p.
3) 福岡孝行他（1971）:『日本スキー発達史』実行の日本社, 363 p.
4) 小林英一（1975）: 長野県におけるスキーの発祥. 高井, **31**, 14-17.
5) 長岡忠一（1979）:『日本近代スキーの発祥と展開―長岡外史とレルヒの役割を中心として―』日本図書センター, 269 p.
6) 白坂　蕃（1975）: 日本におけるスキー場の開発―ヨーロッパ諸国と比較した観光地理学的考察―. 地理, **20**(2), 102-112.
7) 白坂　蕃（1981）: リゾートとブナ林帯―とくにスキー集落について―, 地理, **26**(4), 81-93.
8) 吉良竜夫（1971）: 日本の森林帯.『生態学からみた自然』河出書房新社, pp. 105-148.
9) 運輸省鉄道監督局（1980）:『民鉄要覧』鉄道図書刊行会, 432 p.
10) 市川健夫（1674）: 亜高山帯の土地利用―中央高地の例―. 地理, **19**(10), pp. 37-38.
11) 白坂　蕃（1982）: 中央高地栂池高原における新しいスキー集落の形成. 地理学評論, **55**(8), 566-586.

# 8. 欧米のブナ帯文化の日本への導入

### 1) 文明開化と近代的ブナ帯文化の輸入

1872年（明治5）北海道開拓史は、開拓10カ年計画をたてたが、この際アメリカ政府の農務長官であったケプロン（Horace Capron, 1804～1885）を最高顧問に迎えるなど、積極的にアメリカ文化を導入した．この結果、都市や農村の土地割にはアメリカのタウンシップが採用されて、整然とした碁盤目状の土地割や道路になっている．また耕作にはプラウとハローを用いた馬耕が奨励された．備中鍬や踏み鋤による耕作ならば、1戸当りの耕作規模は1.5haが限度であるが、プラウを中心とした馬耕ならば5haの経営が可能であった．屯田兵制度をはじめ、北海道の開拓当初、農家に平均5haの農地が割当てられたのは、馬耕を中心とした技術大系が背後にあったからである．ブナ帯に属する北海道では1年1作が原則であるため広い耕地を必要とする．また農作業の適期が照葉樹林帯より短いために短期間に労働が集中するが、それはプラウ農法によって、農業経営が可能になったのである．

アメリカ顧問は北海道では稲作が無理なので、麦作と畜産を主体とした畑作農業を奨めた．また屯田兵司令部は稲作を禁止して、畑作の振興をはかった．そこで春小麦、燕麦、テンサイ、亜麻、タマネギ、アスパラガス、西洋リンゴ、各種牧草など、これまで日本になかった作物が導入されて、バレイショなどとともに北海道で栽培されるようになった．また短角種、デボン種などの種牡牛が輸入されて、和牛と交配し、雑種が育成された．さらにエアシャー種、ホルスタイン種などが輸入されて、本格的な酪農が始められ、バター、チーズなどの酪農品が製造された．一方プラウ農法の普及とともに、馬格の大型化が要求された．そこでトロッター種、ペルシュロン種が輸入されて、在来種の土産馬と交配されて、中半血の馬が育成されるようになった．

アメリカから北海道に導入された作物や家畜は、いずれも欧米のブナ帯の原産、もしくは育成されたもので、寒冷地の風土に適している．これらの作物の種子は、札幌の興農園が採種して、全国各地へ販売したが、長野県の菅平高原でも興農園から春小麦やエンバクの種子を購入して、高冷地農業を発展させることが

できた.

しかし，北海道に導入されたアメリカ農業は完全に定着することがなかった．明治初年北海道に移住した和人農民は禁止政策にもかかわらず，ひそかに稲作を試みる者があった．このような稲作への執着は，日本人の民族性，照葉樹林文化への志向によるものであろう．そこで1901年（明治34）北海道庁はこれまでの政策を転換して，稲作奨励策に踏み切った．この結果，1930年まで石狩平野や上川盆地では一部を除いて水田単作地帯となり，本土と変わらない照葉樹林帯的な耕作景観がみられるようになった．

水稲の生産限界地である北海道では，冷害を受けやすいにもかかわらず，稲作が行われているのは，零細農家が多いという社会経済条件におうところが大きい．石狩平野における農家1戸当たりの耕地は5haで，畑作物を合理的に輪作するには規模が小さすぎる．ところが，水稲は連作しても地力があまり落ちないし，また土壌侵食はほとんどみられないし，忌地（いやち）現象もみられない．そのうえ，稲作の土地生産性は小麦の3.7倍，原料バレイショの2.6倍，アズキの2.5倍ときわめて高い（1973年）．米に対する政府の価格支持政策，また冷害に対する共済制度が確立されており，稲作は冷害を時折受けても，他の畑作物よりきわめて有利である．そこで北海道はもとより，東北地方や中央高地のブナ帯においても，稲作に対する農民の愛着がきわめて強いのである．

1970年政府が米の生産調整政策に転換して以来，北海道においては全国平均以上に栽培を制限する施策がとられている．その結果水稲作付け面積は，1968年26.6万haあったものが，1981年14.5万haで，45.5％も栽培が減少している．とくに道東地方では稲作はほとんど消滅し，また畑作においても冷害に弱いアズキ，ササゲなどの作付けが減らされ，冬小麦，バレイショ，テンサイ，牧草など，春刈りトウモロコシなどブナ帯に適した作物の栽培比重が増加している．アメリカの農耕文化が輸入されてから1世紀を経て，ブナ帯の文化複合が十勝平野などに定着しつつあると思われる．

## 2) リンゴを中心とする果実文化の導入

日本農業のなかで，明治維新後の文明開化期の殖産興業政策で大きく発展したのは，国際商品となった生糸の原料を生産する養蚕であった．この養蚕に次いで明治政府が振興をはかったものが果樹栽培であった．近世まで日本の果実は，カ

キ,ナシ,ブドウ,ウメなどが栽培されていたが,散在的に作られるにすぎず,生果のまま商品化される量も少なかった.しかしこのなかで,カキは干柿(ほしがき)にして商品化されたためもっとも生産量が多かった.

このような状況のもとで,1874年(明治7)内務省勧業寮は1872年アメリカから輸入したリンゴ,モモ,オウトウ,ナシ,ブドウ,イチジク,スグリ,フサスグリ,アンズ,スモモ,マルメロの11種の苗木を,新宿試作場で接木繁殖させ,各県に3本ずつ33本を59府県に配布した.翌1875年にはハタンキョウを加えて12種類,1県当たり346本ずつ配布した.この際リンゴが最も多く,75本ずつ配布している.さらに1876年には中国産のブドウとイチゴを加え,14種類,1県当たり1,835本ずつ配布した.この際リンゴは1県当たり230本で,この時県が成立していない琉球藩にも配布している[1].

北海道開拓使は勧業寮と同様に1872年東京の青山官園で果樹の育苗を行い,これを道内に配布している.

このような中央政府による果樹苗木の配布が,近代的な果樹農業政策の始まりであった.その柱となったのはリンゴで,政府がリンゴをもっとも重要視していたことがわかる.わが国では倭リンゴ(林檎)の栽培は,古代から行われていたが,糖分が多く,果肉の厚い西洋リンゴ(苹果)の栽培はこの時から始められた.各府県に対し,勧業寮から30年にわたり,合計308本のリンゴ苗木が配布されたが,リンゴが地場産業として定着したのは青森県のみであった.当時の勧業政策は果樹栽培に限らず,サトウキビ(甘蔗,蘆粟),綿花などとともに,自然条件を考慮することなく,画一的に進められた点は問題があった.しかし,果樹栽培を通じて農業の近代化を進めようという意図を政府がもっていたのである.

青森県におけるリンゴ栽培の系譜には,勧業寮のもたらしたものと,1874年弘前にやってきたアメリカ宣教師ジョン・イング(John Inge)がもたらした「印度リンゴ」の二つがあった.このリンゴの語源は,イングの出身地であるインディアナ州から名づけられたといわれる.弘前を中心とする津軽平野におけるリンゴ栽培は,主として熱心な旧士族層によって進められたが,病虫害を克服して,栽培技術大系を確立したのは1920年代になってからであった.

1920年(大正9)の養蚕恐慌後,さらに昭和恐慌期を通じて,青森県におけるリンゴの栽培技術は,当時養蚕が発達していた福島盆地,山形盆地など東北各地,長野盆地をはじめとする中央高地に移出された.これらの地域では恐慌対策

の一つとしてリンゴ栽培をとりあげたので，リンゴ生産が昭和恐慌後1930年代急増していった．さらに第2次大戦後，長野県におけるリンゴ栽培技術は，中国・九州地方のブナ帯周縁部や，台湾の台中県梨山に輸移出されている．これらの地域は，讃岐平野などの「暖地リンゴ」と異なり，リンゴ栽培に適しているので，品質のよいものが生産されている．

現在日本で栽培されているリンゴは，アメリカから輸入された品種（スターキング，デリシャス，ゴールデンデリシャス，紅玉，国光）と，青森県リンゴ試験場がアメリカ系の品種を交配して育種した「ふじ」，「つがる」，「むつ」などである．

ブナ帯は暖地性のブドウやアマガキを除くと，各種落葉果樹の適地である．これらの果樹のうち，和ナシ，モモ，ウメ以外のリンゴ，プラム（スモモ），ネクタリン，オウトウ，洋ナシ，ブルーベリー，クルミ* などは，いずれもアメリカから原種が輸入されている．このなかでプラムは日本から輸出したスモモがアメリカで品種改良されたものが，日本に逆輸入されたものである．現在日本のブナ帯および中間地帯では，落葉果樹が重要な商品作物になっているが，これは主としてアメリカ文化の直輸入といってもよいほどで，いまでも年々新しい品種が輸入されている．

### 3) 外人避暑客相手に始められた高原野菜

中央高地，北関東の高冷地では，高原野菜を生産する遠郊農業が発展している．これは冷涼なブナ帯の自然を有効に利用した抑制栽培で，主要市場である三大都市圏に地理的に近いこともあって，生産力の高い農業地帯になっている．高原野菜の栽培は1890年代軽井沢の外人避暑客の注文によるキャベツ生産に始まった．当時キャベツは玉菜と呼ばれ，行政機関では甘藍といっていたが，第一次大戦後から地元の青果仲買商の手を通じ，国鉄信越本線を利用して，東京，名古屋，大阪などに出荷されるようになった[2]．これは高冷地における遠郊農業の成立であった．

1923年（大正12）から高原キャベツの栽培は，八ヶ岳南西麓富士見高原にも広がったが，昭和恐慌を契機にして，高冷地における養蚕不況対策として高原野

---

\* 現在栽培されているクルミは，野生している鬼グルミ，姫グルミではなく，アメリカから輸入したペルシャグルミと在来の朝鮮グルミ（手打ちグルミ）を交配してつくった「信濃グルミ」が多い．

菜の生産がとり上げられた.この結果,北関東の群馬県吾妻郡嬬恋村,中央高地の菅平高原,八ヶ岳東麓の長野県南佐久郡川上村をはじめ,各地に野菜の特産地が形成された.現在輸送手段の発達とともに,高原野菜は同じブナ帯である東北地方の山間部や北海道の平坦部にも伸びている.

高原野菜の栽培は当初キャベツのみであったが,昭和恐慌期からハクサイ,ダイコンが加わった.第二次大戦後レタス,セルリー,アスパラガス,ニンジン,ササゲなど,栽培品目も多様化し,生産量も飛躍的に発展している.葉菜類,根菜類の栽培は,ブナ帯に適しているので,高原野菜地帯における農業生産力は高く,本来自給的な雑穀栽培と畜産(馬産)が中心であった山村に大きな変容をもたらしている.

高原野菜の種子もアメリカから輸入されたものが多い.とくにレタスの場合,アメリカから直輸入された種子が,そのまま播種されている状況である.

中央高地のブナ帯山村では野菜ばかりでなく,洋ギク,アスター,グラジオラス,リンドウなどの花卉の栽培が発展している.とくにシェード栽培による洋ギクの促成栽培はブナ帯気候を有効に利用している.このような切花のうち,リンドウを除くとほとんどがアメリカから輸入されたものである.また洋ギクは日本のキクがアメリカで品種改良されたものを逆輸入している.

### 4) ブナ帯におけるリゾートの形成

日本列島の人口密集地域は,北緯36°以南に分布している.中緯度の大陸東岸に当たるので,植生のうえでは典型的な照葉樹林帯となり,夏季の気候は亜熱帯的になる.盛夏になると真夏日や熱帯夜をしばしば迎えるのは当然のことである.このようにあまりに暑い気候は,人間の諸活動,とくに精神活動に大きな制約を与えてきた.

平安時代に発達した天台宗,真言宗は山岳仏教といわれるように,ブナ帯の山地に寺院を建設した.最澄は比叡山に延暦寺,また空海は高野山に金剛峰寺をひらいた.比叡山は800m,高野山は900mに及ぶ山地で,地形的には隆起準平原の原形面であるため,大伽藍を建てるに好都合な平坦面があった.冬の寒さはきびしいが,盛夏でも涼しい山地気候は,仏教哲学を研究する学問僧の生活環境としては最高のものであった.

修験道の霊場となっていた出羽の羽黒山,信濃の戸隠山,越中の立山,加賀の

白山，大和の大台ヶ原山，伯耆(ほうき)の大山(だいせん)，豊前の英彦山(ひこさん)などは，いずれもブナ帯山地にひらかれている．行者が修業する場として，冷涼な夏の気候が必要であったことを示している．

しかし，近代になるまで日本には避暑という生活様式はなかった．真夏になると，日中や夕凪(ゆうなぎ)の時刻はしのぎにくい．そこで午睡や夕涼みによって，酷暑をさける生活慣習が古くから存在した．後白河法皇の熊野詣では，一種の避暑旅行であったかも知れないが，庶民の中には涼しい避暑地で夏を過す生活はみられなかった．

真夏でも最高気温が20°Cをこえる日が少ない北西ヨーロッパや北米東部を母国とする白人たちが，安政の開国後日本にやってきて，いちばん苦しんだのは夏の酷暑であった．日中の最高気温が25°以上になる夏日が東京で106日間もある．また日最低気温が20°C以上の日である真夏夜が東京では6月末から9月中旬まで頻繁に現れる．大阪，神戸では東京より気候条件はきびしくなり，真夏日は130日にも及ぶ．そこで在日外国人は，政府や企業に「暑中手当」を要求して，避暑地の生活を営むようになったのは当然のことであった[3]．

東京周辺の避暑地としては，箱根，御殿場，軽井沢，中禅寺湖，那須野などがある．なかでも軽井沢は1951年「国際文化観光都市」に指定されているだけあって，規模が大きく，最盛期には常住人口（1.4万人）の10倍をこえる15万人の入込み客がある．1886年（明治19）イギリス人宣教師のショウ（Alexander Croft Shaw）が軽井沢宿（現旧軽井沢）の民宿を借りて一夏を過したのが，軽井沢における避暑の始まりであった．

1893年（明治26）信越本線が開通し，1899年（明治32）外国人の土地所有が公認されたこともあって，1900年別荘は100戸をこえた．しかし避暑地として本格的に成長するのは，わが国の資本主義が飛躍的に発展した大正期，1910〜20年代にかけてで，中央の資本によって大規模な開発が進められた．その結果，30カ国余りの在日外交官をはじめ，マニラ，香港，上海あたりの居留外人まで避暑にやってきた．また日本人の中にも避暑生活を営むものが増加した．

第二次大戦後，避暑地というリゾートは，経済の高度成長とともに軽井沢のみでなく，蓼科高原，野尻湖，那須野をはじめ中央高地や関東北西麓のブナ帯にいくつか建設された．

避暑地にはゴルフ場，テニスコートなどのスポーツ施設も開発され，中にはシ

ーズンオフに備えて人工スキー場を設けるなど，大規模な資本投下が行われている．その結果，軽井沢などの避暑地は交通の発達と相まって夏のみではなく，大都市市民の週末休養地としての性格を強めている．

### 5) ブナ帯におけるスキー場の開設

日本列島の日本海岸は世界有数の深雪地帯で，ここには600に近いスキー場が開設されている．標高の低い平野部の多くは照葉樹林帯に属し，積雪量は滑走するに十分であっても，濡れ雪のため，スキーには適していない．ところが乾き雪が積るブナ帯は，滑走に適するので数多くのスキー場が立地している．

スキー場は雪質，積雪量など気候条件によってのみ決まるものではなく，地形，投下資本量，交通，都市からの時間距離などの諸条件もかかわりがある．しかしスキー場の前提となるものは雪質と根雪期間であり，日本列島の背梁山脈をつくるブナ帯に主要なスキー場が分布している．

わが国の近代スキーは1910年（明治43）軍事力を強化するために導入された．しかし高田市でスキー技術を学んだ配属将校が，高田市や長野県下水内（しもみのち）郡飯山町の中学校や高等女学校で生徒にスキーを教えたことから民間にもスキー技術が伝わった．1920年代になると大学に山岳スキー部が結成されるなど，学生や社会人にもスキーが普及していった．また営林署の森林パトロール，国鉄の保線，電力会社の電線保修などの作業にもスキーが利用されるようになった．しかし当時スキーはゴルフ以上の高級スポーツであり，スキー人口は微々たるものであった．したがってスキーの需要も第二次大戦までは，軍需が大半を占める状態であった．

第二次大戦後，1960年代以降スキーの大衆化が進んで，スキー人口は1,000万人をこえるに至り，絶対数ではアメリカに次ぐスキー大国になった．日本列島を東西に分ける背梁山脈のブナ帯にスキー場が分布して，都市からアプローチが近く，簡便に行けるという条件が，大衆化を可能にしたといってもよい．

スキー場の開設によって，ブナ帯の農山村が大きく変わった事例が多い．農家や漁家が宿泊施設を経営する民宿のうち，スキー民宿がもっとも多い．スキー民宿がはじめて開設されたのは，白馬山麓の長野県北安曇（きたあずみ）郡北城（ほくじょう）村細野（現白馬村八方）で，1926年（大正15）2戸の農家が営業を始めている．1980年現在白馬村では全世帯の20%に当たる399戸の農家が民宿を経営

し，1日に20,273人のスキーヤーを収容できるほどに発展している．

　農業の高距限界外にある温泉集落は，夏期間の季節居住の場合が少なくなかった．志賀高原の熊の湯，発哺(ほっぽ)両温泉，北上州の万座温泉などはその好例であったが，スキー場の開設とともに常住化されている．さらにスキー場の建設によって新たに志賀高原の丸池，斑尾(まだらお)高原，峰の原高原，栂池(つがいけ)高原などの観光集落が生まれている．

　スキー産業はスキー場とその宿泊施設のみではなく，運輸，飲食業，小売業，スキー用具製造業，医療，保険，農業，水産業など関連産業の奥行は深い．したがってスキー場の発展は，立地したブナ帯の農山村に大きな変容をもたらしている．

　近代スキーはオーストリア，スイス，ノルウェーなど北西ヨーロッパやアメリカから主として技術輸入がなされてきた．オーストリアからレルヒ少佐を招待した高田師団長長岡外史が，1902年（明治45）明治天皇に対して，「数千年来雪ニ虐ゲラレタ陛下ノ赤子ガ，漸ク雪ヲ征服スルノ時運ニ到達致シマシタ．夫ハ『スキー』ト申シマスルモノデ，（中略）従来地方ニ於テ用ヒマスル『カンジキ』ナドト，迚モ較ベ物ニナラヌモノデ，ドンナ深雪ニテモ険シキ坂ニテモ容易ニ踏破スルコトガ出来マスル，（中略）雪国ノ文明発展ノ為メニハ『スキー』ヲ以テスル方ガ其効率寧ロ多イカモ判リマセン」と奏上している．スキー導入の最高責任者が，軍事ばかりでなく，雪国，ブナ帯といってもよいが，その生活に大きな変革をもたらすことを予言しているのである[4]．

### 6) ブナ帯的な生活様式の展開

　日本人の生活文化でもっとも立ち遅れているのは住生活である．兼好法師は『徒然草』の中で「住まいは夏を宗とすべし」といっているように，日本の住宅は夏本位で，その構造は開放的である．現在でも高級な住宅は入母屋造りの屋根を設け，欄間彫刻がはいるように天井を高くし，風通しがよいように窓や戸を広くとっている．このような建築様式は，夏高温多湿の気候になる照葉樹林帯においては合理的かも知れないが，冬期間積雪が深く，寒冷なブナ帯的風土には適さない．入母屋屋根は積雪や凍上に弱く，また高い天井や開放的な空間は保温上熱効率が低い．

　韓国人は日本文化でもっとも遅れているのは住宅であると指摘する．中国北部や朝鮮半島では，古くから温床(オンドル)が発達している．炊事などの余熱を有効

に利用した温床を設けて,床暖房をしてきたが,この文化はなぜか日本には伝えられることはなかった.

第二次大戦前,樺太に生活していた日本人と日系ロシア人の燃料消費量は36対1であったという.これは一重窓のバラックとルンペンストーブに対して,床と壁を暖めるペチカをもつ住文化との格差であった.しかし日本人はロシア人のもつこの耐寒建築様式を模倣しなかった.

一方日本では鉄筋コンクリートの建築が数多く建てられているが,最上階は屋根のないフラットのため雨雪に弱く,雨漏りがしやすい.また庇(ひさし)はほとんど設けられていない.このような建物の原型は,西アジアや北アフリカの日干し煉瓦の住宅であり,モンスーン気候の日本にはなじまないものである.また日本は東岸気候で,冬期には緯度の割に低温になる.ところが,二重窓,断熱材,床暖房などの施設がほとんどなされていない.

照葉樹林文化を志向する日本人は,東北地方や北海道のブナ帯まで開放的な住居をつくっている.しかし,歴史的にみると,わが国にも耐寒住宅は存在していた.原始時代や古代,日本人が用いた住宅は竪穴式で,地熱を巧みに用いてきた.また台所の土間につくられている,野菜貯蔵用の「室(むろ)」は,小型の地下室といってもよい.さらに諏訪地方の山村における作業小屋である「穴倉」は,竪穴式の構造をもっている.

1953年「北海道防寒住宅建設促進法」(略称:寒住法)が制定されて以来,北海道では道立寒地住宅研究所を設けて防寒住宅の研究を進め,またその建設を奨励してきた.その結果,1980年までに30万戸以上の防寒住宅が建設された.天井に30cm,壁と床に10cmの断熱材をいれ,三重窓にした防寒住宅は,無断熱,一重窓の住宅に比較して,燃料費は1/4ですむという.また十勝平野を中心に台所に地下室を設けて,食料を貯蔵することが普及している.しかし,北海道における防寒住宅建築は東北地方・中央高地のブナ帯に導入されていない.

以上のように住生活やスポーツなど,欧米のブナ帯文化がわが国にも導入されているが,そのテンポは一様でなく,また地域格差も大きいのである.

〔市川健夫〕

## 文　献

1) 波多江久吉（1972）:『青森県のりんご産業』青森県りんご協会, pp. 34-35.
2) 市川健夫（1966）:『高冷地の地理学』令文社, p. 57.
3) 市川健夫（1978）:『風土の中の衣食住』東京書籍, pp. 154-166.
4) 市川健夫（1975）:『雪国地理誌』銀河書房, pp. 255-260.

## 9. ブナ帯山村の特質
―照葉樹林帯山村との対比―

　日本の主要な森林帯として，九州から関東まで広がる照葉樹林帯と中部地方の高地から東北地方，北海道西南部まで広がる落葉広葉樹林帯があげられる．前者は暖温帯に対応し，後者は冷温帯，つまりブナ帯にほぼ一致する[1]．ブナ帯と照葉樹林帯とでは，日本人が生業を営むために活用してきた土地資源の質に多くの違いがみられる．ことに森林と直接あるいは間接に関連した山村では，この二つの森林帯の自然環境の特性は，現在あるいはこれまで行われてきた土地利用や社会・経済活動を含む生活文化全体にとって重要な基礎条件になったはずであり，今日でもそれらの自然環境に適合した新しい生活の複合形態が形成されつつあると考えられる．そこで，この小論では四つの事例の観察に基づいて，ブナ帯と照葉樹林帯の山村の土地利用と生業について比較，検討を行うことにする．

　ところで，日本の山村では古くから食糧自給が基本とされていたが，幕藩体制下の山村では金納が多く行われたことから，比較的早くから自給的要素に付随した商品生産要素がみられた*．自給のために山間の平坦地や緩斜面に水田や常畑がつくられたほか，かなりの急傾斜面も緑肥や飼料を得るための採草地や焼き畑地として利用されていた．ところが，明治期以降，日本全域に近代的社会組織が普及されることによって，商品生産活動が農山村に浸透することになった．まず東海地方から西日本にかけての各地の里山地域に，1880年代以降，楮（コウゾ）・三

---

\* おもな商品として，繭，漆，麻，青苧（アオソ），コウゾ，ミツマタ，アイ，茶，シイタケ，ワサビ，クズ，木地，獣皮，獣肉などがあった．

楮(ミツマタ)栽培が始まり，次いで茶やミカン栽培が拡大した．さらに養蚕が中央日本を中心に，東北地方以南の全国に普及した．その後，商品生産活動はその種類と量を増し，奥山地域では木材の伐採と植林事業がすすんだり，場所によっては牧畜が発展した．山地での商品生産の拡大につれて，焼き畑や薪炭採取，採草，狩猟といった自給的山地利用は縮小，後退していった．そして商業的山地利用の波は，東海・近畿地方および地方中心を核に辺縁地域に向かって，あるいは里山から奥山へと広がっていった．九州や東北の隔絶山村にこの波が伝わったのは，1950年代以降のことといえよう．

以上のような状況のもとで，日本の山村では地理的位置のちがいにより時代のずれをみせながら，それぞれの自然環境に応じて商品生産が高度化し，土地利用や生業，そして生活文化全般にわたる大きな変革がおこった．ここではこのような過程を通じて，ブナ帯と照葉樹林帯の山村を検討していきたい．まず自給的性格を最近まで強く残していた山村をみてみよう．

## 1) 自給的農業山村
### (1) 山形県小国町の事例

ブナ帯に位置する山形県西置賜(にしおきたま)郡小国(おぐに)町は，山形県の南西端，新潟県境に位置し，朝日連峰と飯豊(いいで)連峰にはさまれており，人々の生活の舞台は狭小な沖積地と高峻な山地である[2]．大小の工場が立地している町中心部と山間の集落を結ぶ冬季交通は，深い雪のため途絶することが多く，山間の集落では，基本的には自給農業と豊かな林産物に依存する生活が，1950年代までみられた．そこでは古くから稲作を中心に生業が営まれてきたが，1戸の所有水田は1ha未満のものが多く，収量も低く，かつ年によって不安定であった．宅地の周辺の普通畑も10a前後で，自給作物が栽培されていたにすぎなかった．第二次世界大戦前までは，砂礫地や山寄りの緩斜面に桑園がつくられ，春蚕と秋蚕が掃き立てられていたが，その生産高は多くなかった．

そこで住民は，生計を維持するために，さまざまな山地の利用を組み合わせてきた．山地の利用形態としては，薪の採取，木炭の製造，ゼンマイ，ワラビ，ウド，フキ，コゴミなどの山菜類の採取や，ナメコ，マイタケなどのキノコ類，クルミやヤマグリなどの木の実類の採取が行われた．なかでも，ゼンマイとナメコ

は貴重な現金収入源であった*. そのほかに木地の製作や, 木の皮やつるの加工, カモシカやクマを対象とした狩猟もみられた. また入会山では, カヤや青草の採取も行われており, カヤは屋根葺きや冬の雪囲いに, 青草は牛馬の飼料や堆厩肥のために必要であった.「カノ」と呼ばれる焼き畑はそれほどさかんではなく, 1戸でせいぜい10a程度であり, ソバ, アズキ, ダイコンなどが栽培された**. これらの山地利用のなかには, すでに述べたように, 現金収入源として重要なものもあったが, 多くは共同体的組織に基づいて入会林野を利用する粗放的な生産活動で, 自給的性格が強かった (図Ⅱ-32).

しかし1960年頃からの高度経済成長は, これらの伝統的生活様式を大きく変化させた. 早植えを中心とする機械化技術体系の発展によって水稲の収量が伸び, さらに農作業の省力化がすすんだ. また二次産業部門の拡大, 道路や河川の改修と圃場整備事業の進展によって多くの雇用機会がもたらされ, これが, 住民の生業形態を多様化させた[3]. 山菜需要の拡大によって, ゼンマイやナメコの生産が一時的に拡大した例もあったが, 一般には山地の利用は後退した.

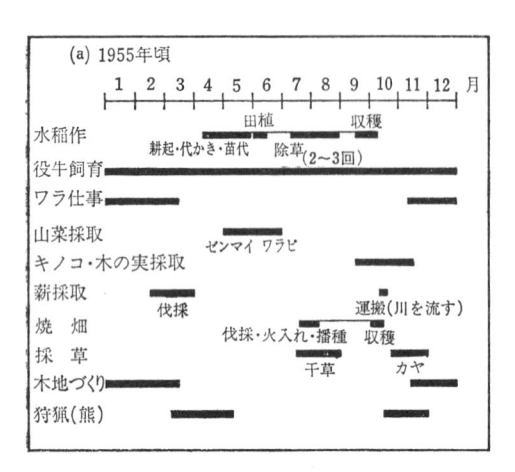

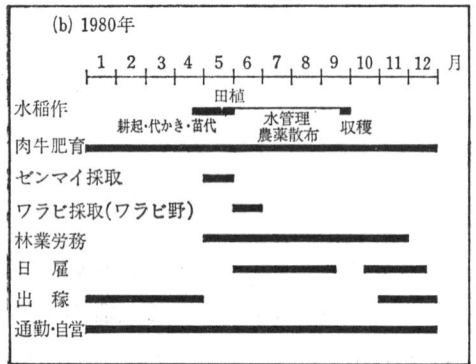

図Ⅱ-32 山形県小国町山間部の主要生業の変化
(聞き取り調査による)

---

\* 1950年代の最盛期には, 1シーズンで30～50kgの乾ゼンマイが採取され, 1haの水田に匹敵する収益があげられた.
\*\* 1年目にソバ, 2年目にダイコン, 3年目にアズキがつくられ, その後休耕地とされた.

このようななかで，化学肥料の普及によって利用が放棄されていた採草地に，山地の粗放的土地利用の一つとしてワラビ野が急速に発展した\*．人口の老齢化にともなって容易に山菜採取ができる機会が求められたことや，山菜採取を目的とした観光客の増加によって，ワラビ野が近年の一つの特徴的な山地利用の形態として定着した．これには採草地が国有地ではなく，民有の共有地であったことも関係していた．つまり住民の不用化した採草地活用の模索が，1960年頃から増大した山菜需要や観光化と結びついたわけである[4]．1960年代以後，もう一つの山地の利用として，スギの造林がある．植林は国有林野を中心として進められ，人工林率は1961年の6.5%から，現在では20%近くにまで増加した．この植林は，伝統的な山域利用を衰退させたが，雇用機会を提供し，住民を賃労働者化する一翼を担ってきた．

### （2） 熊本県五木村の事例

球磨郡五木村は，九州山地を開析する球磨川の支流，川辺川の上流部を占めている．川辺川の渓谷は急峻であり，多くの集落は谷底から200m以上もあがった高所に位置している．海抜1,000m以上になるとブナが出現するが，集落の多くは海抜300〜600mの範囲にあり，照葉樹林帯に位置する．降水量は2,000〜2,100mmと多いが，積雪はほとんどみられない．五木は五家荘や椎葉，米良と並んで古くから交通不便な隔絶地となっており，最近までわずかの小商品生産がみられたにすぎず，自給的色彩がきわめて強い地域であった．この地域では水田も普通畑もわずかであったので，山地での焼き畑が一般的な食料生産の手段であった[5]．

この地域の焼き畑は，表Ⅱ-12に示したように，雑木林の伐採時期（木場切り）と火入れの時期によって，夏薮木場と秋薮木場の二つに分けることができた\*\*．夏薮木場は集落に近い斜面の下部にあり，ソバ，ヒエ，アズキまたはダイズ，サツマイモまたはサトイモが3〜4年植えられた後，10〜15年放棄された．秋薮木場は集落から離れた斜面上部にあり，アワまたはヒエ，アズキまたはダイズ，サ

---

\* 小国では，春の野焼き後，採草地にワラビが自生したので，自給用にこれを採取することは古くから行われていた．近年では採草地が利用されなくなったので，野焼きをしたり，草を刈り払ったり，時には肥料を施してワラビを採取している．これがワラビ野で小国町全体で約1,100haに及ぶ．

\*\* 秋薮木場は10〜11月頃木場切りし，翌年5月に火入れして，初年度はヒエかアワを作付けし，アワ木場と呼ばれた．夏薮木場は7〜8月に木場切りし，夏の終り旧盆頃から初秋にかけて火入れし，初年作はソバでソバ木場と呼ばれた．

表 II-12 焼き畑（木場作）輪作体系（五木村）

| 木場の種類 | | 初年 | 2年 | 3年 | 4年 | 5年 | 6年 | 7年 | 位置 | 伐採火入時期 | 山茶の生育状況 |
|---|---|---|---|---|---|---|---|---|---|---|---|
| 夏薮木場 | ヒエ木場 | 大麦 | ヒエ | アズキまたはダイズ | サツマイモまたはサトイモ | ナンバ（アズキの一種） | | | | | |
| | 麦木場 | 大麦 | アワ | アズキまたはダイズ | サツマイモまたはサトイモまたはトウモロコシ | ナンバ | | | 集落に近い斜面下部 | 7, 8月伐採 | 山茶の生育よく、茶見ほとるが誤認のものもある． |
| | ソバ木場 | ソバ | アワ | アズキまたはダイズ | 陸稲 | ナンバ | | | | 8, 9月火入れ | |
| | 茶の生葉反収 | | 貫 15〜20 | 25〜35 | 30〜40 | 50〜60 | 25〜30 | 10〜15 | | | |
| 秋薮木場 | アワ木場 | アワまたはヒエ | アズキまたはダイズ | サツマイモまたはサトイモ | トウモロコシまたはナンバ | | | | 斜面上部山頂部 | 10, 11月伐採翌年5, 6月火入れ | 生育不良掠奪的採集が行われる． |
| | 茶の生葉反収 | | 15〜20 | 25〜30 | 40〜50 | 20〜30 | 10 | | | | |

（山本正三（1973）:『茶業地域の研究』による）

ツマイモまたはサトイモ，トウモロコシの順で3〜5年作付けされた後，20〜30年放置された[6]．農家1戸当り，1.5〜2haの焼き畑が耕作されていた．休閑期が長いので，焼き畑で食料を自給するには1戸で20〜30haの林野が必要であったが，山林所有がかたよっていたので，焼き畑小作がみられた[7]．1950年代までは焼き畑での自給作物生産を中心に，クリ，タケノコ，ワサビ，クズ，薪の採取や，イノシシ，シカ，タヌキなどの狩猟が組み合わされていたほか，茶やシイタケ，下駄材や樽丸などの小商品生産もみられた[8]．商品作物のなかで茶はもっとも重要なものであり，それは焼き畑耕作に付随する山茶であった．山茶は通常は雑木などの下生えに混じっているが，雑木が伐採されると生育がさかんになり，焼き畑3年目から摘み始められ，3〜4年間摘採が続けられた．山茶の摘茶は，焼き畑化されていない林野でも行われた[9]．製茶方法は手揉み釜炒り方式であった．

第二次世界大戦後，機械製茶工場の発展と静岡市の茶業資本の導入によって，山茶の利用領域の拡大，充実，山茶の茶園化による集約的経営がみられるようになった．他方，第二次世界大戦後，木材価格の高騰やパルプ，製紙のための原木

需要の拡大を契機として, 林道建設がすすめられ[10], さらに製紙会社が進出し, 社有林造成が分収方式で行われた. 次いで県の造林公団や村によって, スギの分収造林が始められた. その結果, 道路工事や山仕事による住民の雇用機会が増加した. 林地の売買によってまとまった収入があった山林所有者もいた. 現金収入への道が開かれた住民にとって, 焼き畑を行う必要が急速に薄れ, 配給米の現金購入が一般化[11]した. こうして農業的焼き畑は消滅し, 植林の地拵え(じごしらえ)的焼き畑(切り替畑)がわずかに残存するにすぎなくなった. 山地の利用としてはスギの人工林と集約化された茶園が卓越し, 大部分の住民の生業は林業労務となった. 次に比較的早くから商業的農業がみられた山村を検討しよう.

## 2) 商業的農業山村
### (1) 長野県菅平の事例

　菅平は長野県の北東部に位置し, 中央日本のブナ帯に位置する代表的な高冷地集落である. 耕地は海抜 1,250～1,400 m に広がり, 水稲の耕作限界外の地域である[12]. さらに雑穀, バレイショ, ソバ, 豆類を対象とする畑作もまた, 厳しい自然条件のもとでは生産性が低く, 定着しなかった. 伝統的主穀農業が未発達であった菅平に明治期以降, 入植者が定着し, 集落を発展させたのは, 高冷地がもっている優位な条件を活用した商品作物栽培を導入発展させたからであった. 菅平の開発の草分けとなったのは, 江戸末期の薬草栽培であった. また 1890 年頃からは, 二化性の夏秋蚕種製造が始まった. これは低暖地では黒種となってしまうものであった. この頃, 四阿(あづまや)山山麓に北信牧場が開設され, その経営は他地域の人々によって行われたが, 菅平住民の雇用機会は増加した. 蚕種生産に続いて, 1910 年頃から収繭を目的とする養蚕がさかんになり, 短い期間に連続して 3 回から 5 回掃き立てを行う高冷地独特の秋蚕の雁行飼育が行われた. また春播コムギやエンバクも導入された.

　昭和初期には養蚕が衰退傾向になり, それに代わって高冷地の冷涼な夏を利用した種バレイショや, 低暖地における産地の端境期をねらったキャベツやハクサイの生産が伸びた[13]. 交通条件の改善は, 農産物の出荷にとって重要であったばかりでなく, 良質な積雪と芝草地の緩斜面をもつ菅平に, 多くの観光客, とくにスキー客をひきつけるうえで重要な役割を果した. 農家は夏の蔬菜栽培, 冬のスキー民宿を組み合わせ, 安定した収入を得るようになった.

p.241図Ⅲ-13に示されるように，1960年頃までは種バレイショ，キャベツ，ハクサイの栽培が中心であったが，それ以降種バレイショが衰退し，これに代わってレタスとニンジンが伸びた．堆厩肥や農薬の多量投入，輪作方式の確立，大型機械の導入，出荷方法の改善などによって，現在では2ha程度の平均的農家で，1,000万円以上の販売額をあげることができるようになった．

　他方，観光産業も1950年代後半から60年代を通じて急速な成長を続けたが，スキー観光に限界がでてきたので，65年以降は夏のスポーツ観光の重要性が増している．そして多くの耕地がスポーツ施設に変えられたり，宿泊施設へ大量投資が行われたりして，もはや農業と民宿を組み合わせるという経営が困難になってきた．そのため両者は，次第に専門分化しつつある．

　このように菅平は，一見不利のようにみえる自然条件と，社会・経済条件を巧みに生かすことによって，高い生産性を誇る地域に発達した．めまぐるしく変わる商品作物にみられるように，次々に新しい要素を導入し，時間と空間の利用を高度化する工夫が行われてきた[14]．

### （2）大分県九重町の事例

　大分県の北西部に位置する九重(くじゅう)山の北麓には，飯田(はんだ)高原と呼ばれる標高700～1,200mの緩斜面が広がっている．標高800m付近における5月から10月までの平均気温は17.8°Cと低地よりも5°Cほど低いため，現在では九州の高冷地蔬菜産地となっている[15]．

　飯田高原には，江戸期以前に成立した集落と明治期の士族授産による集落，そして第二次世界大戦後の緊急開拓の際につくられた集落が並存している．最も標高が低い700～800m付近に位置するのが古い集落で，江戸期にはすでに水稲作に強く依存していた．明治期以降に成立した集落が，標高850～1,000m付近のブナ帯に位置するのに対して，古い集落は照葉樹林帯の上限に主な生活基盤をおいてきたと考えられる．ここでは，主として古くからの集落についてみてみよう．

　江戸末期の飯田高原の農業経営は，水稲作を経営の中心におき，それにトウモロコシやソバ，大豆，バレイショ，陸稲などを栽培する小規模な畑作と，馬や牛の飼養を行っていた．家畜は役畜として重要であったとともに，それを媒介として厩肥を確保するために不可欠であった．飯田高原の大部分は，かつては，古い集落の入会原野であったもので，これは村落共同体の規制のもとに，薪炭採取や採草，放牧のために利用されていた．それぞれの集落の入会原野は，集落に近い

ところからアサクサ場（飼料にする青草を早朝に刈る），ホシクサ場（干し草にする草を刈る），マヤジキ場（厩肥や緑肥にする草を刈る），放牧場の順に分けられていた[16]．

明治初期の地所官民有区分の際に国有地に編入された場所や，その後軍用地として買収されたかつての入会原野において，新たな開拓が進められ，すでに述べた菅平とよく似た形態の農業が試みられ始めた．しかし，古くからの集落では，1950年頃になっても，自給的な水稲作と畑作に，小商品作物生産である役肉牛飼養やシイタケ栽培を組み合わせ，それに農閑期の兼業を加えるという，伝統的生業形態が続いていた．

しかし，第二次世界大戦後の食糧難の緩和に伴い，飯田高原でも収益性の高い商品作物が求められるようになった．まず，1950年から美濃早生ダイコンが導入されたが，作付け計画と販売組織体制が不備で，この試みは成功しなかった．飯田農業協同組合は，1955年になって長野県や群馬県の高冷地蔬菜産地に視察団を送った．1957年には農産物出荷組合が組織され，長野県で再度の視察と研修が実施された．これを契機にレタス，ニンジン，キャベツ，ハクサイが導入された．しかし，雨が多く夏季に風が強いこの地域には，レタス，ニンジン，ハクサイなどは適さず，キャベツ栽培のみが定着した[17]．

1964年にはやまなみハイウェーが開通し，それにともなって道路網が整備された．1966年には玖珠キャベツの産地として国の指定産地となり，さらに1973年頃から水田利用再編対策にともなう水田の転作が増加してきたことなどにより，キャベツの栽培面積は拡大した．1980年には飯田高原の蔬菜栽培農家は133戸，栽培面積は143haに達した．大部分がキャベツで，その他にはハクサイとレタスがそれぞれ5ha程度栽培されていたにすぎず，これらはキャベツの前作や後作であった．

ブナ帯に位置し，自然条件が厳しい第二次世界大戦後の開拓地では，酪農やキャベツを中心とする農業経営が比較的早くから成立した．しかし，相対的に有利な自然条件下にある古い集落では，キャベツ栽培は，従来の雑穀やイモ・豆類などの自給的畑作物の栽培に代わるものにすぎなかった．キャベツ栽培は，水稲作や肉牛飼養と組み合わされる小商品生産の地位にとどまっており，全体としては複合経営の伝統が強く残っている．このことは，表Ⅱ-13に示した中村上地区の例からも理解することができる．中村上地区の農業経営の中心は水稲作であり，

表 II-13 飯田高原の農業経営（中村上地区）

| 農家番号 | 農家経営 | | | | | | 農外就業 | | | | 農業従事者[c] | | 農業経営類型 |
| --- | --- | --- | --- | --- | --- | --- | --- | --- | --- | --- | --- | --- | --- |
| | 水稲[a] | キャベツ[a] | 飼料[a] | 肉用牛[b] | 乳用牛[b] | 豚[b] | シイタケ | 日雇 | 出稼 | 自営 | 通勤 | 男 | 女 | |
| ① | 1.0 | | | | | | | | | | | 50 | 50 | 水　　稲 |
| ② | 1.2 | | | | | | | | | | ○ | (30), 60 | 30, 60 | |
| ③ | 0.5 | | | | | | | ○ | | | ○ | (30), 60 | (30), 60 | |
| ④ | 0.3 | | | | | | | | | | ○ | 40 | 50 | |
| ⑤ | 0.2 | | | | | | | | | ○ | ○ | 30, (70) | 30, (70) | |
| ⑥ | 0.2 | | | | | | | | | ○ | | (20), (40) | (20), 40 | |
| ⑦ | 0.1 | | | | | | | | | | ○ | (50) | 60 | |
| ⑧ | 0.8 | | | 6 | | | | | | | | 40 | 40, (60) | 水稲＋肉用牛 |
| ⑨ | 0.2 | | | | 19 | | | | | | ○ | 30, 50, (80) | 30, 50 | 酪農＋水稲 |
| ⑩ | 0.5 | | | | 17 | | | | | | ○ | (30), 50 | 30, 50 | |
| ⑪ | 1.0 | | | | 12 | | | | | | ○ | (30), 50 | 40 | |
| ⑫ | 1.4 | | | | | 100 | ○ | | | | | (20), 50 | 20, 50 | ブタ＋水稲＋シイタケ |
| ⑬ | 1.0 | | | | | | ○ | | | | | (30), 60 | 30, 60 | シイタケ＋水稲 |
| ⑭ | 0.3 | | | | | | ○ | | | | | 50 | 50, (70) | |
| ⑮ | 1.5 | 1.0 | | 9 | | | | | | | | 40, (80) | 40 | 水稲＋キャベツ＋肉用牛 |
| ⑯ | 1.0 | 0.5 | | 15 | | | | | ○ | | | 30, 60 | 30 | |
| ⑰ | 0.3 | 1.0 | | 21 | | | | | ○ | | | 40, (70) | 40, (70) | |

a) 単位は ha　 b) 単位は頭　 c) 年齢で示した．40 は 40 歳代を表す．( ) は非農業従事者．
（1981 年 8 月の聞き取り調査により作成）

これに肉用牛飼養や酪農，シイタケ栽培，養豚そしてキャベツ栽培が組み合わされている．この地区の入会原野は，観光産業への売却や個人への分割により，わずかに残されているにすぎないが，それを開発し共同利用牧場によって肉用牛飼養の拡大をめざす国営広域農業開発事業がすすめられている．水稲作や畜産，シイタケ栽培やキャベツ栽培に基づく複合経営は，今後とも続くと考えられる．

### 3) ブナ帯と照葉樹林帯の山村

これまで述べた四つの山村のうち，まず最近まで自給的性格が強かった二つの事例を，表 II-14 に基づいて比較してみよう．1950 年代までの山形県小国では，自給食料生産の多くを水田に依存していたが，それだけでは生計をたてることができず，それを補うために山地で焼き畑耕作やワラビ，ゼンマイ，ナメコなどの山菜やキノコ類，木の実の採取が行われていた．また山地での採草は，水田の堆厩肥づくり，役畜の飼料として不可欠であった．しかし，逆に小国では，山地のみ

## 9. ブナ帯山村の特質

表 II-14 ブナ帯と照葉樹林帯の自給的農業山村の比較

| 山形県小国町（ブナ帯） | 熊本県五木村（照葉樹林帯） |
|---|---|
| ○壮年山地，急傾斜地，狭い沖積地 | ○壮年山地，急傾斜地，渓谷 |
| ○多雪 | ○多雨 |
| ○人口密度低い（過疎） | ○人口密度低い（過疎） |
| ○低生産自給的水田 | ○低生産自給的水田 |
| ○焼き畑（アズキ，ダイズ，ソバ） | ○焼き畑（ヒエ，アワ，ソバ，イモ，マメ，山茶）→切替え畑 |
| ○ワラビ野（商業化の形態） | ○山茶の茶園化（商業化の形態） |
| ○植林の未発達（雑木） | ○植林の拡大（スギ） |
| ○農業さかん（水稲+牛） | ○農業衰退（家畜なし） |
| ○出稼ぎ，日雇い（道路・護岸工事） | ○林業労務——分収造林，国有林 |
| ○製炭，薪 | ○製炭，薪 |
| ○山菜，キノコ採取（ワラビ，ゼンマイ，ナメコ） | ○山菜，キノコ採取（シイタケ，タケノコ，クズ，ワサビ） |
| ○狩猟（クマ，ウサギ） | ○狩猟（イノシシ，タヌキ，キツネ） |
| ○木地屋 | ○木工加工少ない |

に依存して人々が生活することは不可能であった．小国には，地形的には人々が居住可能な平坦地が原野や林地として残されているが，これは相対的に生産力の高い水田開発が自然環境的に困難であったからと考えられる．かつて中央日本から東北にかけて，焼き畑におもな自給作物を求めていた集落も存在するが，長野県の秋山郷の記録にみられるように，凶作による飢饉の程度は稲作山村の比ではなかった[18]．

他方，熊本県五木では，雑穀やイモ類，豆類，野菜，山茶など多様な作物が栽培され，栽培期間も長かった．年間を通じて作付けが可能で，二毛作も時には行われた．小国の場合，焼き畑はせいぜい3年耕作されたにすぎなかったが，五木では4～5年と長かった．五木では山地のみでの自給的生活が可能であった．山菜やキノコ類，木の実の採取，狩猟も行われたが，それらの対象となる山地資源は，小国とは種類において異なっていた．

1950年代から，いずれの山村においても，土地利用と生業形態に大きな変化がみられた．小国では化学肥料の普及や建築材料の変化により，それまで農業や生活物資調達の対象であった山の利用が放棄され，水稲作と出稼ぎや日雇いを組み合わせる生業形態が一般的になった．五木では，林道工事人夫や山仕事の雇用労働がおもな生業になり，焼き畑耕作が消滅した．山地利用としてスギの植林地が広がるとともに，山茶からの茶園化がみられるようになった．五木における重

要な農業的山地利用である茶園は，小国の山地利用として現時点で特徴的なワラビ野と対比されるものである．

次に，商業的農業が発展している二つの山村の特徴を表 II-15 にまとめた．菅平では厳しい自然条件と大都市圏に近いという恵まれた経済条件を利用して，商

表 II-15 ブナ帯と照葉樹林帯の商業的農業山村の比較

| 長野県菅平（ブナ帯） | 大分県九重町（照葉樹林帯） |
| --- | --- |
| ◦ 火山山麓，平坦，緩傾斜 | ◦ 火山山麓，平坦，緩傾斜 |
| ◦ 明治以降の開拓地 | ◦ 江戸期以前の集落と明治以降の開拓地が並存 |
| ◦ 標高 1,250〜1,400 m | ◦ 標高 700〜1,200 m |
| ◦ 大都市圏の外縁部 | ◦ 大都市の外縁部 |
| ◦ 雨が少なく，冬が寒く，台風の被害なし | ◦ 雨が多く，冬が寒くない，台風の被害 |
| ◦ 成長期間が短く，一毛作 | ◦ 成長期間が長く，多毛作 |
| ◦ 集落は高原上に立地 | ◦ 出づくり的 |
| ◦ 普通畑 | ◦ 水田主体，普通畑 |
| ◦ 北信牧場 | ◦ 共同牧野（入会慣行） |
| ◦ レタス，キャベツ，ハクサイ，ニンジン | ◦ 水稲，ダイコン，キャベツ，陸稲 |
| ◦ 有機農業（堆厩肥） | ◦ 草肥農業の伝統が残っている |
| ◦ もとは有畜農業指向 | ◦ 小規模家畜飼育（肉用牛） |
| ◦ 大型機械化農業 | ◦ 役畜利用の伝統——小型機械化農業 |
| ◦ 自給的色彩が少なく，開拓当初から商業的色彩が強い | ◦ 自給的・複合経営の商業化，次第に自給部門の重要性低下 |
| ◦ 経営規模大 | ◦ 経営規模小 |
| ◦ 経営規模拡大の可能性有 | ◦ 経営規模拡大の可能性有 |
| ◦ 農業所得が高い | ◦ 農業所得が高くない |
| ◦ 後継者がいる | ◦ 後継者がいる |

品作物が次々と導入されたが，現在は高原蔬菜の大産地となっている．そして夏の冷涼さと冬の積雪を利用する観光産業との組み合わせで，高い収益があげられている．他方，飯田高原の古くからの集落では，九州の代表的高冷地とされているにもかかわらず，菅平よりもはるかに成長期間が長く雨が多いため，栽培可能な作物の種類に幅がある．たとえば，冬期においても，肉用牛の飼料として野草が利用できるのである．したがって，近年高冷地蔬菜栽培地域として発展してきたにもかかわらず，米と肉用牛に小規模な蔬菜栽培を組み合わせるといった自給的農業の性格から抜けでることができないでいる．これは，大都市から遠いという不利な経済状態によって商業的農業の発展が遅れたためとも考えられるが，菅平と比較するとはるかに安定した自給部門が農業の商業化の発展を抑制したと思われる．

## 9. ブナ帯山村の特質

これまで述べてきたように，山村の性格のちがいを生み出す多くの要因が存在するなかで，ブナ帯と照葉樹林帯の土地資源の質の差が重要であることは否定できない．日本の代表的な二つの樹林帯における成長期間の長短に代表される自然条件の差，およびこれに規定される土地資源のちがいは，それぞれの山村の土地利用や農耕方法，生業形態に大きな差をもたらす基礎的な条件であるといえよう．　　　　　　　　　　　　　　　　　　　　　〔山本正三・石井英也・田林　明〕

## 文　献

1) 只木良也 (1971): 森の生態．『生態学への招待2』共立出版，pp. 51-52.
2) 小国町史編集委員会 (1976):『小国町史』小国町，pp. 1066-1068.
3) 田林　明 (1981): ブナ帯における水稲作の展開—山形県小国町の例—．市川健夫編『ブナ帯における生活文化の生態地理学的研究』pp. 131-152.
4) 石井英也・山本正三 (1983): 近年におけるブナ帯山村の山域利用の変貌—山形県置賜小国の場合—．筑波大学人文地理学研究，Ⅶ，109-132.
5) 三浦保寿 (1963):『熊本県新誌』郷土新書 49, pp. 276-284.
6) 上野福男 (1938): 五家荘の焼畑耕作．地理学評論，14 (2), 93-120.
7) 三浦保寿 (1953): 九州山地における焼畑経営隔絶山村の研究（第1報）—熊本県球磨郡五木村の焼畑小作—．人文地理，4 (6), 491-503.
8) 山本文蔵 (1969):『秘境五家荘の伝説』pp. 160-164.
9) 山本正三 (1973):『茶業地域の研究』大明堂，pp. 132-149.
10) 宮口侗廸 (1978): 奥地山村における林業の展開と村落構造—九州山地五家荘樅木部落における国・公営林業の進展をめぐって．東洋文化研究所紀要，76冊，105-162.
11) 二神　弘 (1958): 九州山地五家荘の経済構造．地理学評論，31 (1), 22-30.
12) 桝田一二 (1940): 信州菅平の地域性．地理，3, 29-51.
13) 市川健夫 (1966):『高冷地の地理学』令文社，pp. 99-118.
14) 山本正三・石井英也・田林　明・手塚　章 (1981): 中央高地における集落発展の一類型—長野県菅平高原の例—．筑波大学人文地理学研究，Ⅴ，79-138.
15) 農林省大分統計情報事務所 (1969): 大分県における高冷地野菜生産の動き，pp. 3-18.
16) 山本正三・田林　明・山下清海 (1982): 九州における高冷地の土地利用と集落の発展—九重山麓飯田高原の場合—．筑波大学人文地理学研究，Ⅵ，65-116.
17) 九州農政局統計情報部 (1979):『産地にみられる九州野菜の実態』pp. 130-139.
18) 市川健夫 (1961):『平家の谷—秘境秋山郷—』令文社，pp. 37-44.

# III. ブナ帯における文化の地域諸相

## 1. 北上山地における伝統的ブナ帯農業

### 1) 北上山地における風土と農業

　北上山地は1,200m前後と800m前後の2段の平坦面からなる隆起準平原の山地である．この山地は数多くの河川によって侵食されているが，水田に適するような沖積地が少ないこともあって，全国的にみても畑作の卓越地帯の一つになっている．北上山地から下北半島にかけての畑作地帯を，北海道の道東地方と同じ農業地域として区分している人もいるが、両地域の農業は本質的に異なっている．道東地方の農業はわが国において最も資本主義化の進んだ近代的農業とすれば，北上山地は，商品経済の浸透が遅れた伝統的農業が色濃く残されている地域であるといえよう．

　北上山地においては，第二次大戦後まで古い生産関係が維持されていたこともあって，雑穀農業を中心とした「稲作以前」の農業が主体であった．一方雑穀農業を補完する牛馬の生産，製炭，木の実採取など，わが国における伝統的なブナ帯文化が，照葉樹林文化によって変質を受けることなく，維持されてきた地域である．その特色ある地域性とその形成要因については，左記のような諸点があげられる．

#### （1）伝統的な畑作農業の構造

　1847年（弘化4），陸奥国九戸(くのへ)郡軽米(かるまい)村（現岩手県軽米町）の豪商兼豪農であった淵沢定長は，『軽邑耕作鈔』という農書を著したが，幕末における北上山地の農作物とその栽培状況を知る貴重な資料になっている．彼は序章の「農業の意得(こころえ)」の中で、ヒエ，アワ，水稲，ダイズ，ダイコン，カブなどの主要作物の栽培に触れている．この中で水稲は定長のような豪農を除くと，ほとんど水田を所有していなかったので，軽米地方では主要作物になって

いなかった．したがって，当地方の五穀はヒエをはじはじめ，アワ，ダイズ，ダイコン，カブもしくはソバ（蕎麦）であったと考えられる．当時ダイコン，カブなど根菜類は主として栽培され，いかなる凶作の年にも安定した作物として奨励されている．また序章の内容から麦作は大きな比重をもっておらず，当時麦作を含めた2年3作の作付け大系があまり普及していなかったことを示している．

『軽邑耕作鈔』には，普通作物としてアサ（大麻），アワ，田ビエ，ヒエ（畑ビエ），ダイズ，アズキ，荏(ジウネ)（荏胡麻），青挽菽(アオガリマメ)（青刈りダイズ）米（水稲），ソバ，ダイコン，カブ，大麦，小麦などをあげて，栽培法について記しているがヒエ，アワ，ソバなどの雑穀類と大小豆など豆類，大根，カブなど根菜類は，いずれも冷涼なブナ帯に適した作物である．また繊維作物としての大麻，油脂作物として，エゴマも同様である．

菜園の作物としては，豌（ソラマメ）（豌豆(エンドウ)），苣(チサ)（チシャ），壬生菜(ミブナ)，葉広(ハビロ)葉，夏蕪，赤菜，鶏頭花，箒草(ハハキグサ)（ホウキグサ），豇豆(ササゲ)，西瓜(スイカ)，夕顔，南瓜(カボチャ)，夏大根，秋大根，蕪，ニンジン（胡蘿蔔(ニンジン)），芥子(カラシ)（カラシナ），茄子(ナス)，蕃椒(トウガラシ)（南蕃），瓜(マクワウリ)，胡瓜(キュウリ)，罌粟(ケシ)，葱(ネギ)，韮(ニラ)，紅花，牛蒡(ゴボウ)，莨(タバコ)（煙草），莒草(キキョウ)（ホドイモ），商陸(ショウリク)（ヤマゴボウ），皐月菽(サツキマメ)（枝豆），白手なし豇（白ササゲ），匐瓜(ハエウリ)（マクワウリ），芋（里芋），薩摩芋，薯蕷（ナガイモ），江戸芋（ナガイモの一種），豆黍(トウキビ)，（唐黍(トウキビ)，トウモロコシ），漬瓜（越瓜(シラウリ)），指麻(シマ)，（胡麻），菊（食用菊），盆蕎麦（盆に食べるソバの茎葉），白芥子葉(シロシャクシナ)，大蒜(ニンニク)，紫蘇(シソ)，蕗(フキ)などについて，栽培法を記している．その栽培作物をみると，ケシ，ベニバナ，タバコなどの工芸作物，ナス，トウガラシ，マクワウリ，キュウリ，スイカ，ユウガオ，カボチャなどの野菜，トウモロコシなどは，熱帯作物・亜熱帯作物であり，わが国では本来照葉樹林帯で栽培されていた．ところが，幕末になると，軽米のようなブナ帯まで無理をして栽培されていたことがわかる．

### （2）古い生産関係の維持

盛岡市（155m）の温量指数は83.1°，軽米町（180m）は77.8°，葛巻（くずまき）町（395m）は78.9°である．ブナ帯の温量指数45〜85°であるから，北上山地はブナ帯としては決して自然条件がきびしい地域ではない．しかし農林業の生産

力が低いのは，古い生産関係が第二次大戦後まで維持されていたという社会経済条件におうところが大きい．北上山地には地頭(ちとう)-名子(なご)という中世的な身分関係が存在し，旦那とも呼ばれる地主は，耕地をはじめほとんどの生産手段を所有し，小作人である名子は，経済的ばかりでなく，社会的にも地頭に従属していた．1947年九戸郡葛巻町平船小字平船は全戸13で，1戸が地頭，他の12戸が名子であった．地頭は部落の全耕地，利用する山林・採草地，飼育する牛馬の8割，居住する宅地・家屋の全部を所有している[2]．また農地改革によって農用林野の解放をしたにもかかわらず，1957年葛巻町には100町歩以上の山林地主が17名存在して，6,691町歩の林野を占有している．中には最高1,324町歩にも及んでいる[3]．名子が支払う地代を賦役(労働)が原則であり，地頭はその提供された労働力(平船の場合，年間延600人)で，自ら規模の大きい経営をすることが可能であった．その反面名子は適期に農作業ができずに，生産力を低める結果となった．また現物地代の場合，刈分け制度が残されていた．

後述するように牛馬は不可欠な生産手段であったが，地頭は牛馬の地主で，名子に貸付ける牛馬小作が多かった．その家畜小作が最も多かったのは北上山地の属する岩手県であった．

北上山地の山村では製炭が重要な生産手段であったが，資金をもたない貧農は，生活物資や原木を前借りして，製炭を行う焼子(やきご)制度が発展していた．これは出機と同様な生産関係であるが，地頭・名子制度，牛馬小作制度，焼子制度が重層しているところに，当地域の大きな特色があった．しかし，第二次大戦後の農地改革や，1960年代における経済の高度成長は，徐々にこのような古い生産関係を解体させていった．

(3) 広汎な農用林野の利用

北上山地における耕地率はわずか3.7％(1971年)にすぎないが，農用林野の占める割合はかなり大きい．巻町吉ケ沢部落では，馬1頭当り採草地4町歩，放牧地5町歩を必要としている．また田代部落では1947年の農業センサスによると，1頭当り採草地面積4町5反であった．個人有・記名共有などの採草地，放牧地ばかりでなく，その地方には俗に「帝国牧場」といわれる，国有林を借りて放牧する林野が現に存在している．下閉伊(しもへい)岩泉(いわいずみ)町の旧安家(あっか)村では3,000町歩に及ぶ国有林を借りて，牛の放牧が行われている．このあたりには，赤マツ，ナラなどの二次林が多いが，その林床に生えているクマザ

サ，ヤマブドウなどの野草く雑木の葉が，牛馬のとる飼料になっている．このような放牧地が，馬1頭当り4町歩，牛ならば5町歩を必要であった[4]．このように所有別では国有地であり，地目では山林になっている土地が，現実には農用林野として利用されているのが，北上山地における土地利用の特色としてあげられる．

製炭が重要な生産部門であったため，山林は原木として利用されるナラやクヌギなどの落葉広葉樹林が多く，天然更新されていた．現存する人工林は，戦後スギ，赤マツ，カラマツが植栽されたものである．

## 2) ヒエ作を中心とした農耕文化複合
### (1) ヒエ作の卓越とその要因

1888年（明治21）の農商務省統計によると，全国のヒエの生産量は777,429石で，そのうち岩手県が全国の36%，次いで青森県が19%を占めている．その後全国におけるヒエの生産は減ったが，岩手・青森両県の栽培は大幅に減少することがなく，1923年（大正12）には，それぞれ1,936,622石と591,876石の生産を維持している．その結果，両県の占めるシェアはかえって増加し，43.4%と13.3%と合計して66.7%を占めるに至っている（図Ⅲ-1）．

岩手県におけるヒエの栽培は，北上川流域の平坦部を除くと全県的に分布しており，また青森県では畑作の多い南部地方に主としてヒエが栽培されてきた．

ヒエは田稗と畑稗に分たれるが，ともに冷害に強い作物で，冷害年次でも米にくらべて減収しない．18世紀末の天明の大飢饉，19世紀はじめの天保の大凶作の際，稲田では米がほとんど成熟をみなかった．しかし，稗田は障害がはなはだしくなかったので，稲作を廃して稗作のみに力を注いだと記されている．以降稲作を再開されたのは明治初年にはいってからのことであった．また玄稗はきわめて貯蔵性に富み，精稗でも黒蒸法によったものは貯蔵に耐えるので，備荒食糧として適していた．

ヒエは米麦に比較してデンプン質が少ないが，蛋白質では2倍，脂肪では2〜3倍，灰分では2倍におよぶなど栄養価に富んでいるため，北上山地では主食として用いられ，また味噌，酒（稗酒(へざけ)という）の麹や酒造原料にも使われていた．しかしヒエは完全に精米すると，つき減りして1/3程度になるので，貧農はあまりよくつかないで食べたり，あるいは小糠を碾いて食べていた．よく「稗はいやしき穀」といわれて，外部の人からさげすまれたのは食糧事情があっ

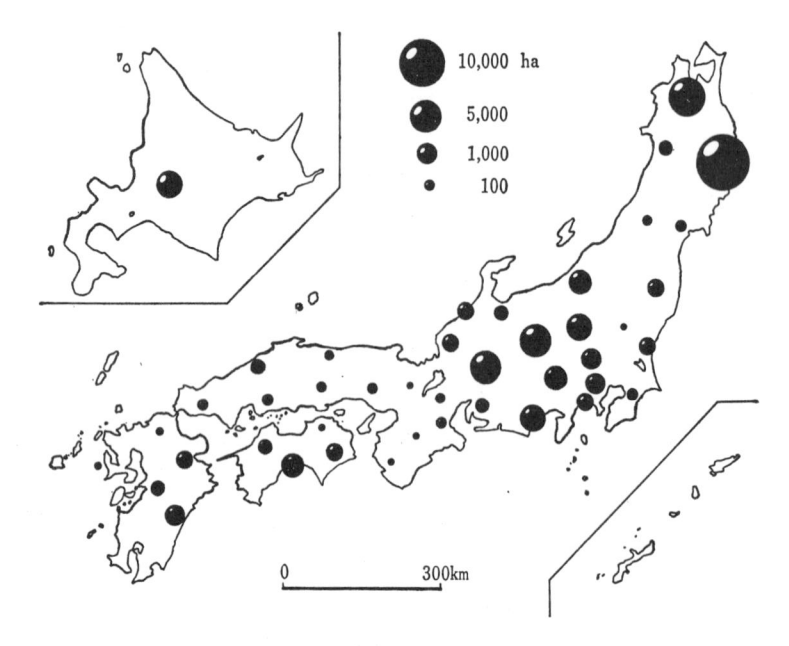

図Ⅲ-1 都道府県別のヒエの作付け面積（1905年）
（農商務省統計により作成）

たからであった．

　一方ヒエは草丈が2m近くにも成長するので，牛馬の飼料としての価値がきわめて高かった．ヒエの稈（わら）は稲藁に比較して収量が多いうえに，栄養成分も蛋白質で5倍，石灰分が2倍も含まれている．またアワ，モロコシ，トウモロコシ，麦などの稈は敷藁としてしか利用できないのに対し，ヒエ稈は基部を除いて飼料として牛馬の主要飼料になっていた．そこでヒエは単に主要食糧としてだけではなく，飼料作物として北上山地の牛馬生産地帯では大量に栽培されていた．他のヒエ産地では，明治・大正期を通じてその栽培が急減していったのに対し，北上山地ではヒエ作が維持されてきた．しかし1960年以降伝統的なブナ帯農業の解体とともに栽培はその姿を消していったのである（図Ⅲ-2）．

（2）ヒエを中心とした2年3作の作付け体系

　北上山地における畑の作付けは，ヒエ（4～9月）―麦（10～翌7月）―ダイズ（5～11月）―休閑（12～翌4月）という2年3作が最も普遍的であった．ダイズの代わりにアワ，アズキ，ソバ，ダイコン，バレイショなどが栽培される場合も

ある．またヒエと一緒に仙台カブ（直径20cmにもなるカブで，主として家畜飼料になるが，人間も食べる）に播き，ヒエの収穫（9月下旬）後，10月末に収穫する．さらにソバに赤カブが混播されるが，このカブをソバカブと呼んでいる．

北上山地では標高が500m以上の高冷地や地力のない痩地ではヒエ（4～9月）—休閑—ダイズ（5～10月）—休閑という2年2作型になる．葛巻町では吉ケ沢（よしがさわ），元木などの集落は2年2作地帯になっている．さらに600m以上の生産限界地ではダイズ，アズキを連作する1年1作になっている．

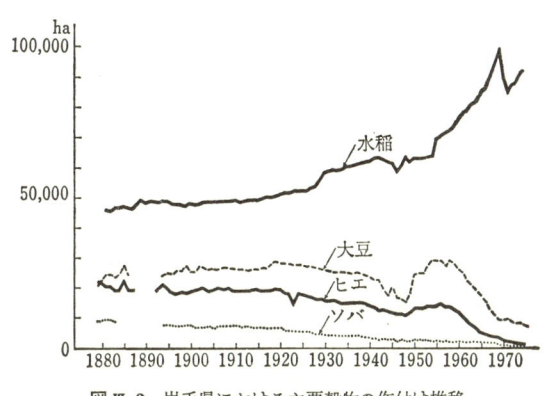

第二次大戦後までヒエ作を中心とする普通畑作に対する施肥は，若干の化学肥料を除くほか，堆肥など自給肥料に依存していた．とくにヒエの場合には「ボッタ播き」が

**図Ⅲ-2** 岩手県における主要穀物の作付け推移
（岩手県農政部資料による）

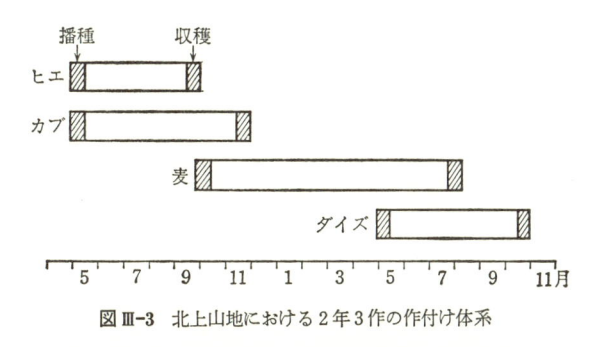

**図Ⅲ-3** 北上山地における2年3作の作付け体系

一般的であった．肥料と種子を混合して，施肥と播種を同時に行う「種肥」はかつては全国的に行われていた．この施肥は北上山地では1970年代まで営まれていたが，堆肥，人糞尿，煤などに種子を混ぜ合わせ，これを手桶に移して，それを手でふり落して播いていく方法である．ボッタ播きは，少肥にもかかわらず，いわゆる食いつき肥料が豊かなので，初期の生育がよいこと，播種期の春の干魃にも発芽がよいこと，強風による種子の飛散しないこと，施肥と播種が同時にできることなど，化学肥料を多用しない段階においては合理的な農法であった[5]．また麦など他の穀作物もボッタ播きをしていた．

次に播種に当たって,麦とダイズは畝播きといって,畝立てして播いたが,とくに麦作の場合,大量に堆肥を入れた上に畝をつくり,播種したところが,ヒエの場合,畝を作らずに平播きしたが,これを「サコ播き」と呼んでいる.

耕起に当たっては,畜力を用いる犂(すき)が使われずに,踏み鍬(ふみすき)と平鍬(ひらくわ)でなされていた.踏み鍬は「押し鍬」と呼んでいるが,脚で押しながら後退していく.耕起のみでなく,中耕・除草も行われる.なお牛地帯では踏み鍬,一方馬地帯では平鍬が使われていたことが報告されている[6].

北上山地における傾斜地畑は,ほとんどが縦畝になっている.縦畝の方は日当りがよいが,大雨が降ると侵食を受けやすい.畝立てが縦になるのは,踏み鍬を使用するからである.踏み鍬は平鍬より深耕できるので,畝播きの際には踏み鍬,一方サコ播きには平鍬が使われている.

1949年葛巻町田子・田代における反当労働力は,ヒエ43人,ダイズ36人,麦38人,ソバ28人,水稲40人である.農作業が運搬を除くと人力を主としており,労働生産性はきわめて低い.また土地生産性は表Ⅲ-1の反当収量に示されるように,アズキを除くといずれも全国平均より下まわっており,とくに,米,大麦の場合いちじるしく低いことがわかる.

表Ⅲ-1 葛巻村の主要農業生産物(1937年)

| 作物別 | 作付け面積 | 収穫量 | 粗収入額 | 石・貫当り価格 | 反当収益 葛巻 | 反当収益 全国 |
|---|---|---|---|---|---|---|
| 米 | 756反 | 1,076石 | 31,978円 | 30円 | 1,424石 | 2,121石 |
| 大麦 | 561 | 878 | 1,780 | 10 | 1,565 | 2,084 |
| 小麦 | 750 | 802 | 17,840 | 20 | 1,189 | 1,380 |
| ヒエ | 3,830 | 5,745 | 37,343 | 6 | 1,500 | 1,604 |
| アワ | 360 | 432 | 3,888 | 9 | 1,200 | 1,217 |
| ダイズ | 2,347 | 2,138 | 33,139 | 16 | 0.911 | …… |
| アズキ | 350 | 315 | 4,253 | 14 | 0.900 | 0.799 |
| ソバ | 832 | 747 | 5,976 | 8 | 0.999 | 0.880 |
| バレイショ | 458 | 121,500貫 | 8,316 | 7銭 | 265貫 | …… |
| 蔬菜 | 149 | 71,357 | 9,678 | 13 | 480 | …… |
| 計 | 10,393 | —— | 161,188 | —— | —— | —— |

(『葛巻町誌』により作成).1932年ヒエの収穫量は10,973石に対し,米は449石にすぎなかった.

### (3) 北上山地における焼き畑農業の特色

北上山地においては,牛馬が大量に飼育されていたため,後述するように厩肥によって常畑の耕作が一般的であった.しかし,山地の北部では1950〜55年ま

で焼き畑耕作が営まれていた．江戸時代の初期まで焼き畑が貢租負担の対象にならなかったため，共有地を中心に広く実施されていた．江戸中期からは課税の対象となるとともに，山火事の防止，水源涵養のために規制措置がとられたが，農民は焼き畑を造成してきた．

北上山地の焼き畑には，春（八十八夜ごろ）に火入れする「アラキ（荒起）」，また夏（土用のころ）に火入れする「カノ（苅野，火野，鹿野）」の2類型がある．積雪が多い東北地方の日本海沿岸では，春焼きがなされていないが，北上山地では春焼きと夏焼きの両方が営まれていた．

軽米地方における焼き畑の土地利用をみると，50年輪作の場合，赤松（40年）―ダイズ―アワ―大豆―アワ―ソバ（3年）―カヤ（3年）―赤マツ（40年）．70年輪作の場合，ナラ（20年）―ダイズ―アワ―ダイズ―アワ―ソバ（3年）―カヤ（3年）―赤マツ（40年）になっている．またカノの場合には初年度ソバが作付けされる．

焼き畑の作付け期間は，高温多湿で雑草害がいちじるしい照葉樹林帯に比較して長く，4～9年間であるが，平均的には9年間で，ダイズ，アワを交互に3回（6年間）くり返して栽培し，次いでソバを3年間連作して，焼き畑が放棄される．焼き畑跡地を「ソウリ（草荒）」と呼んでいるが，カヤが自生して屋根の材料に使用されていた．カヤを3カ年ほど刈りとるうちに，赤マツが天然更新で成長する．赤マツは40～45年で伐られるが，その跡にはナラなどの落葉樹林が成長して，地力が回復し，20～25年後再び焼き畑が造成できるのである[7]．

早池峯（はやちね）山麓の大迫地方では，ハンノキを植栽する切替え畑耕作が行われていた．アワ，ダイズ，ソバ，アズキ，ヒエなどを5年間ほど栽培してからハンノキを植え，20年ぐらいで薪炭材として伐採された．マメ科のハンノキは土地を肥やすので25年間輪作の切替え畑耕作がなされていた．

焼き畑の地代は，収量の3割程度の物納で，普通畑より安かったし，共有林ではなおさら低額であった．一方地主にとっても跡地が赤マツ林になって戻ってくるので利益になった．また山焼きは防火上大勢の人手を必要としたこともあり，耕起，整地，播種ととも結（ゆい）で行われていた．一般に焼畑耕作は火入れ後耕起をしないが，北上山地では踏み鋤を使って行われた．この場合，大型で歯が厚く，金属部の耳が長い「アラキ鋤」が用いられたが，なかなかの重労働であった．

## （4） ヒエを中心とする食文化

北上山地における平均的農家（畑1町5反）で2年3作の場合，収穫高はヒエ8反，反当7斗で5石6斗，麦5～6反，反当9斗で5～6石前後，その他ダイズ，ソバ等がある．これを全部自作地だとしても，5人家族で1日2升，ヒエ7割，米3割とすれば，ヒエは1年分自給できる．しかし米は購入しなければならない．このような農家は上層に属し，平均以下の農家では年間4～5カ月しか食糧を自給できなかった[8]．

北上山地の山村では，米飯は「白飯」と呼んでごく上流の家庭のみで用いられていた．一般には稗飯（ヒエと米），麦飯（大麦と米），粟飯（アワと米），カブの御飯などが常食であった．またソバがき，ソバハットウ（手打ちのソバ切り），ソバカッケ（ソバの煮こみ鍋），ソバ餅（ソバの焼き餅），麦ハットウ（手打ちうどん），ウキウキ（小麦粉の団子），ヒッツミ（すいとん），豆シットギ（ダイズで作ったシトギ）など，ソバ，小麦，ダイズなどの粉食も作られていた．飢饉をはじめ，食糧不足の時には昆布を入れた「メノゴ飯」，トチ，ナラ，カシワの実を入れた「シダミ飯」，ワラビ，グスの地下茎のデンプンを使った「根餅」なども食べられていた．

### 3） 牛馬の生産とその役割
#### （1） 南部馬と南部牛の特産地

北上山地は平安時代から名馬の産地として知られていたが，鎌倉幕府の成立とともに，軍馬の育成をはかったため，年間3～4万頭の馬を生産していたと推定されている．江戸時代から第2次大戦後まで，北上山地は本土における馬の最大の産地であった．岩手県では9～11万頭の馬が飼われ，5,000～6,000頭の馬が生産されていた．岩手県は南部馬の産地であったが，1896年（明治29）以来農商務省が軍需に応じるため，馬格の向上をめざして馬の品種改良をめざした．この結果，昭和初期までに純粋の南部馬はほとんど消滅して，主として中半血（ちゅうはんけつ）の馬が飼育されるに至った．

一方北上山地は江戸時代東日本における最大の牛の産地であった．当時南部地方は1.5万頭の牛が飼われ，3,000頭の犢（こうし）が生産されていた．東日本は馬文化圏であるにもかかわらず，牛が生産されていたのは，北上山地北部は道が険阻で駄畜の方が使いやすかったこと，また鉄山があって，粗鋼やタタラ炭を運搬

する駄畜の需要があったことがあげられる．南部牛は地元の需要を満たすのみではなく，関東地方や信越地方まで移出されていた．明治以降牛の飼育は2万頭を越えるに至ったが，南部牛はイギリス原産の短角牛で改良されて，現在では主として日本短角種が飼育されている[9]．

江戸時代牛は閉伊郡に8,000頭，九戸郡4,000頭と，この両郡で，全体の3分の2が飼われていた．このような傾向は明治・大正期を通じて変わらず，下閉伊郡岩泉町を中心に北上山地北部に牛の飼育が行われていた（図III-4）．

以上のように北上山地では馬と牛が飼われていたが，対馬のように同一農家が牛馬を混合飼育することがなかった．また農業集落別にみても，酪農が発展するまで牛地区と馬地区ははっきりと区別されていた．岩泉町安家(あっか)地区・大川地区は牛地帯であった．また葛巻町の場合，吉ヶ沢，元木，小屋瀬など山地にある集落では，採草地・放牧地が広いこともあってほとんど馬が飼われていた．これに対して馬淵川沿岸の集落には牛が多かった[10]．

### （2）牛馬の飼育形態

南部地方の牛馬は野草，農産物の残滓など主に粗飼料で飼育されていた．野草はクズ，ハギ，ヨモギ，カリヤス，アザミ，カヤ，ス

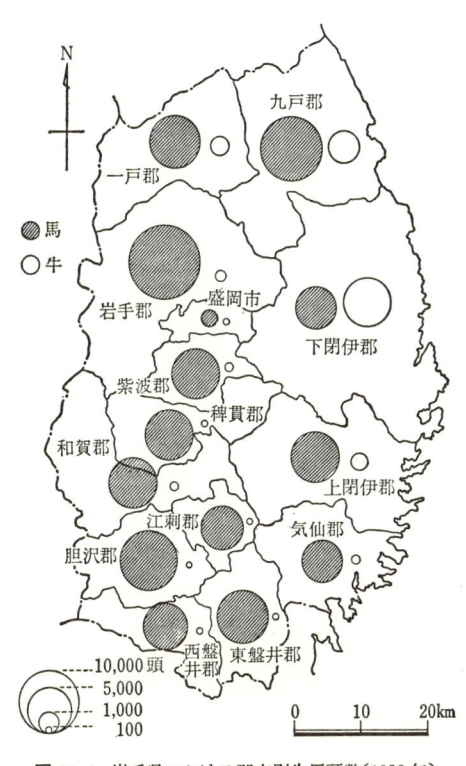

図 III-4　岩手県における郡市別牛馬頭数(1933年)

スキ，コガヤなどであったが，とくに重要な草はクズとハギであった．葛刈り場（グジョカッパという）を所有している農家は，畜産が好成績であったという．クズは他の草と一緒に刈って，ニョウに積んで貯蔵した．またハギは隔年おきに採取して，ハゼ掛けにして貯えた．

採草地の野焼きは「カッパ焼き」といって，3月下旬から4月中旬にかけて，

雪融けとともに火入れをしたが，1960年ごろまで火入れがなされてきた．

野草のほか，ダイズ殻，ヒエわら，ヒエぬか，麩などであった．種牝馬には冬期間大麦とダイズを日に1升ほど与えた．また使役した役馬には，同様な濃厚飼料を与えている．なお牛用の味噌を食べさせている．

1913年（大正2）「安家村畜牛放牧地ニ関スル件」という書類をみると，放牧時期は「5月24日～6月10日，半牧（日中放牧ナル故，夜間ハ舎飼トス）．6月11日～10月20日，全牧．10月21日～11月10日，半畜半牧」と記されているが，当時の放牧は帳面上より長かったらしい．昼間のみ放牧する時には，集落から2km以内の牧場を利用するが，往復する牛が農産物を食べないように，耕地にはクリの木で棚をめぐらした．これを「垣根」と呼んでいる．全牧は国有林，村有林，共有林などに放牧される．地形的には800～1,000mの平坦面で，地元では「ヌッカ」と呼び，隆起準平原の原形面に当る．安家あたりの林野は赤松の自然林が多いが，下草にクマザサやクズが生えているところは，放牧に適している．

### （3） 牛馬の飼育目的

牛馬は運搬に用いるほか，第二次大戦後まで耕起などの役畜として使役されることはなかった．最も大きな目的は糞畜として厩肥を生産することにあった．馬1頭で年2,000貫の厩肥がとれたが，反当400貫（全国平均230貫）で5反分の厩肥ができた．したがって1町5反の耕地を維持するには3頭の馬が必要となる．前述のように馬1頭を飼うのに採草地4町歩，放牧地5町歩を必要するので，1万当り農用林野が27町歩，これに耕地を加えると30町歩に近い広大な農地が必要であった．土地生産性の低い，自給的混合農業を営む北上山地のブナ帯では，広い山野の上に農業の再生産が維持されてきた．

灌漑用水から肥料の天然供給がなされる水田と異なり，畑作は大量の施肥を要する．麦作の場合，雑穀作より施肥量が多くなるので，その作付けをふやすには，厩肥の確保が必要であった．北上山地では，焼き畑耕作の比重が低かったのは，畜産の発達によって永久畑の維持がいち早く可能になったからだと考えられる．

なお畜産の第二の目的は，生産した仔畜の販売にあることはいうまでもない．

## 4） 伝統的なブナ帯農業の解体
### （1） 土地生産性の高い水田農業の発展

江戸時代北上山地の水田は1反歩300坪，畑は1反歩900坪とされている．こ

れは畑に比較して水田は3倍の生産力をもっていたことを示している．しかし水田は少なく，そのうえ明治期にはいるまで田ビエの作付けが多く，少ない稲作で収穫された米は主として酒造に向けられていた．

北上山地における水田の保有状況をみると，葛巻町では1928年（昭和3）8反にすぎなかったものが，1931年以降急増して，1935年には76町6反に達した．以後漸増したが，1953年110ha程度であった．1954年ブルトーザーを導入して，機械による開田が急速に進んだ．馬淵川の河川敷の整理と畑の水田化によって，1969年には水田は530haになった．平年作の反収は450kgになるので，米の収穫量は2,385t（15,900石）で，1937年の水準の約15倍にも達している．

この水田農業が発展した結果，生産力の低いヒエを中心とした2年3作の輪作大系は完全に崩壊し，雑穀栽培はほとんど消滅してしまった．またヒエの間作物であったアカカブやセンダイカブなどの伝統作物も消滅した．現在ヒエは軽米町鶴飼（つるがい）などに行かないと，見ることは困難である．

葛巻町では1970年の米の生産調整政策によって水田の作付け転換が行われた．1976年の冷害で水稲が8割も減収したこともあって，米の減反は水田の半分に当る263haにも及び，その88％にデントコーンを主とする飼料作物が栽培されている．

### （2）酪農の発展と馬産の衰退

乳牛導入の歴史は，北上山地が南部牛の産地であったため古く，1880年代から始められた．この頃から道路改修が進んで，主要な輸送手段が駄牛から荷馬車に変わったことから，役牛の需要が減った．この結果，岩泉を中心とする下閉伊郡では乳牛・肉用牛への転換が行われた．

岩泉村（現岩泉町）では，1887年（明治20）平鍋で練乳の製造が始められた．当時の品種は短角牛，デボン種，エアシャー種などであったが，1895年ホルスタイン種が導入されて主要品種になった．また葛巻村（現葛巻町）で乳牛が入ったのは1892年（明治25）であった．

1929年（昭和4）岩泉村の有志が明治製菓（現明治乳業）と共同出資して，バター，練乳，粉乳の工場（日処理能力3.8t）をつくった．また葛巻町では1932年個人のバター工場が稼動を始め，1934年村の産業組合が経営をひき継いだが，1940年守山乳業に移管されて，バターのほか練乳，粉乳を製造した．当時の酪農は牧草や飼料作物を栽培する農家がなく，もっぱら野草や穀物の稈などに依存

したため，搾乳量は冬になると減少し，工場の運営にも支障を生ずるほどであった．

第二次大戦後，農業の機械化，モータリゼーションによって，馬と役牛の需要が急減した．一方1949年から酪農振興計画が推進されたこともあって，北上山地はわが国でも有数の酪農地帯になった．その発展要因としては，開田にともなって，ヒエなどの穀物畑に飼料作物が栽培されるようになったこと．また大規模な牧草地造成が行われたことがあげられる．葛巻町の例をみると，1947年426頭の乳牛は，1979年8,000頭に達している．1973年の農地利用は水田530ha, 普通畑1,078ha, 樹園地12ha, 牧草地888ha, 改良された採草地，放牧地1,456haで，戦前に比較してその内容は一貫している．前述したように水田の大半には飼料作物が栽培されており，1978年現在1,655の農家戸数のうち，973戸が乳牛を飼育し，うち740戸が搾乳している．そして生乳と乳牛の販売代金が大半以上をしめる酪農村になった．1975年以来，農用地開発公団によって1,435haの草地が進められている．これが完成すると，乳牛と内用牛の預託育成，酪農の建売り牧場によって，酪農はさらに発展し，1万頭規模になることが期待されている．

葛巻町においては，牧草は年3回採取することができる．この点平均2回のヨーロッパに比較して，酪農の土地生産性が高い．また梅雨現象があまり顕著でないので乾草づくりにも便利である．またヨーロッパ原産のホルスタイン種の乳牛飼育にも，ブナ帯の気候風土は適している．

現在北上山地におけるブナ帯農業の主要農産物には，野菜とタバコがある．第二次大戦後，テンサイ，ママ，ミブヨモギなどが導入されたが，成功しなかった．しかし，1960年から1975年にかけて，ニンジン，加工トマト，夏秋キュウリ，夏秋トマト，キャベツ，ダイコン，スウィートコーン，サヤエンドウなど相次いで導入され，市場向け野菜として定着している．タバコとその後作のニンニクが漸減しているのに対して，野菜生産は長野県産の高原野菜と競合しつつ，着実に伸びている．

酪農と野菜栽培の発展は，いずれも高度な商品生産であるため，農家の開田にともなう農業生産力の向上，道路整備による輸送力の発達などが前提となっている．いずれにしても，ブナ帯の気候風土を有効に利用した，新しい農耕文化であり，北上山地に大きな変貌をもたらしている． 〔市川健夫〕

## 文　献

1) 淵沢定長 (1847):『軽邑耕作鈔』, 日本農書全集2巻, 農山漁村文化協会 (1980) 所載.
2) 農林省林野局 (1948): 林野実態調査報告 (二), 岩手県戸万郡葛巻町, p. 44.
3) 林野庁 (1959): 民有林業労働需要構造の調査研究(1), 岩手県葛巻町・山形村の実態, p. 44.
4) 市川健夫 (1981):『日本の馬と牛』東京書籍, p. 130-133.
5) 岩手県 (1979):『岩手県農業史』p. 858.
6) 林野庁 (1950):『山村経済調査報告』岩手県岩手郡葛巻町, p. 199.
7) 岩手県 (1979):『岩手県農業史』p. 853.
8) 石田龍次郎 (1956): 北上山地の稗, 覚え書, 一橋論叢, 35 (3), 210-211.
9) 市川健夫 (1981):『日本の馬と牛』東京書籍, pp. 125-127.
10) 政治経済研究所 (1950):『山村の経済と社会』政治経済研究所, p. 80.

## 2. 山形県置賜小国における生業と土地利用

　山形県西置賜(にしおきたま)郡の小国(おぐに)町は, おおよそ北緯38°, 東経140°近くに位置し, 植生のうえではブナ帯に属する. ブナ帯ではブナ, ミズナラのほか, イタヤカエデ, ホウノキ, トチノキなどの高木やナナカマド, ヤマウルシなどの低木が成長し, トチ, クリ, クルミなどの堅果類が多く, またワラビ, クズ, カタクリなどの根茎類, ナメコなどに代表されるキノコ類, あるいはグミなどのイチゴ類も豊富である. これらブナ帯の植物は, 古くからわれわれの有用な資源として活用されてきた. そのほか, 豊富な森林を利用して狩猟, 木工品製造なども発達し, とくに東日本の山地では, 山地資源の利用を中心に人々の生活様式が形成されてきた. このブナ帯の特性は, その後稲作や養蚕をはじめ, 近年では観光化や高冷地野菜栽培の導入などによって, 大きく変質したり, あるいは消滅さえしてきた. しかし, その特性は, とくに東日本の山地における文化形成に大きな基底条件となったはずであり, 今日消滅しつつあるとはいえ, その自然環境に適合した新しい複合形態が形成されつつあるはずである. これが, われわれがブナ帯研究を進めている共通の基本的見解である.

　このような観点から, われわれはブナ帯山村の諸々の生活様式とその特性を明らかにするための一つの事例としてここでは山形県の置賜小国を例に, まず生業

を形づくる要素としての山地域の利用と意義を検討し，そのうちとくに近年のひとつの特徴的な土地利用である「ワラビ野」を取りあげてその形成を考察する．ワラビ野は，ワラビ山ともいい，ワラビが自生する場所を選んで人工的に手を加え，収量を高めようとするワラビ栽培地のことである．これは伝統的な生活様式の崩壊を背景に，近年急速に発達してきたもので，ブナ帯山村の特性と近年の変化をよく示すものと考えられるからである．小国は，山菜の豊庫といわれる山形県の中でも，圧倒的にワラビ採取量の多い地域である（図Ⅲ-5）．

### 1) 地域の概況

小国町は山形県の南西端，新潟との県境に位置する．この地域は，越後山脈中の断層盆地を中心として，北部は朝日岳（1,870m）南部は飯豊(いいで)山（2,105m）を主峰とする連山に囲まれた地域である．両主峰に起源をもついくつかの河川がこの盆地を穿ち，段丘を形成し，人々の生活の舞台を提供しているが，大部分は高峻な山地域で占められている．町域は，東西約15km，南北51kmで，総面積は約740km²に達する．町域の95％は山林で，人口は12,650にすぎない．気候は典型的な日本海型の気候で，全国屈指の深雪地帯になる．最深積雪は町中心の平坦部でも2mを下らないし，山間部では5～6mにもおよぶ．また地形の関係から日照時間が少ないことも，この地域の気候上の特色である．これらの厳しい自然条件は，小国の人々の生活にさまざまな影響を及ぼしてきた．

小国町は，越後地方と米沢を結ぶ街道沿いに発達した小国本村を中心に，1954

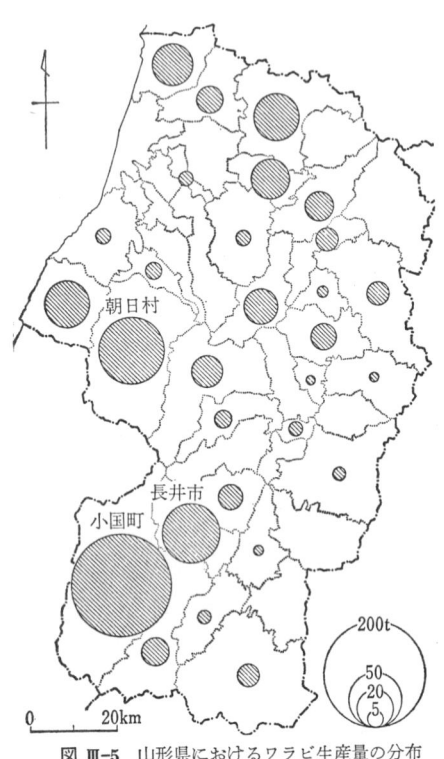

図 Ⅲ-5　山形県におけるワラビ生産量の分布（1975年）（山形県林業統計，1975年版）

年には南小国村，北小国村と合体合併し，1960年には津川村を編入合併して形成された．これらの旧村にはそれぞれ玉川，荒川，横川が流れ，これらの流域を中心に大小100余におよぶ集落が散在している．四境山をめぐらす地形のため，他地域との交通が昔から困難であった．明治時代に入ってようやく現国道113号線が開削され，1936年に米坂線が開通した．しかし，冬季交通は国道でさえ，1975年以降やっと確保されるようになったにすぎない．

町の中心部には1937年に立地した東芝セラミックス，日本重化学工業や，他の関連工場も立地しており，第二次産業に従事する人口の割合は1975年で38.7％に達し，山村にしてはかなり高い．しかし，町中心部と山間の集落を結ぶ冬季交通は，1975年以降改良されつつあるが，深い雪のために途絶することが多い．そのため，とくに山間の集落では，農業と豊かな林産物に強く依存する生活が長い間営まれてきた．

## 2) ブナ帯山林における山地域の意義
### (1) 伝統的生産形態

小国町では全面積の約95％が山林であるが，そのうちの約74％は国有林である．そのため，人々は古くから，あくまでも農業を主体として彼らの生業形態を形づくってきた．1935年頃の生業形態や土地利用を概観してみると，農家率が小国本村を除き，他の3旧村では90％近くを占めていた（表Ⅲ-2）．農家のほとんどが専業であったが，経営規模の小さい小作や自小作が多かった．耕地は河川

表 Ⅲ-2　農家割合と農業経営戸数（1935年）

| | 農家総数(戸) | 農家割合(％) | 専兼別農家数 | | 自・小作別農家数 | | | 経営耕地別農家数[a] | | | |
|---|---|---|---|---|---|---|---|---|---|---|---|
| | | | 専業 | 兼業 | 自作 | 小作 | 自小作 | 0.5 ha未満 | 0.5〜1 ha | 1〜2 ha | 2 ha以上 |
| 北小国 | 291 | 91 | 250 | 41 | 70 | 75 | 146 | 152 | 79 | 54 | 9 |
| 南小国 | 195 | 88 | 164 | 31 | 101 | 41 | 53 | 45 | 44 | 94 | 12 |
| 津川 | 326 | 91 | 326 | 0 | 219 | 82 | 25 | 59 | 186 | 42 | 39 |
| 小国本村 | 720 | 67 | 513 | 207 | 155 | 403 | 162 | 190 | 193 | 247 | 90 |
| 計 | 1,532 | 84 | 1,253 | 279 | 545 | 601 | 386 | 446 | 502 | 437 | 150 |

a) 北小国の分について統計上の誤植があり，合計が合わない．

流域の狭い平地に限られ，斜面はすべて森林におおわれていた．森林の大部分はブナやミズナラなどの落葉樹林からなる天然林で，スギの植林地と草刈場が集落の近くにみられるにすぎなかった．森林は，交通が不便なためほとんど伐採され

なかった．しかし，集落に近い部分は，後で述べるように，薪炭や山菜などを獲得するのに利用された．

第二次世界大戦前の小国の経済活動を考察した上田の論文によると，南小国を除く，耕地の70％以上は水田で，農業は米作が中心であった．桑園が砂礫地や山寄りの緩斜面に作られ，普通畑は宅地の近くに存在し，ここではダイズ，アズキ，バレイショ，ダイコンなど，さまざまな自給用作物が栽培されていた．麓の原野を利用して，「カノ」と呼ばれる焼き畑も行われ，1年目にソバ，2年目にダイコン，3年目にアズキが作られたが，その規模はせいぜい1戸当り10a程度で，アワ，ヒエ，モロコシなどははほとんど作られなかった．これは，1955年頃まで行われたという．このように小国では，多くの農家が稲作を中心として，これにわずかの商業的農業と自給用作物の栽培を組み合わせて生業の基本とすることが長い間続けられてきた．商品作物としては，ウルシ，アオソ，アイなどが栽培された時期もあったが，それらは間もなく衰退し，藩政時代から第二次世界大戦頃まで一貫して重要であったのは養蚕である．第二次世界大戦後には，肉用牛の飼育が多くの農家に普及した．しかしいずれにせよ，すでにみたような小国の厳しい自然や経営規模の零細性は，生計を維持するのに他のさまざまな副業の存在を必然ならしめた．これを可能にしたのが，広範に分布する山地の活用であった．前述の上田の論文によっても，1937年頃の重要な経済活動として，水田耕作，養蚕と山地の利用，それに少数であるが出稼ぎが挙げられていた．山地利用の活動は，水田と養蚕という農業活動の合間をぬって行われてきた．

（2）　山地の利用形態

長い間営まれてきた，しかも重要な山地の利用形態としては，まず薪切りや木炭製造が挙げられよう．薪は燃料として，とくに冬季の暖房のために必要不可欠であった．薪は，雪が固まる2月から3月にかけて伐採された．私有林，共有林のほか，払下げを受けた固有林に入り，ブナ材などを伐採し，それを橇で直接宅地に運んだり，あるいは川の近くまで薪で出し，10月下旬雪が降る前に川に流し宅地に運んだ．かってはどの家でも，縦0.84m，横1.5m，高さ1.2mの橇棚を4～5棚必要としたが，近年では灯油などの導入により，薪をたく家は少なくなった．炭焼は，交通条件が改良された昭和初期頃から有利な現金収入源となり，冬季を活用しうる副業として，ブナ，ミズナラなどの製炭が急速に発達した（図Ⅲ-6）．製炭は第二次世界大戦後もしばらくの間盛んであったが，1960年頃

以降，需要の減少や国有林の造林事業が行われるようになって急速に衰退した．北小国の五味沢の例をみると，炭焼に従事していた人数は，第二次世界大戦中には約20人であったが，1955年頃にはその数は8人となり，現在では唯一人がこれに従事しているにすぎない．

山地利用のふたつめの形態は，食料としての山菜，きのこ類，あるいは木の実の採集であった．春の融雪期になると，ゼンマイ，ワラビ，ウド，フキ，コゴ

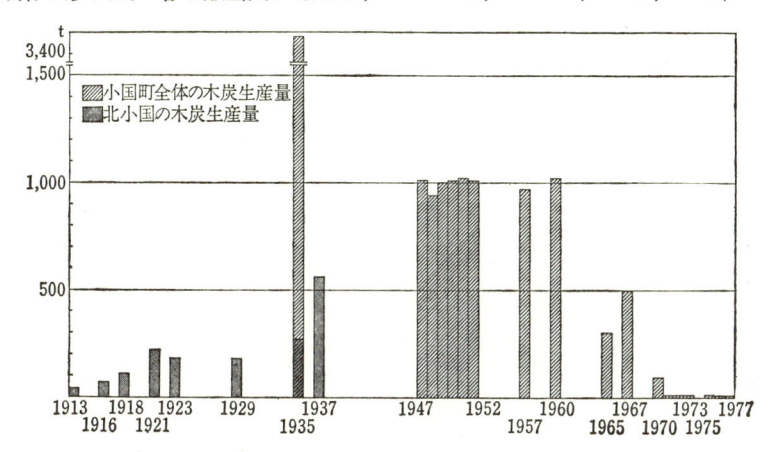

図 Ⅲ-6 小国町における木炭生産の推移
（山形県林業統計．小国町勢要覧などにより作成）

ミ，ミズナ，シオデなどの山菜類が，秋の稲の収穫後には，ナメコ，マイタケ，シシタケ，キクラゲなどのきのこ類やクルミ，ヤマグリなどの木の実類が採集された．これらは主に自家食用に供されたが，乾物あるいは漬物として販売され，貴重な現金収入源となるものもあった．これらのうち，とくにゼンマイとナメコの採取は，過去一貫してもっとも重要なものとなってきた．

ゼンマイの採取は5月初旬に里山で始まり，まもなく奥山に移行し，5月末まで，かっては6月初旬まで続いた．この時期は田仕事で忙しい時期であるが，ゼンマイ採取以前に田起しをすませ，採取後，代かき・田植をするように調整されてきた．自給食料としてのゼンマイの採取は古くから行われたらしいが，これが商品化され，重要になったのは明治末頃からと考えられている．とくに第二次世界大戦後，1955年頃から消費生活の向上にともない需要の増大を背景に急成長したが，近年その意義を減じてきた（図Ⅲ-7）．ゼンマイの採取は，新潟県や福島県などの他の地域と同様に，宿泊と通いの二つの形態で行われてきた．両者に

は伝統的な採取区があり，互いに競合しないように配慮されてきた．部落としての採取区は，大字界で決定されている．宿泊の場合，一軒からとり人（男性）1人ともみ人（女性）1人が山に入り，スノ小屋と呼ばれる仮小屋をたて，採取に従事する．最盛期には約20日間山で生活をして，1軒で30〜50kgの乾ゼンマイを作ったという．これはこの地域の1ha弱の水田に匹敵する収益をあげたといい，1970年頃にはまだ約50のスノ小屋があった．ゼンマイ採取は，とくに北小国の上流地域で盛んであった．しかし最近では，他の雇用機会の増大，家族構成の変化や田植時期が早まったこと，あるいはゼンマイ採取は危険な重労働であることなどから，その活動は急速に衰えてきた．現在では自家用車の普及も相まって，宿泊でゼンマイを採取するのは五味沢と石滝に10数戸存在するにすぎず，あとはすべて通いである．今日，その採取は高齢者の小遣い稼ぎのような性格を帯びてきており，代わってよそ者が町に入山料を払って，行楽と実益を兼ねてゼンマイを採取する例などもみられるようになってきた．

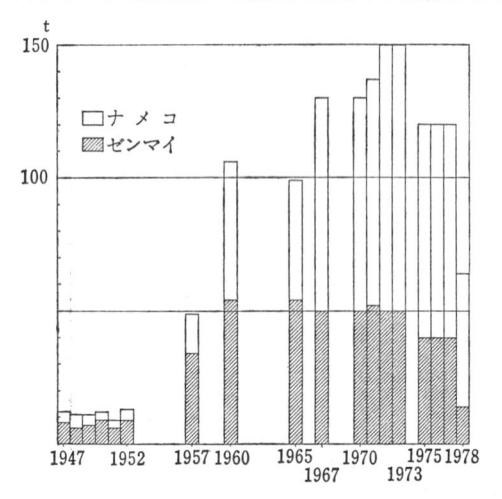

図Ⅲ-7　ゼンマイとナメコの生産量の推移
（小国町勢要覧などにより作成）

　天然ナメコの採取は，小国では大正初期の缶詰製法の導入後普及した．その後それは，第二次世界大戦によって不振となったが，1955年頃から再び盛んになった．ナメコの採取や栽培は，昭和初期から1960年頃に至る間は木炭についで，その後は近年までゼンマイとともに，小国の山間集落の住民の重要な現金収入源となってきた．小国のナメコ栽培は原木栽培で，2〜3月頃雑木（ブナ，ナラ，トチなど）を伐採し，輪切りにしてホダ木をつくり，5月にこれにナメコ菌を植えつける．その後，立てかけて芝などをかけ，各自の払下げ国有林や私有地に放置し，2年後の秋に採取する．採取されたナメコは，生のまま出荷されるものもあるが，多くは10月中旬から11月にかけて缶詰にされて出荷される．これは，足水中里（あしみずなかさと）や長者原（ちょうじゃばら）など南小国でとくに盛んである．

1972年頃には110戸位の農家がナメコの栽培と缶詰製造に従事し，100人近い生産をあげ，1950年代の後半から多くなった出稼ぎの期間を短縮する役割を果たしてきた．しかしこれは，季節的に限られた副業として行われてきたのであって，近年では低地におがくずナメコの栽培が発達し，それとの競合が激しくなり，衰退してきた．現在では，ナメコの缶詰生産に従事するものは74戸に減少し，生産量も最盛期の半分になった（図III-7）．

ほかにも，木地の製作，木の皮やつるの加工，狩猟といった形での山地の利用も，山間集落の住民にとって，かつては重要な現金収入源であった．木地の製造は，小国では五味沢や赤沢で盛んであった．ここでは，周囲の豊富な雑木を利用して，椀，盆，杓子，メンツなどが作られた．木は夏に伐採し，秋に水量が多くなった時期に川に流して運び，冬に木地を作った．白木のまま会津に出したものもあったが，多くは塗りを施して商品とした．これは，1935年頃消滅した．木の皮やつるの加工も，冬の副業として行われた．たとえば，ブドウの木皮から山刀の袋やハケゴ，マタタビやアケビのつるからザルやテンゴが作られ，マダ（シナノキ）からは皮を利用して昼飯袋，木質の部分を利用して障子骨などが作られた．狩猟は，北小国の徳網(とくあみ)・金目(かねめ)・折戸(おりと)・小股(おまた)・津川の西滝や南小国の長者原・小玉川などで盛んで，真冬のアオシシ（カモシカ）狩りと，春と秋のクマ狩りが主なものであった．しかし，これらはいずれも，消費物質の大量生産化によって不用化したり，カモシカが天然記念物に指定されたり，あるいは厳しい労働で若者に敬遠されたことなどを原因として衰退し，現在では趣味的に行われているにすぎない．

山地のもう一つの重要な利用形態が，入会山でのカヤや干草の採集であった．これは現金収入源としてよりも家の保持や農業を営むために不可欠なもので，利用には厳しい共同体的規制があるのが一般で，この意味では，生産性の低い共同的性格の強い伝統的生活様式を維持する中核となってきた．カヤは，10月下旬から11月の降雪前までの間にカヤ場で共同で採取された．このカヤは，冬に家の雪囲いとして使用したあと保存し，屋根葺きに利用した．屋根を葺きかえる家がある場合，カヤを提供し合うカヤ無尽があった．また，小国ではたいていの農家が馬か牛を飼育していた．馬は農耕や運搬に，牛は繁殖と肥育を目的として飼育された．これら家畜の飼料として，あるいはとくに厩肥をつくるために，採草は農業経営上，必要不可欠なものであった．5月初旬の消雪とともに採草地に火入れ

をし，田の草取りが終わる7月中旬から8月下旬にかけて草刈りが行われた．一般に生草採取は個人でなされたが，敷草や干草の採取は共同で行われた．小国では野草の成育がよく，国有地の一部も採草地として利用されていたため，かつては周辺農村から干草を買いにくるものも多かった．しかし，このように山村での生活に重要な意味をもっていた入会山も，新建材の普及やとくに化学肥料の出現によって，1960年頃を境として多くが不用化してきた．これが粗放的な山地の利用形態として，近年ワラビ野が成立する直接的な契機となった．

以上，小国の伝統的な生業形態と山地域の利用についてみてきた．その特徴は，経済的には水田での稲作を中心としたものであったが，農業だけでは生計を維持することができず，実にさまざまな形での山地の利用を組み合わせてきたことにあった．しかも，その山地の利用は，あくまで国有林共用林野や入会山での利用を中核とした共同体性格の強いものであった．図Ⅲ-8は，民有林のうち町有地の一部，部落有林と共有林の合計で，資料の都合上，国有林共用林野を除いて入会的に利用されてきた山地面積を集落別に示したものである．南小国と津川に多いパターンを示しているが，これらの総面積は実に13,400haに達し，私有林面積の3倍に近い．これらが，すでにみたさまざまな山地利用を可能にする大きな基礎を提供してきた．しかし，1960年代の高度経済成長期以降，小国住民の生活様式は大きく変貌し，山地の利用形態も変化してきた．その特徴的な一つが，ワラビ野の発達である．そこで次に，ワラビ野の発達を中心として，最近の山村の変化に関する若干の特徴をみてみよう．

図Ⅲ-8 小国町における共同利用の林野面積
（小国町役場農林課資料により作成）

## 3) ワラビ野の発達
### (1) ワラビ野の成立と分布

小国では春の野焼き後,採草地にワラビが自生したので,自給用にこれを採取することは古くから行われていた.しかし,ワラビの自生地でそれを栽培化し,商品化しようとすることは1960年頃からなされているようになったにすぎない.ところで,ワラビの生産量の実態を把握することは実にむずかしい.温度と雨量といった自然条件,あるいは栽培法や採取法によってその成育が大きく異なるし,収量は少ないが品質のよい,完全に自生のヤブワラビの生産もある.また販売の仕方も多様である.そのためワラビの生産量に関する正確なデータはないが,いくつかの町勢要覧から断片的にその推計値をみると,1957年には7.5万kgにすぎなかったが,1960年には25万kgになり,現在ではおおよそ30万kg位と推定されている(表Ⅲ-3).しかし,理想的な状態では10aあたり300kg位の収量があるともいわれており,実際の生産量はこの数値をかなり上回るものと考えられる.

小国町のワラビ野の面積は,現在1,100haに達する.ワラビ野の分布をみると(図Ⅲ-9),5ha未満の小規模なものを除いてある.それらは小国町の中心部から10km以上離れた地域,とくに各河川の上流部に多く分布している.さらに旧村別にみれば,南小国と津川に若干多く分布するパターンを示している.山菜は経済林が育ちにくいところでよく繁茂するといわれているが,実際南小国と津川の上流域は,すでにみたように共同利用の林野面積が広いうえ,1975年まで小国中心部との冬季交通が完全に途絶するような地域であって,造林事業も遅れた地域であった.

表Ⅲ-3 ワラビの生産量

| 年次 | 生産量kg |
|---|---|
| 1957 | 75,000 |
| 1960 | 250,000 |
| 1965 | 252,000 |
| 1967 | 250,000 |
| 1970 | 253,000 |
| 1971 | 250,000 |
| 1972 | 270,000 |
| 1973 | 253,000 |
| 1975 | 260,000 |
| 1976 | 260,000 |
| 1977 | 260,000 |

現在ワラビ栽培法は,ワラビ自生地の野焼きをしてその後に成育するワラビを採取する方法が一般であるが,野焼きをしたり,刈払いをしたうえに肥料を施す肥培ワラビ野が,1976年頃から造成されるようになってきた.これは北小国の針生平に5ha,南小国の樽口に20ha,津川の新股と河原角(かわらづの)に10haずつ存在するが,すべて観光ワラビ園として利用されている(図Ⅲ-9参照).ワラビ野はよそ者の無断採取を防ぐ意味もあって,集落周辺に作られている.かつ

ての採草地やカヤ場のうち，集落に近いものがワラビ野として利用されているわけである．ワラビ野は，集落背後の緩やかな山頂部分（標高500m以下）に位置するものであるが，多くは河川に面した緩斜面に存在する．これはワラビが土壌が深く，肥沃で，とくに保水力に富む土地によく繁茂するためと考えられる．日照はそれほど多量に必要としないが，遮光の場合一般に成育が劣るといわれ，日のあたる斜面につくられている．ワラビ野は伊佐領(いさりょう)，五味沢(ごみさわ)，小玉川(こたまがわ)，河原角など，50haを越える大規模なものがあるが，10～30ha程度のものが多い．ほかに集落のごく近辺に，小規模なワラビ野がみられる．

### （2）ワラビ野の利用形態

ワラビ野はかつての採草地やカヤ場につくられているため，その経営・管理は部落によって行われているものがほとんどである．津川の新股など，共有地を基礎に部落有志によって経営されているワラビ園も若干あるが，他は町有地の貸付地であれ，部落有地であれ，いずれも経営・管理の主体は部落である．

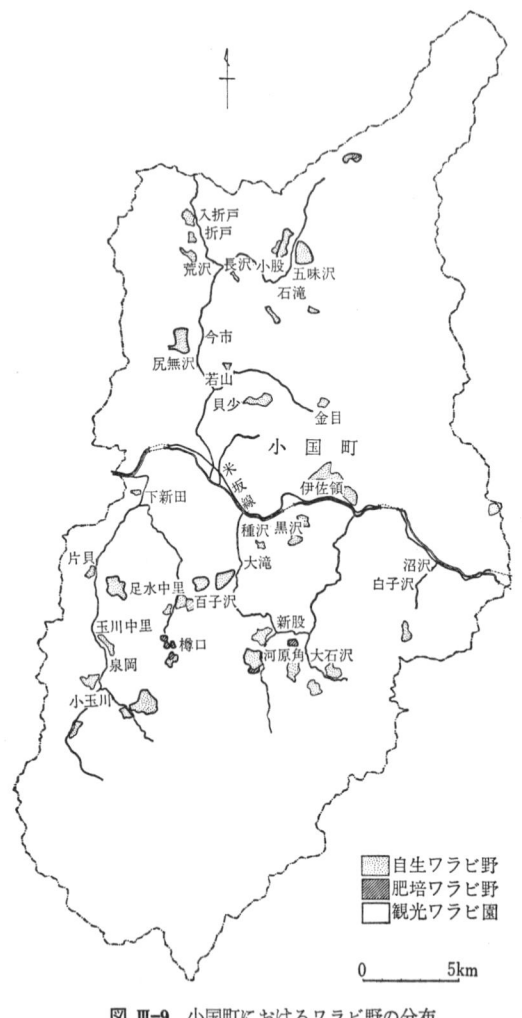

**図 Ⅲ-9 小国町におけるワラビ野の分布**
（聞き取りとフィールドワークにより作成）

ワラビ野の一般的な造成法は，ワラビ萌芽時に自生地に火入れをするだけのものである．この場合火入れ後約1週間から10日後にワラビを採取することができるようになるので，その間に田植えができるよう調整しながら，一般には5月15～20日頃野焼きを行う．火入れ日は，消雪の状態や農作業の進行状況をみながら，部落長が中心になって決定する．野焼きは共同作業で，1戸から1人出るのが義務で，普通世帯主がこれにあたる．延焼を防ぐため周囲を2～5mほど刈払い，防火帯を設けるが，これは前もって行なっておく．火入れは尾根あるいは風下から行う．ワラビの採取は田植え後に始まり，6月末まで続く．採取の開始日と終了日は，部落民の総意で決定される．部落によって若干異なるが，採取日，採取人数（1戸2人まで），採取時間（早朝4時あるいは5時から10時まで）などに関する決まりがある．また，部落の住人は実質的に20日位採取することができるが，部落から出た人は5日に制限されるといった決まりなどもある．しかし，これらの規定は，近年の就業の多様化に伴い次第に意味を失い，自由に採取するところも現われてきた．採取には，老人や主婦が従事することが多い．25cm以上のホタ（開葉）になっていないものを採取する．個人によって能率が異なるが，1人で1日20～40kgくらい採取する．野焼きワラビ野の場合，採取終了後翌年の火入れまで放置するが，次第にワラビの品質が落ちるという．

 肥培ワラビ野の造成は，まずワラビの発生密度の高い自生地を選ぶことから始まる．ワラビの繁茂を促進するために，2～3年これを施肥管理する．雑草が多くなる6月初旬と7月中旬頃に，全面刈払いを行って肥料を施す．肥料は10aあたり2袋（40kg）の尿素化成肥料を投下する．3年目か4年目から収穫できるようになるが，同じ方法で管理する．採取開始は天候によって影響されるが，5月25日頃から始まる．その後，成長の度合いをみながら，3～5日おきに採取する．採取は養分の蓄積をはかるために，またワラビが固くなることもあって6月末でやめる．必要な場合，融雪後のワラビの萌芽時（5月上旬）にも施肥を行う．肥培ワラビ野では火入れをしないのが一般であるが，たとえば新股の豊里ワラビ栽培組合のように，農作業との労働力の競合を避けつつ，5月中旬に雑木の焼払いと施肥を行い，7月に下刈りと施肥を行うといった例もある．肥培ワラビ野では採取日数は10日前後であるが，基幹労働力と妻の両方が採取に従事することが多い．施肥の効果は，それ以前の収穫量のデータがないので不明であるが，ワラビが太く，質が一様になったという．

採取されたワラビは系統出荷されるものもあるが，多くは山菜の仲買商に生のまま販売される．津川では農協を通した共同出荷が多いが，他ではほとんどが個人出荷である．系統出荷と個人出荷の割合は，小国町全体でおおよそ2対8と推定されている．販売価格は1kg 200〜300円である．仲買業者は小国町のものばかりでなく，新潟市，山形市，米沢市などからも買いにくる．その数は，約20人といわれている．生で売り残したワラビは木の樽で塩蔵にし，ビニール袋に詰めかえて適宜販売する．

ワラビの採取は農繁期にあたるため，この時期には労働力の集中が激しい．そこで1977年頃から入山料をとって観光客に自由にワラビ狩りをさせる観光ワラビ園が増えてきた．入山料は野焼きワラビ野で1,000円，肥培の場合1,500円である．観光客には割箸を与え，それより長いワラビを自由に採取させるが，ほとんどのワラビ野では地元民が採取し終えた午前10時頃から2時間位，時間を制限して観光客に開放している．1シーズンで1,500人位の観光客を入山させているワラビ園もあり，ワラビの成育の関係から毎日入山させることができないので，現在では申し込みに応じきれないという．観光客は県内の各地からのほか，新潟，福島，仙台などの都市からくるが，日帰りがほとんどである．このようなワラビ狩りの観光客数は，町全体で5,000人を越えるという．

### (3) ワラビ野の成立条件と存立の基盤

すでにみたように伝統的な山地の利用形態は，1960年頃以降の木炭生産の衰退に典型的にみられたように，そのほとんどが重要性を失ってきた．山菜需要の増大を背景として，一時ゼンマイとナメコの生産が急成長したが，これらも近年，急速に衰退する傾向をみせ始めている．このように山地の利用が一般に弱化するなかで，山地利用の新しい一つの形態として，ワラビ野が発達してきたわけである．そこで，ワラビ野の成立と存立に関する若干の条件と，その意味について考察することにしよう．

小国におけるワラビ野の成立と発達を支える条件として，まずワラビの成育に適した自然環境を挙げることができよう．ワラビの自生地が成立する理由は必ずしも明らかにされているわけではないが，この地域は年平均気温が10.9°Cで周辺地域に比し高温で，また年平均降水量は3,132.6mmに達し，とくに降雪が多く，一般に山菜成育に必要とされる条件にきわめて恵まれている．雪はその保温効果によって土壌中の有機質の分解を早め，肥沃な土壌をつくる一因となる．

ワラビ野の成立には，土壌が深く，比較的肥沃で，保水力に富むことが必要といわれている．小国，とくに西部の地域は安山岩質の土壌で水もちがよく，この点でもワラビ野の成立と発達に好都合な条件を備えている．これらの自然条件は野草の成育にも適しており，小国は古くから良質の野草を産することで知られてきた．採草地はかつて各農家が厩肥を獲得するために必要不可欠なもので，また周辺地域の農家が野草を求めて買いにくることもあって，小国には 2,000 ha を越える共有採草地があったという．しかし，1960 年頃からの化学肥料の普及などによって，採草地の多くは不用化してきた．この広大な採草地の存在とその不用化も，ワラビ野成立の大きな条件になった．すなわち，1960 年頃からの山菜需要の増大に伴って，この不用化した採草地が転用されてきたわけである．現在 1,100 ha に及ぶワラビ野は，ごくわずかがかつてのカヤ場に造成されているほかは，すべて採草地が転用されたものである．

ところで，このように成立したワラビ野は，今日，山村にとっていかなる意味を有しているのであろうか．ワラビ野は高度経済成長期以降発達したものであるにもかかわらず，その利用は，必ずしも集約的なものとはいいがたい特徴を有する．それには，地域全体にかかわる何らかの意味が存在するはずである．逆にそのことは，ワラビ野を存立させている条件とも考えられる．そこで，次に 1960 年以降の小国の経済活動に関する諸相のうち，いくつかの特徴的な変化をみてみよう．

まず農業は，耕地面積が 1960 年から 1978 年の間に 1,667 ha から 1,304 ha に減少したことに示されているように，相対的にその意義を減少させてきた．稲作は生産性の向上に努力が払われ，米が農業粗生産額の約 75% を占め，現在でも農業経営の中心であるが，水田面積さえ減少してきた．農業粗生産額で第 2 位 (19%) を占める肉用牛の繁殖と肥育は，良質な草資源に恵まれていることもあって，第二次世界大戦後急速に普及したが，1960 年頃から飼育農家数は減少し，1970 年代には飼育頭数も減ってきた．

林地の利用は，高度経済成長期になって住民の所得向上の意欲が高まるとともに，かつての生産性の低い，伝統的な利用形態の多くが衰退したことについては既に述べた．そのなかで，1960 年頃から造林が行われるようになってきた．小国は広大な林野面積をかかえながら，交通条件の改良が遅れ，また 1 戸あたりの耕地面積が零細なこともあって，人工林の造成はそれまでほとんど行われていな

かった．1960年以降，年々100～200haのスギの造林がなされてきた．その結果，人工林率は1961年には6.5％にすぎなかったが，1975年には12.6％，現在では20％近くに増大してきた．とくに1970年代に入って，林業構造改善事業や小国森林組合の設立を契機として，林業経営に対する関心が高まってきた．現在では，約220人が林業労務者として造林事業に携わっており，これはとくに小国の山間集落の人々に雇用機会を提供している．

1960年頃以降の高度経済成長は，さらに大きな変化をもたらした．すなわち，それは第二次産業の拡大をもたらし，また道路の整備や生産基盤の整備事業を促すことによって多くの雇用機会を提供したことである．その結果，農家数は1960年頃をピークとして減少傾向がいちじるしくなった（表Ⅲ-4）．農家率は，第2次世界大戦前には80％を越えていたが，1955年には約50％になり，1975年には約40％にまで減少してきた．また，専業農家が増大し，その形態も大きく変

表Ⅲ-4　小国町の農家数および兼業種類

| 年次 | 農家総数 戸 | 農家率 ％ | 専兼別農家数 ||| 兼業農家の内容 ||||
|---|---|---|---|---|---|---|---|---|---|
| | | | 専業 | 1種兼 | 2種兼 | 常勤者 | 出稼ぎ | 人夫日雇 | 自営兼業 |
| 1955 | 1,629 | 49.7 | 236 | 1,017 | 376 | 325 | 27 | 279 | 762 |
| 1960 | 1,668 | 47.4 | 208 | 964 | 496 | 467 | 87 | 399 | 507 |
| 1965 | 1,565 | 43.6 | 51 | 984 | 530 | 476 | 271 | 505 | 262 |
| 1970 | 1,476 | 40.9 | 48 | 957 | 671 | 510 | 206 | 612 | 90 |
| 1975 | 1,301 | 39.2 | 39 | 382 | 880 | 607 | 180 | 423 | 52 |
| 1978 | 1,247 | 37.9 | 56 | 341 | 850 | — | — | — | — |

（小国町（1980）：過疎地域振興計画より作成）

表Ⅲ-5　年齢階層別人口の推移

| 年次 年齢区分 | 1960年 実数 | 1965年 実数 | 1965年 増減率 | 1970年 実数 | 1970年 増率減 | 1975年 実数 | 1975年 増減率 |
|---|---|---|---|---|---|---|---|
| 総　数 | 17,787人 | 15,983人 | −10.1％ | 13,999人 | −12.4％ | 12,649人 | − 9.6％ |
| 0～15 | 6,179 | 4,829 | −21.8 | 3,463 | −28.3 | 2,711 | −21.1 |
| 15～64 | 10,879 | 10,324 | − 5.1 | 9,557 | − 7.4 | 8,780 | − 8.1 |
| 65以上 | 729 | 830 | +13.9 | 979 | +18.0 | 1,158 | +18.3 |

（小国町（1980）：過疎地域振興計画より作成）

化してきた．1955年から1978年にかけて，兼業農家のうち自営兼業は約55％からわずか4％に減少し，常勤兼業が23％から48％，出稼ぎが2％から14％，人夫・日雇い兼業が20％から33.5％へと増加した．とくに出稼ぎを行う農家は

短期のものも含めると，1970年には総農家数の29％，1975年には22％，1978年には20％にも達する．このようななかで，若年労働力が流出し，1960年以降人口の老齢化がいちじるしい（表Ⅲ-5）.

このように第二次世界大戦後の高度経済成長は，一方では伝統的な生産形態の衰退や変革を余儀なくさせるとともに，他方ではそれが不安定なものであれ，多くの雇用機会を提供してきた．このことは生業形態を多様化させ，共同体的な基盤を崩壊させたばかりでなく，一般には山間集落の住民の農業や山地への依存度を弱める結果をもたらした．それは，さらに人口の老齢化などと相まって，過渡的に山地域の粗放的な利用形態を出現させてきたと考えられる．これが，ワラビ野を存立させている大きな理由と考えられる．しかし，近年では肥培ワラビ観光園など，より集約的なワラビ野経営がみられるようになってきた．その将来は決して予断を許されないが，この新しい山地利用は，かつての山村の生活様式の基本的特徴を受けつぎつつ，資源の枯渇を防ぐばかりでなく，所得の向上や雇用機会の増大にも寄与しうる一つの試みとして期待されている．

### おわりに

本稿においてブナ帯山村の特性を明らかにするために，山形県の置賜小国を例に，現在行われている経済活動や，かつて行われた経済活動の残象を手がかりに，伝統的なブナ帯山村の生産形態と土地利用の特色，ならびに近年のそれらの変化を検討した．近年の変化としては，最も特徴的な土地利用の一つであるワラビ野を取り上げ，その発達と地域的意味を考察した．

小国は自然的にはブナ帯に属するが，この地域の住民は，かなり古くから水田における稲作を中心に生産形態をつくってきた．しかし，耕地は狭小で，厳しい自然のため農業の生産性は低く，住民は生計を維持するのに実にさまざまな形の山地の利用を組み合わせてきた．山地域の利用は，薪の採取，製炭，山菜・キノコ類・木の実の採取，木やつるの加工，狩猟，あるいはカヤや干草の採集などを含む広範なものであった．これらのうち，いくつかの山地利用は現金収入源として重要であったが，多くは共同体的組織に基づいて入会山野や国有林共用林野を利用するもので，自給的性格の強い，生産性の低いものであった．

しかし，1960年頃以降の日本の高度経済成長は，伝統的な生活様式を大きく変化させてきた．消費の拡大に伴う山菜需要の増大が，ゼンマイやナメコの生産

を一時的に発展させたような例もみられたが，高度経済成長に伴って一般には山地の利用は衰退してきた．なぜなら，高度経済成長は住民の所得向上の意欲を増大させたばかりでなく，第二次産業部門あるいは道路の改修や生産基盤の整備事業を通して，多くの雇用機会を提供し，住民の就業形態を多様化させ，結果的に，従来の共同体的基盤を崩壊させ，住民の農業や山地への依存度を弱めることになったからである．そのようななかで，山菜需要の増大，あるいは山菜の成育に適した自然条件を背景として，化学肥料の普及による採草地の不用化などを契機に，山地の粗放的土地利用形態の一つとしてワラビ野が急速に発達してきた．これは，人口の老齢化なども相まって，近年の一つの特徴的な山地の利用形態として定着してきた．ごく最近では，肥料を投下してワラビ野の生産性を高め，ここに観光客を導入して，所得の向上や資源の保護を実現しようとする肥培観光ワラビ園が造成され，その発展が期待されるようにもなってきた．

以上のように，ブナ帯山村という自然環境の中で育まれてきた生産性の低い生業形態は，山地を多角化に活用することによって成立した．しかし，近年の高度経済成長はそのような伝統的な利用をもはや許さなくなり，空間の利用を強化・専門化することが必要になってきた．観光ワラビ園がそれを実現する中核となりうるかどうかは疑問であるが，小国は現在，その可能性を求めて模索しつつある．

〔山本正三・石井英也〕

## 参考文献

1) 市川健夫・斎藤 功 (1979): 日本におけるブナ帯農耕文化試論. 地理, **24** (12), 84—102.
2) 市川健夫編 (1981): ブナ帯における生活文化の生態地理学的研究. 昭和54・55年度 文部省科学研究費・総合研究 (A) 報告書.
3) 上田信三 (1938): 山形県小国町の経済地理学的考察―僻遠地研究の一例として―. 地理学評論, **14** (4), 1—27.
4) 大沼 彪他 (1975): 山菜の人工栽培確立に関する研究. 山形県立農業試験場研究告9, 27—33.
5) 小国町史編集委員会 (1966): 『小国町史』.
6) 尾留川正平 (1981): 『砂丘の開拓と土地利用―付. デルタと高距限界地帯の開発―』二宮書店.
7) 藤田佳久 (1981): 『日本の山村』地人書館.
8) 三井田圭右 (1979): 『山村の人口維持機能』大明堂.
9) 渡辺茂蔵編著 (1979): 『羽越国境の山村―奥三面―』山形地理談話会.

## 3. 長野県菅平高原における新しい地域生態

　菅平は長野県の北東部に位置する中央日本の代表的な高冷地集落である．集落域の主要部分は海抜1,250～1,500mにあるが，東には根子(ねこ)岳(2,213m)，四阿(あずまや)山(2,332m)がそびえ，南は大松(おおまつ)山をはじめとする連山で限られている．菅平は，それゆえ，高原盆地としての形状を呈している．菅平の気温は年平均6.2°Cで，北海道の平原によく似ている．冬季には降雪があり，初雪平均は11月4日，終雪は4月14日である．雪質は水気の少ない粉雪で，スキーに適している．また，夏は涼しく，最暖月の8月の日中でも気温は23°C内外で，夜間は15°C位まで冷える．このため，菅平は避暑地としても恵まれている．他方，農業に多大の影響を与える降雪は，10月初旬から5月中旬まで続き，無霜期間は1年のわずか3分の1にすぎない．

　このような環境条件のもとで，幕末期以降の菅平の集落発展の歴史では，一貫して高冷地に適合した生活様式が地域住民により模索されてきた．このうち，大正末から昭和初期にかけての交通路線網の整備は，今日の菅平の基本的性格を基礎づける大きな変化をもたらした．すなわち，農業の面においては，養蚕業が衰退の傾向をみせ始める一方，キャベツやハクサイの栽培が導入され，後の高冷地蔬菜産地としての萌芽が形成された．もう一つが，観光地としてのスキー観光の勃興であった．これは，かつて冬にはこれといった産業がなく，まさに冬ごもりの生活をしていた菅平の住民に，民宿の経営など，さまざまな副業の可能性を提供した．観光業の導入は，このように時間の利用を強化したばかりでなく，蚕室や一義的には農用地である耕地や草地を宿泊施設やスキースロープとして利用するという形で，土地利用をも集約化し，地域の生態にうまく複合された．

　第二次大戦による混乱期をはさんで，夏の農業と冬のスキー観光から成るこのような生業の組合わせは，数多くの菅平住民に受け入れられ，大きな成功をおさめてきた．しかし，1960年代後半以降，蔬菜栽培の機械化・集約化と観光業の専門化・多様化がいちじるしく進むにつれて，土地利用や住民の生業形態には従来と異なる新しい傾向が現れ始めている．

　従来，菅平の集落と生業に関しては，第二次大戦前から活発にかつ継続的に地

理学的調査が行われてきた．戦前期の代表的な研究としては桝田論文[1]があり，個々の民宿経営や農業経営が詳細に分析されている．また戦後においても，農業経営の面については市川[2]，観光や民宿を中心としたものには伊藤・青木[3]など，数多くの研究がある．これらの研究は，いずれも，農業とスキー観光がうまく

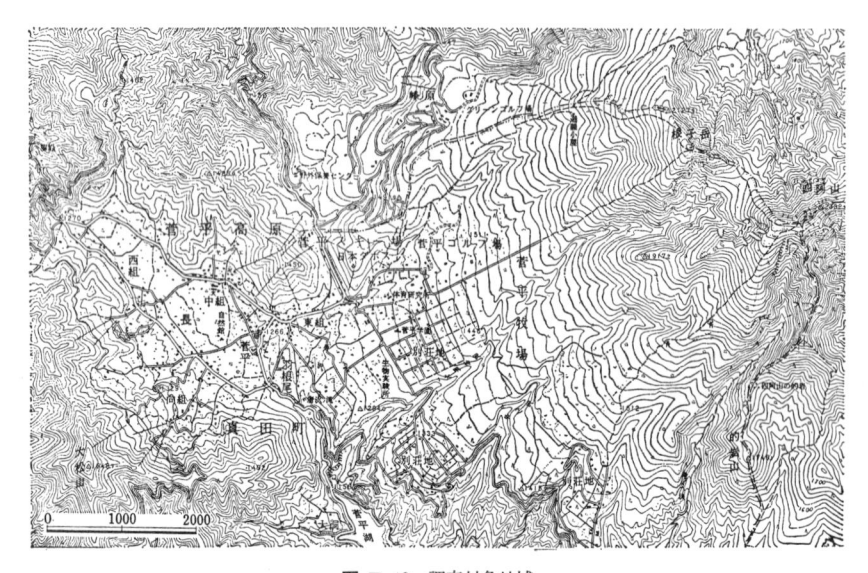

図 Ⅲ-10　調査対象地域
（国土地理院：5万分の1地形図「須坂」）

組み合わせられた従来の菅平の地域生態を記述，分析したものであった．以下では，これに対して，特に近年における新しい動きに焦点をあて，戦前や1960年代前半との対比を通じて，どのような点において菅平の集落や生活が変化しつつあるのかを記述することにしたい．

### 1) 観光業の多様化
#### （1）スキー観光の動向

菅平の観光化は，スキー場としての開発によって始まった．菅平の積雪量はそれほど多くはないが，例年100cm内外に達し，その雪質は粉雪でスキーに適している．そのうえ，芝草地の緩斜面が多く，菅平はとくに初期のゲレンデスキーの発達には好都合であった．明治末期に日本に導入されたスキーは，菅平でも大正末から試みられ，スキーの試作も行われたが，住民がこれを観光化に結びつけ

て開発を志向したのは,昭和2年のことであった.その後,スキー場の開発に伴い,スキー客数は着実に増加し,1933年(昭和8)には1万人を越え,1939年(昭和14)には2万人を突破し,第二次世界大戦前のピークを迎えた.

菅平では,観光客の増加とともに,宿泊施設の整備が進められた.1930年(昭和5)の上田温泉電軌(株)による菅平ホテルの開設を皮切りに,1937年には専業旅館が合計11を数えるまでになった.しかし,これらのうち大規模なものは4軒にすぎず,また,開業後3~4年で廃業した旅館があったことなどからもわかるように,当時,専業旅館の立地には限界があった.

戦時体制の深まりとともに衰退した観光業は,第二次世界大戦後,急速に復興の道を歩み始めた.第二次世界大戦後のスキーは,ゲレンデスキーが脚光を浴び,米軍の影響もあって,ロープトーやスキーリフトの設置が必須になった.このようなスキー施設の整備に伴って,スキー客は年々いちじるしく増加し,1958年頃からは冬季の観光客が全観光客のうちの50%,1961年頃からはほぼ70%を占めるようになり,スキー観光地としての菅平が定着した(図Ⅲ-11).

菅平では,スキー場の整備が1960年代後半以降も進められ,23基のリフトを擁する大スキー観光地に成長した.しかし,スキー場の開発は,1960年代のリフト建設ブーム後,下火になってきた.リフトは,1976年の裏太郎第五と奥ダボス第二リフトを最後に,その後は建設されていない.また,リフトの建設ブーム時に際しても,その輸送実績は年によって落ち込みをみせるようになってきた.とくに1967年には2基のリフトが建設されたが,翌1968年には輸送人員が大きく減少した.これは,近年のスキー需要の増大を考えると,珍しい例といえる.その理由は,菅平が近年,雪不足で悩むようになったためである.もともと菅平では,積雪量がそれほど多くはなかったが,芝草地の存在がこの欠点を補ってきた.しかし,スキー場が次第に山地に拡大するにつれて,雪不足に悩まされることが多くなった.これが,菅平にスキー場としての

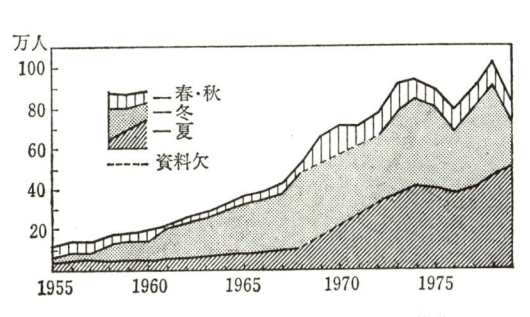

図Ⅲ-11 第二次世界大戦後の観光客数の推移

ある種の限界をもたらすようになった．

### （2） 夏観光の発達

スポーツ・レクリエーション活動や避暑などの，いわゆる夏観光は，菅平においてもすでに戦前から行われてきた．しかし，これらのうち，とくにスポーツ観光を民宿経営と結びつけて積極的に開発しようとする動きは，スキー観光が発達した1960年代の後半から活発になった．スポーツ施設としては，1958年には二つのグラウンドが存在しただけであったが，1963年にはこれが七つに増え，また，18面のテニスコートが誕生した．その後1960年代の後半から，スポーツ施設の増加は実にいちじるしく，スポーツを中心とする夏の観光は，今や菅平の観光の重要な部分を形成するようになった．

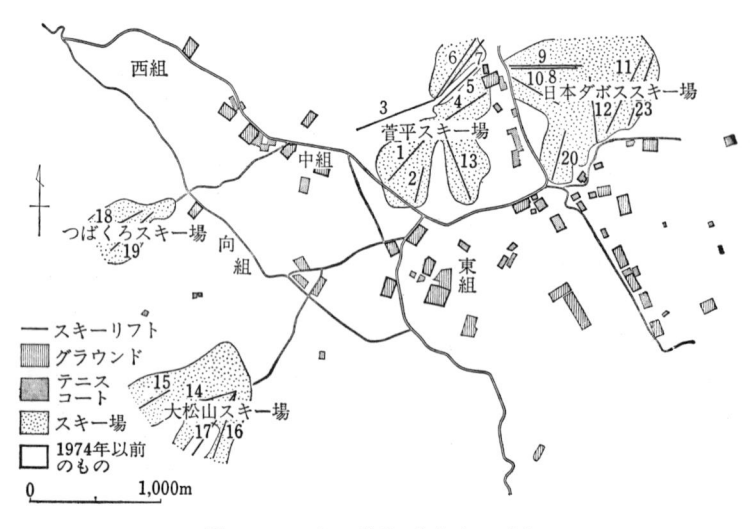

図 III-12 スポーツ施設の分布（1980年）

菅平には多種類のスポーツ施設が存在するが，その主力はラグビー，サッカー，アメリカンフットボール，ハンドボールなどの練習を行うグラウンドとテニスコートである．グラウンドは現在28面を数えるが，それらは菅平全体に比較的散らばって分布している（図III-12）．グラウンドの造成には3,000坪ほどの平らな土地が必要で，当初のものは集落の周辺や中央低地の畑地に作られた．1974年の分布をみると，グラウンドは東組の南側，中組の南側と白樺台別荘地に集中して立地していた．それゆえ，当初には畑地が多く転用された．その後，機械力

を駆使して整地するようになったため,緩傾斜地にある利用価値の少ない原野が多く転用されるようになり,グラウンドは十ノ原地区をはじめ周辺部に広まった.

一方,テニスコートは,グラウンド以上にいちじるしい増加を示した.1965年には20面ほどにすぎなかったが,1980年には175面に増えた.1982年末までに,おおよそ300面になることが見込まれている.テニスコートの分布は,裏太郎からダボス周辺にかけての東組に圧倒的に集中している(図Ⅲ-12参照).ほかに,東組の集落付近,中組,白樺台別荘地にもかなりみられるが,西組には一つもみられず,向組にもわずかに存在するにすぎない.1974年には,東組以外にテニスコートは存在しなかった.テニスコートは,専業旅館化しようとする民宿によって作られてきたが,グラウンドに比して小面積のため,山麓緩斜面の原野に造成されたものが多い.

このような開発を背景として,菅平の観光客数は,1965年以降も膨張し続け,1968年には50万人を越え,1973年には90万人を越えたが,それ以降は1978年を除き,ある程度の限界に達した(図Ⅲ-11参照).しかも,観光の季節性に大きな変化が認められるようになった.スキー観光を基調とした発展傾向は,1960年代の後半まで続いたが,その後はスキー客の増加が頭打ちとなり,夏の観光客の増加が顕著になった.観光客の季節別構成比をみると,1968年頃まで冬季観光客が全体の約70%を占めていたが,1972年頃からは冬季と夏季の割合がそれぞれ40～45%を占めるようになり,1979年には雪不足もあって,冬30%,夏61%と,冬と夏の観光客の割合は完全に逆転した.

(3) その他の観光開発

1960年以降の高度経済成長期を通じて,菅平は別荘地開発に関連してしばしば全国の注目を集めてきた.公共機関による別荘地開発の先駆けとして,1960年代前半には「菅平方式」なるものが案出され,その後長野県の各地にこの方式が適用された.また,別荘地開発は地元にとってマイナスであるとして,真田町長が菅平の「開発ストップ宣言」を打ち出したのは1973年10月のことであった.菅平方式とは,菅平ダム建設資金の地元分担金を捻出するために考え出された方法で,地元が県に土地を無償提供するかわりに,県がこの土地を別荘地として造成・分譲し,それによって得た剰余金を地元の利益のために還元するというものである.実際には,長野県企業局が菅平高原別荘地の造成を行い,同県地域開発

公団がその分譲を担当した．

「開発ストップ宣言」の出された1973年は，同時に第一次オイルショックの年でもあった．菅平高原別荘地での建築着工件数は，これを境に急激な落ち込みを示すとともに，大松の丘別荘地など，開発の新しい地区では，分譲地の販売そのものが不振となった．菅平に隣接する峰の原高原保健休養地では，売行き不振の打開策として1974年にペンション導入を計画し，以後ペンション地区だけが好調に発展して1979年には45戸を数えるまでにいたっている．菅平地区内でも，別荘開発者からペンション導入の要望が強く出され，町当局との協議の結果，1978年以降つぎつぎとペンションが建設されてきた．1980年9月現在，大松の丘別荘地を中心に菅平地区だけで27世帯がペンション経営を行っている．

他方，根子岳，四阿山の緩斜面に広がる1,600haの北信牧場（菅平牧場）は，菅平の土地利用を考える上できわめて重要な要素といえる．戦後，牧場本来の機能が衰退していく中で，1960年代に観光事業への傾斜が強まったが，国立公園の特別地域に属していることもあって，観光事業のその後の発展が抑制されたまま現在にいたっている．北信牧場は成立の当初から地元住民との結びつきに欠け，牧場経営を総括する事務所も真田町にではなく須坂市に立地するなど，菅平においても異質な存在であるだけに，その開発を菅平全体の開発の立場から総合的に考えていくことが，きわめて困難な状況に陥っている．

## 2） 高原野菜栽培の発展
### （1） 高冷地農業の展開

菅平は，1,250m以上の高冷地にあり，周辺低地の既存の農村から隔絶していたため，江戸時代には周辺低地農村の入会草刈地であった．幕末の頃から本格的な入植が始まったが，厳しい自然環境のため開拓は遅々として進まなかった．当時の入植者は，自由に国有林を伐採して焼き畑耕作を営んでいた．水稲栽培は経済的限界外にあり，当初から薬草栽培などの商品作物の導入がはかられたが，当時は交通手段も未発達で定着せず，農業はバレイショのほか，ソバ，アワなどを主作物とする自給的色彩の強いものであった．この時期には，製炭業や季節的出稼ぎが主な現金収入源であった．

入植者の農業経営が定着したのは，菅平の高冷地としての特性を生かした蚕種製造が導入され，また春播コムギ，エンバク，豆類などが北海道から導入さ

れ，穀物の栽培と養蚕を組み合わせた農業が定着した明治後期以降のことであった．

第二次大戦後から1960年代にかけての菅平の発達は，緊急開拓などによる集落と耕地の拡大，蔬菜栽培の本格化といちじるしい観光化によって特徴づけられる．緊急開拓は278haにおよぶ国有地と民有地を開拓農家に解放したもので，これによって菅平の耕地は，水平的にも垂直的にも大きく拡大し，農家戸数もいちじるしく増加した．

農業経営は，第二次世界大戦後，蔬菜—バレイショ—雑穀の3年輪作体系が一般に採用されていた．これは，病虫害の発生や連作障害を防ぐ合理的な土地利用であったが，より高収益の農業経営を模索する過程で衰退した．作付面積の変化をみると，1955年頃種バレイショの栽培がピークに達し，養蚕が消滅し，以後キャベツ，ハクサイのほか，新しくレタス，ニンジン，ダイコンなどの栽培が盛んになった．ここに，高冷地という自然環境を活用して夏野菜を栽培する高冷地蔬菜産地が成立した．

### （2） 蔬菜栽培の発展

図Ⅲ-13は1937年（昭和12）以降の主要な商品作物の作付け面積の推移を示したものである．1946年に72haであった種バレイショは，1955年にはピークを示し125haの作付け面積に達した．ハクサイの作付け面積は1951年に21ha，1955年には45ha，1957年には62haになり，その後やや減少したが，1965年以降の伸びはいちじるしい．キャベツも1946年の21haの作付け面積が順調に伸び，1965年のピーク時には90haに達した．種バレイショと蔬菜の栽培には消毒が必要であるが，桑にかかった農薬が蚕に被害をおよぼすので，養蚕は衰退し，1956年には桑園は消滅してしまった．1955年の農

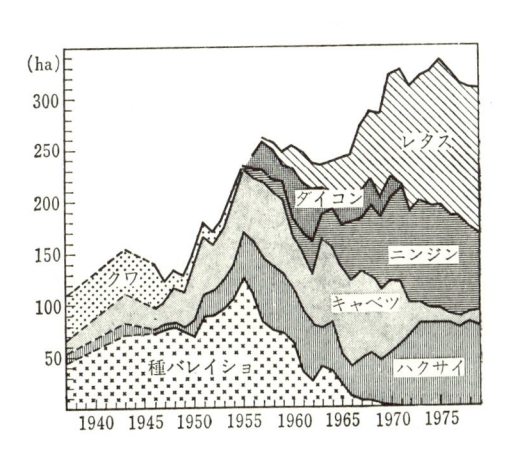

図Ⅲ-13 菅平における主要商品作物作付け面積の推移
（長農協の資料により作成）

産物の生産額割合をみると，種バレイショが46％，キャベツ26％，ハクサイが24％であった．しかし，1950年代後半には種バレイショは急減していった．これは連作障害によりウイルス病が発生し，防疫法による検査基準に達しないものが増加したこと，食糧事情の好転により価格が伸びず，収益の点ではキャベツやハクサイの方が高くなったこと，病虫害防除など栽培管理が繁雑で多くの労働力が必要であるが，周辺農村からの人手を集めることが困難になったこと，などが主な理由と考えられている．他方，キャベツとハクサイは7月から9月までの低暖地産の端境期の需要が高く，高冷地の自然特性を生かしたものとして順調に伸びた．ダイコンも低暖地産の端境期を利用するもので，労力が少なくてすむことから，1956年頃から菅平に導入され1962年には50haに達したが，害虫の発生や忌地現象によりしだいに衰退した．1965年頃の農産物販売額割合をみると，種バレイショは7％に減少し，キャベツ55％，ハクサイ12％となり，後述するように新しい蔬菜としてレタスとニンジンが伸びはじめてきたことがわかる．

　第二次大戦後新たに開拓が進められたにもかかわらず，農家数の増加によって，平均経営規模は1937年（昭和12）の2.3haから1960年の1.8haへと減少し，より集約的な土地利用が必要になった．また夏季の5ヵ月に労働が集中したため，役畜の使用と季節的雇用が不可欠となった．役畜としては，すでに明治期から馬が使用されており，それは厩堆肥を生産する重要な手段でもあった．第二次世界大戦前には馬はかなり普及しており，1937年には1戸当りの飼育頭数が0.55に達し，馬を所有しない農家では借馬をしていた．第二次世界大戦後の1953年頃から馬とともに役肉牛が増加し，農家1戸当りの大型家畜の飼育頭数は1955年に0.9頭，1960年には1.1頭となった．しかし，1960年代前半からは耕耘機と農用トラックが普及し，これまでの役畜と荷馬車に取って代わった．役畜は急激に減少し，1965年には馬が48頭，牛が39頭，1970年には馬が10頭と牛が11頭になってしまった．他方，1954年からは酪農が振興され，1960年に乳牛頭数が83頭に達したが，レタス，ニンジンといった新しい蔬菜が導入されたり，観光客の増加にともない悪臭が問題とされ始め，酪農は衰退した．

　第二次世界大戦からの約20年間は，種バレイショとキャベツ，ハクサイの時代であり，自給作物としては雑穀，ソバ，バレイショ，豆類などが栽培された．また，戦後の食料需要の増大に支えられて，菅平が高冷地蔬菜産地として大きく成長した時期であった．これとともに，スキー民宿を中心とした観光産業も発達

し，農家の人々は1年を通して労働力を効率的に消化することができた．

(3) 近年の傾向

菅平において長い間主要農作物であったバレイショは1960年代に姿を消し，これに代わってレタス，ニンジン，ハクサイ，キャベツが主要な作物となった．ニンジンは1954年頃から夏出し用に試験的に栽培され，種バレイショに代わる作物として栽培期間100～120日間の短根種が，1958年頃から伸びた．一方，レタスも1953年頃からの試験栽培を経て，夏出し用として，当初アメリカ駐留軍向けに出荷されたが，1962年頃から一般家庭や業務用の需要が伸びた．レタスが夏に出荷可能になったのは，高冷地の自然条件を利用したためである．

この結果，1970年以降においては，レタス，ニンジン，ハクサイの3品目が作付け面積の大部分を占めるにいたった．農産物販売額は年により変動が大きいが，ここ10年間の平均に近いと考えられる1976年の例によると，レタス49%，ニンジン26%，ハクサイ22%の順になっている．

このような蔬菜の単一栽培発展の背景としては，洋菜類が一般に普及して，それに対する需要が大きくなったことや，トラック輸送を中心にした交通体系が整備され，しかも保冷車などの発達もあって生鮮野菜の遠距離輸送が可能になったことがまず考えられる．さらに，既肥の多量投入と深耕による土地改良，連作障害を防ぐ輪作体系が確立されたことなどに代表される栽培技術の進歩も注目される．また，農業機械の大型化が進行し，耕耘機から50～60馬力の乗用トラクターへの転換がはかられた．1974年からは国の野菜指定産地事業が行われた．また，1961年に菅平農協は長農協と合併して長農協菅平支所となったが，蔬菜栽培の技術指導，生産資材の供給，共同出荷の実施などを通じて，菅平農業の発展に寄与している．

3) 新しい地域生態の形成

(1) 生業形態の多様化

1960年以降，日本経済の高度成長とともに，観光・レクリエーション地域としての菅平の生業形態は，しだいに多様化の道を歩んできた．農家数はむしろ減少傾向に転じ，外来非農家世帯の増加などもあり，1980年には菅平全世帯の52%にまでその比率は低下した．しかし，これらの農家についてだけみれば，農業を主体として冬季のスキー観光から副収入を得るという菅平の基本的な生業形態

は，現在でもそのまま存続している．1980年の聞き取りによれば，166戸の農家のうち，農業を主体とする世帯が142戸を占め，そのうちの72戸が冬季民宿を営んでいる．残りの70戸にしても，世帯員の冬季における就業は，男性の場合，リフト会社の臨時雇とスキー指導員，女性では旅館・民宿・食堂の手伝いがほとんどである．しかし，農業にスキー観光を組み合わせたこのような生業形態は，数の上からみると現在の菅平ではしだいに減少してきている．このような変化をもたらした一つの要因は，夏観光の発展による専業旅館・通年民宿の増加である．農業部門の縮小や切り捨てに伴う通年営業民宿の増加に加えて，ペンション経営が1970年代後半に急増した結果，1980年には専業旅館と通年民宿の合計が60戸に及んでいる．さらに数の上で大きな意味を持つのは，農家でも旅館でもないその他の世帯が，この20年間でいちじるしく増加したことである．民間企業や公共団体の寮・保養所の建設にともなう管理人世帯の増加をはじめとして，学校や農協の職員，ホテルの従業員などの給与所得者世帯が，今日では大きな比率を占めるにいたっている．

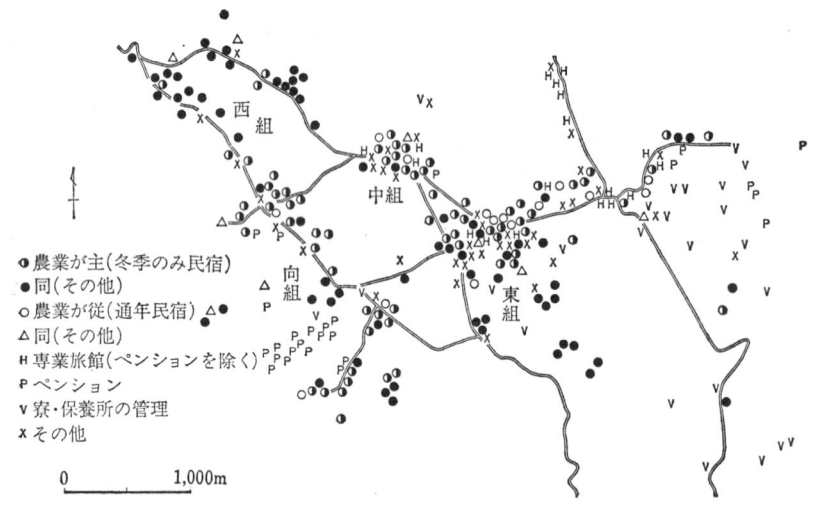

図 Ⅲ-14 菅平における生業類型の分布

図Ⅲ-14は，1980年9月に実施した聞き取り調査の結果に基づいて，各世帯の生業形態を8類型に区分したものである．

農業を主とする農家の半数以上（72戸）は，冬季に民宿を営業する世帯であ

った．これらの世帯は，東組から中組にかけての集落の中心部と，大松山やつばくろのスキー場に近接した向組に数多く存在している．しかし，この4～5年来，民宿を休業もしくは廃業することによって，この類型から脱落した農家が東組を中心に10数戸みられる．また，民宿経営を通年化することによって，生業の主体を民宿経営に移行した世帯もいくつか存在する．この結果，農業を主体としてそれに冬季の民宿を組み合わせるタイプの農家は，近年減少傾向にある．

これに対して，民宿経営を行っていない農家は70戸存在した．これらの農家が卓越する地区は東組の原谷地と西組で，とりわけ西組では農家の8割以上がこの類型に属している．全体としてみれば，スキー場から遠く離れた集落の外縁部で，このような農家の比率が高くなっている．これら農家の各世帯員についてその年間就業暦をみると，農作業のない冬季にはほとんど例外なくスキー観光に関連した仕事に従事している．女性は週末や年末年始の混雑時を中心に旅館，民宿，食堂で手伝いとして雇われ，男性は若年層がスキー指導員，中年の世帯主層がリフト関連作業員として働く例が多い．このようなことから，純粋な専業農家はきわめてまれな存在でしかない．

農業を従とする農家世帯24戸のうち，15戸は通年民宿を営業するものであった．これらの世帯は，もともと農業を主体としていたものが，しだいに民宿部門を拡大し，営業期間を通年化することによって，農業と民宿の比重を逆転させるにいたったものである．表Ⅲ-6は，これら15世帯の民宿経営と農業経営の内容を，いくつかの項目についてまとめたものである．1970年と1979年の耕地面積を比較すると，6戸の農家が顕著な減少を示している．とくに，農家番号の4と9は，現在では実質的に離農している．他の4戸においても，経営耕地が小規模化するとともに，作物の面でニンジンへの過度の依存がみられ，農業経営としては退却型の経営といえる．これらの通年民宿農家に共通の特徴は，テニスコートもしくはグラウンドの所有であり，このようなスポーツ施設が夏季民宿営業の前提になっている．近年急増したテニスコートについて，その造成前の地目をみると，林地，荒地と並んで畑地が大きな割合を占めている．それゆえ，夏季の民宿経営は労働力の面においてのみならず，土地の面においても農業と競合している．

非農家世帯の中では，専業旅館が45戸にのぼり，1961年当時の6戸からいちじるしい伸びを示している．ペンションはこのうちの27戸を占め，その他の専

業旅館を数の上で引き離している．しかし，ペンションの多くはその経営基盤が脆弱なため，成立してから日が浅いにもかかわらず，経営主体の移動が行われた

表 III-6　通年民宿農家の経営内容

| 農家番号 | 民宿経営（1980年） | | | | 農業経営（1979年） | | 同（1970年） |
|---|---|---|---|---|---|---|---|
| | 部屋数 | 収容人員 | テニスコート | グラウンド | 耕地面積 | ニンジン作付面積 | 耕地面積 |
| 1 | 18室 | 100人 | 10面 | 一面 | 80a | 50a | 200a |
| 2 | 12 | 100 | — | 1 | 74 | 64 | 145 |
| 3 | 8 | 40 | — | — | 152 | 10 | 128 |
| 4 | 10 | 50 | 6 | — | — | — | 100 |
| 5 | 18 | 80 | — | — | 80 | 60 | 140 |
| 6 | 9 | 50 | — | 1 | 215 | 35 | 220 |
| 7 | 15 | 80 | 7 | — | 95 | 30 | 95 |
| 8 | 20 | 120 | 6 | 1 | 140 | 50 | 155 |
| 9 | 25 | 130 | 10 | — | — | — | 127 |
| 10 | 19 | 80 | — | 1 | 140 | 65 | 230 |
| 11 | 20 | 120 | — | 1 | 185 | 100 | （資料欠） |
| 12 | 15 | 80 | — | — | 255 | 100 | 230 |
| 13・14 | 40 | 250 | 4 | 1 | 180 | 80 | 190 |
| 15 | 10 | 50 | 3 | — | 225 | 55 | 205 |

例をすでにいくつかみることができる．向組に位置する大松の丘別荘地には，14戸のペンション経営世帯が集団的に立地している．ペンション以外の専業旅館は地元関係者によるものが大半である．その分布はスキー場の存在に強く規定されており，中組から東組を通って日本ダボス，裏太郎のふもとにかけて立地している．

## （2）　地域生態の構造変化

近代における菅平の歴史は，水田農業から切り離された高冷地という自然条件の中で，日本全体の社会経済環境の変化に対応しつつ歩んできた地域住民の努力の跡を表している．住民は，限られた，しかも高冷地という条件のもとで，それに適合した生活様式を模索しつつ，結果的には，空間と時間の利用をたえず強化，集約化することによって，高い生産性をほこる地域の形成に成功してきた．

すなわち，菅平は，一見不利にみえる自然条件ばかりでなく，その社会経済条件をも巧みに生かして，高冷地蔬菜栽培と観光業を発達させてきた．菅平は，たとえばその農業環境をみても，水田耕作が不可能で，国有林や他集落の共有地が広い面積を占め，住民の所有耕地は高冷地の畑作地帯としては小規模で，そのう

3. 長野県菅平高原における新しい地域生態　　　247

え採草地や原野を欠くといった特徴を有していた．これらの条件は，農業発展という観点からみれば，恵まれた条件とはいいにくい．それゆえ住民は，逆に早くから商業的農業の導入によってそれらの克服につとめ，日本社会の経済や技術水準の発展に対応して，次々に新しい要素の導入を試みてきた．新しい要素の導入に際しては，たえずそれ以前の地域生態に複合させ，時間と空間の利用を高度化する工夫が払われてきた．昭和初期におけるスキー観光業の導入などは，その最もよい例であろう．

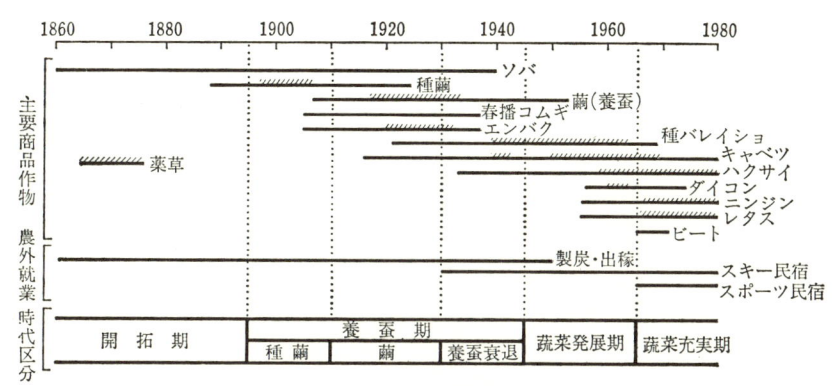

**図 Ⅲ-15　菅平における主要商品作物の推移**
（斜線部分は最盛期）

しかし，1960年代後半以降，蔬菜栽培の機械化・集約化と観光業の多様化が菅平ではいちじるしく進み，夏の農業と冬のスキー観光から成立していたそれまでの土地利用や住民の生業パターンは，専門分化という新しい方向を示すようになってきた．

観光業は，1950年代の後半から1960年代を通じて，スキー観光が急速な成長を続けてきたが，1970年代に入って頭打ちの傾向を示すようになった．もともと菅平の積雪量はそれほど多くなく，スキー場拡大につれて近年雪不足に悩むようになり，スキー場としてのある種の限界がみられるようになったわけである．これに対して，スポーツ観光を主体とする夏観光が，1960年代以降しだいに重要なものになってきた．これは，1960年代以降の民宿への設備投資の結果，投下資本に対する経営効率を高める必要上，営業期間を長期化し，グラウンドやテニスコートを造成することによって夏季にも民宿経営を行うものが増えてきたことと関連している．観光客数の季節別構成比をみても，1972年頃から冬季と夏

季の割合がほぼ均衡するようになった．

　農業についても，一定の耕地面積からより高い農業収入を得るために，さまざまな工夫が加えられてきた．肥料・農薬の多投によって土地の集約度を高める努力がなされるとともに，最近10数年の間には，大型機械の導入が急速に進められてきた．また，栽培体系は，連作障害や価格変動による危険をさけるために，各農家が経営耕地を3分し，おのおのにレタス，ニンジン，キャベツあるいはハクサイを作付けし，輪作するという方法が一般にとられてきた．しかし，近年では，輸送技術や栽培技術の進歩を背景に，他の産地間との競合の激化から，投機性の強いレタス，ニンジンを集中的に栽培するような農家が増えてきている．

　近年の菅平における農業と観光業の高度化は，労働力の配分や土地利用の面で，両者が競合する結果をもたらした．そのため，菅平の農家は従来農業を生業の主体として，それに冬の民宿を組み合わせたものが多かったが，最近では多様な生業形態がみられるようになってきた．菅平の生業形態をみると，観光業の発達にともなって非農家が増加したことが一つの特徴であるが，かつての農家民宿もいくつかのタイプに分化してきた．たとえば，一部の農家民宿は，民宿営業の通年化をはかり，収容力の拡大やスポーツ施設の整備など，多額の設備投資を行って，民宿に生業の重点を移行させた．なかには，農業を縮小するばかりでなく，農家に耕地を売却したり，貸しつけて，いわば専業旅館になった例もいくつかみられる．これに対して，あくまで農業を主体とした経営を考えている農家民宿では，現在でも冬にのみ民宿を営業している．菅平では，今日なおこのタイプのものが最も多い．しかし，近年においては，民宿経営に必要とされる設備の高度化に伴って，冬季営業だけでは投下資本に見合った経営効率をあげることがむずかしくなっており，施設の老朽化を機に民宿を廃業するものが目立ってきた．このように，菅平の農家民宿は，現在観光か農業かというむずかしい二者択一を迫られ，ある種の岐路にあると考えられる．

## むすび

　近年の菅平においては，蔬菜栽培と観光業の過度な集約化によって，いくつかの問題が生じてきた．農業の面では過度の機械化や肥料の過投下による土壌の有機質過剰などが問題となっており，民宿経営という面では，労働力や土地利用の農業との競合が問題である．これは，より多くの収益を獲得しようとすることか

ら，土地や家屋が固定的な目的のために施設化されたことに起因する．このことによって，土地や施設の利用可変性が低下し，農業や観光業の柔軟性が失われた．菅平では，このことは，とくに農家民宿の経営において顕著にみられ，それらの専門分化を促してきた．しかし，菅平全体でみると，現在のところ，観光業に専門化するものと農業に専門化するものとの間には，冬季の労働力の雇用と提供，あるいは耕地の貸借といった形での補完関係が認められる．また最近では，観光化の進展の速度が鈍り，住民の中にも観光開発を抑制しようとする考えが強い．それゆえ，観光の面においても，農業の面においても，菅平は一種の岐路にあると考えられるが，一方において菅平全体の地域生態という点では，新しい均衡状態が形成されつつあるものとみることができよう．

〔山本正三・石井英也・田林　明・手塚　章〕

### 文　献

1) 桝田一二 (1940)：信州菅平の地域性．地理，3 (1)，29-51.
2) 市川健夫 (1966)：『高冷地の地理学』令文社，414 p.
3) 青木栄一・伊藤達雄 (1962)：観光産業の形成要因の分析的研究―菅平スキー場を例として―．観光研究，(69)，55-64.
4) 山本正三・石井英也・田林　明・手塚　章 (1981)：中央高地における集落発展の一類型―長野県菅平高原の例―．筑波大学人文地理学研究，5，79-138.

## 4.　白山麓における薬草の採集・栽培と生業の変遷

　わが国における漢方薬や民間生薬は，明治以後西洋医薬の導入，化学工業の発展に伴う合成医薬の開発によって，その用途を狭められてきた．しかし，近年合成薬品の副作用にともなう医薬公害が表面化するにつれ，副作用のない伝統的な東洋医薬，民間薬が見直されてきた．厚生省も国民健康保険の赤字は，昔なら民間薬で簡単になおした病気まで病院で診察を受け，薬づけになるからだという見解を受入れ，国民に根強い需要のある漢方薬や民間薬の見直しを進めようとしている．
　ところで民間薬の中心をなすオオバコ，ドクダミ，ゲンノショウコなどの薬草は，日本全国どこにでもみられる野草，雑草であるが，ミシマサイコなどのよう

に地域的に偏在するものもある．つまり，『本草綱目』[1]によれば，ほとんどすべての植物が，根・葉・樹皮などに健康を維持増進する薬効をもっているようであるが，その霊験あらたかなるものは，本稿でとりあげるオウレンのように深山幽谷の地に自生したものとする考えが，存在したようだ．しかし，西洋医薬導入以前の薬草の採集，栽培の状況を復元するのは困難である．

本章では，福井県大野地方（奥越）に残存しているオウレン栽培を取り上げ，その栽培状況を奥地山村の社会経済の変遷に関連させて考察しようとするものである．調査対象地域である大野市旧五箇（ごか）村は，白山の南西部にあり，白山の尾根をなす三ノ峰（2,128m），赤兎（あかうさぎ）山（1,628m）で石川県白峰（しらみね）村および願教寺山（1,691m），野伏岳（1,674m）で岐阜県白鳥（しろとり）町（旧福井県石徹白（いとしろ）村）に接する地域である．五箇村の集落は河谷部にあり，古くから出作りを含め，周囲の落葉樹からなるブナ帯の山林資源に依存してきた山村といえる．なお，オウレン（黄蓮，*Coptis japonica* MAKINO）は，キンポウゲ科の宿根草で，主根が節状に毎年一つずつ伸び，12～15年で数珠のように8cm位の長さになるものである[2]．主根は黄色味を帯び，播種してから収穫まで7～20年を要する薬草である．「根茎を取って乾燥したものを黄蓮といい，苦味が強く漢方ではきわめて重要なもので，中国その他へ輸出が多い．黄蓮は苦味健胃・下痢止め・解熱・消炎・精神安定などにはどうしても必要なものである」[3]という．

## 1) オウレン栽培の展開とブナ帯
### （1）『延喜式』にみえるオウレン

わが国においてオウレンはいつから採集・栽培されてきたのであろうか．『延喜式』巻三七の典薬寮の項をみると，オウレンが「臘月御薬」や「中宮臘月御薬」に使用されていたことがわかる．したがって，わが国原産のオウレンは相当古くから薬草として採集・栽培されていたと思われる．また，典薬寮のうち諸国進年料雑薬の項には，「越前国18種黄蓮五十七斤，独活四斤，牛膝十七斤」[4]というように，薬草，樹皮，獣骨等薬効のある租税産物が国別に記載されている，表Ⅲ-7はそれらのうちからオウレンとキワダ（黄蘗）を拾い出して作成したものである．それによると平安時代においても福井県の東半部を占める越前国がオウレンの最大の生産地であり，円後，備中の国々がそれに次いでいたことがわかる．

全体的にみると越前, 加賀, 能登から佐渡へと続く北陸道一帯が 82.6 斤で 40 %を占めていた. また, 丹波から但馬, 美作, 備中, 安芸へと続く中国山地一帯が 73.3 斤で, 35.8% を占めていた. つまり, 平安時代においては北陸地方と中国山地がオウレン栽培の2大産地であり, オウレンは局地的に限定された薬種ということができよう.

(2) 修験道と薬草

わが国の山岳宗教は山を死霊・祖霊の休息所として崇めた原始的固有信仰が高度な仏教である密教と結びついて展開したものであるという[5]. 仏門に入った僧は, 各地に弘法大師の伝説が残されているように, 常民があっと驚くような秘儀を大衆の面前でとり行わなければならなかった. 大峯山等険しい山岳地帯で苦業を重ね, 仏教の覚りを開き, 秘術を身につけた修験者達は, 全国各地に赴いた. 一方, 聖なる霊山で穢れを落とし, 身を清める信仰登山は, 大衆の中にも流行し, 霊山の基地集落である御師ないし社人集落と檀那場の関係が生じた.

白山麓に位置する五箇村は越前馬場平泉寺と美濃馬場であり, 白山中居神社の社人の村石徹石村[6]に狭まれた場所に存在した. 社人の村では山岳信仰の登山者を宿泊・案内する先達としてばかりでなく, 冬季に檀那場を廻って勧進を行った. その際彼らは, 曼荼羅による絵解きばかりでなく, 薬種を持ち歩いていたという. 熊野修験が黄檗から作った胃薬ダラニスケ (現在でも奈良県吉野郡天川村洞川で製造されている) を持ち歩いたことは, つとに知られているが, 立山ではその種類が「立山りんどうを胃腸薬として, 立山の湯花と硫黄は外科用, クマノイは強心や胃腸薬として, その他黄蓮や立山産の山人参などであった」[7]という. したがって, 平泉寺や石徹石の修験者や社人が持ち歩いた丸薬等の中には, オウレンを原料とした薬種も存在したと思われる. つまり, 富山や大和の売薬業は, 一定の土地と結びついたなわばりと置き薬によって, 修験道の勧進方式を踏襲したものである

表 III-7 平安時代におけるオウレンの生産量

| 国 名 | オウレン | キワダ |
|---|---|---|
| 越 前 | 57斤 | 斤 (0) |
| 丹 後 | 38.8[a] | 20 |
| 備 中 | 32 | 10 (300) |
| 但 馬 | 18.2[a] | |
| 佐 渡 | 15.6[a] | |
| 美 作 | 10.3[a] | 4 |
| 信 濃 | 10 | |
| 加 賀 | 7 | |
| 安 芸 | 4.7[a] | 20 |
| 丹 波 | 3.1[a] | 24 (400) |
| 能 登 | 3 | |
| 遠 江 | | 30 |
| 近 江 | | 13 (300) |
| 大 和 | | 11 |
| 越 後 | | 10 (300) |
| 備 前 | | 10 |
| 備 後 | | 10 (0) |
| 石 見 | | 4 |
| 摂 津 | | 3 |
| 計 | 204.7 | 169 |

a) 小数点以下は一両を1/16として計算した. ( ) 内は主計分.
(『延喜式』巻37による)

と考えられているが，その富山の「反魂丹」の中にもオウレンが含まれている[8]．このことは，五箇村や西谷村を中心とする奥越地方が白山信仰の布教手段である薬種原料の供給地域であったと思惟されるのである．

なお，明治前期においてもオウレンを産出する諸国は北陸道の越前・加賀・越中，山陰道の丹波・因幡・伯耆等であった[9]．

### (3) 現在のオウレン栽培地域と栽培形態

#### a. オウレン栽培町村の分布とブナ帯

図Ⅲ-16 は1979年におけるオウレンの県別生産量と栽培町村を示したものである．福井県の10,844 kgを最高に兵庫，鳥取，高知，岐阜，岡山県の順で，『延喜式』の時代とそれほど大きく変わっていない．なかでも市町村別生産量が「林業統計書」に掲載されている福井

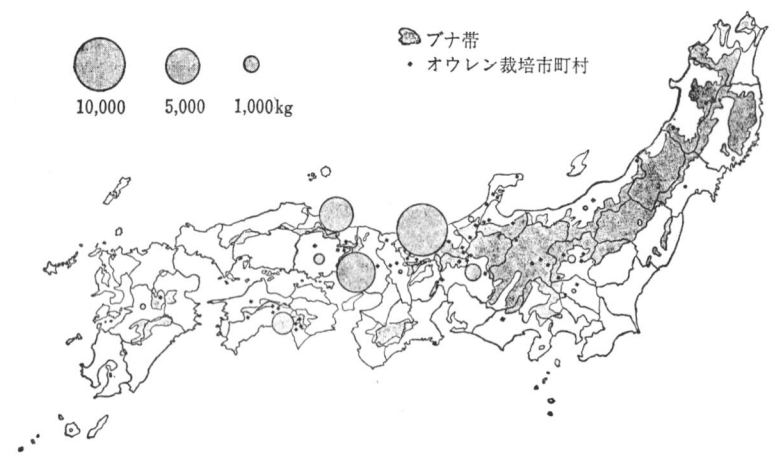

図Ⅲ-16 オウレンの県別生産量と栽培市町村の分布
(農林省農産園芸局(1980)：薬用作物関係資料による)

県の大野市，兵庫県の山南(さんなん)町，鳥取県の智頭(ちず)町が三大中心地であるが，栽培形態は異なる．福井県の大野地方のオウレンは，落葉広葉樹の林床で栽培され，天然産の採集段階から発展した，いわばオウレン栽培の原型とみることができる．一方，鳥取県の智頭町におけるオウレンは，その面積の97％がスギの人工林内で栽培される．智頭町のスギ林は伐期が50～60年の裏杉であるので，オウレンの栽培は林家が中間収入を得る役割を担っている．さらに，兵庫県の山南町では，オウレンが畑地や水田において花卉や花木との輪作体系の一環と

して栽培されている．しかし，オウレンは日陰性植物であるため，薬用ニンジンや千両のように雑木や藁および寒冷紗で被覆もなければならない．したがって，商品作物としてのオウレン栽培は，集約的な栽培景観を呈することになる．ところで，この三大地域は薬種問屋が注目するところでもある．

オウレンは，日本海側で海抜300mから1,200m，積雪50cm以上の，いわゆるブナ帯[10]で栽培される．積雪の多い奥越では海抜700m以上のところで栽培されたオウレンが最上であるという[11]．ブナ帯は一般に人口希薄な過疎地帯であるので，薬草が病気に冒されることなく，健全に育成されるからであろう．全国的にみても，オウレン栽培町村はほぼブナ帯に一致する．しかし，奥越型の栽培形態はほとんどみられず，智頭型のオウレン栽培が卓越する．すなわち，岡山県勝山町をはじめ中国山地ではオウレンがスギの人工林の林床で栽培されている．この方式は比較的新しいオウレンの産地である高知県を含む四国山地，九州でも採用されている．熊本県小国(おぐに)町でもオウレンがスギ・ヒノキ林内で栽培されている．関東から東北にかけての地域は，山林の利用効率を高めるためのオウレンの試作段階で，最も新しい栽培地である．一方，兵庫県山南町の集約型のオウレン栽培は，京都府，長野県でわずかにみられる．京都府の和知(わち)町（丹波）ではクリ園の林床に[12]，長野県では，薬用ニンジンの忌地性を回避するためその後作にオウレンが栽培されている．

**b. 福井県におけるオウレン栽培の局地性**　福井県におけるオウレン栽培は，前述のようにブナ帯の広葉樹林下の林床栽培を特色とする．オウレン生産量の最大の福井県においてもオウレン生産地域は偏っている．すなわち市町村別にみると(図Ⅲ-17)，大野市・和泉村の大野郡（奥越）に93.6%，小浜市・名田庄村の若狭地区に5.5%と2地域に集中している．奥越でもオウレン栽培は，真名川流域の旧西谷村と九頭竜川の支流打波川流域の旧五箇村に集中していたのである．すなわち，「福井県の黄蓮は生産高の八割を生産するのが西谷村で，次に大野市の五箇地区においてあとの一割九分が生産されている．さらに福井県は全国の黄蓮生産高の六割を生産しているから，西谷村は全国の五割を生産する日本一の黄蓮栽培の村である」[13]と書かれているように，オウレン栽培の核心地であった．

この西谷村は，山口源吾が詳細に報告しているように，① 1957年の笹生・雲川ダムの建設に伴う集落移転，② 三八豪雪(1963)に伴う移転，および，③ 四〇

豪雪と水害による集落移転で完全廃村になった村である[14]. これは九頭竜川上流の山村が真名川流域総合開発計画に対応した結果でもあったが, 深雪地帯である

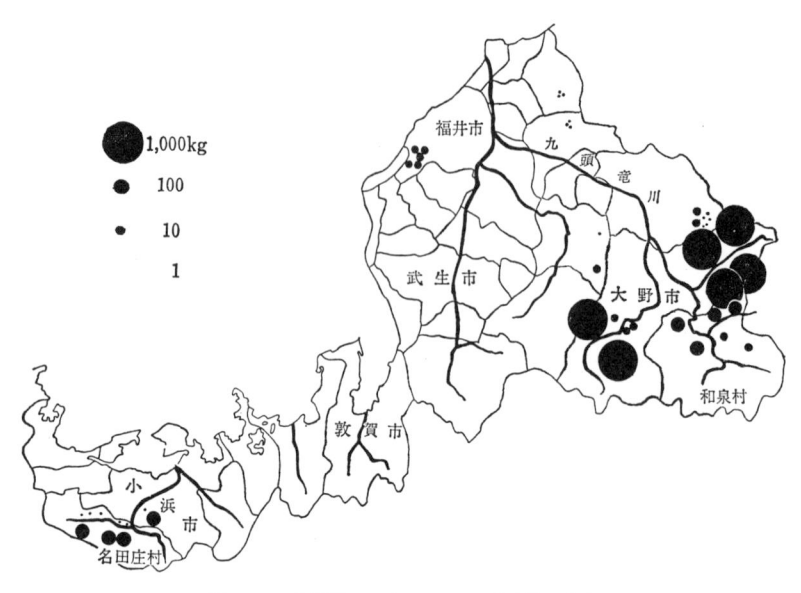

図 Ⅲ-17 福井県におけるオウレン生産量の分布
(福井県林業統計書(1977年)による)

白山麓奥越山村の状況を象徴するものであった. 現在でも大野市の平野部へ移転した人達の通耕によって旧西谷村でオウレンが栽培されているが, 完全廃村による影響は免れず, 奥越におけるオウレン栽培の中心は, 大野市の旧五箇村, 和泉村に移っているという[15]. そこで, 以下, 大野市旧五箇村を事例にオウレン栽培をその地域の生業の変遷の中で位置づけてみよう.

## 2) 白山麓の山村旧五箇村における生業の変遷とオウレン栽培
### (1) 出作り耕作と生業の組合わせ

　五箇村は九頭竜川支流打波(うちなみ)川に沿うわずかな河谷底地にへばりつくようにして生活を営んできた白山麓の山村である. 五箇村とは上打波, 下打波, 東勝原, 西勝原, 仏原の集落(藩政村)が, 1889(明治22)年に合併して成立した行政村だからである. 上打波には, 小池, 中洞, 木野, 桜久保, 嵐の6部落が存在した. 嵐の地名は, この地方で「アラシ」と呼ぶ焼き畑に起因するものだとい

う[16]．事実，五箇村の産業は「全村殆ど山又山なれば，住民皆農を業とし，基農業も平地少なければ，上下打波，及，仏原の如きは，山腹又は山上の林地を開墾し，切替畑となし，稗・粟・大豆・小豆等の雑穀を作り常食とす」[17]と1912年発行の『福井県大野郡誌』に記載されているように，焼き畑農業が卓越していたのである．つまり，五箇村，とくに打波川に沿う上打波は「白山山彙の峯岳重畳殆ど平地なく，僅に字櫻久保にて貮百俵許を収め得る田圃あるのみにて，打波川の支流も渓谷深く，断崖険なるを以って，住民は，悉く，夏秋に丘腹峯頂等の山林を開墾して雑穀を穫ざる可からず，故に各部落の家屋は，唯冬季積雪の害と，苦とを避くるに過ぎずして，毎年耕作期（自五月中旬至11月下旬）には，一家を携へて開墾山地に移住するを常とす」[18]というように白山麓の出作り地帯[19]の標式であったのである．

深雪地帯である五箇村の出作りは，雪どけを待って5月中旬から降雪の始まる11月下旬まで行われた．出作り小屋は，永住できる立派なものであり，宗教活動が盛んな地域だけに仏壇が備えられ，2階では養蚕も行われた．板倉，馬小屋，便所が独立家屋として付置されているものもあった．出作り小屋の周辺には「カイツ」とよばれる常畑があり，周囲の雑木林で焼き畑が行われていたのである．桑や野菜，穀物が栽培された常畑「カイツ」と呼ぶのは，そこがかつて農作物を獣害から保護するため垣で囲込まれていたことを示すものであろう．一方，3～4年の耕作で放棄される焼き畑では，ヒエーアワーダイズ・アズキ・エイ（荏胡麻）―アワの作付け順序であったという．

焼き畑を行う山林の大部分は5～6戸の有力者（旦那層）によって所有されていた．とくに上打波では，山林の大半が大蔵家の所有であった．したがって，これらの山地で焼き畑を行う山畑耕作者は，旦那層の家に願い出て，一定の作受賃を支払い，20年程度の契約で5～30町歩の山林を借り受けたのである．この山林で焼き畑を行う場合，別に現物納で年貢を支払ったという[20]．この小作慣行は北上山地や五家荘の名子制度を想起させる前近代的社会関係を示す事例といえよう．しかし，この借り受けた雑木山を20年も焼き畑として耕すと「ムツシ」と呼び，その土地が利用者に帰属する一種の耕作権が生じた．出作地の落葉樹の林床に栽培されるオウレン畑とともに，この「ムツシ」は，江戸時代から売買や借金の対象となっていたのである[21]．

深雪で農作業のできない冬季には，出作り小屋を引き払い，地家（じげ）と呼ば

れた谷あいの集落で過ごした．一種の夏山冬里方式である．この地家では，わら加工をはじめ紙漉き，糸紬ぎなどの家内副業が行われたのである．明治末期における五箇村の「産出品の主なるものは，繭，桑葉，楮皮(こうぞ)を第一とし，其他，黄蓮，黄蘗，ネリ皮，ロート，枲(からむし)（麻を績んだもの），薇蕨(びぞう：わらびぜんまい)，及(しな)，橡(とち)，栗，胡桃，蕎麦等にして，山葵(ワサビ)は美と大とを以て其名遠近に聞ゆ，其他厚紙，笊(ざる)，木鍬(こすき)，斧(おの)などの柄(え)麻布，細，蒲半脚(がまはばき)等の加工品」[22]であることにその一端が表れている．さらにそこには出作り小屋と地家の生活を有機的に結びつけているばかりか，山地資源を有効に活用して生活しているブナ帯の人々の原型が浮かびあがってくる．つまり，常畑＋焼き畑＋薬草＋山菜・堅果類の採集＋紙漉＋木工＋竹細工＋織物等の作業が休むことなく生業の中に組込まれ，周囲のブナ帯の資源を十二分に活用していたことがわかるからである．

（2）人口の減少と生業の変化

ブナ帯の山林資源が十分活用されていた明治末期の五箇村の人口は2,039人であった．上打波だけでも180戸1,260人が居住していたのである．しかし，これ以前にもこの地域の人口が流出していたのである．つまり，1899年（明治32）の保安林制度の確立により，焼き畑耕作が自由にできなくなったため，下打波の人々は新天地を求めて北海道に移住し，76戸から49戸となった[23]．また，1896年（明治29）の水害によって水田が流出した結果，木野と桜久保の両部落から20戸が北海道に移住したという[24]．しかし，この時期の人口流出は，ブナ帯の資源が十分活用されなくなったためではなく，より生活条件のよいところを求めての移住といえよう．

五箇村の人口はセンサスの始まった1920年の1,829人から1925年の1,625人1930年の1,549人，1935年の1,552人へと漸減するが，1,500人台を推持している．この大正から昭和にかけて上打波の山林地主大蔵氏の山林が山下汽船，京都電燈，水野運動具店に販売された．しかし，これらの会社は，奥地の山林をいわば隠し財産として購入したものであり，山林は自然林のままで置かれた．また，部落民によるその山林の利用は黙認されていたので，焼き畑耕作は若干減少したものの，出作り耕作はいぜんとして林内で行われてきたと思われる．その一端は，当時の主要農作物の作付面積と生産額を示した表Ⅲ-8からもうかがわれる．つまり，アワ，ヒエ，ソバ，ダイズなどの雑穀が卓越したことはその証左であ

ろう．また養蚕業が第一の収入であったことは，それが前述のように出作り地で行われていたものだけに，出作り耕作が盛んであったことを示すものである．し

表 III-8　五箇村における主要農産物と副業製品の生産額

| 農産物 | 作付面積 | 生産額 | 品名 | 製造戸数 | 数量 | 価格 |
|---|---|---|---|---|---|---|
| クワ（繭） | 44.4ha | 22,112円 | 真　綿 | 90 | 13 | 390円 |
| 米 | 28.3 | 13,877 | 和　紙 | 13 | 1,560帖 | 468 |
| アワ | 45.0 | 6,750 | 履・挽・曲物，桶 | 3 | | 3,500 |
| ヒエ | 35.0 | 5,005 | 木　鋤 | 10 | 500 | 1,000 |
| オウレン | 32.0 | 3,575 | 竹　籠 | 11 | 290 | 436 |
| バレイショ | 5.0 | 2,400 | わら製品 | 150 | | 295 |
| 根菜類 | 4.8 | 1,792 | 蒲半脚（がまはばき） | 66 | 200足 | 120 |
| コウゾ | 4.5 | 1,575 | 蒲擔蓑（がまたみの） | 33 | 50 | 75 |
| サトイモ | 2.4 | 1,555 | 合　計 | 286 | | 6,284 |
| ソバ | 9.0 | 1,440 | | | | |
| ダイズ | 6.0 | 1,440 | | | | |
| ワサビ | 10.0 | 1,350 | | | | |
| 果菜類 | 1.4 | 1,116 | | | | |
| カンショ | 4.0 | 1,024 | | | | |

（阪谷・五箇組合役場（1929）：『福井県大野郡阪谷・五箇村誌』pp.76〜87による）

かし，雪どけの遅い出作り地での養蚕は春と夏の2回のみであり，春蚕（はるご）に中心がおかれ，夏蚕は春蚕の半分であったことにブナ帯の特徴がある．

　オウレン，コウゾ，ワサビの収入が相当あたっことも白山麓ブナ帯の特徴である．オウレンは32ha栽培されていたが，アワやヒエなどの自給食糧作物と異なり，販売されたものなので，繭とともに重要であった．コウゾは五箇村で漉かれる和紙の原料であるとともに，南接する西谷村で盛んであった和紙の原料であった．すなわち，和紙の「製品は『帳紙』『きがみ』などと呼ばれ，黄色を帯びているが，虫害に強く丈夫で，昔は商家の大福帳，証文用紙に欠くことのできない古いものであった」[25]という*．越前奉書はとみに有名であるが，五箇・西谷地区で漉かれた和紙もその一部であったとみることができる．なお，きがみとは紙漉きの過程で黄蘗を入れて染めたものである．一方，ワサビは上打波でも小池の特産物であった．五箇村の最奥の部落小池は，石川県白峰村の出作り集落の一つであるとともに，木鋤などの木工品の生産で知られていた．「大正年代には『コスキ』は一丁で25〜27銭のものだった．漸次高騰して40銭となり，今では30円もする．一冬千丁が一人前とされ，この仕事は製材所では出来ぬ特殊工芸なので，自然小池人

---

\* なお，寿岳文章の『日本の紙』によると正倉院文書の紙は黄系統の染色で，黄染紙のほとんど全部が黄蘗染であったという．

のみの手に依って独占せられていた.小池人は大正末期より昭和の初年にかけて『一荷または一背負ひ十円』という事を言って来た.燻製乾燥にしてコスキ百本一組が一本最低27銭としても27円.満20貫一荷にして一貫目8円として160円.『ワサビ』は上物にして一貫目5円,屑で2円50銭のもので15貫ないし20貫.黄蓮は一叺(かます)で百斤ある,一斤は200匁で2円であるから200円などの計算となる.昭和5,6年のころ同じ大野郡の優良山村集落であった阪谷(さかだに)村六呂師(ろくろし)が年収2千円であった折,小池では8～9千円の収入をなしていた」[26]という杉本寿の報告は,当時の小池の状況を明確に示すものである.

1940年に五箇村の人口は1,351人となり,1935年まで続いた1,500人台の人口を維持できなくなった.これは,五箇村の第一の収入であった養蚕が繭価の低落で不振になったためである.さらに,1935年頃から石切,石材運搬等の砂防工事に従事する村民の増加[27],戦時体制下における労働力不足で焼き畑農業が困難になったことなどによるものであろう.しかし,戦後の復員,帰農などにより,1947年の人口は1,653人となったが,1950年には1,343人と戦前の状態にもどった.この時期は,戦時中の食糧配給制度の実施により不振となった焼き畑農業による雑穀栽培が復活した.つまり,1950年の世界農林業センサスによれば,五箇村には福井県大野郡の1/4,26.39haの焼き畑,切替畑が存在した.しかも,焼き畑を行っていた農家は167戸で,全農家数177戸の94.4%に達していた.この数値は,わが国でも最も高率の焼畑残存率を示すものである.

交通路の整備が商品生産の発展を促すというよりは,農業人口の流出を招くということは,山村に一般的にみられる現象である.五箇村では1930年に下打波まで,1944年に上打波の桜久保までトラックが入るようになった.このことは,従来無価値に等しかった木材の商品化を促し,村民の賃労働の機会を多く与えるようになった.この雇用機会の増大は,従来の農業や副業による苦しい労働をしなくても,それ以上の収入を農家にもたらした.そして,戦後,元来零細な農業経営を放棄させ,より雪の少ない大野市などへ人口を流出させる結果となった.つまり,1950年177戸で1,054人の農家人口は,1,960年には132戸,713人,1970年には73戸,321人と1/3以下となった.これは,農家の専業→第一種兼業→第二種兼業→離農という過程が進行していることを意味するものである.しかし,周知のように白山麓一帯は,わが国有数の深雪地帯であるので,三八豪雪(1963年)では4mの積雪があったため,専業農家や第一種兼業農家から離

農へ向かったものがみられた．三八豪雪では出作り小屋が倒壊し，前述の西谷村同様，山村生活に不安をもつ人々が大野市等へ離村していったのである．この時期は高度経済成長期にあたり，地家で行なっていた副業も振わなくなっていたのである．

このような旧五箇村村民の大野市郊外等への流出は，かつての村落共同体的結合を弱め，ますます多くの農民を流出させた．現在，上打波地区に冬期の居住者はいない．上打波に残存していた人達は，1974年11月市の補助を受け，大野市清和(せいわ)町に集団移転した．比較的価格のよいオウレンを栽培している人は夏季に山に住み，山林やオウレンの手入れをしているが，林業労務に従事していた人は大野市街地の製材所に勤め，転業をはかった．下打波でも冬季，地家ですごすのは2軒のみであるという[28]．1980年10月下打波を訪れた際には，河原一面にトチの実が乾してある風景がみられた．だから2軒といっても，昔の生活が忘れられず，ふるさとを離れがたい老夫婦世帯である．1980年2月1日の住民台帳によると，上打波27戸55人，下打波29戸55人が居住していることになっている．つまり，大野市街へ移転したものの，昔の生活の場がなつかしく住民票を移していない人達もかなり存在すると思われるのである．

(3) オウレン栽培地の現況

キンポウゲ科の宿根草オウレンは，雪どけとともに花を咲かせる．4月上旬，オウレンは，他の花に先がけ，残雪の残る山畑で開花し，5月中・下旬に種子が黄緑色に成熟する．採集された種は精選され，細土と等量に混合し，床下等風通しのよい暗冷な場所に木箱に入れて貯蔵される．播種の適期は山畑で10月中旬から11月上旬であるが，平担地では12月の雪の降る日がよいという[29]．苗圃に播種してから4～5年でオウレンは本圃(山畑)に移植される．平担地で育苗したオウレンは2～3年で本圃への山上げ栽培が可能である．

本圃は6月の梅雨時あるいは植付け期前の9～10月に雑木が六陰四陽になるよう間伐された後，下刈り抜根され，整地される．これは，オウレンが日陰を好む植物であるが，1日1回は日光が当たらないとよいオウレンが収穫できないからである．整地された本圃には，20～25cm間隔で，オウレンが1株5～6本，1坪50～60株の割で定植される．本圃は標高400m以上からあるが，700～1,000mの北西向き斜面を最高とし，ついで東斜面がよいという[30]．しかし，南向き，北向きがあっても，残存するブナ帯のブナ，ミヤマハンノキ，トチ，ミズナラ等の

遮蔽樹の密度の加減によって立派なオウレン畑となる．事実，図Ⅲ-18に示したように，5万分の1地形図で傾斜の緩やかなところにはすべてのオウレン畑があることが確認された．しかも，このオウレン栽培区域は，かつての出作り地帯で

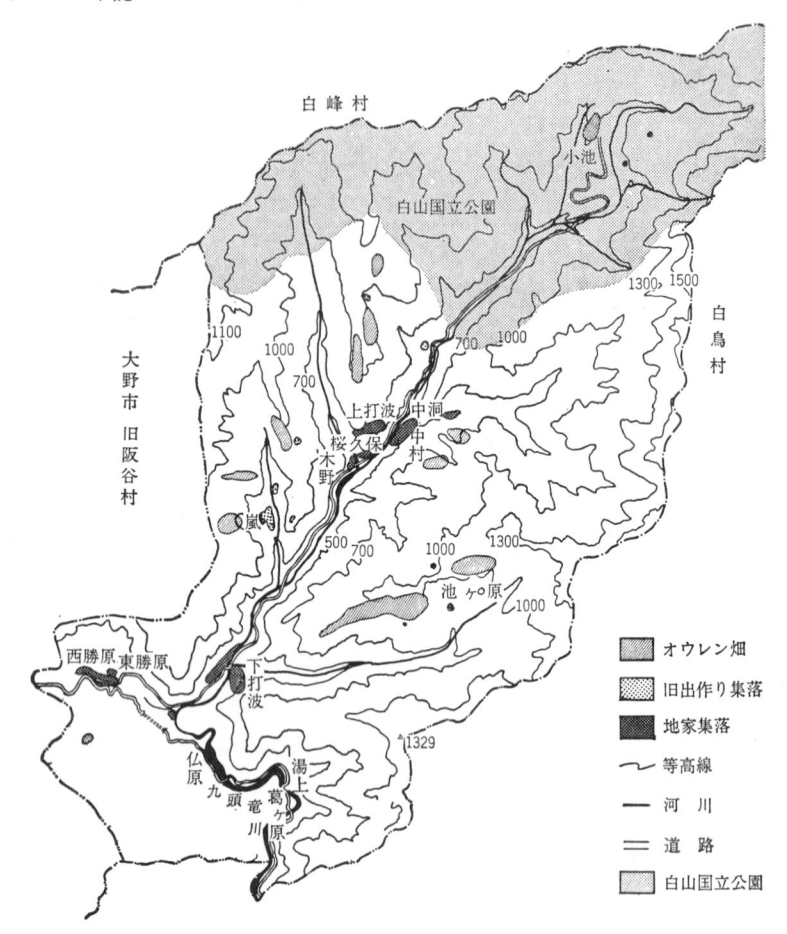

図Ⅲ-18 旧五箇村におけるオウレン畑の分布

あり，旧版の地形図からは，かつての出作り小屋の位置も確認されるのである．定植後のオウレン畑には，油粕が追肥される場合がある．かつて肥料は一切やらなかったが，近年では元肥として鶏糞が使用されるようになった．化学肥料はよくない．有機質肥料を投入した場合，オウレンは10年目から収穫できるという．しかし，山畑で苗を育て無肥料で栽培したところで15年で収穫できるので，

肥料はやらない伝統的栽培の方が多い．

　収穫は秋が最もよい．それは栄養分が主根に蓄積され，歩どまりがよいからである．春の開花期後には根に鬆(す)が入り目減りするので，8月下旬から11月いっぱいが収穫期となる．「黄蓮の地上の部分を刈取り三つ鍬にて一株ずつ堀りおこして付着している土と細かい根をけずり落して3～4日広げて乾燥して，からまり合った根茎を分離する．なま乾きになった頃，たき火にかざして『毛焼き』を行なう．(中略)毛焼きをした根は，さらにむしろに広げて天日で乾燥し，ワラゾウリを手にはめて，よくもみこすり，ごみなどやひげ根を取除いて『ミガキオウレン』とし，さらによく乾燥して貯蔵または出荷する」[31]のである．ミガキオウレンは，大野市内にある薬種問屋に集められ，大部分は，大阪の製薬会社，製粉会社に販売される．

　1980年10月初旬，五箇村のかつての出作り集落池ヶ原を訪れる機会があった．海抜900～1,080m位のところに見事なオウレン畑が広がっていた．直径50～100cmに及ぶトチ，ハンノキ，クルミ，ミズナラ，ブナなどの大木がオウレン畑で根元から1～3m位根曲がりになっているのは，この地が深雪地帯であることを示すものであろう（口絵写真参照）．つまり，積雪は平年でも3～4m，多い時はに7mも達するという．オウレン畑の日蔭樹はすべて落葉樹であるので，晩秋にはオウレンの上に落ちた落葉を拾わなければならない．そうしないと落葉が雪の下で腐植し，翌年のオウレンの成長を妨げるからであるという．クルミ，トチ，ドングリなどの堅果類を求めて，かつてはクマが，現在ではリスなどがくるが，オウレン畑の最大の害獣はネズミであるという．

　池ヶ原には現在でも5月から11月の初雪まで定住している出作り農家が2軒ある．冬営地は五箇村でなく，大野市郊外の移転地であるので夏山冬里方式による季節集落といえるだろう．2階建ての母屋の他にはオウレンの乾燥小屋，薪小屋があるのみであった．周囲の常畑（カイツ）にはダイコン，インゲン，ミョウガなど自給野菜が植えられていた．このK氏は五箇村最大の6haにおよぶオウレン畑を所有し，その管理にあたっているのである．オウレン畑の一般傾斜は15°位であったが，場所により8°から30°まである．オウレンの価格はkg当り1970～72年で6,000円，1973～75年で12,000円，近年では20,000～25,000円もする．1反歩のオウレン畑から30～40貫（112.5～150kg）のミガキオウレンが収穫できるので，反収は300万円前後となる．したがって，K氏のオウレン

畑は20年に1回の収穫だとしても，オウレンの販売収入は3反歩で1,000万円，にのぼると考えられる．

現在，K氏を含め，夏季の間出作り集落に住む人はわずかであり，しかもすべて60歳以上の夫婦である．K氏は400町歩におよぶ山林を所有しているので，オウレン畑の作業の他，キワダなどの薬用植物を採集している．ちなみに，大野市の菜種問屋は大野市五箇および和泉村を中心に，オウレンばかりでりなく，キワダ，ウズ，チョレイ，ゲンノショウコ，ドクダミを集荷していた．

## むすび

漢方薬で苦味健胃剤として用いられるオウレンは，森林の立体的利用を促進するため，北は北海道から南は九州の小国村まで栽培されているが，栽培地域の多くはブナ帯と一致する．その栽培形態は，落葉広葉樹の林床に栽培される福井県大野地方の伝統的な奥越型，スギの人工林内に栽培される鳥取県の智頭型および畑地や水田に商品作物の一形態として栽培される兵庫県山南町の丹波型の3形態があり，智頭型が最も普及している．

オウレンは『延喜式』にもみられるように，古くから栽培されてきた薬草である．同時代のオウレンの産地は，越前，能登などの北陸道の一帯と中国産地周辺の丹波・美作などであったが，その生産分布は現在でも基本的に変わらない．つまり，歴史時代を通じて福井県（越前）が最大の生産地であったと思われる．福井県のなかでも大野郡（奥越）に集中していた．奥越では，かつて西谷村（現大野市）がオウレンの最大の産地であったが，三八豪雪，ダム工事で完全離村となったため，現在五箇村（現大野市）がオウレン栽培の中心地となっている．白山麓をなす奥越では，オウレンが白山信仰と結びついて残存したと思われる．それは，オウレンが檀那場を確保する手段として修験者や社人（御師）達が持ち歩いた丸薬の中に含まれているからである．

かつて五箇村の農民は冬期を過す狭い谷合の家（地家）の周囲には耕地が少ないため，山地の中に出作り小屋を設け，夏期（5～11月）はそこで養蚕や焼き畑などを行ってすごした．奥越のオウレン畑が海抜700mを中心に500～1,200mに分布しているのは，そこがかつての出作り地帯であったからである．現在でも冬季に大野市郊外に住み夏期オウレン畑の手入れをする夏山冬里方式のオウレン栽培者がみられる．この一帯は，オウレン畑の日蔭樹ブナ，トチ，ハンノキなどの大

木が根曲りになっていることに表れているように白山麓の深雪地帯であるので，離村が続き，一年中地家で過ごすのは上打波，下打波合わせ2軒のみとなった．

大野郡誌に「農桑を営み，春夏の養蚕，秋の黄蓮栽培，冬の製紙に従事し，傍ら植林を経営して，主業・副業の別明かならざるが如し」[32]とあるように，奥越一帯では養蚕や焼き畑による雑穀栽培に加え，地家での紙漉き，桶・曲物・小鋤作り，糸紡ぎなどブナ帯の資源を活用した多様な生業が存在した．なかでも「帳紙」「きがみ」に混入した黄蘗は，オウレンとともに重要な薬種であった．風雪の中でさまざまの副業が男女の分業として，地域的専門職として育まれてきたが，それらの生業は，焼き畑への火入れ制限，外界との接触の強化，配給制度の普及などの社会経済の変化に対応し，消失し，また消え去ろうとしている．

〔斎藤　功〕

## 文　献

1) 李　時珍 (1968)：『本草網目』台湾商務印書館（復刻版），1～52巻．
2) 福井県大野市森林組合専務権守七太郎氏の談話による．
3) 藤田早苗之助 (1972)：『薬草栽培全科』農山漁村文化協会, p.206.
4) 黒坂勝美編 (1981)：『国史大系 延喜式後編』吉川弘文館, p.836.
5) 和歌森太郎編 (1975)：『山岳宗教の成立と展開』名著出版, p.388
6) 宮本常一 (1951)：『越前石徹石民俗誌』刀江書院, p.15.
7) 高瀬重雄編 (1977)：『白山・立山と北陸修験道』名著出版, p.249.
8) 植村元覚 (1959)：『行商圏と領域経済』日本経済評論社, p.52.
9) 床井　弘・斎藤時泰編 (1980)：『日本産物誌』（日本地誌略物産弁，1880年版），八坂書房, 363 p.
10) 市川健夫・斎藤　功 (1979)：日本におけるブナ帯農耕文化試論，地理. 24 (12), 84-102.
11) 前掲2)
12) 農林省農産園芸局畑作振興課 (1980)：薬用作物（生薬）関係資料, 194 p.
13) 西谷村記録委員会 (1978)：『西谷村誌』上, p.681
14) 山口源吾 (1970)：奥越山地における西谷村の完全廃村への過程. 人文地理, 22, 438-453.
15) 福井県大野林業事務所沢田貞夫・守山守および大野市役所林務課松本勇夫氏の談話による．
16) 大野市教育委員会井尾治郎左衛門・原　洗・永見繁雄・林信治氏の談話による．
17) 大野郡教育会編 (1912)：『福井県大野郡誌』, p.1088.
18) 同上, p.1096.
19) 田中啓爾・幸田清喜 (1927)：白山麓における出作地帯（一）（二）. 地理学評論, 3, 281-298, 382-396.
20) 前掲16)
21) 大野市教育委員会市史編さん室 (1970)：『大野市史』2巻, p.589.
22) 前掲17), p.1088.
23) 大野市教育委員会 (1968)：『大野のあゆみ』大野市役所, p.84.

24) 大西青二 (1959)：打波地方における出作りとその衰退．地理学評論, **32**, 83-90.
25) 福井県郷土史懇談会 (1968)：『真名川流域の民俗』, p.105
26) 杉本寿 (1952)：『きじや』文泉堂書店, p.114.
27) 前掲24), pp.88-89.
28) 前掲16)
29) 前掲2)
30) 前掲15)
31) 前掲13), p.685.
32) 前掲17), p.942.

## 5. 中国山地におけるブナ帯農業

中国地方においてもブナ帯は，中国山地脊梁部を中心に分布している．中国山地ではブナ林が太平洋側で700m以上，日本海側では300m以上に出現するとされており，日本海側では特に中央高地のブナ林下限高度より低くなっているのが特徴である．

ところで，中国山地における標高800m以上の水田，畑・牧草地を5万分の1地形図からみると，それらは兵庫県関宮(せきのみや)町大久保・轟，温泉(おんせん)町菅原；鳥取県若桜(わかさ)町春米(つくよね)・広留(ひろどめ)・諸鹿(もろが)，江府(こうふ)町笠良原(かさらばら)；岡山県新庄村田浪(たなみ)，奥津町泉源(せんげん)・尾路(おろ)，上斎原(かみさいばら)村恩原，新見市用郷(ようご)；広島県東城町別尺(べっしゃく)，芸北町八幡原(やわたばら)；島根県横田町三井野(みいの)にのみ分布するにすぎず，1,000mを越える農地はほとんどないといってよい．したがって，中央高地の高冷地と比べ，中国山地の農業の高距限界は一般に低いといえる．しかしながら，中国山地のブナ帯にあっても，高冷地ゆえにもたらされるさまざまな特色ある伝統的生業が営まれてきたし，また，高冷地としての特性を生かした新しい農業も生れている．ここでは，中国山地の高冷地の生業の変遷の概要と今日の生業，とくに農業の特色を以下で検討してゆく．

### 1) 伝統的生業とその分布の特色

ブナ林と最も直接的に結びついて分布する伝統的生業は木地師であろう．も

## 5. 中国山地におけるブナ帯農業

ちろん木地師の中には，轆轤師ばかりでなく素地に加工を行う塗師や，流通に携る者が中国山地周辺の在町や京都，大阪にも存在した．木地師はブナ，トチ，ホウなどブナ帯の森林資源を直接利用してへら，杓子，椀，曲物に加工するため，中国山地におけるかつての木地師の分布（1647～1872年）は，図Ⅲ-19のごとくブナ帯の分布とよく一致している．図Ⅲ-19においては，石見と安芸の東部から，出雲，備後，備中を通り，伯耆西部にかけて木地師の分布のないブナ帯が見出されるが，これら地域はとくにたたら製鉄が盛んであった地域に相当している（図Ⅲ-20）．

図 Ⅲ-19 中国山地の木地師の分布図[2]

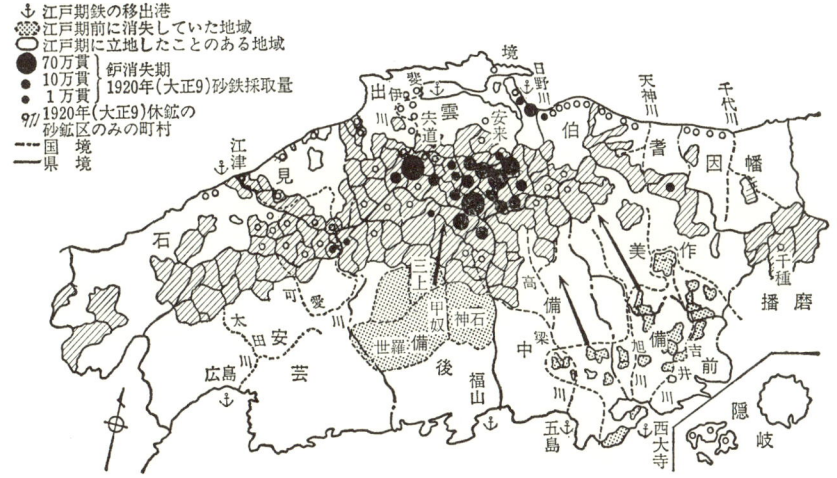

図 Ⅲ-20 中国地方における旧たたら製鉄地域の転移[3]

この中国山地における木地師と鉄穴(かんな)流し，たたら製鉄との分布は，岡山県上斎原村などで一部重なり合うものの，みごとな住み分けを示している．これは，鉄山業地域では製鉄用の炭焼きのために木地師にとって有用な材を含めて全山伐採されてしまうため，両者の共存共栄が困難であったことによるのである．両者が共存した江戸末期の上斎原村では，木地師が入会地における，トチ，みづめ桜，ブナの伐採権を確保すべく鉄山業者との訴訟問題をおこしている．これら木地師のいない鉄山業地域にも，古くは木地師が住んでいたであろうことは，鉄山業が特に盛んであった鳥取県日野地方でも木地系地名と鉄山系地名が重なり合っていることからも推定される．

　たたら製鉄は日本各地に広く分布していたものであり，とりわけブナ帯の生業として限定されぬものであるが，中国山地の奥出雲を中心とする地域にたたら製鉄が集中した理由は，岩永によれば次のようである．たたら製鉄は，主に花崗岩地域の分布と関連があるが，中国地方の古来野だたらを行ってきた備前や，備後の三谿(みたに)・三上(みかみ)・神石(じんせき)・世羅(せら)・甲奴(こうぬ)の諸郡では，① もともと寡雨で植生の条件の悪い瀬戸内海沿岸部における製鉄業による木炭資源の枯渇化，② 寡雨ゆえの鉄穴流しの用水不足，③ 農耕地の拡大による米作灌漑と砂鉄採取との競合と木炭林の減少などの理由で，鉄山業は江戸期以前に消滅していってしまったとしている．変わって，室町期以降，野だたらから永代たたら移行してからは，① 長期にわたり大量の砂鉄と木炭が入手可能，② 寒冷積雪地のため水田単作となり冬期に余剰労働力が利用できる，③ 鉄穴流しはさほど米作を防げず逆に伐木によって獣害や冷水害が除かれる，④ 没落帰農した中世武士団による封建的大土地所有が原始資本の蓄積を可能にしている，などの理由で奥出雲を中心とする地域にたたら製鉄の中心地が確立されたとしている．これら理由のうち，特に ②，③ のそれはブナ帯の米作限界地域の特性と密接に関連しているといえよう．

　また，中国山地のブナ帯は放牧を行う牛の生産地域でもあったが，放牧の核心地域も鉄山業地域の分布とよく一致する．それは，製鉄用の木炭生産のための広大な伐採跡地と落葉薪炭林とが放牧にかなっていたためである．製鉄業が盛んであった江戸期には，牛よりも馬の飼養が多くこれら地域に見られ，この馬が砂鉄・製鉄用木炭の駄送に役立っていた．この放牧地域では，牧柵で囲った牧場を作らず，逆に家と田畑のみを牧柵で囲い込んだ景観もみられ，田畑では収穫後刈跡放

牧が行われるといった，育畜と耕種農業が組み合わされた北西ヨーロッパの農業と対比される特徴的な農業が行われていた．また，これら柵（駄壁）で囲われた常畑，水田以外には，刈山，カリョウと呼ばれる焼き畑も行われた地域も多く，これら農業全体を石田は北西ヨーロッパの内畑・外畑制下の農業に対比している．

中国山地における焼き畑農業は，少なくとも第二次世界大戦後は，九州・四国・中部・東北地方の焼き畑農業地域のそれに比べ，重要性は小さく，商業的で，植林作業前ないしミツマタ栽培前の切替畑的性格が強いなどの点に特色があった．

中国山地ブナ帯周縁部において最も重要な生業であったのは，水稲作を中心とする農業であった．農業と切り離されていた木地師も，江戸中期以降しだいに山から降りて定着化，帰農化し，水稲作を行うようになっていった．最後まで木地仕事を続けた木地師も，完全な木地取り専業ではなく，冬仕事として木地取りを行う半農半工のものがほとんどであった．鉄穴流しは水稲作の限界地域の農民の冬期の副業であったし，鉄穴流しのための水路の設置，山の掘り崩し，谷の埋積などは農耕地の拡大に大いに役立った．この水稲作限界地域では，温め（ぬるめ）を行ったり，水口に耐寒性のモチ稲やヒエを植えた地域が多い．また耐寒性の稲の中には，赤米や香米が作られている地域もあり，上斎原村赤和瀬（あかわせ）では第二次世界大戦前まで，芸北町では大正中期までそれらが栽培されていた．上斎原村の赤和瀬なる字名は，赤い早生（稲）に由来するとされている．

1889年をピークとしてたたら製鉄が衰退を始めると，中国山地では水田農業と和牛生産を組み合わせるという形の農家経営が生業の主力となった．製鉄業地域では，その後特に労働力が余剰となって現れ，慢性的な出稼地域となっていった．山は鉄山稼行と焼き畑のため雑木が多く，家庭用製炭を行うか，鉄道用枕木としてクリ材を取る以外有用性は小さく，焼き畑の後ミツマタ栽培へ，さらにスギ・ヒノキの植林へと進み林業地域として発展したのは，中国山地のごく一部でしかなかった．

この慢性的出稼ぎ地域は，第二次世界大戦後の高度経済成長の中で，さらに深刻な挙家離村の形で人口が流出するまでになった地域も多い．こうした中で，高冷地の特性を生かした新しい生業もわずかではあるが生まれてきた．次に，中国山地ブナ帯の一つの事例として，他地域と対比しつつ，広島県高野（たかの）町における生業，とくに農業の変化を検討し，中国山地の今日の生業の特色を導き出すことにする．

## 2) 広島県高野町における生業の変化

### (1) 自然的基盤と地域の概要

　高野町は，広島県最北部の島根県に境を接する中国山地脊梁の町で，江(ごうの)川の一支流神野瀬(かんのせ)川が作る比較的広い谷を中心とする盆地状の地域である．周囲は1,000～1,200mの山々に囲まれ，耕域は標高500～700mの範囲に分布している．町資料によれば，1970年における年平均気温は10.6°C，降水量2,674mm，最大積雪深115cm，根雪日数78日で（標高525m地点での観測），平年次の月平均気温より温量指数を算定すると83.7°となる（寒さの指数，-18.9°）．すなわち，当地は典型的な山陰型の多雪冷涼な，ブナ帯下限地域に当たっている．現在ブナ林は盆地をとり囲む県境の山々の尾根筋にある国有林に残されるのみで，その他はアカマツ，ナラ，クヌギ，クリを中心とした雑木林となっているが，町域のほとんどが潜在的にはブナ帯と呼びうる地域に入る．

　神野瀬川は，中国山地の最上流部とは思えぬほどゆったりと流れており，各集落の大半がこの神野瀬川の作る谷底平野と山地との境に立地している．中心集落新市以外は塊村を成さず，疎塊村状に数戸ずつ集まっている．農家は，伝統的なものとしては石州瓦をのせた寄棟の平屋造りで，内馬屋（駄屋）をもつものが多い．その基本的な間取り型は重要文化財の堀江家屋敷に見られる．

### (2) 伝統的生業とその変遷

　高野町における伝統的生業としてまずあげるべきは，たたら製鉄と鉄穴流しであろう．たたら製鉄が当地でいつ頃から始まったかは定かでないが，その起源は非常に古いものとされている．蔀山城を14世紀にかまえた首藤家家臣を祖にもち，その後江戸期に鉄山師として活躍したものには，田部家，岸家らがある．桜井家は現在の高野町にて製鉄業を行った後，1644年に阿井村（現横田町）へ移ったとされている．また，岸家は町内大万木山を中心に鉄山業を経営し，大阪に問屋を置くなど活躍した後，1712年まで，経営を行ったとされている．広島県史によれば，1693年に当地の鉄穴，たたらと大割鍛治は藩営となり，その後は大方藩営となっていたとされている．享保年間における高野町の鉄穴数は36ヵ所を数え，文化・文政期には鉄穴21ヵ所，たたら2ヵ所となっていた．たたらは，1872年に官行を廃され，合資会社米子製鋼所の経営するところとなり，下高暮(しもこうぼ)，餅実(もちのみ)，奥三沢にてたたら吹きが行われた．1872年の鉄穴数は7ヵ所，83年には27ヵ所であった．

この製鉄業も，洋鉄技術の導入のため，1890年前後から衰退を始めたが，この消滅期の1911年頃の高野町における製鉄量は，米子製鋼所（高暮）のみで4万貫で，これ以外にも奥三沢でも製鉄が行われていた．この米子製鋼所では，その末期にはいわゆる金クソを集めて銑鉄を造っていたとされているが，1914年には製鉄業も鉄穴流しも消滅した．製鉄そのものは，山内集落の労働者の手によるものであったが，これに関わる鉄穴流しは，農家の冬の重要な賃稼ぎであったし，炭焼，炭・砂鉄・鉄の輸送もまた重要な副業であった．

　木地師については，その存在を確かめることはできないが，町内上里原に木地山，木地山川の地名もあり，俵原より県境を越えた横田町内に木屋谷，王貫峠（おうぬきだわ）を越えた仁多町内にも木地谷の地名があるなど，古い時代には木地師がいたであろうことを思わせるが，前述のような理由から，当地でもたたら製鉄の存在のため，木地師はすでに古い時代に追われたものと考えられる．

　採集については，山菜類の収集を中心に現在でも続けられているが，それ以外にはクズとカタクリが救荒食品として利用されてきた．狩猟については，明治初年頃までは狩猟をしたとされるが，職猟ではなく，その後も遊猟としてウサギ狩りが冬に行われたにすぎなかった．これも，たたら製鉄によって全山を薪炭林として利用し鉄穴流しを行うなど，山を十分に利用していた結果，大型動物がすでにいなかったためと考えられよう．

　製炭については，たたら製鉄が盛んであった時代には，たたら用の炭作りが中心であったが，1913年以降，工業用・家庭用木炭の生産となった．1916年には，山陽製鉄上里原工場が設立され，工業用木炭，酢酸，木炭ピッチの生産が行われ，1923年には高暮に広島市の木炭会社の大規模な製炭所（窯数21基，年産15万貫）が，翌1924年には岡大内に地元民による製炭所（年産5万貫）が設けられており，当地の製炭量の過半がこれら大規模な専業者によっていた．しかし，当地には，田部・絲原・桜井家に従属した焼子はほとんどいなかったとされ，冬期の副業として炭焼きを行う農家の数は多く，1928年には炭友会がこれら農家によって設立された．1936年より木炭の販売統制が始まり，戦時に入ったが，1941年には朝鮮人労働者275人，住民労働者16人を使用した工業用木炭の製炭所（窯数74基）が設けられ，終戦まで経営が続けられた．これら大規模な製炭は戦後行われなくなったが，副業としての家庭用木炭生産は燃料革命まで続けられた．

畜産についても，たたら製鉄と大きな関わりをもち，駄送のために，文政年間には馬の飼養が多かった．その後しだいに飼養される家畜は馬から牛へと変わっていったが，いずれも放牧による仔取りと肥料取りのための飼養に特色があった．藩政時代には，たたらが藩営であったため，山林原野のほとんどが藩有地であったが，そこは製鉄用薪炭林であると同時に，放牧もゆるされていたようである．明治以降，これら藩有林は，ほとんどが旧11村おのおのの共有地となったが，そこでも全山放牧地として利用され，田付きの私有林にも牛・馬が放たれ，むしろ耕地を駄壁で囲うという形態が見られた．当地で牧柵を巡らせた放牧地が発生したのは，1889年の毛無山（けなしやま）牧場（新市所有）が最初であるが，それまではもちろん，その後も，1909年に2歳以上の雄牛については放牧が禁ぜられて和牛の品種改良が計られたりしたものの，全山で牛馬が放牧されるという状態が長く続いた．こうした放牧形態の進化については，すでに石田が明快に示しているが，各段階の時代は確められないが，当地においても同様に進んだものと考えられる．

水稲作は，現在でも当町の標高650m以上の水田の収穫が不安定とされ，高距限界地域に相当する．このような不利な自然条件にもかかわらず，山内集落への食料の供給のためにも水稲作は当地の最も重要な生業であった．現在でも谷頭の水田では温めが設けられているが，寒冷地特有の赤米・香米の存在は確かめられていない．しかし，水口に早生のもち稲を作るなり，田ビエを植えるなどの工夫がされてきた．畑作については，サツマイモが第二次世界大戦まで当地では寒冷のため作れないとされてきたこと以外，特に寒冷地として特色ある点は見出せない．焼き畑は第二次世界大戦直後まで行われてきたが，小規模で組織的なものではなく，炭焼の跡地を焼いてソバが作られた程度でしかなかった．焼き畑は，私有林のみならず，共有地においても認められた集落もあった．養蚕は明治中期以降盛んになったが，積雪のため高仕立によらねばならなかった．

たたら製鉄が衰退し，関連する副業からの収入が減少すると，養蚕に力を入れたものの，他によい収入源が少なく，明治後半からは北九州・宇部の炭鉱労働者として冬期出稼ぎするものが多くなっていった．また，このようにたたら製鉄が最後まで続けられた地域は，植林による林業地域にはなりえなかった．

　(3)　**リンゴ栽培**

1950年における高野町の農業的土地利用をみると，経営農地面積は2,362ha,

耕地面積は 730 ha となっており，農用地の約 7 割が採草地，放牧地であった．耕地のうち，83.6% に当る 611 ha は田で，畑は 109 ha (14.9%)，桑園は 9.9 ha で 1.4% にすぎなかった．したがって，当地域では農家 1 戸当り約 70 a の水田，約 10 a 余の畑と広大な放牧地とが組み合わされ，水稲作プラス和牛生産という形で農業経営が行われていたのであった．

従来から栽培されていた畑作物（ソバ，ダイズ，アズキ，自給用野菜類）のクワの中から換金作物を選び出し，栽培を拡大させることはできなかったし，水田の拡張ももはや限界であった．たとえば，クワは従来高仕立てであったが，より合理的な根刈り栽培が多雪のためできなかったし，他の畑作物も収益性が低かったのである．1950～60 年に，こんにゃく，種バレイショ，キャベツ，ダイコンの生産が試みられた．こうした農業収入を増大させる試みの一つがリンゴと夏ダイコンの栽培の導入であったといえる．

このリンゴ栽培において，中国山地ブナ帯の農業の諸特色が典型的に表れていると思われるので，次にこの点を詳細に述べてみたい．

市川・斎藤によれば，ブナ帯の農業は落葉果樹類の栽培によっても特色づけられるという．この落葉果樹の中にあっては，リンゴ栽培がその中心的地位を占め，栽培適地は温量指数 80 度前後，60～100 度であるとされている．すなわち，温量指数 45～85 度の範囲とされるブナ帯の下限・南限地域一帯がリンゴ栽培の適地とされているのである．

したがって，日本におけるリンゴ栽培地域は，北海道，東北 6 県，長野県に集中しており，これら 8 道県が日本のリンゴ栽培面積の 98.0% を占めている．しかし，日本全体におけるリンゴ生産という点からは，ほんの取るに足らぬことではあるが，中国・四国地方全体で 92 ha のリンゴが栽培されており (1975 年現在)，そのリンゴはいわゆる「暖地性リンゴ」ばかりでなく，中国山地のブナ帯周縁にも中・晩性種のリンゴ栽培がみられる．

中国・四国地方のリンゴ栽培地域の分布と，1965～1975 年のその変化に関する分布図は図 III-21 に示すごとくである．いま，中国地方のみを問題とすれば，境港市を除けば，いずれの主な栽培地域も中国山地のブナ帯地域の縁辺部に当っている．中・四国地方のリンゴ園面積は，1965 年の 235 ha から，10 年間に 92 ha と，約 4 割の水準にまで減少しており，その減少はかつての青リンゴ（旭，祝），暖地性リンゴ栽培の中心であった香川県池田町，高松市にめだっている．

こうした中で，中国山地ブナ帯周縁部のリンゴ栽培は，現在でも残っており，増加すら示した地域もある．

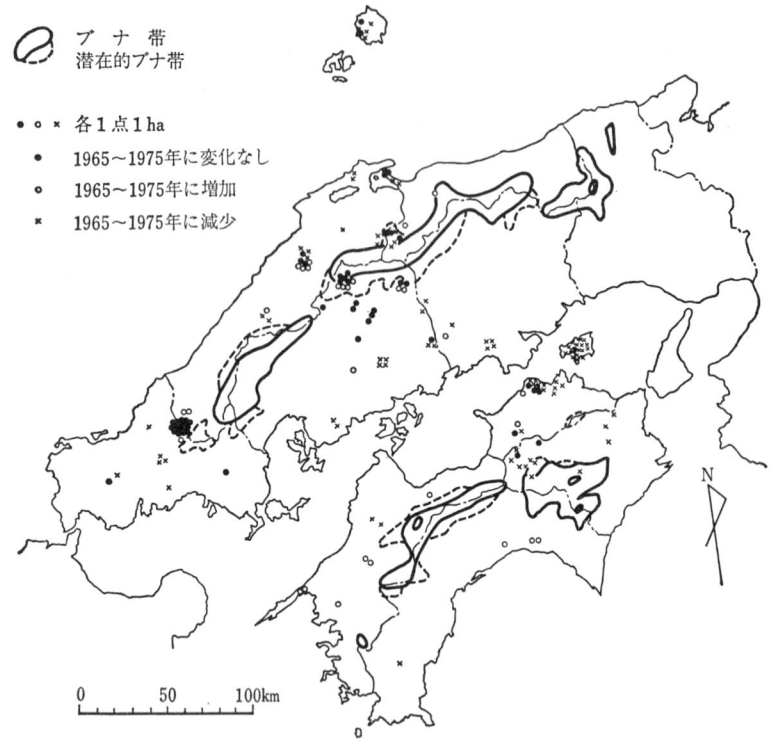

図 Ⅲ-21 中国・四国地方におけるリンゴ園の分布
(農業センサス1956，1975年；植生分布図（斎藤功原図））

高野町にはじめてリンゴ苗がもたらされたのは1910年であるが，これは郡農会より希望農家20戸に無償配付されたもので，そのまま古木となり普及することなく終わった．

1929年から1936年にかけ，下高野山村下門田の共同放牧地（下門田地区47名共有地）が下門田耕地整理組合の手によって8.6ha開墾された．このうち3haが庄原実業学校の実習試験場として貸し付けられ，この約半分にリンゴ（60a）を中心に，洋ナシ，クリ，桜桃が試作された．このリンゴの品種は，祝，旭，紅玉，国光，印度，ゴールデンデリシャスであった．

1941年にこの実習試験場は，庄原からの通耕が不便なため放棄されてしまっ

が，その後も果樹園の管理が続けられ，1944年にさる個人（N氏）に貸し付けられ，後に買いとられた．1945年春には，リンゴ園60aを除く他の果樹は食糧増産のため抜根された．リンゴが抜根されなかったのは，この地がリンゴ栽培に適していることが確かめられたことと，まだ十分に樹間で作物が栽培できたためであった．

その後N氏はみずからリンゴ園を拡張するとともに，下門田地区の農家を中心にリンゴ栽培を勧めるとともに，栽培方法・技術の習得のため，長野県はじめ先進地の視察を行った．こうして1950年頃までには8戸が，55年頃までには14戸が，50年代末にはさらに3戸がリンゴ栽培を行うまでになり，これら農家によって高野山果樹園芸組合が成立した．

センサスによれば，1950年のリンゴ園面積は30a，栽培戸数は51戸を数えるが（表Ⅲ-9），この栽培戸数は苗木があるのみの農家まで数えたためと考えられる．1960年には成園1.0haを含む5.2haに面積は拡大され，栽培戸数も58戸

表Ⅲ-9 高野町におけるリンゴ栽培の推移

| 年次 | 1950 | 1960 | 1965 | 1968 | 1970 | 1973 | 1975 | 1977 |
|---|---|---|---|---|---|---|---|---|
| リンゴ園面積（ha） | ... | 5.2 | 5.39 | 20.3[b] | 8 (13[d]) | 13[a] | 13[a] (9) | 13[a] |
| うち成園（ha） | 0.3 | 1.0 | 1.70 | 11.9[b] | 5 | 12[a] | 12[a] (6) | 13[a] |
| うち未成園（ha） | ... | 4.2 | 3.69 | 8.4[b] | 3 | 1[a] | 1[a] (3) | 0[a] |
| 栽培戸数（戸） | 51 | 58 | 21≤ ≤31 | ... | 34 | ... | 31 | ... |
| 収穫量（t） | ... | ... | ... | 116[b] | 220[d] | 224[a] | 195[a] | 171[a] |
| 出荷量（t） | ... | ... | ... | ... | ... | 218[a] | 184[a] | 157[a] |
| 粗生産額（百万円） | ... | ... | 8[d] | ... | 7[d](17.6[e]) | 14[d] | 31[d](45[c]) | 31[d](60[c]) |

資料： 無印：農林業センサス a）広島統計情報事務所「市町村別作物統計」 b）広島統計情報事務所「広島農林水産統計年報」 c）高野町役場資料 d）広島統計情報事務所三次出帳所（1979）備北の農業所得

を数えるにいたった．別の資料によれば，1955年頃，上高野山村・下高野山村（現高野町）は，村費助成してリンゴ栽培を普及したとされ，最大25.6ha，2,600本のリンゴ苗が植えられたという．1960年前後における高野町果樹生産組合（旧高野山果樹生産組合）の組合員数は32名ほどであったと推定され，センサスにおける58戸の栽培戸数の中で，この組合員が生産と呼びうる経営を行っていた．この頃のリンゴの販売方法は，生産量の少ない農家では町内で直接販売した．しかし，生産量の多い農家では，町内市場が小さいため，口和(くちわ)町，三次(みよし)市方面へ戸別訪問して販売せねばならなかった．

1963年の豪雪のため，リンゴ園は多大の被害を被ったが，この結果，小規模

のリンゴ試作農家はリンゴ栽培を放棄し，組合員の中からも4戸の離脱者をみた．この豪雪を境に，リンゴ生産農家は27～25戸程度に固定され，地域的にも，下門田・中門田地区に限定されるにいたった．

この間もN氏を中心に栽培技術改善が続けられ，品種の上では最初実習試験場に植えられた祝，旭，紅玉，国光，印度，ゴールデンデリシャスなどから高継ぎによってスターキングが導入され，1965年以降にはふじ，陸奥，王林，津軽が導入されていった．販売については品質の向上に支えられ，町内外での評価も高まり，町民が購入して，町外のものへ贈答・進物用に使うという形で町内需要は拡大していった．このため，成木化にともなう近年の生産量の増大は，以前のような戸別訪問販売によらなくても，町内需要の増大で十分に埋め合わされるようになった．また，「高野リンゴ」の名は，広島市・福山市方面にも伝わり，購入に訪れるものも現れ，観光リンゴ園開設の基礎ができた．

1979年現在のリンゴ栽培農家は25戸を数え，栽培面積は約15haとなっている．栽培地区と農家は，下門田・中門田地区に集中し，園は標高約500～600mの範囲にそのほとんどがおさまり，奥門田は700m達するリンゴ園もみられる．高野町における農家戸数は646戸（1975年）であるから，リンゴ栽培の普及率は4％にも満たず，これは下門田・中門田地区に限っても大きいものではない．1979年の生産量は，果樹園芸組合で共同購入した出荷用箱数から推定すると，約1,200t，粗生産額は約4,000万円を下らない．

現在栽培されているリンゴの品種は，ゴールデンデリシャスがもっとも多く，8割を占めた最盛期を下まわりながらも，生産量の約50％を占めている．次いで生産量が多いのはふじで，現在20～30％程度であるが，生産量は増加している．第3位がスターキングで10％程度であり，津軽，陸奥，王林がこれに続いている．これらの中で最近もっとも増加が著しいのは津軽で，高接ぎされた樹が安定した収量をあげるようになれば，2～3割を占めるようになるものと予想されている．

ふじは高級品種として値も良いことから増加しており，津軽は労働力の配分の点で，9月中に収穫される早生種であることから増加を示している．初期に導入された祝，国光，印度はすでに生産されておらず，旭，紅玉もほとんど消えてしまった．

リンゴ園の経営規模は，表Ⅲ-10に示すごとく，40～80a層が中心となっている．60a以上の層は，冬季に日雇に出るものを含め，農業を主なる職業とする労

働力が，少なくとも男女各1名以上あり（例外1戸），農業経営規模も1.5ha以上の階層に相当している．この農業経営規模とリンゴ園面積規模の差からも推定されるように，リンゴ栽培の主力農家（40a以上層）には，リンゴ栽培を専業と

表 III-10　リンゴ園規模別の収入部門の組合わせ

| 収入部門の組合わせ | 20a以下 | 20〜40a | 40〜60a | 60〜80a | 80a以上 |
|---|---|---|---|---|---|
| リ＋稲 | 一戸 | 一戸 | 一戸 | ①戸 | 一戸 |
| リ＋稲＋野 | — | 1 | 1 | — | 2 |
| リ＋稲＋野＋牛 | — | — | 3 | — | — |
| リ＋稲＋野＋冬 | — | — | 1 | 1 | — |
| リ＋稲＋野＋牛＋冬 | — | — | 1 | — | — |
| リ＋稲＋野＋冬＋年 | — | — | 1 | 2 | — |
| リ＋稲＋野＋年 | 1 | — | 1 | — | ① |
| リ＋稲＋牛＋年 | — | — | — | 2 | — |
| リ＋稲＋年 | — | 2 | 1＋① | — | — |
| リ＋年 | 1 | — | — | — | — |

リ：リンゴ　稲：稲　野：野菜　牛：肉牛繁殖　冬：冬季日雇　年：年間通じての雇用兼業（自営兼業）　①：観光リンゴ園経営．
資料：聞き取りによる（1979年12月）．

するものはまったくなく，少なくとも稲作と，多くは稲作と野菜作（ダイコン，キャベツ）とを行う複合経営農家である．労働力が豊富な，リンゴ園面積40〜60a層は，20代・30代の男子労働力を中心に男子労働力2名以上を有し，野菜作（ダイコン，キャベツ，抑制トマト）を40a以上行っている．また，80a以上層も20〜50歳の男子労働力を確保している．

　設備についてみると，スピードスプレーヤーを有する農家は1戸（1haのリンゴ園経営）で，それも1978年から利用を開始したばかりで，他は防除には動力噴霧機・散粉機を使用している．防霜用のスプリンクラーを設置している農家も3戸で，計1haが対象にされているのみである．

　販売方法は，生産農家が，自家消費用，贈答・進物用として町内居住者に直接販売するものが多く，販売量の6割がこうした形で販売されている．これ以外が近隣市町村の住民への直接販売で，電話注文後配達するという形をとっている．

　1974年に1戸（2団地，計50a），1977年に2戸（1戸は2団地，計70a；他の1戸は1団地20a）が観光リンゴ園の経営を開始した．また，1980年度より，「みどりの村」計画の一環として補助金がつくことから，さらに1ha程度観光リンゴ園が拡大されるものと予想されている．

この3戸の観光リンゴ園は，1979年現在，入園料500円をとっており，開園期間は10月1日から10月30日までであった．来遊客数については把握できないが，土・日曜がピークで，園が狭く，分散しているため，予約をとることが原則となっている．客は広島市，福山市，呉市方面からが多く，家族旅行客と団体観光客とが半々となっている．観光リンゴ園の宣伝活動はとくに行われておらず，クチコミと「秋」を報ずる地方新聞，テレビの報道がその役をかっている．成木化にともなう生産量の増大は，今日までのところ町内の需要増で満たしてきたが，ここ数年のうちに観光リンゴ園の来遊客への直接販売などで積極的に販売せざるをえなくなるものと予想されている．町内需要が多いのはふじで，このふじ以外すべて観光リンゴにしてしまおうとする積極的な経営者もみられる．

上述のような直接販売や観光リンゴ園という形で販売がなされたため，高野町のリンゴは一般市場へ出まわることはなかった．こうした形で，大生産地との競合を避けており，リンゴ栽培の稀少性をうまく生かした形でリンゴ園経営が行われている．しかし，その普及の程度は，N氏という発展期における積極的で，研究熱心な栽培農家があったにもかかわらず，技術的困難のゆえ非常に低いものでしかない．

中国地方において，高野町以外にリンゴ栽培の稀少性をうまく生かして観光リンゴ園を成立させた地域としては，広島県東城町，鳥取県日南町，島根県の三瓶（さんべ）山周辺の太田市などがあり，その代表としては，園の標高は290～300mではあるものの山口県阿東（あとう）町鍋倉地区があげられる．鍋倉地区には，1979年現在28.3ha（16戸）のリンゴ園が存在するが，リンゴ栽培は韓国のウルサンにおいて戦前リンゴ園を経営していたT氏が1947年に単独入植してリンゴ園を造成したのに始まった．続いてこれに刺激を受けた地元農家10戸が，これに連なる山林を開拓して入植した．当初は早生種の祝，旭の九州市場向けの販売が中心であったが，1957年には早くも観光リンゴ園の試みを始め，中・晩生種のリンゴを高接更新して観光リンゴ園の開園期間を延ばし，収益性を高める工夫をこらしてきた．1979年現在，鍋倉リンゴ生産組合に属する11戸の農家の総販売額に占める市場出荷分は2%にすぎず，70%が来遊客への直売，残りが国道9号線沿いの組合営の直売店による販売と進物用発送によっている．農家はリンゴ園面積1.5～2ha層が中心で，ほとんどがリンゴ栽培専業で，すべて観光リンゴ園を経営している．常雇い労働力をもつ農家がほとんどで，これは1972年より，観

光シーズンのみ雇用していた労働力を，鉢物生産を行うことによって常雇いとしたもので，この鉢物の約半分も来遊客に直売されている．来遊客は福岡市を中心とする北九州方面からが主で，多くは津和野町，荻市方面への観光旅行ルートのひとつの立寄り地として，このリンゴ園を訪れている．観光リンゴ園は8月15日から11月30日まで開園され，10月中・下旬の日曜日がピークで，ピーク時には1日8,000人もの客が訪れる．

この当地のリンゴ栽培と高野町のそれを対比してみると次のような点が差異として指摘される．阿東町のリンゴ栽培は，津和野，荻への観光ルート上にあり，リンゴ栽培を観光化する上でより恵まれている．高野町の場合，重要な幹線道路沿いではなく，また周辺に有力な観光資源が欠けている．また，ここは戦後開拓であるため，リンゴ園が集団化されている点でも観光リンゴ園経営上有利で，一方高野町の場合，園そのものも狭い上，分散している．栽培技術の点では，阿東町のT氏は経験も豊かであったし，その後の研究も非常に熱心であったため，リンゴ園の経営に大成功を収めている．以上のような点で高野町のリンゴ栽培は観光化する上で多くの困難があり，技術上の困難もあるが，同様に市場出荷向け生産ではなく，稀少性をうまく生かした形でリンゴ栽培を行っているという共通点は注目される．

### （4） 夏ダイコン栽培

高野町におけるリンゴ栽培は，寒冷多雪地帯の水稲単作農業から脱し，収入を確保しようとした努力の表れであったが，栽培技術の普及の点で困難が大きく，25戸に導入されたにすぎなかった．しかし，リンゴ栽培と同様な背景から導入され，より広範に普及した商品作物の中にも高冷地という条件をうまく生かしたものがある．それがダイコンを中心とする夏秋野菜の栽培である．

1954年に広島県の指定を受けて導入された種バレイショ栽培は高品質を保つための技術上の困難が大きく，数年のうちに消えた．これに変わって，キャベツとダイコンの栽培が増加してゆき，とくに当地の黒ボク土壌にあった作物としてダイコンが中心的地位を占めるようになった．

ダイコン栽培の本格的導入は，1958年に広島市の漬物業者と契約を結び，町が漬物の一次加工工場の経営を始めた時期にある．これは成功せずに終わったが，ダイコンの個人出荷が続行されるとともに，1960年には和南原(わなんばら)地区に和南原大根出荷組合が組織された．組合結成当時には，組合員19，作付け面積5

ha, 粗収益60万円, 1戸平均粗収益3万円でしかなかった. その後, O氏を中心に広島市場を主軸として, 7, 8, 9月に毎月一定量, 等質のダイコンを出荷するよう努力がはらわれ, 広島市場での地位を築いた. 和南大根出荷組合は, 順調に組合員数を増やし, 作付け面積を拡大し, 広島市場の夏ダイコンでは独占的な地位を占めるにいたった. 和南原地区のダイコン栽培面積の増加は図Ⅲ-22に示すごとくであり, 1974年には, 組合員49人, 1戸平均粗収益240万円となり, ダイコンからの収入は, 組合員の農業所得の7割を占めるまでになった. 同年, 広島県がはじめて行った契約野菜価格安定供給実験事業の指定産地となり, その後, 国の指定産地となった. このため, 和南原地区以外の農家の大根生産意欲も高まり, 下高野山野菜組合が設立されるとともに, ダイコンは農協で集められ, 出荷されるようになった. 1975年以降, 野菜価格安定制度は, 夏秋キャベツ, 抑制トマトの生産にも適用されるようになった.

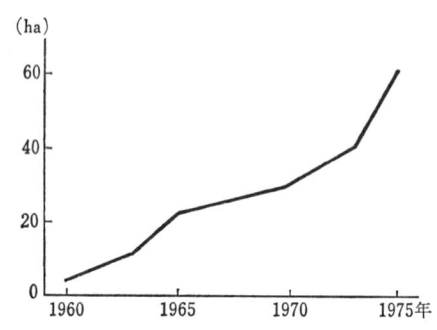

図Ⅲ-22 和南原地区におけるダイコン栽培面積の変化

最近のダイコン生産・販売状況は表Ⅲ-11に示すとおりである. 出荷のほとんどが広島市向けで, 広島中央・東部市場における1979年の市場占有率は, 7月65%, 8月80%, 9月70%程度となっている. このダイコン栽培と稲作を組合わ

表Ⅲ-11 高野町におけるダイコンの栽培・販売状況

| 年度 | 作付面積 | 栽培戸数 | 1戸当り作付け | 販売量(t) | | | 主要販売月別販売量(t) | | | | |
|---|---|---|---|---|---|---|---|---|---|---|---|
| | | | | 共同 | 個人 | 計 | 7月 | 8月 | 9月 | 10月 | 11月 |
| 1974 | 70 ha | 70戸 | 100a | 1,115 | 789 | 1,949 | 245 | 494 | 465 | 709 | 36 |
| 1977 | 100 | 100 | 77 | 2,600 | 600 | 3,200 | 651 | 868 | 804 | 819 | 58 |

| 年度 | 仕向先別販売量(t) | | | | | | |
|---|---|---|---|---|---|---|---|
| | 広島 | 三次 | 呉 | 備後 | 岩国 | 大阪 | その他 |
| 1974 | 1,460 | 100 | 126 | — | 80 | 7 | 175 |
| 1977 | 2,050 | 100 | 450 | 400 | — | — | — |

(広島県 (1979):『広島の野菜』)

せ, 1, 2頭の和牛を飼養するという経営形態は, 町内で最も典型的なものである. 和南原地区を中心に, ダイコン栽培用に畑の開墾・造成も行われているが,

未利用の可耕地は多くないし，その規模も小さい．

　高野町の夏ダイコン栽培は，その面積も100haに満たぬ小産地でしかないが，この不利な点を，広島という地方市場向け生産に限定することによって，うまくカバーしている．ちなみに，中国山地ブナ帯の夏ダイコン栽培においては，蒜山（ひるぜん）高原（八束（やつか）村，川上村，中和（ちゅうわ）村）が計480haにものぼる大産地で，これは京阪神市場という大都市向けの有力な産地であるが，その他の産地は皆小さい．たとえば氷ノ山（ひょうのせん）周辺の鳥取県若桜町広留の場合（ダイコン栽培面積30ha，栽培戸数10戸），京阪神地区向け出荷ではあるが，京都市場へ出荷を集中させており，8，9月の入荷量の7割を占める地位を確保している．この広留は，同町諸鹿からの戦後の増反開拓地である．

　また，夏キャベツの生産地としては，島根県横田町三井野があげられるが，ここは中国山地としては数少ない比較的規模の大きい戦後開拓地である．三井野原でも，1951年から種バレイショ生産を始め，その後夏出しのキャベツ，ダイコンの栽培へ移ってゆき，1967年に国の夏秋キャベツ産地の指定を受けるにいたった．当地のキャベツ栽培は，夏季の広島市場向け生産に中心があり，高野町のダイコン栽培と同様の性格をもっている．

### （5）畜　産

　高野町における畜産は，放牧地を利用しての牛の繁殖に特色があった．高野町を含む比婆郡は岩倉蔓などの蔓牛を生んだ，江戸期よりの優良牛の生産地であった．和牛の品種改良への努力は，明治後半には雄牛の放牧を禁ずるなどの放牧規制を強化することになったが，1950年代後半よりは役畜生産から肉用牛生産へと飼養目的も変わり，ますます放牧から遠ざけるように作用してきた．

　1977年現在でも，肉用和牛の繁殖を行う農家は総農家数の半数以上を占めているが，その飼養頭数の規模は小さく，1，2頭を飼育するものが70％を占め，7頭以上の多頭飼育農家は3.0％にすぎない．飼養形態は上述のごとく，舎飼いが中心で，農家の裏山に運動場を設けるのみで，放牧を行わぬ経営が多かった．しかし，農業構造改善事業として，かつての新市の共同放牧地を造成し直し，250haの毛無山牧場が設けられ，1977年より利用が開始された．この毛無山牧場は，5月はじめから10月末まで入牧される公共育成牧場であり，これを設けることによって省力化を計り，農家の牛の飼養頭数を増加させようと計画されているが，1980年現在，牧場の利用日数は206日間，1日平均61.2頭が入牧されるよ

うになったものの，多頭飼育化の実効はまだ上がっていない．

酪農家は少なく，7戸に乳牛が導入されているだけであるが，うち5戸は乳牛20頭以上の，乳牛プラス水稲作という形で経営を行う専業農家である．

ともかくも，ここでは，一般の中国山地の村々と同様，林間放牧地を含む広大なかつての放牧地をかかえながらも，飼養目的が，高級和牛の仔牛生産にあるため，その放牧地を十分に利用し得ない状況にある．

以上述べてきた高野町の農業をまとめると次のようになろう．表Ⅲ-12に示すごとく，当町の農業の主たる作目は，山間の高冷地に位置するとはいえ，米である．これに次ぐのは和牛の繁殖であるが，近年，高冷地の特性を生かした夏ダイ

表Ⅲ-12 高野町における主要作目別農業粗生産額

| 年度<br>作目 | 1965 | 1970 | 1975 | 1977 |
|---|---|---|---|---|
| 米 | 275<br>(75.9) | 398<br>(68.7) | 822<br>(65.9) | 922<br>(65.6) |
| 野菜 | 23<br>(6.4) | 47<br>(8.1) | 150<br>(12.0) | 146<br>(10.4) |
| 果実 | 8<br>(2.2) | 7<br>(1.2) | 31<br>(2.5) | 31<br>(2.2) |
| 肉用牛 | 32<br>(8.8) | 97<br>(16.8) | 148<br>(11.9) | 206<br>(14.7) |
| 乳用牛 | 6<br>(1.7) | 11<br>(1.9) | 41<br>(3.3) | 46<br>(3.3) |
| その他 | 18<br>(5.0) | 19<br>(3.3) | 55<br>(4.4) | 55<br>(3.9) |
| 計 | 362<br>(100.0) | 579<br>(100.0) | 1,247<br>(100.0) | 1,406<br>(100.0) |

単位は百万円．( )は各年度の構成パーセント．
(中・四国農政局広島統計情報事務所三次出張所編 (1979)：『備北の農業所得』)

コンの栽培が有力な作目となってきている．同じく高冷地の特性を生かしたリンゴ栽培は，技術の困難もあって普及の程度は低い．しかし，リンゴ栽培は逆にその稀少性を生かし，観光リンゴ園の成立をみている．しかし夏ダイコン栽培もリンゴ栽培も，米作を基本とした複合経営の一部門にすぎないのである．

### 3) 中国山地ブナ帯の現代の生業の特色

　中国山地のブナ帯では，水稲作を基本としつつも，かつては木地，たたら製鉄・鉄穴流し，和牛生産などがとくにきわだった生業であった．この中国山地でも，中央高地，東北地方のブナ帯において共通して出現してきた新しい農業や観光化現象がみられる．

　それらはまず高野町にみられたリンゴ栽培や夏ダイコンを中心とする高冷地野菜の生産である．これら作物の中国山地ブナ帯の産地は，中央高地や東北地方のそれと比べ，規模の小ささという共通性を有していることが多い．これは二つの理由から来ている．第一に，中国山地の高冷地では，たたら製鉄がもたらす副業が本来あり，また木地師も早く定着・帰農化したため，開拓は古く，新たな開墾適地は非常に少なかったし，すでに十分に水田が開かれ，水田農業が経営の中心として確立されてしまっていた．例外としては，大規模なものでは黒ボク土壌のため開拓の遅れた大山周辺，小規模なものでは横田町三井野や若桜町広留があげられるが，これら地域は，ある程度の規模をもった夏野菜産地として発展し，一部は酪農地域として発展している．第二の理由は，中国山地のブナ帯が，市町村の全域を含めるという規模のものでなく，もともと，中国山地脊梁部に限られた，比較的狭い領域でしかないことから来たものである．このこと自体，産地の発生と規模を限界づけるものであるが，加えて，このブナ帯に入る集落が非常に多くの町村にまたがって分断されており，また県境地域にも当たっているため，ブナ帯の集落の特色ある農業を発展させてゆく技術普及に行政側の援助がほとんどなされてこなかったことも大きく作用した．このため，産地の成立に果たした篤農家の役割は非常に大きかった．夏野菜産地として成立するにも，このように規模の点で困難が大きかったが，これは高野町のダイコン栽培の例で見られるように，地方市場に荷をまとめることで回避できた例は多い．一方，夏野菜よりも，リンゴ栽培では上述の制約条件は強く作用した．技術の普及はダイコン，キャベツ栽培より困難が多かったし，リンゴが導入された時点ですでに青森県，長野県といった大産地が形成されてしまっていた．このため，初期の阿東町の場合，暖地リンゴを中心に地方市場へ出荷していたものの，その後，このリンゴ栽培の稀少性を生かして観光リンゴ園の経営へ変え，成功を収めた．同様に，高野町の場合でも観光化の程度は異なるものの，進物用の直売という形をとって，一般の市場に出荷せずに収益性を上げるよう努力がされてきた．

スキー場を中心とするブナ帯の観光化についても，中国山地ブナ帯は規模が小さいという困難をかかえている．もちろん，大山周辺と氷ノ山の鉢伏のスキー場はある程度の規模のスキー場が設けられたが，他はローカルなスキー場でしかない．

中国山地のブナ帯は，温暖な地域の中に島状にあるため，その自然の特性を生かした新しい生業・産業の成立には多くの難点がある．しかし，逆にこの特性が稀少であるがゆえに，地方的スケールでこの自然環境を利用することが可能であり，この点で，中央高地や東北地方のブナ帯地域と大きく異なっている．

〔桜 井 明 久〕

## 文　　献

1) 市川健夫・斎藤　功 (1979)：日本におけるブナ帯文化試論．地理，**24** (12)，84-102．
2) 渡辺久雄 (1977)：『木地師の世界』創元社，201 p．
3) 岩永　実 (1956)：鑪製鉄の生産構造．多田・石田編：『生産の地理，現代地理学講座7』河出書房，pp. 267-294．
4) 向井義郎 (1960)：中国山脈の鉄．地方史研究協議会編『日本産業史大系7，中国・四国地方篇』東大出版会，pp. 164-203．
5) 石田　寛 (1961)：農業地域における牧畜．野間三郎編：『生態地理学』朝倉書店，pp. 1-75．
6) 内藤正中 (1960)：中国山脈の和牛．地方史研究協議会編：『日本産業史大系7，中国・四国地方篇』東大出版会，pp. 204-228．
7) 相馬正胤 (1961)：中国四国の焼畑．石田　寛他編：『日本地誌ゼミナール7』大明堂，pp. 198-207．
8) 佐々木高明 (1972)：『日本の焼畑』古今書院，pp. 39-40，pp. 404-424．
9) 岩永　実他 (1978)：鳥取県の地名研究（Ⅱ）．岩永　実編著：『鳥取県地誌考』，pp. 289-361．
10) 桜井明久 (1981)：西南日本におけるリンゴ栽培．市川健夫代表：昭和54・55年度文部省科学研究費総合研究A，研究報告書『ブナ帯における生活文化の生態地理学的研究』，pp. 301-316．
11) 岡山大学教育学部社会科教室地域研究会 (1976)：中国山地の村―岡山県苫田郡上斎原村―．地域研究第19集，540 p．
12) 中里亜夫 (1971)：中国山地過疎山村の畜産の実態．菊地利夫編著：『過疎と森林の生態学，水利科学研究所，pp. 213-274．
13) 日野篤信編 (1912)：『比婆郡誌』，pp. 253-277．
14) 比婆庄原地域農林業振興協議会 (1976)：『比婆庄原の農業』，148 p．
15) 金築義雄 (1973)：『たかの山』，354 p．
16) 広島県 (1979)：『広島の野菜』．
17) 松原茂樹 (1976)：高冷地におけるダイコン集団産地の歩み―和南原野菜生産出荷組合―．毎日新聞社・富民協会編：『人・経営・技術』，pp. 191-205．
18) 上村恵一・川島良治 (1976)：広島県高野町における肉用牛（繁殖）について．社団法人全国農業構造改善協会編：『先駆的畜産地域調査指導事業報告書』，pp. 159-177．

19) 中国新聞社編：(1967, 1968)：『中国山地（上）・（下）』未来社．
20) 横田町（1979）：『三井野開拓誌』，131 p.

# 6. 九重飯田高原における生業形態

　九重（くじゅう）山北麓に広がる飯田（はんだ）高原は，九州のブナ帯に位置する代表的な高冷地である．ここには古くから集落が形成されていたが，その発展は江戸末期以降のことであった．住民はブナ帯の火山山麓という自然環境のなかで，それぞれの時代の社会・経済的条件に対応しながら，特徴的な土地利用や生活形態をつくりあげてきた．
　飯田高原の住民が土地資源を活用して形づくってきた生活形態は，高い生活水準を確保するために多様に変化した．この変化は土地あるいは空間資源の集約化の過程であったり，年間を通じて労働力を完全に燃焼するといった時間の集約化の過程であったりした．そして，土地利用や景観はこの過程に対応して変化してきた．
　そこで，ここではまず飯田高原における土地利用の分析を行い，土地利用の諸特徴を現出させた生業の変遷について検討することにしよう．その際，土地利用の形態と制度，農業経営，生産形態，観光産業をとりあげ，それら相互の関連に着目することにする．

## 1) 自然環境と土地利用
### (1) 位置と自然環境
　飯田高原は大分県の北西部に位置する九重火山群北麓一帯の総称であり，東西約10km，南北約8kmの広がりをもっている（図Ⅲ-23）．この高原は標高700mから1,200mまでの緩斜面からなり，火山扇状地礫層や崖錐および軽石流によって形成されている．ここから流れ出る玖珠川およびその支流の鳴子川や音無川ぞいには，沖積層もみられる．
　飯田高原の年平均気温は10.9°Cであり，別府よりも5.3°C低い．最暖月の8月の平均気温は22.0°Cと冷涼であるが，最寒月の1月の平均気温は−0.2°Cと

それほど厳しくなく、積雪も少ない。年降水量は 2,271 mm と多く、しかもその 60% が 6 月から 9 月までに集中している。初霜は 10 月中旬、終霜は 5 月初旬で、無霜期間は 5 カ月余りにすぎない。

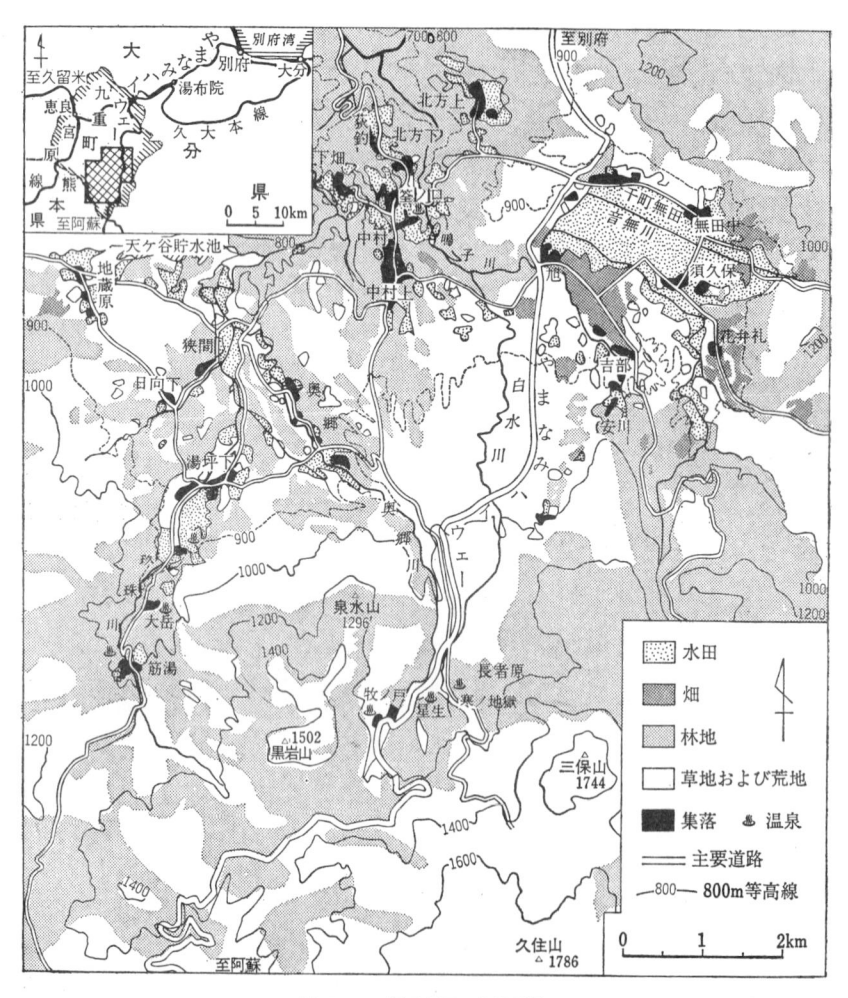

図 Ⅲ-23 飯田高原の土地利用
（国土地理院：5 万分の 1 地形図「久住」「宮原」「別府」「森」および
国土地理院撮影空中写真により作成）

飯田高原は行政的には玖珠郡九重町に属し、その大部分は飯田地区（旧飯田村）に含まれている。この地区の 1980 年における総世帯数は 729、人口は 2,509

人であり，農家は400戸であった．1964年に飯田高原中央部を通るやまなみハイウェー（別府阿蘇道路）が開通し，ここを訪れる観光客は急増した．寒ノ地獄，星生（ほっしょう），牧ノ戸，筋湯（すじゆ）など，温泉も豊富である．

（2）土地利用

九重町飯田地区の総面積は 99.24 km² で，そのうちの 57.3% が林地，26.8% が原野であり，耕地は7%に満たない．1980年における649haの総耕地のうちの63%に当たる412haが水田であり，残りの237haは畑であった．

水田は大まかに三つの地区に集中している．その一つは，飯田高原西部の玖珠川本流沿いの標高770mから1,000mのところであり（図Ⅲ-24），ここには狭間（はざま）や日向下（ひなたした），湯坪下，筋湯，奥郷などの集落が立地している．もう一つは，玖珠川の支流の鳴子川の下流ぞいであり，棚田が標高750mから850mの範囲に広がっている．荻釣（おぎづる），下畑，中村，北方上，北方下などの集落がここにみられる．このうち中村は飯田地区の中心で，農業協同組合，公民館，郵便局，小・中学校，食堂，商店，スーパーマーケット，信用金庫，医院，運送会社，自動車修理工場

図Ⅲ-24 湯坪下の棚田と大岳地熱発電所（1981年8月）
玖珠川流域の狭小な沖積地に棚田が造られている．白煙を上げる大岳地熱発電所の場所は，湯坪下のかつての入会原野であり，また，そこの温泉を利用して湯苗場になっていた．

などがある．さらに，鳴子川上流の音無川沿いに東西2.5km，南北1kmの平担地があり，ここには近年の圃場整備によって整然と区画された213haの水田が広がっている．この盆地状の平担地は，千町無田（せんちょうむた）と呼ばれている．

玖珠川本流沿いや鳴子川下流沿いでは，畑が水田の南に続く緩傾斜地に点在しており，トウモロコシや豆類，さらに自給用の野菜類が栽培されている．そし

て，集落と水田，畑を取り囲むようにスギ林が広がっている．他方，千町無田の南から西にかけての緩傾斜地には，1枚の区画が広く形の整った畑が一面に広がっており，主にキャベツが栽培されている（図Ⅲ-25）．この畑の集中地区の標高は880mから1,000mであり，そこに旭，吉部(よしぶ)，花牟礼，安川といった集落がある．これらの集落は散村が多く，すでに述べた水田周辺の集落が集村であるのとは対照的である．

畑のさらに南の標高850mから1,100mのところは，原野となっている．大部分が採草地として利用されているが，改良されて牧野となっている場所や，スギやヒノキそしてシイタケ原木採取のためのクヌギやコナラが植えられているところもある．近年，観光会社に売却される原野も増えてきた．飯田高原南部の長者原(ちょうじゃはら)付近には，温泉旅館，ホテル，国民宿舎，キャンプ場などが分布し，冬季を

図Ⅲ-25 原野を開墾して造られた吉部のキャベツ畑（1981年8月）
遠景の山並みは，標高1700m台の九重連山．その山麓に広大な採草原野が広がっている．

図Ⅲ-26 泉水山山麓の湯坪下の放牧場（1981年8月）
「夏山冬里方式」により，子取り用の肉用牛が飼養される．5月から11月にかけ放牧され，厳寒期は舎飼いされる．

## 6. 九重飯田高原における生業形態

除いて一般観光客や登山客でにぎわう．また，この付近には原野をサクで囲み，牛の放牧区とされている場所もある（図Ⅲ-26）．標高 1,200 m 付近から傾斜が急になり，林地に変わる．これらのほとんどが，スギやヒノキ，カラマツが植林された国有林である．

このようにみてくると，飯田高原の土地利用にはある規則性がみられることがわかる．集落を中心として外側に畑地，採草原野，放牧区，林地が順に広がるといった基本的な空間的配列がみられるのである．この配列は集落からの水平距離に加えて，数百 m におよぶ垂直距離の存在によって一層明瞭に観察することができる．図Ⅲ-27 は荻釣から黒岩山までの断面の土地利用を模式的に示したものであるが，標高の低いところから高いところへ向かって，集落と水田，畑といっ

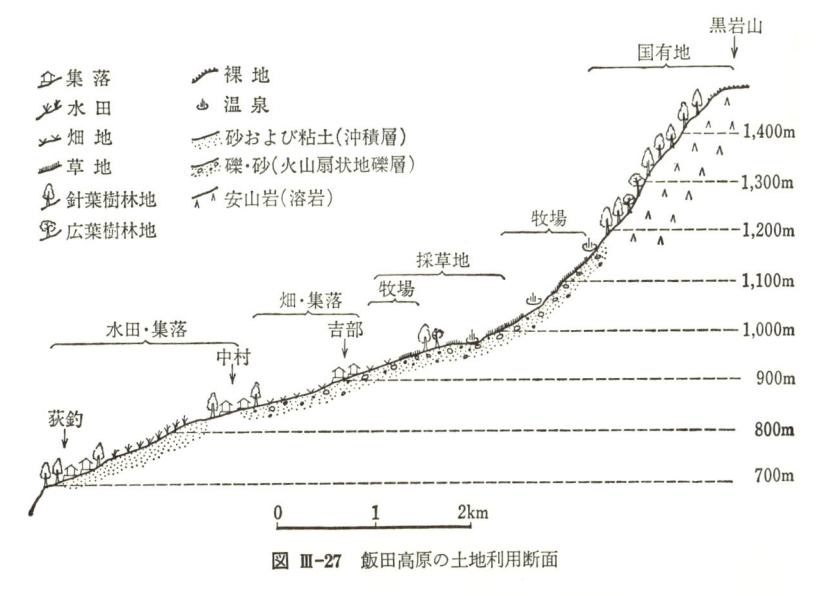

図 Ⅲ-27　飯田高原の土地利用断面

た集約的土地利用から，しだいに粗放的な採草原野，放牧場などの土地利用に変化していくようすがわかる．次に，このような土地利用が，どのような集落の発展過程や生業変化の中から生じてきたかについてみてみよう．

### 2) 伝統的生業形態

#### （1）開拓の進展

飯田高原では弥生時代の遺物が発見されており，古くから人々が居住していた

ことがわかる．江戸中期までは焼き畑を含む畑作を中心にした生活が細々と続けられていた．集落が急速に発展したのは江戸末期からで，それは水田が拡大したためと考えられる．水田の拡大は湯苗（ゆなえ）の育成技術の発達に負うことが大きかった．これは温泉熱を利用して水稲苗を早い時期に育てる方法であった．飯田高原では，大岳や串野で熱気の噴出する場所に水を注ぎこむように池をつくり，およそ24～25℃の温水にし苗代に利用した．高冷地における育苗期の冷涼な気候を，温泉利用で克服したのである．

その結果，水稲作を農業経営の中心におき，それに小規模な畑作と馬や牛の飼育を行う農業経営が確立した．広大な入会原野は，村落共同体の規制のもとに，薪炭採取や採草，放牧のために利用されていた．農閑期における官有林の伐採，硫黄山の人夫などの賃労働も重要な収入源であった．江戸期までに成立していた集落は，狭間，日向下，湯坪下，奥郷，荻釣，下畑，中村，北方などで，飯田高原では最も標高が低く，水利の便に恵まれた場所に位置していた．1876年（明治9）の飯田地区の農家数は207戸で，総耕地面積は174.7haであった．1戸当たり84haの水田と20aの畑，2.8頭の牛と1.4頭の馬を所有していた．

江戸期の飯田高原には，所有未分化のままに，住民が薪炭採取や採草，放牧のために利用していた広大な原野が存在していた．これらの多くは，明治初期の地租改正と地所官民有区分を経て国有地に編入された．この原野をいわゆる「予約開墾払下法」によって払い下げを受け，始められたのが大分牧場の経営と千町無田開拓であった．

大分牧場は1891年（明治24）に，佐藤又八や時松新一ほか地元の9名の資産家の名儀で，1,492haの官有地の払い下げをうけ，開設されたものであった．この事業の主目的は，ホルスタインなどの輸入雄牛を地元の雌牛に交配して，雑種を育成繁殖させることであった．この計画は十分に成功せず，1903年（明治36）に牧場は解散されてしまった．しかし，大分牧場開設に付随して進められた開墾によって52haの耕地が開かれ，吉部の集落が成立した．

千町無田の開拓は，1889年（明治22）の筑後川の氾濫で家と耕地を失った福岡県三井（みい）郡と三潴（みずま）郡の農民の救済のために，青木牛之助が指導者となって，1893年（明治26）から飯田高原東部の湿地とその周囲の原野の開墾を始めたものであった．1915年（明治38）には，農家数が43，耕地は157haに達した．

これらの二つの開拓地では，気候が冷涼なことと湯苗場の確保が困難であったため，開田が進まなかった．既存の集落の水田は，慣行によって大岳や串野に湯苗場利用の権利をもっていた．この権利は水田売買の際には，同時に移動した．しかし，新しい入植者は高い湯苗場使用料を支払い，育苗に多くの労力をかけねばならなかった．そこで，入植者はトウモロコシとバレイショ，ソバ，豆類を栽培し，食糧の自給に努めるとともに，現金収入を得るために硫黄や薪の運搬に従事した．

　大正期に入ると，耐冷性にすぐれ，湯苗代を利用しなくとも生育が可能な関山などの水稲品種が飯田高原に普及し，千町無田を中心とした地区の水田化が進んだ．千町無田では，大正期における用水の確保と用排水路の整備，昭和期に入ってからの陸羽132号の導入によって，集落は発展した．1954年には千町無田の戸数は146，耕地面積は218.4 haに達した．他方，吉部には水田適地が少なく，1950年代になっても農家は25戸前後で，集落発展は停滞していた．

　さらに，第二次世界大戦後の緊急開拓によって，旭と安川，花牟礼の三つの集落が成立した．旭の開拓者は戦時中に軍用地として買収されていたかつての中村の入会原野に入植した．花牟礼も安川もかつての周辺集落の採草原野に成立したものであった．いずれの集落の開拓者も，入植当初は水田をもたず，2～3 haの原野を開墾して畑とし，トウモロコシやバレイショ，マメ類を栽培し，それらを主食としていた．

（2）　伝統的生業

　明治期以降飯田高原の開拓が進み，1876年（明治9）には農家数207戸，耕地面積が175 haであったものが，1950年には農家数485戸，耕地面積461 haとそれぞれ2倍以上になった（表Ⅲ-13）．しかし，1戸当たりの耕地面積については，1876年の85 aが1950年に95 aとなったにすぎず，1戸当たりの田は65 aから71 aに，畑は20 aから24 aへ，牛の頭数は3.0頭から2.2頭に変化したにすぎなかった．このことから，水稲作を農業経営の中心として，小規模な畑作と役肉牛飼養を組み合わせ，それに農閑期の兼業を加えるというこの地域の伝統的生業形態は，1950年頃も依然として存続していたことがわかる．

　湯苗といったこの地域独特の育苗法と耐冷性品種の導入，それらによる作季の早期化が試みられたにもかかわらず，低暖地と比較すると飯田高原における水稲作の生産性は低かった．たとえば，1948年の場合標高500 m以下の玖珠川ぞい

の沖積地では10a当たり400kgの収量があったが，飯田高原ではわずかに200kg前後にすぎなかった．冷害年の1945年や1954年には飯田高原の収量は10a当たりわずか140kg程度になってしまった．

表Ⅲ-13 飯田地区における農家，耕地，家畜の推移

| 年 | 農家数（戸） | | | | 経営耕地面積（ha） | | | | 家畜 | | | | | |
|---|---|---|---|---|---|---|---|---|---|---|---|---|---|---|
| | 合計 | 専業 | 第一種兼業 | 第二種兼業 | 合計 | 田 | 畑 | 樹園地 | 乳牛 | | 役肉牛 | | 馬 | |
| | | | | | | | | | 戸数 | 頭数 | 戸数 | 頭数 | 戸数 | 頭数 |
| 1950 | 485 | 262 | 126 | 97 | 461 | 342 | 118 | 1 | — | — | 371 | 1,059 | 76 | 84 |
| 1960 | 483 | 185 | 205 | 93 | 456 | 327 | 129 | 0 | 5 | 5 | 340 | 862 | 139 | 157 |
| 1965 | 454 | 146 | 195 | 113 | 502 | 335 | 167 | 3 | 45 | 217 | 275 | 631 | 109 | 112 |
| 1970 | 446 | 101 | 225 | 120 | 599 | 360 | 230 | 0 | 37 | 261 | 277 | 1,025 | 42 | 44 |
| 1975 | 424 | 114 | 180 | 130 | 576 | 392 | 184 | 0 | 23 | 232 | 218 | 1,278 | ? | ? |
| 1980 | 400 | 97 | 166 | 137 | 649 | 412 | 236 | 1 | 19 | 336 | 189 | 1,074 | ? | ? |

（資料：農林業センサス）

1950年頃の畑作物としては，トウモロコシとダイズ，陸稲，ソバ，バレイショなどがあげられ，いずれも低収益で商品価値の低いものであった．このほかに，恵まれた草地資源を活用して，小規模な役肉牛飼養が行われていた．自給肥料が重要な地位を占めていた当時では，厩肥は不可欠であったし，農作業と運搬に牛は重要な役割を果たした．また，子牛の売却にによってかなりの現金収入を得ることもあった．農閑期の兼業としては，ワラ仕事，硫黄鉱業所や玖珠鉱山の臨時工，国有林の造成と手入れの人夫，道路工事人夫などがあげられ，自給的性格の強い農業を補っていた．

このような状況は，基本的には1960年頃まで続いていたと考えられるが，当然のことながら集落による違いもみられた．1960年における集落ごとの作物の収穫面積をみると（図Ⅲ-28(a)），第二次世界大戦後の開拓地である旭を除いて，すべての集落で水稲が総収穫面積の60〜80％を占め，雑穀・イモ類・マメ類，野菜，飼料作物の3種がほぼ同じ割合で続いていた．旭には水田は少なく，雑穀やイモ類に代わって比較的早くから商品作物のキャベツが導入されていた．

### 3) 新しい生業形態の展開
#### （1） 高冷地野菜栽培の発達
第二次世界大戦後の食料難の緩和にともない，飯田高原でも収益性の高い商品

## 6. 九重飯田高原における生業形態

作物が求められるようになった．そして，1950年頃から美濃早生ダイコンの栽培が始まったが作付け計画と販売組織体制が不備で，この試みは成功しなかった．

飯田農業協同組合は，1955年になって長野県や群馬県の先進高冷地野菜産地に視察団を送った．1957年には農産物出荷組合が組織され，長野県で再度の視察と研修が実施された．このことが，飯田高原に高冷地野菜が普及する契機となった．まず，レタス，ニンジン，ハクサイ，キャベツなどの栽培が試みられたが，大部分の作物は，夏に雨が多く風の強いこの地域に適さず，キャベツ栽培だけが発展した．飯田高原は1966年に玖珠キャベツ産地として国の指定をうけ，さらに1964年のやまなみハイウェーの開通に伴い関連道路も整備され，出荷の条件も整った．ここに，冷涼な夏を活用して夏秋キャベツを栽培し，低暖地の端境期に出荷する高冷地野菜産地が成立した．

1950年の飯田地区における野菜の収穫面積は26haであったが，1960年には78haに増加した（表Ⅲ-14）．なかでもキャベツの収穫面積は，1950年には1haであったものが，1960年には43haに増加し，1970年には67haに達した．旭などの第二次世界大戦後の開拓集落では，キャベツ栽培を中心とする農業経営が比較的早く始まったが，飯田高原全体としては，1970年頃

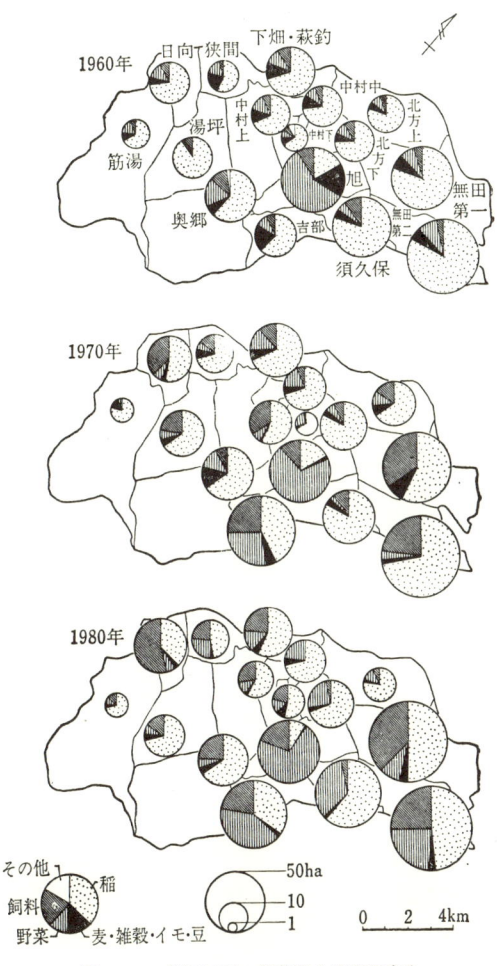

図Ⅲ-28 飯田地区の集落別土地利用変化
（世界農林業センサス）

までのキャベツ栽培は，従来の雑穀やイモ・マメ類などの自給的畑作物に代わって導入された小規模なものにすぎなかった（図Ⅲ-28 (b)）．しかし，1970年以降の米の生産調整により，水稲の転作物としてキャベツ栽培が増加した．さらに，

表 Ⅲ-14 飯田地区における作物別収穫面積

| 年 | 作 物 (ha) | | | | | | 主 要 野 菜 (ha) | | | | | |
|---|---|---|---|---|---|---|---|---|---|---|---|---|
| | 計 | 稲 | 麦・雑穀イモ・豆 | 野菜 | 飼料用作物 | その他 | ダイコン | 白菜 | キャベツ | タマネギ | レタス | ニンジン |
| 1950 | 464 | 312 | 121 | 26 | 2 | 3 | 10 | 4 | 1 | 0 | — | 0 |
| 1960 | 503 | 311 | 72 | 78 | 28 | 14 | 13 | 3 | 43 | 0 | 1 | 1 |
| 1965 | 454 | 326 | 56 | 69 | — | 3 | 7 | 3 | 41 | 1 | — | — |
| 1970 | 650 | 345 | 28 | 84 | 108 | 5 | 7 | 4 | 67 | 2 | 0 | 0 |
| 1975 | 513 | 315 | 14 | 86 | 96 | 2 | 4 | 5 | 68 | 0 | 4 | 1 |
| 1980 | 616 | 310 | 15 | 156 | 133 | 2 | 9 | 7 | 127 | 1 | 3 | 2 |

（資料：農林業センサス）

後述するように，入会原野の分割が進み，これらの原野を畑に換えて，キャベツを栽培する農家が多くなった．

1980年の飯田地区におけるキャベツの収穫面積は127haであり，これは1970年の2倍近い面積である．キャベツ栽培農家は286戸，そのうち販売農家は139戸に達した．飯田地区においてキャベツ栽培が重点的に行われている地区は，旭，吉部，須久保，無田第二などの明治期以降に成立した集落である．

飯田地区のキャベツの生産組織として，飯田野菜振興協議会があり，1980年現在の会員数は123人であった．キャベツの毎年の作付け計画は，この協議会で決定される．1980年の作付け計画をみると，キャベツの総栽培面積109.5haのうち，7月に出荷が予定される面積は9.5％，8月は30.1％，9月は42.8％，10月は16.1％，そして11月は1.5％となっていた．飯田高原において1年の最初の出荷となる7月中旬収穫予定のキャベツ栽培の場合，3月末に播種が行われ，約40日間ハウス内で育苗され，定植が行われる．一方，最後に出荷される10月末収穫予定のキャベツの播種は6月中旬に行われる．この場合，露地での育苗も行われる．

収穫作業には多くの労働力が必要であるので，飯田地区内の婦人労働者が臨時に雇用される．収穫されたキャベツは選別された後，その日の夕方までに農業協同組合の集荷場に集められる．そして，翌日「大分高原キャベツ・飯田農協」の銘柄で，主に福岡市と北九州市および大分市の市場へ集中的に出荷される．キャ

ベツの市場価格は変動が激しい．たとえば，1978年の1kgの市場価格は97円であったが，1979年には46円，長雨と冷夏で不作の1980年の場合は105円となった．1981年の場合は豊作で，1kgの価格が40円前後に下がった．価格変動の影響を少なくするために，キャベツの出荷量と出荷先は，飯田農業協同組合によって調整されている．

（2） 水稲作の近代化

1950年代から飯田高原の水稲作の近代化が進んだ．その一つは1952年に導入された保温折衷苗代の普及であり，その結果，1960年頃には残存していた湯苗育も姿を消した．1950年代中頃には，耐病性に優れ多収の「農林17号」がそれまでの「陸羽132号」に代わり，続いて1957年にはさらにいっそう耐冷性のすぐれた「藤坂5号」が導入された．これらの品種は，食味と品質に難点があったので，1962年には「コシヒカリ」と「ホウネンワセ」，「越路早生」といった北陸地方の耐冷性にすぐれたものや，良質の品種が導入された．現在の飯田高原の約60％の水田では「サカキモチ」が，残りでは「コシヒカリ」が栽培されている．施肥，防除，水管理などの技術も，1950年代後半から1960年代にかけて急速に進歩した．農作業が畜力から機械力に強く依存するように変化したのは1960年代中頃である．さらに1970年に入ると農用トラクターと田植機の普及に代表されるように，水稲作の機械化がいっそう進んだ．

1970年からの生産調整により，米の地位は下がっている．それでも1980年には飯田地区の全収穫面積616haのうち50.3％が稲によって占められ，さらに農産物販売農家のうち60％にあたる210戸が，水稲作を農産物販売額1位の部門としている．このことから，依然として米が飯田高原で最も重要な農産物であることに変わりがない．水稲作の経営規模がもっとも大きい千町無田では，近年，作業受託により経営規模をさらに広げ，自立経営をめざす農家もみられる．

現在の飯田高原では，特徴的な水稲技術がいくつかみられる．その一つは，秋の早霜と台風の被害を避けるために，周辺の低暖地よりも約1ヵ月作季が早いということである．4月上旬に播種，5月上旬に田植が行われ，9月下旬には収穫される．気温が低い時期に育苗せねばならないため，苗の緑化はキャベツ育苗ハウスの中に設けられたビニールトンネルの中で行われるといった工夫がされている．

飯田高原では低温のため除草剤の効果が低いこともあって，代掻後と田植直

後，そして田植後26〜30日頃の合計3回除草剤散布をせねばならない．イモチ病の発生も頻繁で，防除回数も多い．また，5月中旬まで霜が降ることがあり，そのため田植をしてから10日間ほど深水にし，水の保温効果によって苗の活着を促進させている．肥料については，カリとリンの吸収が悪いため，他の地域よりもそれらが多投される．

このような技術に支えられて，現在の飯田高原の10a当たりの平均収量は，450kgの水準を維持している．モチ米が主体であるため収量がやや低くなるが，九重町や大分県の平均と大差がない．しかし，現在でも低暖地と比較すると豊凶の差が大きく，1980年の冷害の場合には収量は240〜300kgに減少し，大分県の平均値の70〜80％にすぎなかった．

### （3） 畜産の拡大

従来から飯田高原における畜産の中核をなしてきたのは，肉用牛飼育であった．しかし，すでに述べたようにその規模は小さく，1965年に至っても肉用牛飼養農家1戸当たりの頭数は，2.3頭にすぎなかった．しかし，1970年代に入り飯田高原の農業経営に専門分化のきざしがみられるようになり，畜産経営の規模を拡大する農家も現れた．飯田地区における肉用牛飼養農家1戸当たりの飼養頭数は，1970年には3.7頭，1975年には5.9頭になった．1980年には飯田地区の総農家数の47％に当たる189戸の農家で肉用牛が飼育されていた．1戸当たりの飼養頭数は5.7頭と近年やや停滞傾向にある．ほとんどすべての農家で子取用雌牛を飼育し，子牛の生産を主目的としている．

九重町や隣接する玖珠町で生産される牛は，「肥後の赤牛」に対して「豊後の黒牛」と呼ばれ，繁殖用もと牛として高く評価されている．飯田高原の肉用牛は「夏山冬里」方式で飼育される．すなわち，5月から11月にかけて原野や牧草地で放牧し，冬季には舎飼いを行うのである．したがって肉用牛飼養農家にとって，採草原野あるいは改良牧野は不可欠なものである．子牛は生後8〜10カ月になると，飯田農業協同組合を通して年間6回，奇数月に玖珠で開かれる家畜市場でせりにかけられ，出荷される．

その他の重要な畜産としては，酪農があげられる．1980年現在，飯田地区では19戸の農家が，1戸当たり17.7頭の乳用牛を飼養している．千町無田や旭では，専業的酪農経営を行う農家もみられる．オイルショック後の濃厚肥料の価格高騰によって，畜産業はやや停滞傾向であり，最近では畜産経営の合理化が重要

## （4） 農業経営の類型

飯田高原における主要農産物生産は，水稲作とキャベツ栽培，肉用牛飼養と酪農であり，それに山地資源利用のうち重要なものにシイタケ栽培がある．大部分の農家の農業経営は，これらのいずれか一つ，あるいは複数のものの組み合わせから成り立っている．また，飯田高原においても，古くから日雇いや出稼ぎに加えて，近年さまざまな自営兼業や通勤兼業が増加している．そして農外就業の方が，農家の就業や生計において，より重要な地位を占めている場合も少なくない．

農業経営の形態は，利用できる土地資源の質の違いもあって，古くからの集落と新しい集落とではかなりの差がある．そこで，古くからの集落の下畑と中村，明治期の開拓集落の吉部，第二次世界大戦後の開拓集落の農業経営を比較してみることにする（表Ⅲ-15）．

表 Ⅲ-15　飯田高原の生業類型

| 戸　　数 a) | | | | | 農　業　経　営 b) | | | | | | 農　外　就　業 c) | | | |
|---|---|---|---|---|---|---|---|---|---|---|---|---|---|---|
| 下畑 | 中村 | 吉部 | 旭 | 合計 | 水稲 | 肉用牛 | シイタケ | 豚 | 乳用牛 | キャベツ | 通勤 | 自営 | 日雇 | 出稼 |
| 6 | 7 | 3 | 0 | 16 | ✓ | | | | | | ○ | △ | △ | |
| 8 | 1 | 0 | 0 | 9 | ✓ | ✓ | | | | | | | ○ | |
| 1 | 0 | 1 | 0 | 2 | ✓ | ✓ | ✓ | | | | | | ○ | |
| 0 | 2 | 0 | 0 | 2 | ✓ | | ✓ | | | | | | | |
| 0 | 1 | 1 | 0 | 2 | ✓ | | ✓ | ✓ | | | ○ | | ○ | |
| 0 | 3 | 0 | 1 | 4 | ✓ | | | | ✓ | | | | | |
| 1 | 0 | 1 | 5 | 7 | ✓ | | | | | ✓ | ○ | | ○ | △ |
| 0 | 3 | 3 | 1 | 7 | ✓ | ✓ | | | | ✓ | | | △ | ○ |
| 0 | 0 | 2 | 0 | 2 | ✓ | ✓ | ✓ | | | ✓ | | | | |
| 0 | 0 | 0 | 3 | 3 | ✓ | | | | | ✓ | | | ○ | |
| 0 | 0 | 1 | 1 | 2 | | | | | ✓ | | | | | |
| 0 | 0 | 1 | 0 | 1 | | | | | | ✓ | | | | |

a) 中村は南部の上組，吉部は北部の一組を調査したため全戸数ではない．　b) ✓はその農業経営部門に従事していることを示す．　c) ○は一般的な農外就業を，△はやや一般的な農外就業を示す．
（1981年8月の聞き取り調査によって作成）

下畑の代表的な農業経営は，6〜7頭の肉用牛の飼養と1ha前後の規模の水稲作を組み合わせるものであり，農閑期の土木日雇いがこれに加わる．経営耕地面積の狭い農家は，農業を自給的水稲作に限定し，公務や会社勤務などの安定した農外就業に強く依存している．

中村は飯田地区の中心であることもあって就業機会が多く，農家に兼業が下畑

よりもいっそう浸透している．また全体として，下畑よりも経営耕地面積が狭いため，中村では農業で自立をめざす農家は，水稲作と肉用牛飼養に小規模なキャベツ栽培を加えたり，肉用牛飼養に代ってより収益のあがる酪農や養豚を導入したりしている．また，シイタケ栽培を行う農家もみられる．

すでに述べたように，大分牧場の開設に起源をもつ吉部では，農外就業に従事する農家が少なく，その分だけ農業へ強く依存している．1〜2 ha の水稲作に 5〜8 頭の肉用牛飼養と 1 ha 前後のキャベツ栽培を組み合わせる農業経営が，この集落では基本的なタイプである．肉用牛の飼養頭数が少ない農家ではシイタケ栽培を行っている．肉用牛飼養に代わって，養豚や酪農を行う農家もみられる．

旭ではキャベツ栽培を中心に農業経営が成り立っている．それぞれの農家のキャベツの栽培面積は，2.5 ha 前後と大きい．入植当初から水田を所有していた農家はなかったが，その後，飯米確保の念願がかなって，千町無田や中村の農家から 20 a 前後の水田を購入した農家がかなりある．キャベツ栽培と自給的水稲作を組み合わせる農家，キャベツ栽培と肉用牛飼養を組み合わせる農家のほかに，酪農を専業的に行う農家も存在する．この集落の農業経営は商業的性格が強く，農業を自給的に続けながら農外就業に強く依存して生計を立てるといった農家は少ない．

これら四つの集落のうち下畑において最も伝統的な自給的農業経営の形態が残っているものと考えられ，中村，吉部，旭になるにつれて商業的性格が強くなってゆく．吉部や旭などの新しい集落では，水稲作の地位が低く，それに代わって，キャベツ栽培や酪農の重要性が高くなるのである．

### 4) 入会原野利用の変化
#### (1) 入会原野の意義

明治期以降飯田高原は急速に開発されたが，それはかつての採草原野の利用の高度化の過程でもあった．これらの採草原野は江戸期にはそれぞれの集落の入会地として利用されていたが，明治期に官有地に組み込まれたところも少なくなかった．図Ⅲ-29 は 1960 年頃の飯田高原の入会原野を示したものであるが，いずれの集落も広大な入会原野を所有していたことがわかる．とりわけ，奥郷や中村のように成立が古い集落ほど，その入会原野は広大であった．1971 年の飯田地区における入会原野の推定面積は 1,842 ha で，入会権所有者数は 245 人であっ

た.

　元来, 入会原野は草肥や飼料のための採草, 屋根材料としてのカヤおよび薪炭,

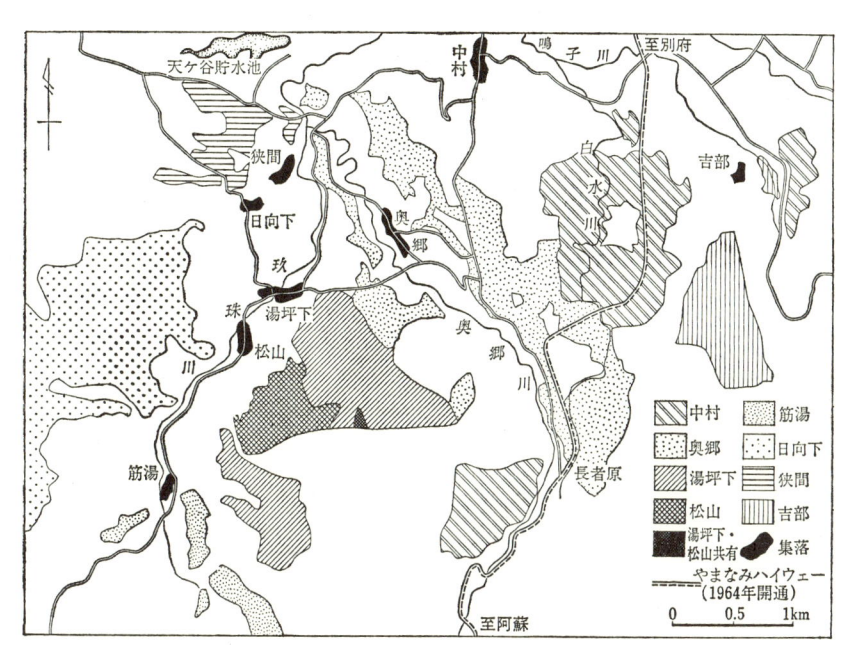

図 Ⅲ-29　飯田高原の集落別入会原野 (1960年頃)
(九重町役場および各集落における聞き取りにより作成)

雑木の採取, そして牛の放牧場として利用されてきた. また, 入会原野は経済活動における重要性のみならず村落共同体を維持し, それを通して個々の農家の等質性を促進する働きをもっていた.

　しかし, 明治期以降, 農業技術の変化や飯田高原をとりまく社会的・経済的状況の変化に応じて, 入会原野の利用形態も変わっていった. たとえば, 高冷地野菜栽培と観光産業の発達にとって, この広大な入会原野の存在が重要な鍵となったのである.

（2）入会原野の分解と農牧業の発達

　第二次世界大戦以前の飯田高原の入会原野は, その利用形態により次のように分けられていた. すなわち, 飼料となる草を早朝刈るアサクサ場, 畜舎の床に敷いて厩肥にしたり, 田畑に入れる青草を刈るマヤジキ場, 冬季の飼料とする干し草用の草を刈るホシクサ場, そして放牧場の四つである. 以下では中村の入会原

野の事例によってその利用形態の変化をみてみよう．

図Ⅲ-30（a）は，第二次世界大戦前の中村の入会原野の状況を示したものである．入会原野の利用形態は，集落からの距離を考慮して決められていた．すなわち，集落に近いところから，アサクサ場，ホシクサ場，マヤジキ場，放牧場の順に配置されていた．

中村の入会原野は，第二次世界大戦を境にして，大きな変化を遂げることになった．まず，1946年には，戦時中軍用地として国に買収されていたマヤジキ場の大部分が，旭開拓の入植地として払い下げられた（図Ⅲ-30（b））．旭は飯田高原においてキャベツ栽培が早くから導入され，今日でもキャベツ栽培が最も盛んな集落である．このキャベツ畑は，かつての中村の入会原野を開墾してつくられたものである．また，金肥や濃厚飼料の普及により，従来のアサクサ場の必要性は薄れ，1958年にはアサクサ場185 haの土地が，入会権所有者91名全員に均等に分割された．その一部には共同でスギの植林が行われた．1人当たり約2 haの原野が配分されたが，このスギの植林地は50 aであった．残りは原野として放置されたものもあったが，開墾して畑にした農家が多く，キャベツをここで栽培している．

従来ほとんどの農家は，数頭の牛を所

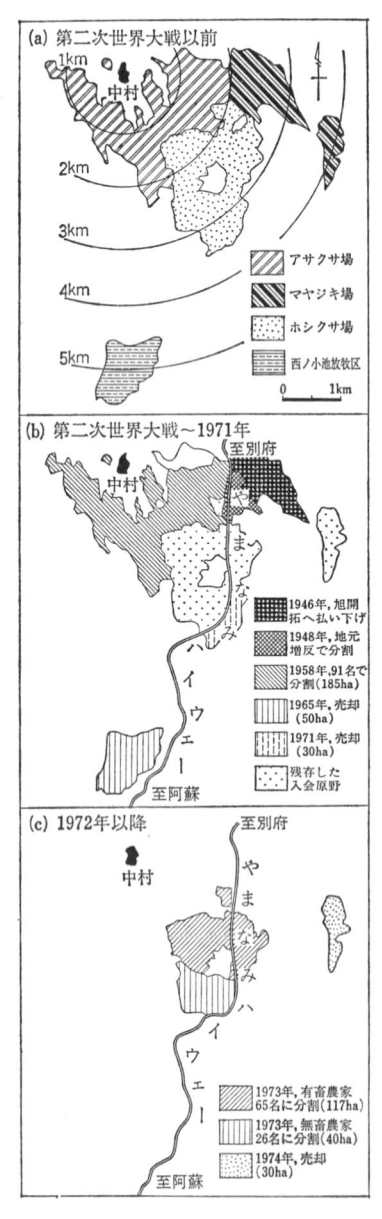

図Ⅲ-30　中村における入会原野の変化
（聞き取りにより作成）

有していた．しかし，しだいに無畜農家が増えるにつれて，1973年には有畜農家65戸と無畜農家26戸の間で，かつての干し草場が二つに分割された（図Ⅲ-30（c））．無畜農家は植林を行う一方，有畜農家65戸は中村牧野組合を結成し，管理の行き届いた牧畜業を行うことになった．1975年に草地改良が行われ，1976年から中村牧場への牛の放牧が始まった．放牧期間は4月25日から11月末までである．1981年8月には合計135頭の牛が放牧されていた．

### （3） 入会原野の売却と観光産業

　農牧業の変化にともなって入会原野の利用形態が変化していくとともに，やまなみハイウェーの開通を契機に観光開発会社が入会原野に着目するようになった．1962年の九重町の観光客数は47万人であったが，やまなみハイウェーが開通した1964年には，一挙に209万人に達した．やまなみハイウェーが着工された年頃から，早くも福岡市や大分市の交通会社などによるホテルの建設が始まった．新しい観光産業の進出は，国立公園内の集団施設地区に指定されていた長者原付近に集中したが，その付近の土地の大部分は入会原野であった．

　観光開発の進行に伴う入会原野の売却の過程を，再び中村の事例を通してみてみよう．図Ⅲ-30（b）および図Ⅲ-30（c）に示されるように，1965年には西ノ小池放牧区が，1971年にはホシクサ場の一部が，そして1974年には中村の最後の入会原野として残っていたマヤジキ場の一部が福岡市や久留米市，そして東京の観光開発会社に売却された．こうして中村の入会原野は，事実上解体されてしまった．

　玖珠川本流ぞいの九州電力による地熱発電所建設においても，入会原野の売却が行われた．1967年に開設された大岳地熱発電所は，湯坪下の入会原野を買収して設立された．また，1973年に建設された八丁原（はっちょうばる）地熱発電所も，筋湯の入会原野を売収して造られたものである．これらの地熱発電所は，新しい観光資源となっただけではなく，民宿の開設を促す結果となった．大岳地熱発電所の廃湯を利用した温水が，湯坪の各戸に無料で引かれることになり，これを契機として1976年頃から民宿を開業する農家が現れ始めた．1981年8月現在，飯田高原には民宿が19軒あるが，そのうち17軒は湯坪下にある．この他の観光施設として，ホテル・旅館が35軒（国民宿舎1軒を含む），大学や会社の保養所・寮が11軒ある．

　飯田高原の観光資源は，九重山，筋湯や牧ノ戸そして筌ノ口（うけのくち）などの

温泉,さらに広大な原野であろう.この飯田高原を訪れる観光客は,夏に最も多く,春と秋の休日がこれに次ぐ.すなわち,飯田高原の観光は,冬季を除く3季型であるといえよう. 1980年の九重町の観光客数は417万で(飯田高原の観光客がその92.2%を占めている),その93.2%は日帰り客であった.これは,やまなみハイウェー開通以来一貫して続いている現象である.また,飯田高原は別府と阿蘇の中間に位置する通過観光地であるともいえよう.そのため,地元経済への観光産業の貢献は限られている.しかも,飯田高原の観光施設は,わずかの民宿や旅館を除いて,外来資本の経営によるもので,地元民の観光産業への積極的参加は少ない.

## む す び

今日の飯田高原の住民は,ブナ帯の火山山麓という自然条件と社会・経済的条件を生かして高冷地野菜栽培と観光産業を発達させ,さらには水稲作の近代化,畜産の拡大,農外就業の導入によって,高い収益をあげることができるようになった.そして,このような集落発展の重要な鍵となったのが,広大な入会原野の存在であった.入会原野は,それぞれの時代の要請に応じてより高度な土地利用形態を導入できるフロンティアとしての機能をもっていた.

しかし,商業的農業が発達した中央高地のブナ帯と比較すると,飯田高原の農業の商業化の程度は低く,自給的性格がいまだに強く残っているように思われる.商業的農業の発展を抑制したものは,大都市から遠いという不利な条件とも考えられるが,むしろ自給的生産としてきわめて安定している水稲作が高冷地にもかかわらず飯田高原の農業の核になっていることの方が,より重要であろう.水稲作の強固な地位と広大な採草原野を基盤とした肉用牛飼養の重要性,およびこの二つの生産部門に小商品生産を組み合わせる複合経営の伝統に,九州に位置する飯田高原の南方的性格を見出すことができる.また,中央高地や東北地方のブナ帯と比較すると,飯田高原ははるかに温暖で積雪もスキーを行うには不十分である.さらに,夏に強風をともなう雨が多く,野外スポーツには適さない.これらのことは,民宿などを通じて住民が直接観光産業へ参加する機会を少なくしている. 〔山本正三・田林　明・山下清海〕

## 参考文献

1) 青木充栄 (1972)：千町無田開拓史（上）. 大分県地方史, **66**, 79-80.
2) 朝日校区開拓史・学校史編集委員会 (1973)：『開拓史・学校史くろつち』197 p.
3) 嵐 嘉一 (1975)：『近世稲作技術史』農山漁村文化協会, pp. 261-288.
4) 上野福男 (1979)：『高冷地の土地利用の秩序』二宮書店, pp. 110-126.
5) 大分県農政部畜産課 (1979)：『大分の畜産』15 p.
6) 大分県秘書公聴課 (1970)：『大分県産業先覚者』358 p.
7) 大分大学教育学部編 (1968)：『くじゅう総合学術調査報告書』741 p.
8) 勝目 忍 (1961)：久住から耶馬渓へ. 岩本政教・兼子俊一・服部信彦・吉田敬市編『日本地誌ゼミナール, 九州地方』大明堂, pp. 221-228.
9) 勝目 忍 (1971)：九州地域における入会林野解体過程. 織田武雄先生退官記念会編：『人文地理学論叢』柳原書店, 307-318.
10) 兼子俊一 (1965)：くじゅう火山地域の観光開発. 地理, **10** (11), 28-33.
11) 九州農政局阿蘇久住飯田地域総合開発事務所 (1976)：『阿蘇久住飯田地域の入会権について—その種類と様態』238 p.
12) 九州農政局統計情報部 (1979)：『産地にみられる九州野菜の実態』九州農林統計協会協議会, 134 p.
13) 九州農政局統計情報部 (1980)：『九州の肉用牛経営』141 p.
14) 玖珠郡史編集委員会 (1965)：『玖珠郡史』大分県玖珠郡玖珠町役場・九重町役場, 757 p.
15) 坂上 務 (1979)：九重の気象Ⅰ. くじゅうの自然, **7**, 31-37.
16) 布木岸男・河野 正・渡辺幸一 (1979)：肉用牛経営の発展をめぐる諸問題と解決方向—放牧地帯を中心として. 大分県農業技術センター研究報告, **9**, 23-25.
17) 農林省大分統計調査事務所 (1969)：『大分県における高冷地野菜生産の動き』, 45 p.
18) 農林省農務局 (1927)：『開拓地移住経営事例』, pp. 669〜673.
19) 林 礼二 (1967)：飯田高原と九州横断道路. 地理, **12** (9), 91.
20) 山本正三・石井英也・田林 明・手塚 章 (1981)：中央高地における集落発展の一類型—長野県菅平高原の例. 筑波大学人文地理学研究, **V**, 79-138.
21) 山本正三・田林 明 (1981)：ブナ帯と照葉樹林帯の山村の比較. 地理, **26** (4), 60-70.
22) 山本正三・田林 明・山下清海 (1982)：九州における高冷地の土地利用と集落の発展—九重山北麓飯田高原の場合. 筑波大学人文地理学研究, **Ⅵ**, 65—116.

# 索　引

## ア

アイ　25,222
アイヌ　19,105
アイヌ文化　23
アオシシ　86
アオソ(青苧)　222
アカガシ　77
赤カブ　15,126,211
赤倉温泉　165
赤毛(イネ)　136
亜寒帯常緑針葉樹林　34
秋蚕の雁行飼育　199
アキヒカリ　141
秋山郷　11,91,126
アク抜き　10,109
アケビ　19
亜高木型ブナ林　48
アサクサ場　297
朝日岳　220
芦峅(あしくら)寺　95
アタリ　91
安家(あっか)地区　215
アッシ織　15,105
温海(あつみ)カブ　127
阿仁マタギ　13,90
アメリカブナ　44,52
アラカシ　77
アラキ(荒起)　213

## イ

飯豊(いいで)山　220
飯山町　191
萎黄病　152
いざり機　110
板付遺跡　133
イチイガシ　77,79
イチゴ苗の山上げ　155
稲作の起源　133
稲の光合成能力　143
イヌガヤ　73

イヌブナ　43
忌地現象　186,242
入会原野　200,288,296
　――の分割　292
入会林野　196
囲炉裏　10,111
岩魚留(イワナどめ)　99

## ウ

ウィンター・リゾート　168
魚付け林　99
鵜飼い　89
牛文化圏　127
牛道　127
内畑　64,264
内馬屋　130
馬　242
馬文化圏　15,127
ウライ　24
ウリンボ　94
ウルシ　222

## エ

役畜　242
エゴマ(荏胡麻)　124
『延喜式』　74,85,250

## オ

欧州ブナ　57
欧州ミズナラ　57
オウレン　18,250
大分牧場　288
大型獣　13
オオサンショウウオ　100
オキナワウラジロガシ　77
オーク　17
奥越　253
小国町(山形県)　145,219
御巣鷹山　89
オニグルミ　75
小野宮惟喬親王　112

オホーツク式文化　23
オリエントブナ　43,50
温帯針葉樹　47
　――林　52
温量指数　3,35,47

## カ

開墾　61
開田事業　137
開田村　121
花卉・鉢物の山上げ　156
家具　118
隔離分布　44
加工用夏ダイコン　158
カシ気候　49
カシグルミ　76
カシノコメシ　79
カシノミコンニャク　80
カシノミドウフ　80
カシメシ　79
夏秋キャベツ　291
化石種　44
過疎化　112
カタクリ粉　11
滑走可能期間　169
刈敷(かっちき)　29
糧飯(かてめし)　15,123
カノ(苅野)　213,222
加比丹芋　123
株冷技術　155
上条嘉門次　93
亀の尾(イネ)　140,141
カモシカ　85
カモ猟　89
カヤ　73,225
夏緑広葉樹林　34,162
夏緑・常緑広葉混交林帯　53
刈分け制度　208
軽井沢　165
軽米村鶴飼　217
カワウソ　88

川上村 122
河内カブ 127
観光業 236,247,299
観光資源 299
観光リンゴ園 276
カンジキ 24,115
完全廃村 254
鉄穴(かんな)流し 265,268
神鍋山 180
漢方薬 249

**キ**

キクラゲ 223
木地師 112,264,265,266
木地の製造 225
季節居住 192
基層文化 1
木曽馬 25
既存集落移行型スキー集落 177
きのこ類 223
キハダ 18
木鉢 112
キャベツ 161,241,271,281
休閑期 198
厩肥 29,216,290
共同狩猟 91
極相林 34
キヨニシキ 141
切替畑 267
黄蘗(キワダ) 250
黄蘗染 19
緊急開拓 241,289

**ク**

草木染 19
葛巻町 217
薬の置売 95
クヌギ 80
熊狩り儀礼 86
熊の胆 92
熊曳き歌 91
暗い針葉樹林 51
クラシシ 86
クリガシ属 42
クリ属 42,76
栗山村(栃木県) 14,92,102
クルミ 75,223
黒松内低地帯 6,47

燻製 111

**ケ**

鶏頂山開拓 154
『軽邑耕作鈔』 206
渓流魚 14,100
飢渇鮭(けがちざけ) 98
毛皮獣 87
ケプロン 185
ゲレンデスキー 236
堅果類 10
原始穀草式農法 64
現生種 44
建築業 117

**コ**

高温障害 148
高原野菜 30,31,188
香煎 11
硬葉樹林 42
高冷地育苗圃 156
高冷地集落 235
高冷地性輸送園芸 150
高冷地蔬菜産地 200
高冷地農業 150,240
高冷地野菜栽培 246,290
凍り餅 21
五箇村 254
国際文化観光都市 190
国有林共用林野 226
木形子(こけし) 18
コゴミ 223
コシヒカリ 293
木鋤(こすき) 257
古代織物 106
コナラ属 42,77
木の実 10,223
独楽(こま) 17
高麗(こま)神社 17
米の単収 132
混合農業 66,67,69,154

**サ**

採集 10,72,269
採集原野 287
栽培期間の延長 139
栽培限界 148
蔵王 165
サカキモチ 293

鮭石 96
鮭川 97
鮭神社 98
鮭鮨 97
サケ・マス文化 28
サコ揺き 212
ササニシキ 141
遡河性のサケ 96
雑穀農業 15,121
里山地域 194
山岳宗教 94,251
山間部 147
三頭焼(さんこやき) 92
山菜採取 148,195
蚕種製造 240
サンショウウオ漁 101
散村 286
山地の利用形態 222
山南町 252
山肉屋 94
3年輪作体系 241
三八豪雪 259
三圃式農法 60,61,62,64,69
山北町(新潟県) 108

**シ**

シイメシ 79
シオデ 223
志賀高原 165,192
直播(じかまき)機 136
シカマタギ 87
自給作物 242
自給的穀菽農業 150
自給的山地利用 195
自給的畑作農業 30
地家(じげ) 255
地拵え 199
ジザイ 78
シシガキ 87
シシタケ 223
シシ肉 93
地所官民有区分 201,288
地頭 208
シナ皮 107
シナ縄 107
シナ布 106
シナノキ 105
シベリアアーク 15,21
凍み(しみ)豆腐 21

# 索　引

杓子ぶち 113
遮蔽樹 260
十字科植物 154
集約的土地利用 287
修験道 251
　　——の霊場 189
出穂最盛期 139
狩　猟 269
狩猟慣行 13
狩猟民 85
ショウ, A. S. 165,190
障害型冷害 144
商業的農業 247
常勤兼業 232
小氷期 98
浄法寺椀 18
縄文農耕論 14,125
照葉樹林 34,42
照葉樹林帯 194
照葉樹林文化 1
常緑針葉樹林 46
植　生 33
職　猟 13,90
暑中手当 190
塩木(しょっき)切り 108
ジョン・イング 187
しろひげ(イネ) 136
進化系列 163
針広混交林地帯 47
信仰登山 95
人工孵化事業 99
新集落発生型スキー集落 177
深雪地帯 258
森林限界 48
森林資源 104
森林文化 9

## ス

水青岡 42,53
水田の基盤整備 142
菅　平 235
スカリ 91
スキー観光 235
スキー集落 177
スキー場 237,282
スキー民宿 199
スキーリフト 237
スギの造林 197
スズタケ 3,48

スダジイ 77,79
スナグリ 77
スノ小屋 224
炭焼き 266
楚割鮭(すわやりざけ) 97

## セ

西岸海洋性気候 49
製函材 119
生業形態 203,243,248
西船東馬 127
製　鉄 269
セイヨウクルミ 76
西洋リンゴ 7,187
積雪寒冷地 150
積層材 119
雪　圧 48
セルリー 161
遷　移 34
専業農家 232
専業旅館 245
前産業社会 20
銭氏水青岡 43
戦場ケ原 90,153
千町無田(せんちょうむた) 285
全　牧 216
ゼンマイ 223
前夜行日帰り型 180

## ソ

草地農業 67
草地酪農 31
続縄文時代 22
蔬菜栽培 241
蔬菜の単一栽培 243
外　畑 64,267
ソ　バ 23,270
村落共同体 200,297

## タ

第一種型冷夏 144
耐いもち病性 146
堆厩肥 196
タイコジザイ 78
ダイコン 242,271,275,278
大根館 21
第三紀周北極植物群 44
大　山 165,180
第二種型冷夏 144

耐冷性品種 136,146,289
タイワンブナ 43
田植えの最盛期 147
鷹狩り 89
高田市 191
高野町(広島県) 268
タケシマブナ 43
たたら製鉄 29,265,266,268
堅穴式住居 20
種バレイショ 153,241,271,277
田ビエ 15
陀羅尼助(ダラニスケ) 18,251
暖温帯照葉樹林帯 3
暖温帯落葉樹林帯 53
炭化米 133
タンコロジザイ 78
暖地性輸送園芸 150
暖地リンゴ 188
単独猟 94
檀那場 251
丹波型 262

## チ

地域生態 236,247
地域複合経営 158
遅延型冷害 144
地下室 20
畜　産 64,65
チシマザサ 3
智頭(ちず)町 252
地中海文化 9
地熱発電所 299
チャシ 28
中間地帯 6
仲語(ちゅうご) 94
中国山地 158,264
中山間部 147
中半血種 130
帳紙(ちょうがみ) 257
長方形大型家屋址 82

## ツ

通年民宿 245
ツキノワグマ 85
ツグミ猟 89
ツブラジイ 77,79

## テ

低温克服技術　135
帝国牧場　208
低木型ブナ林　48
テウチグルミ　76
出稼ぎ　232,267
出作り小屋　256
出作り地帯　255
鉄道枕木　118
テ　ン　92
伝統的工芸品　113
伝統的生業形態　287
伝統的生産形態　221
天然下種更新　120
天然ナメコ　224
天然木　16

## ト

冬季民宿　244
凍結乾燥法　21
通し苗代　139
遠山品右衛門　93
毒抜き　109
特別天然記念物　88
毒揉み漁　108
土産馬　185
土壌有機物量　40
ト　チ　80
　　──のコザワシ　82
トチモチ　82
トチ山制度　82
土地利用　203,285
留木(とめぎ)　10
鳥屋場(とやば)　89
トヨニシキ　141
ドングリ類　77

## ナ

内務省勧業寮　187
苗　場　165
苗場スキー場　180
長岡外史　192
薙畑(なぎはた)ダイコン　127
名　子　208
ナショナルなスキー場　176
夏キャベツ　279
夏ダイコン　153,277,280
夏ホウレンソウ　155

夏野菜栽培　151
夏山冬里　256,294
ナメコの原木栽培　11,112,224
ナラガシワ　80
ナラ気候　49
成相山　179
苗代改善　135
ナンキョクブナ属　42
南部牛　215
南部馬　25,214

## ニ

苦味健胃剤　250
ニク(カモシカ)　86
肉用牛の繁殖　230
西の軽井沢　159
ニセコ　165
日較差　143
日照不足　143
二度芋　123
2年3作　210
ニホンオオカミ　88
日本中型馬　22
人夫・日雇い兼業　232

## ヌ

温め(ぬるめ)　267

## ネ

熱帯降雨林　53
練　熊　18
年最深積雪量　169

## ノ

農業粗生産額　131
濃厚飼料　298
農林11号　136
野沢温泉　165
野辺山高原　151
野焼き　227
野焼きワラビ野　229

## ハ

バ　イ　73
ハイイヌガヤ　74
パイオニア・クロップ　163
売薬業　92,251
ハクサイ　161,241
白山信仰　252

ハコネサンショウウオ　101
走坊主　136
畑作農業　26
鉢伏高原　180
八方尾根　165
早漬タクアン　152
春蚕(はるご)　257
半栽培段階　1
飯田(はんだ)高原　283
バンドリ　92
半　牧　216

## ヒ

稗田碑　121
肥後の赤牛　294
氷頭(ひず)　97
ビーチギャップ　52
火縄銃　94
避難所　51
檜枝岐(ひのえまた)　113
肥培ワラビ野　229
被覆畑苗代　140
ヒメグルミ　75
百　草　18
平　鍬　212
蒜山(ひるぜん)高原　159
ヒヨビ　74
品種改良　140

## フ

フ　キ　223
藤坂5号　141
ブナ科　42
ブナ気候　49,164
ブナ材　114,222
ブナ属　33,42,46
ブナ帯の野獣　87
ブナ帯農耕文化　3,28
ブナ帯農耕文化複合　163
ブナの実　10
ブナ=ミズナラ帯　4
ブナ林　3,33,45,70,110
踏み鋤　212
冬枯れ　172
ブラウ農法　185
不連続分布　44
フローリング　117
豊後の黒牛　294
分収方式　199

索　引

## ヘ

米心水青岡　42
平年収量　147
閉美(ヘビ)油　74
ベリー類　12
ペルシャクルミ　76
ペンション　240,245

## ホ

ホウソ(ナラの実)　78
放牧場　297
放牧地　279
保温折衷苗代　140,293
北信牧場　240
牧野の略奪的利用　159
北陸道　251
干草　225
ホシクサ場　297
圃場整備事業　196
母川回帰本能　98
細野(八方)　191
北海道防寒住宅建設促進法　193
ボッタ揺き　211
匍匐性常緑低木　48
保冷車　243
『本草綱目』　250

## マ

マイタケ　223
マエタケ　11
巻き狩り　91
曲木家具　115
馬柵(ませ)　129
マタギ　90
マタギ宿　91
マタタビ　19
マダ布　107
斑尾(まだらお)高原　175
マテバシイ属　42,77,79
マヤジキ場　297
馬屋出し　129
万座温泉　175

## ミ

ミガキオウレン　261
水晒し法　2,109

ミズナ　223
ミズナラ　77
ミヤコザサ　48
宮島(杓子)　113
民間薬　18,249
民　具　16,112
民　宿　299
民宿経営　245

## ム

ムササビ　92
無霜期間　284
ムッ　80

## メ

メキシコブナ　44

## モ

木　灰　108
木炭生産　222,266
もじり　102
木工集団　17
モノカルチャー　154
籾の圧痕　133

## ヤ

焼き畑　198,255,267
焼き畑耕作　28,125,240
焼き畑農業　1,212
薬種問屋　261
薬　草　18
野生採集段階　1
野生哺乳動物　85
ヤマグリ　223
山言葉　13
山住神社　89
ヤマセ　144
山　茶　198
やまなみハイウェー　201,285
ヤマメ　99

## ユ

有害獣　88
優占種　34
遊　猟　13,90
雪の指数　170
湯　苗　288

## ヨ

幼穂形成期　139
揚子江アーク　21
抑制栽培　158
抑制トマト　275
吉野葛　11
予約開墾払下法　288
ヨーロッパブナ　43,49

## ラ

酪　農　30,67
落葉果樹　7,186
落葉広葉樹林帯　57,117,194

## リ

陸羽132号　141
陸封性のサケ　95
猟　犬　95
亮葉水青岡　42
林間放牧　7
林業構造改善事業　232
リンゴ　7,186,270,280
輪作体系　243
林床栽培　253

## レ

冷温帯落葉広葉樹林　34
冷　害　27,143
レタス　160,243
レルヒ　165
連作障害　154,248

## ロ

六陰四陽　259
轆轤(ろくろ)工　112

## ワ

ワサビ　257
ワラビ　223
ワラビ狩り　230
ワラビ粉　11
ワラビ自生地　227
ワラビ縄　109
ワラビ野　197,219,227,228
　　──の利用形態　228
倭リンゴ　7,187

**編者紹介**

市川　健夫（いちかわ　たけお）
1927年　長野県に生れる
1948年　東京高等師範学校卒業
現　在　東京学芸大学名誉教授
　　　　理学博士
　　　　長野県立歴史館館長

山本　正三（やまもと　しょうぞう）
1928年　静岡県に生れる
1951年　東京文理科大学卒業
現　在　筑波大学名誉教授
　　　　理学博士

斎藤　功（さいとう　いさお）
1942年　群馬県に生れる
1965年　東京教育大学理学部卒業
現　在　筑波大学大学院生命環境
　　　　科学研究科教授
　　　　理学博士

---

**日本のブナ帯文化**（普及版）　　　　定価はカバーに表示

1984年3月20日　初版第1刷
2005年3月20日　普及版第1刷

編集者　市　川　健　夫
　　　　山　本　正　三
　　　　斎　藤　　　功

発行者　朝　倉　邦　造

発行所　株式会社　朝　倉　書　店
　　　　東京都新宿区新小川町6-29
　　　　郵便番号　162-8707
　　　　電　話　03(3260)0141
　　　　FAX　03(3260)0180
　　　　http://www.asakura.co.jp

〈検印省略〉

© 1984〈無断複写・転載を禁ず〉　　　　中央印刷・渡辺製本

ISBN 4-254-16342-8　C 3025　　　　Printed in Japan

東大 鈴木和夫・東大 井上 真・森林総研 桜井尚武・
筑波大 富田文一郎・総合地球環境研 中静 透編

## 森　林　の　百　科

47033-9 C3561　　　　A 5 判 756頁 本体23000円

森林は人間にとって，また地球環境保全の面からもその存在価値がますます見直されている。本書は森林の多様な側面をグローバルな視点から総合的にとらえ，コンパクトに網羅した21世紀の森林百科である。森林にかかわる専門家はもとより文学，経済学などさまざまな領域で森の果たす役割について学問的かつ実用的な情報が盛り込まれている。〔内容〕森林とは／森林と人間／森林・樹木の構造と機能／森林資源／森林の管理／森を巡る文化と社会／21世紀の森林―森林と人間

前東大 平井信二著

## 木　の　大　百　科
[解説編]・[写真編]

47024-X C3561　　　　B 5 判 1208頁 本体53000円

日本人が利用する材としての木を日本産を中心におよそ300種，これに日本産と同属の外国産を選別。利用目的・頻度の高いと考えられる順に著者の長年にわたるデータ収集・フィールドワークをもとに分類・解説する大著。林産工学，木材工学，樹木学の立場に立ちながらも，植物学的分類索引を完備することにより偏りのない内容となっている。また単著によるため全体の統一性，内容の整合性に優れたものとなった。木に関わるすべての人，研究者，技術者のための必携の事典

国際日本文化研究センター 安田喜憲編

## 環境考古学ハンドブック

18016-0 C3040　　　　A 5 判 724頁 本体28000円

遺物や遺跡に焦点を合わせた従来型の考古学と訣別し，発掘により明らかになった成果を基に復元された当時の環境に則して，新たに考古学を再構築しようとする試みの集大成。人間の活動を孤立したものとはみず，文化・文明に至るまで気候変化を中心とする環境変動と密接に関連していると考える環境考古学によって，過去のみならず，未来にわたる人類文明の帰趨をも占えるであろう。各論で個別のテーマと環境考古学のかかわりを，特論で世界各地の文明について論ずる。

前京大 渡辺弘之・京大 桜谷哲夫他編

## 熱　帯　農　学

40008-X C3061　　　　A 5 判 232頁 本体4200円

熱帯の自然環境，農村社会・経済をも視野に入れ熱帯の農業を解説。〔内容〕熱帯農業の課題と展望／熱帯農学論／自然環境と社会・経済環境／稲作／有用作物／プランテーション／畜産業／林業／水産業／地域計画／地域開発論／農村開発論／他

東農大 長野敏英編

## 熱　帯　生　態　学

40013-6 C3061　　　　A 5 判 192頁 本体3900円

地球環境を知る上で大切な熱帯の生態を解説。〔内容〕熱帯の気候／熱帯の土壌／熱帯の生態／熱帯林生態環境を測る／熱帯林破壊と環境問題／熱帯林の再生・修復／熱帯における土地利用／熱帯での営農／付：熱帯地域での旅行・調査心得

国際日本文化研究センター 安田喜憲著

## 日　本　文　化　の　風　土

10112-0 C3040　　　　A 5 判 224頁 本体5000円

過去3万年の日本文化の変遷を日本列島の風土の変遷とのかかわりにおいて明らかにし，地球環境の危機の時代に「日本の科学」の樹立をめざす新文化論。〔内容〕日本文化風土論／日本基層文化の風土／古代国家成立期の風土／生態史的日本論

富士常葉大 杉山恵一・東農大 中川昭一郎編

## 農村自然環境の保全・復元

18017-9 C3040　　　　B 5 判 200頁 本体5200円

ビオトープづくりや河川の近自然工法など，点と線で始められた復元運動の最終目標である農村環境の全体像に迫る。〔内容〕農村自然環境の現状と特質／農村自然環境復元の新たな動向／農村自然環境の現状と復元の理論／農村自然環境復元の実例

上記価格（税別）は 2005 年 2 月現在